# Sensatez y sentimiento

# Sensatez y sentimiento

*Jane Austen*

Grupo Editorial Tomo, S. A. de C. V.
Nicolás San Juan 1043
03100, Ciudad de México.

1a. edición, abril 2016.

*Sense and Sensibility*
Jane Austen


Nicolás San Juan 1043, Col. Del Valle
03100, Ciudad de México.
Tels. 5575•6615, 5575•8701 y 5575•0186
Fax. 5575•6695
www.grupotomo.com.mx
ISBN-13: 978-607-415-771-0
Miembro de la Cámara Nacional
de la Industria Editorial No. 2961

Traducción: Roberto Mares
Formación y diseño tipográfico: Ana Laura Díaz
Diseño de Portada: Karla Silva
Supervisor de producción: Leonardo Figueroa



Impreso en México - *Printed in Mexico*

# PRÓLOGO

Jane Austen fue la primera de una amplia e inusitada pléyade de escritoras británicas, fenómeno que reiteramos como inusitado porque nunca antes en la historia de la literatura tantas mujeres habían escrito tanto y tan bien como lo hicieran desde Jane Austen, a finales del siglo XVIII, hasta Agatha Christie, a principios del XX. Tal vez esto fuera el producto de una nueva visión del mundo que se fue gestando en Inglaterra a partir de la época de Enrique VIII, cuando se manifestó con gran vigor una rebeldía independentista con respecto de aquella Europa continental que no terminaba de despertar del largo sueño medieval. En Inglaterra el despertar fue mucho más acelerado y sin duda conmovedor, pues los cimientos del viejo mundo se tambalearon; aunque sin que se produjera el caos o se colapsaran las estructuras de la economía y la política tradicionales, como eran el latifundio de índole feudal y la aristocracia como clase dominante. Sin embargo, tal vez por el genio, el pragmatismo, o el cinismo de los ingleses, las viejas instituciones se preñaron de una nueva sensibilidad social y dieron a luz un modelo socioeconómico nuevo, que ahora llamamos "capitalismo", que fue el preludio del Imperio Británico y que llegó para quedarse en el mundo, o por lo menos para permanecer por mucho tiempo, tanto que ahora asumimos como una manera normal de producir, consumir y, en general, de vivir.

Jane Austen y sus contemporáneos, y en especial sus contemporáneas, experimentaron las contradicciones que surgieron en los albores de esta nueva manera de vivir, caracterizada por la declinación de la aristocracia y el auge de la burguesía, con lo que se rompió la noción de un destino determinado por la sangre y se abrieron múltiples caminos para la autodeterminación de las personas, pudiendo ahora proyectar su vida como si fuese totalmente propia, pensando en un futuro de bienestar y realización como algo posible, o por lo menos soñando con ello.

En ese mundo de proyecciones y de sueños nació Jane Austen, el 16 de septiembre de 1775, en el poblado de Stevenson, Hampshire, entre dos épocas significativas de la historia inglesa: entre la época del rey George y la reina Victoria, en un período que llaman "Regencia", porque en ese tiempo la monarquía estaba en crisis y el gobierno era ejercido por "regentes", es decir, representantes de un monarca que en realidad no existía. Ella fue hija del sacerdote anglicano George Austen, y su esposa Cassandra, quienes formaron una familia tan numerosa como modesta, aunque dentro de la dignidad de su ministerio, que en esos tiempos los situaba como miembros de una clase "especial" que apenas se estaba configurando y que no era de prosapia noble, pero tampoco plebeya, por lo que bien se le podía considerar como "clase media" o "media alta", como decimos ahora, en la que la posición o el estatus de clase estaba determinado por el capital, más que por cualquier otra cosa. El mundo que se retrata en las novelas de Austen es el de los "buscadores de estatus", y la calidad de las personas, y su acceso al prestigio y al bienestar es medido en la cantidad de libras esterlinas de las que puedan disponer anualmente. El tiempo y el dinero son los parámetros que conforman el contexto social e ideológico de los personajes de Jane Austen; aunque siempre dentro de las normas, maneras, prejuicios y formalidades del "buen sentido" inglés que impregna todas las áreas de la vida social, dejando poco espacio para el ejercicio de la libertad y el cultivo de la individualidad; pero Austen deriva su narrativa hacia la exploración de un aspecto inespecífico en términos sociales, pero específicamente humano, que es la vida emocional, la manera de relacionarse, de vincularse, de amarse la gente en un contexto que pareciera diseñado para reprimir el sentimiento y encausar el amor por la vía de la conveniencia y la sensatez.

Básicamente, las novelas de Jane Austen son historias de amor, por lo que algunos las consideran precursoras de la corriente romántica que se popularizó en el siglo XIX; pero hay en ellas una diferencia significativa con respecto a las obras propiamente románticas, y es que en la visión de Austen los amores surgen y se desarrollan en un mundo polarizado, en el que se presenta siempre el dilema de optar por la seguridad y respetabilidad del estatus, o por la veleidad del sentimiento, lo que es mucho más humano y verosímil que aquellos amores avasallantes del romanticismo recalcitrante, que inundan el alma y no dejan resquicio alguno para la duda.

El conflicto de los amantes, en virtud del estatus social, está presente en todas las obras de Austen, pero es más evidente en la novela que has tenido el buen gusto de elegir y que te dispones a leer. Su título original es *Sense and Sensibility*, y se ha traducido como Sentido y sensibilidad; como Juicio y sensibilidad; como Razón y sentimiento, y de otras maneras; pero en esta edición hemos decidido apegarnos precisamente al significado que alude al dilema existencial que da sentido al embrollo de esta historia: la necesidad de optar por la "sensatez" (el "buen sentido") que otorga seguridad, o el "sentimiento", cuyo único sentido es la verdad que nace en el corazón.

Roberto Mares

# Capítulo primero

La familia Dashwood llevaba mucho tiempo asentada en Sussex. Poseían una gran hacienda y residían en Norland Park, en medio de sus propiedades, donde habían vivido durante muchas generaciones de una manera tan respetable que se habían hecho merecedores de la consideración de la gente de los alrededores. El último propietario de esas tierras fue un hombre que nunca se casó, que había vivido hasta una edad muy avanzada y que gran parte de su vida tuvo en su hermana una buena compañera y ama de casa. Pero cuando ella murió, diez años antes que él, en la casa ocurrieron grandes cambios. Para llenar el vacío que la hermana había dejado, el caballero recibió en la casa a la familia de un sobrino, el señor Henry Dashwood, quien era legítimo heredero de las tierras de Norland, y era él precisamente la persona a quien deseaba heredarlas. El anciano pasó sus últimos y tranquilos días en compañía de la pareja de sus sobrinos y los hijos de ellos. Creció su cariño a todos ellos y la atención constante que, no meramente por interés, sino por bondad, le prodigaban el señor Dashwood y su esposa, le proporcionó en todos los aspectos la mayor comodidad que a su edad podía recibir; y la alegría de los niños le hizo tomar gusto a su existencia.

El señor Dashwood tenía un hijo de un matrimonio anterior y tres hijas de su esposa actual. El hijo era un joven serio y formal; tenía el porvenir asegurado gracias a la fortuna de su madre, que había sido tan generosa que le había entregado la mitad de su legado cuando cumplió la mayoría de edad; pero su fortuna aumentó considerablemente debido a un buen matrimonio. Por esa razón, para él no era importante la sucesión a la heredad de Norland, como lo era para sus hermanas, pues la fortuna de ellas, independientemente de lo que pudiera tocarles en el caso de que su padre heredara esas propiedades, era más bien pequeña. Su madre no tenía nada y su padre sólo disponía de siete mil libras, pues la otra mitad de la herencia de su primera mujer estaba también destinada a su hijo, y él únicamente podía beneficiarse de ella en vida.

Finalmente, el anciano caballero murió. Se leyó su testamento, y, como sucede en esos casos, causó alegrías y tristezas. No fue injusto, ni tan desagradecido como para no dejar las tierras a su sobrino; pero lo hizo en tales condiciones que el legado quedó reducido a la mitad de su valor. El señor Dashwood lo había deseado más por el bien de su mujer y de sus hijos que por el suyo propio o por el de su hijo; pero fue su hijo, y el hijo de su hijo, quien se benefició, y de tal manera que el mismo señor Dashwood se encontró que no podía asegurar el futuro de quienes le eran más queridos, y más necesidad tenían de ser asegurados, mediante el eventual recurso a un gravamen sobre las tierras o la venta de sus valiosos bosques. Todo había sido arreglado para el solo beneficio de aquel niño que, en visitas esporádicas a Norland con sus padres, se había granjeado el afecto de su tío gracias a unos encantos en realidad bastante comunes en los niños de dos o tres años de edad: el habla articulada de manera imperfecta, una firme actitud de salirse siempre con la suya, muchas travesuras y gracejadas, y una bulla descomunal, todo lo cual pesó más en el anciano que el valor de las grandes y prolongadas atenciones que, durante años había recibido de su sobrina y de las hijas de ésta. A pesar de todo, no era su intención ser desconsiderado, y, como muestra de su afecto por las tres muchachas, les dejó mil libras a cada una.

El disgusto del señor Dashwood fue, al principio, muy grande; pero era animoso y optimista por naturaleza, y podía abrigar razonables esperanzas de vivir muchos años, y de reunir, si vivía sin dispendios, una suma considerable a costa del rendimiento de unas tierras de por sí extensas, y susceptibles de mejoras. Pero la fortuna, que tanto había tardado en llegarle, fue suya durante un solo año. No sobrevivió mucho tiempo a su tío; y diez mil libras, incluidos los últimos legados, fue todo lo que recibieron su viuda y sus hijas.

En cuanto se supo que su vida estaba en riesgo, se mandó llamar a su hijo, y fue a él quien el señor Dashwood encomendó, con todo el apremio y vigor que la enfermedad podía permitir, el cuidado de su madrastra y sus hermanas.

El señor John Dashwood carecía del profundo sentir del resto de la familia; pero se sintió tan afectado por una encomienda de tal naturaleza y hecha en tales momentos que prometió hacer cuanto estuviera de su parte para procurar a sus parientes una vida holgada. Su padre se rindió fácilmente ante una garantía así, y el señor John Dashwood tuvo tiempo suficiente para calcular con prudencia y sabiduría lo que se podía hacer con aquel legado.

No era un joven con malas inclinaciones, a menos que consideremos como "malas inclinaciones" el ser bastante egoísta y de frío corazón; sin embargo, de manera general, era un hombre muy respetado por la sociedad, porque siempre se conducía apropiadamente en el ejercicio de sus obligaciones ordinarias. De haberse casado con una mujer más simpática, seguramente hubiera podido ser más respetado, e incluso llegar a manifestar un carácter más bonancible; pero era muy joven cuando se casó, y sentía un gran apego emocional por su mujer. La señora Dashwood era una persona voluntariosa y se había convertido en una especie de parodia de su marido, más estrecha de miras y más egoísta que él.

Cuando hizo la promesa a su padre, consideró en serio la posibilidad de incrementar la fortuna de sus hermanas con el regalo de una pensión de mil libras a cada una. En esos momentos se sentía realmente en condiciones de hacerlo. La perspectiva de cuatro mil libras al año, unidas a sus actuales ingresos, más la mitad restante de la herencia de su madre, ensanchaba su corazón y le hacía sentirse inmensamente generoso. Sí, les daría tres mil libras: ¡sería un gesto noble y de enorme desprendimiento! Le quedaría lo suficiente para llevar una vida sin estrecheces. ¡Tres mil libras! Podía prescindir sin grandes problemas de una cifra tan considerable. Estuvo pensándolo toda la noche, y en el curso de los días que siguieron no se arrepintió de su decisión.

Apenas hubo celebrado el funeral del padre, la señora de John Dashwood, sin comunicar en absoluto sus intenciones a su suegra, se presentó en Norland con su hijo y sus criados. Nadie podía cuestionarle el derecho a hacerlo: la casa era de su marido a partir del fallecimiento de su padre, y la falta de decoro de este proceder fue algo casi escandaloso, y para una mujer de la posición de la señora Dashwood, que sólo tenía sentimientos normales, debió ser algo profundamente desagradable, pues en el espíritu suyo anidaba un gran sentido del honor y una generosidad de tan romántica índole, que la menor ofensa, infligida o sufrida por alguien cualquiera, le producía un enorme disgusto. La esposa de John Dashwood no era querida por nadie en la familia de su marido; pero hasta el momento no había tenido oportunidad de demostrarles con qué pocos miramientos hacia el bienestar de los demás era capaz de comportarse cuando la ocasión lo requería.

Tanto hizo mella en la señora Dashwood este torpe proceder, y tan profundamente despreció a su nuera por la misma razón que, a la llegada de ésta, habría dejado la casa para siempre, de no haber sido porque su hija mayor la invitó con vehemencia a reflexionar sobre el asunto, además del tierno amor que sentía por sus tres hijas, que fue lo que principalmente la movió a quedarse y evitar, por el bien de ellas, una ruptura con su hermano.

Elinor, la mayor de las hijas, cuyos comentarios habían tenido un efecto positivo sobre la actitud de su madre, tenía una firmeza de entendimiento y una frialdad de juicio que la hacían idónea para ser, aun a sus diecinueve años, la consejera de su madre, y normalmente la facultaban para contrarrestar la impaciencia de espíritu de la señora Dashwood, que la mayor parte de las veces tendía a transformarse en imprudencia. Tenía un gran corazón, era afectuosa por naturaleza y de firmes sentimientos; pero sabía cómo gobernarlos: un conocimiento que su madre aún tenía que aprender, y que una de sus hermanas había decidido que nunca nadie le iba a enseñar.

Las facultades de Marianne eran, en muchos aspectos, completamente idénticas a las de Elinor. Era juiciosa e inteligente, pero impaciente en todo; sus penas, sus alegrías, podían no conocer moderación. Era generosa, amable, interesante: era todo..., menos prudente. El parecido entre ella y su madre era muy grande.

Elinor veía con inquietud el exceso de sensibilidad de su hermana; pero la señora Dashwood más bien lo consideraba una virtud. Ahora, en medio de su aflicción, se daban alas la una a la otra. El profundo pesar que las embargó en un principio no se disipó con el tiempo, sino que fue voluntariamente cultivado, creado y recreado por ellas mismas. Se abandonaron totalmente al dolor, buscando una fuente de renovadas desdichas en todo pensamiento que pudiera originarlas, y se resolvieron igualmente a no aceptar ningún consuelo en el futuro. También Elinor estaba profundamente afligida; pero aún podía luchar, podía hacer un esfuerzo. Ella fue la que se entendió con su hermano, la única capaz de recibir a su cuñada y tratarla con la debida atención, además de conseguir que su madre se animara a hacer un esfuerzo parecido, y a tener una similar paciencia.

Margaret, la otra hermana, era una muchacha de buen talante y mejor disposición ante las vicisitudes de la vida; pero, como se había hecho eco de buena parte de las fantasías de Marianne y, a sus trece años no podía tener un criterio totalmente suyo, igualando el de sus hermanas mayores.

# CAPÍTULO II

La esposa de John Dashwood se encontraba instalada en calidad de ama y señora de Norland; y la madre de su marido y sus hermanas se habían visto degradadas a la condición de visitas. Sin embargo ella las trataba con discreta cortesía, y su marido lo hacía con toda la amabilidad que era capaz de mostrar a alguien que no fuera él mismo, su mujer o su hijo. Él les decía con frecuencia que debían considerar Norland como su propio hogar y, como a la señora Dashwood nada le parecía más deseable que permanecer en esa casa mientras no se encontrara un correcto acomodo en la vecindad, aquella propuesta era bien aceptada.

La permanencia en un lugar en el que cada cosa era un recordatorio de su pasada felicidad, se adaptaba plenamente a la naturaleza del espíritu de la señora Dashwood. En épocas de entusiasmo, ninguna actitud podía ser más entusiasta que la suya, y ciertamente poseía en alto grado esa clase de expectativas de felicidad que llegan a convertirse en la felicidad misma. Pero también en medio de sus penas se dejaba llevar por la fantasía, incluso más allá de todo consuelo, como trascendiendo toda impureza en sus alegrías.

La señora de John Dashwood no aprobaba en absoluto los propósitos de su marido en lo relativo a sus hermanas. Una merma de tres mil libras en la herencia de su querido niñito suponía empobrecerlo a unos límites de lo más atroz. Le rogó que lo reconsiderase. ¿Qué explicación podía darse él para perder una cifra tan elevada? ¿Y qué derecho tenían las señoritas Dashwood para merecer una cantidad tan sustanciosa? ¿Era suficiente justificación el vínculo de consanguinidad?; por lo menos para ella no era algo suficientemente importante, pues no consideraba como verdaderos parientes a los hijos de una persona habidos en diferentes matrimonios..., ¿por qué habría de arruinarse su pequeño Harry, sacrificando todo su dinero en favor de las medias hermanas de su padre?

—Fue la última petición de mi padre —replicó su marido—. Él me dijo que debía asistir a su viuda y a sus hijas.

—Pues yo pienso que no sabía lo que decía; sería capaz de apostar diez contra uno a que en esos momentos tenía trastocadas las ideas. De haber estado en su sano juicio, no se le hubiera ocurrido pedirte que sacrificaras la mitad de la fortuna de tu propio hijo.

—Él no estipuló ninguna suma en particular, querida Fanny; sólo me rogó que las ayudara y que procurase que su situación fuese más holgada de lo que estaba en su mano procurar. Quizá hubiera hecho lo mismo si me lo hubiese dejado todo a mí. No creo que se le hubiera ocurrido que yo pudiera desentenderme de ellas. Pero, como pidió mi palabra, no tuve más remedio que darla, por lo menos eso creí en aquellos momentos; sin embargo realmente di mi palabra y tengo que cumplirla. Algo habrá que hacer por ellas cuando se vayan de Norland y se instalen en una nueva casa.

—Bien, pues hagamos algo por ellas; pero ese algo no tiene que ser tres mil libras. Considera —añadió— que, una vez dividido, el dinero no se recupera jamás. Tus hermanas se casarán, y se irán para siempre. Si, por alguna razón, pudiera algún día ser restituido a nuestro hijito...

—Bueno, eso en verdad sería algo muy distinto —dijo el marido con gran solemnidad—, una cosa bien distinta. Puede llegar el día en que Harry nos reproche haber dividido una suma tan elevada. Si llegase a tener una familia numerosa, este complemento le vendría muy bien.

—Desde luego que sí.

—Entonces, tal vez sería mejor para todos los interesados que la suma se redujera a la mitad. ¡Con quinientas libras sus fortunas gozarían de un incremento prodigioso!

—¡Oh , no podría ocurrirles nada mejor! ¡Qué hermano en el mundo haría por sus hermanas, incluso por sus verdaderas hermanas, siquiera la mitad de lo que tú haces! Sobre todo siendo como son..., ¡sólo consanguíneas! En cambio tú... ¡Oh, qué alma tan generosa!

—No quisiera ser mezquino —repuso él—. En casos como éste es preferible hacer demasiado que demasiado poco. Nadie, al menos, podrá decir que no he hecho bastante por ellas: ni siquiera ellas mismas podrían esperar más.

—Nada se sabe acerca de lo que ellas pudieran esperar —dijo la esposa—; pero nosotros no tenemos por qué atenernos a sus expectativas; lo que realmente cuenta son tus límites, lo que puedes hacer por ellas.

—En efecto..., y creo que puedo permitirme darles quinientas libras a cada una. Así, sin añadir otra cantidad por mi parte, tendrán cada una más de tres mil libras a la muerte de su madre, lo que sin duda es un caudal apreciable para una joven.

—¡Claro que sí!; y, de hecho, es muy probable que ellas no ambicionen nada por encima de esa cantidad. En conjunto, harían casi diez mil libras. Yo creo que tendrán buen cuidado en casarse bien, y, si no, pueden vivir juntas muy holgadamente con el interés que diez mil libras les puede proporcionar.

—Ciertamente, eso es una gran verdad, y, por eso, no sé si sería más prudente, hablando en forma general, hacer algo por la madre mientras viva antes que por ellas; me refiero a algo como una renta vitalicia. Mis hermanas se beneficiarían de las consecuencias tanto como ella. Cien libras al año les permitirían llevar a todas ellas una vida perfectamente holgada.

Su mujer vaciló un poco, no obstante, en manifestar su aprobación a esta idea.

—A decir verdad —dijo—, es mejor que desprenderse de quinientas de una vez. Pero si luego la señora Dashwood vive quince años, nos podríamos considerar lindamente embaucados.

—¡Quince años!..., querida Fanny. Su vida no puede valer la mitad de esa suma.

—Ciertamente no; pero bien sucede que la gente vive eternamente cuando hay una renta anual que percibir; ella es sana y fuerte, además de que apenas tiene cuarenta años. Una renta es una cosa muy seria; es algo que llega año tras año y uno no puede simplemente dejar de aportarla. No te das cuenta de lo que estás haciendo. Conozco muy bien esos quebraderos de cabeza que dan las rentas; pues mi madre se vio atrapada, a causa del testamento de mi padre, con el pago de tres rentas a viejos sirvientes jubilados; y no te puedes imaginar lo desagradable que eso resultaba para ella. Había que pagarlas dos veces al año; y luego estaba el problema de hacérselas llegar. Una vez se dijo que uno de ellos había muerto, pero luego resultó que no era cierto. A mi madre esas cosas la sacaban de quicio. Su dinero, decía, no era suyo, sometido a esas perpetuas reclamaciones, y fue de lo menos considerado por parte de mi padre, pues si no hubiera sido por eso mi madre hubiera podido disponer enteramente del dinero, sin restricciones. Lo cual me ha hecho odiar tanto las rentas que por nada del mundo me obligaría al pago de una.

—Pues sí, no cabe duda de que es algo engorroso —afirmó el señor Dashwood— tener esa clase de pérdidas anuales en el propio patrimonio. La fortuna de uno, como dice tu madre con justa razón, nos escosa completamente "de uno". Estar atado al pago regular de una suma específica, todos los días de su vida mientras dura esa renta, no es deseable bajo ningún punto de vista.

—Así son esas cosas; y al final nadie te lo agradece. Ellos quieren tener su vida resuelta y piensan que tú no haces más que lo que se espera que hagas, por lo que no sienten motivo alguno de agradecimiento. Si yo fuera tú, hiciera lo que hiciese, lo haría enteramente de manera esporádica y discrecional. No comprometería una concesión anual, pues habrán años en los que sería un gran problema desprenderse de cien libras, o siquiera de cincuenta.

—Creo que tienes razón, amor mío; mejor será que prescindamos de las rentas en este caso; lo que pueda darles yo, ocasionalmente, sea cuanto sea, les será de mayor utilidad que un subsidio anual, teniendo en cuenta que lo único que ocurriría, si tuvieran la seguridad de contar con unos ingresos más altos, es que elevarían su nivel de vida y no serían ni seis peniques más ricas al cabo de cada año. He aquí, pues, la mejor solución. Un regalo de cincuenta libras, de vez en cuando, evitará que pasen apuros pecuniarios, y yo creo que con ello cumplo a la perfección la promesa dada a mi padre.

—No te quepa la menor duda. En realidad, para ser exactos, estoy absolutamente convencida de que tu padre no pretendía que les dieras dinero. La ayuda en la que estaba pensando, y me atrevería a afirmarlo, era sólo aquello que podría esperarse razonablemente de ti; algo como, por ejemplo, buscarles una casita cómoda, hacerte cargo de los gastos de la mudanza, y enviarles presentes de pesca, de caza, y cosas como ésas, por supuesto, cuando sea temporada. Por mi vida que creo que sus intenciones no iban más allá; de hecho, serían muy extrañas, y poco razonables, si no fuera así. Sólo piensa, querido, lo excesivamente holgada que puede ser la vida de tu madrastra y sus hijas con el interés que deja un capital de siete mil libras, además de las mil que tienen cada una de las chicas, que les producen personalmente cincuenta libras al año, y, desde luego, con eso tendrían para pagar a su madre los gastos de manutención. Al final, reunirían quinientas libras entre todas y, ¿qué más pueden desear en la vida cuatro mujeres...? Su vida puede ser muy barata. La casa no se les llevaría nada; no tendrían coche, ni caballos, ni casi sirvientes; no tendrían invitados..., ¡casi no tendrán gastos!... Imagina lo felices que podrían ser. ¡Quinientas libras al año! Tengo que hacer un esfuerzo para imaginar cómo podrían gastar siquiera la mitad. Es completamente absurdo pensar que tú les des más. Ellas estarán en mejores posibilidades de darte algo a ti.

—¡Vaya! —exclamó el señor Dashwood—, creo que estás en lo cierto. Seguramente mi padre no quiso pedirme algo más allá de lo que tú dices. Ahora lo veo con claridad, y cumpliré estrictamente mi compromiso con esas muestras de ayuda y solidaridad que tú has descrito. Cuando mi madre se mude a otra casa, me pondré a su entera disposición a fin de acomodarla en la medida de mis posibilidades. Entonces quizá pueda considerarse también la posibilidad de regalarles algún mueble.

—En efecto —dijo la señora Dashwood—. Pero no hay que olvidar una cosa. Cuando tu padre y tu madre se mudaron a Norland, aunque se vendió el mobiliario de Stanhill, se conservó toda la porcelana, la loza y la ropa blanca, que pertenecen ahora a tu madre. Por lo que tendrá, en cuanto se las lleve, la casa totalmente equipada.

—Sin duda nada de eso es desdeñable desde el punto de vista material. ¡Al fin y al cabo se trata de un valioso legado! Y eso que ciertas piezas de la vajilla habrían sido una muy bonita adquisición para nuestro propio juego.

—Sí, y el servicio de porcelana de desayuno es el doble de bonito que el que pertenece a esta casa. Demasiado bonito, según yo veo, excesivamente fino para cualquier sitio en el que ellas puedan permitirse vivir. Y, sin embargo, así son las cosas. Tu padre sólo pensaba en ellas. Y yo debo recordarte que no les debes ninguna gratitud especial, ni atención alguna a sus deseos, porque los dos sabemos muy bien que, de haber podido, se lo habría dejado todo a ellas.

Este argumento fue irrebatible. Con él los propósitos del señor John Dashwood adquirieron toda la resolución de que hasta entonces habían carecido; y éste, finalmente, decidió que sería de lo más superfluo, si no enormemente indecoroso, hacer por la viuda y las hijas de su padre otra cosa que aquel género de actos de buena voluntad que su esposa le había señalado.

# Capítulo III

La señora Dashwood permaneció durante varios meses en Norland, y no porque se mostrara reacia a mudarse después de que la visión de todos aquellos rincones y parajes que tan bien conocía dejara de inspirarle la intensa emoción que durante cierto tiempo había experimentado; pues cuando sus ánimos empezaron a revivir, y su pensamiento a ser capaz de algún otro esfuerzo además de aumentar el de su luto con tristes recuerdos, sintió grandes deseos de marcharse, y no cejó en su empeño de buscar una residencia adecuada en las cercanías de Norland; ya que le era imposible alejarse de ese lugar amado. Sin embargo, no lograba encontrar el lugar que respondiera a sus expectativas de comodidad y tranquilidad, y al mismo tiempo se ajustara a la prudencia de su hija mayor, quien había rechazado con firmeza, por exceder sus ingresos, varias casas a las que ella misma había dado su aprobación.

El marido de la señora Dashwood, en su lecho de muerte, le había informado de la promesa solemne que había hecho a su hijo en favor de ella, lo que había dado paz a los últimos pensamientos terrenos del caballero. Ella no dudó de la sinceridad de tal promesa más de lo que él mismo había dudado, y la consideró con deleite por el bien de sus hijas, aunque en su fuero interno estaba convencida de que con un capital inferior a las siete mil libras iba a poder nadar en abundancia. También se alegraba, con toda sinceridad, por el hermano de sus hijas, y se reprochaba el haber sido injusta al dudar de las virtudes de él, creyéndolo ahora capaz de mostrarse generoso. Sus atenciones con ella y con sus hijas la convencieron de que realmente le preocupaba el bienestar de su familia, y por ello le había otorgado toda su confianza. Por otro lado, el desprecio que desde el primer momento había sentido por su nuera creció considerablemente con el ulterior conocimiento del carácter de ésta, obtenido a lo largo de medio año de convivencia; y quizá, a pesar de toda consideración de cortesía o afecto maternal por parte de la más madura, las dos señoras habían creído imposible que su convivencia durase tanto tiempo de no haberse dado una circunstancia que, al parecer de la señora Dashwood, hizo aún más deseable la permanencia de sus hijas en Norland.

Aquella circunstancia era un creciente afecto que había surgido entre la hija mayor y el hermano de la señora de John Dashwood, un joven muy agradable y caballeroso que les había sido presentado poco después de que su hermana se instalara en Norland, y que desde entonces había pasado con ellos la mayor parte de su tiempo.

Algunas madres se habrían sentido inclinadas a fomentar ese apego por simple interés, pues Edward Ferrars era el primogénito de un hombre que había muerto siendo muy rico; pero otras hubieran optado por reprimir prudentemente esa relación, sabiendo que, salvo una pequeña cantidad insignificante, toda la fortuna del joven dependía del testamento de su madre. Pero la señora Dashwood no centraba su pensamiento en cosas materiales; a ella le bastaba que el joven pareciera tener buen carácter, que amara a su hija y que para Elinor fuese también un ser amado. Era ajeno a sus creencias el que una diferencia de fortunas tuviera que separar a una pareja mutuamente atraída por inclinaciones afines, y que las cualidades de Elinor no fueran apreciadas por todo aquel que la conociera le resultaba inconcebible.

Edward Ferrars no apelaba a su buen concepto por ninguna cualidad extraordinaria de presencia o de trato. No era guapo y, para hacerse agradable, sus modales requerían un conocimiento a fondo. Era demasiado tímido para hacerse justicia a sí mismo, pero cuando esa timidez natural era vencida, todos sus actos revelaban un corazón franco y afectuoso. Era hombre de entendimiento, y su educación lo había mejorado sólidamente. Pero no estaba dotado ni de habilidades ni de inclinaciones que colmaran los deseos de su madre y su hermana, quienes anhelaban verlo distinguido con algo que en el fondo no sabían lo que era, pero que tenía que ver con el hecho de que él se convirtiera en un elegante hombre de mundo, fuera como fuese. Su madre deseaba interesarlo en la política, llevarlo al parlamento, o verlo relacionado con algunos de los grandes hombres del momento. La señora de John Dashwood deseaba algo parecido; pero, mientras no pudieran alcanzarse esas cualidades superiores, su ambición se había concentrado en verlo conducir un pequeño coche de un caballo. Al parecer, Edward no había nacido para gran hombre, ni para conducir grandes carruajes. Todos sus anhelos se centraban en la tranquilidad hogareña y en la paz de la vida privada. Pero él tenía un hermano que prometía más.

Antes de despertar seriamente el interés de la señora Dashwood, Edward llevaba ya varias semanas en la casa; pues, en esa época ella se encontraba en tal estado de aflicción que de hecho no prestaba atención a lo que sucedía ante sus propios ojos. Ella solamente se daba cuenta de que era un hombre callado y nada entrometido, y eso la dejaba satisfecha. No estorbaba las zozobras de su espíritu con conversaciones inoportunas. La primera vez que se sintió animada a una mayor observación y aprecio fue gracias a la reflexión hecha casualmente por Elinor a propósito de lo diferentes que eran él y su hermana. Se trataba de un contraste que le favorecía del modo más imperioso a ojos de la señora Dashwood.

—Eso es suficiente —decía ella—, me basta con que no se perezca a Fanny. Él es una persona agradable y eso hace que yo lo quiera.

—Creo que te gustará —dijo Elinor— cuando lo conozcas mejor.

—¡Gustarme! —respondió su madre con una sonrisa—. Yo soy incapaz de tener ningún sentimiento de aprobación por debajo del amor.

—Bueno, podrías pensar en él simplemente con aprecio.

—Yo no sé qué es lo que separa el aprecio del amor.

Después de esa categórica definición de sus sentimientos, la señora Dashwood hizo un esfuerzo por relacionarse con él. Los modales de ella eran tan cariñosos que no tardaron en desvanecerse las reservas del joven. Reconoció rápidamente todas sus virtudes, su persuasivo interés por Elinor quizá la ayudara en su percepción del joven; pero independientemente de eso, ella no tenía la menor duda acerca de su valía, e incluso esa actitud calmada y parsimoniosa que se oponía a sus más enraizadas ideas acerca de lo que debían ser las maneras de un joven, no dejó de parecerle interesante, sobre todo cuando se percató de que tenía un espíritu afectuoso y un corazón tierno.

Apenas hubo percibido un indicio de amor en su relación con Elinor, dio por cierta la seriedad de su mutuo apego, y comenzó a considerar su matrimonio como algo inminente.

—En pocos meses, querida Marianne —dijo—, Elinor tendrá con toda probabilidad la vida asegurada. La echaremos de menos, pero será feliz.

—¡Oh, mamá! ¿Qué haremos sin ella?

—Pequeña mía, no va a ser exactamente una separación. Viviremos a pocas millas unos de otros, y nos veremos todos los días de nuestra vida. Tú ganarás un hermano, un verdadero y cariñoso hermano. Tengo la mejor de las opiniones sobre la naturaleza de Edward. Pero pareces seria, Marianne, ¿es que no apruebas la elección de tu hermana?

—Tal vez —dijo Marianne— la considere un poco sorprendente. Edward es muy amable y yo le tengo cariño. Pero aun así..., no es el tipo de joven..., le falta algo... No destaca por su figura; no tiene ninguno de esos dones que yo hubiese esperado del hombre con verdaderas facultades para despertar el interés de mi hermana. En sus ojos no hay ese espíritu, ese fuego que al mismo tiempo revela virtud e inteligencia. Además, mamá, me temo que él carece de verdadero gusto; la música apenas parece interesarle, y aunque sienta una gran admiración por los dibujos de Elinor, no se trata de la admiración de una persona que sepa apreciar su valor. Es obvio, pese a la gran atención que él le dedica cuando ella dibuja, que en realidad él no entiende nada de esa materia. La admira porque la ama, no por ser un experto. Para satisfacerme a mí, estas cualidades tendrían que estar unidas. Yo no podría ser feliz con un hombre cuyo gusto no coincidiera en todo momento con el mío. El hombre que yo amara tendría que participar de todos mis sentimientos: los mismos libros, la misma música habrían de hechizarnos a los dos. ¡Oh, mamá!, ¡hay que ver qué poco espíritu, qué poca gracia tuvo anoche cuando nos leía! Yo me sentí apenada por mi hermana. Y ella, aun así, lo soportaba con tanta compostura que apenas parecía notarlo. Yo apenas podía resistir aquello, quieta en mi silla... ¡Oír aquellos hermosos versos que han estado a punto de hacerme perder la razón, dichos con ese lamentable sonsonete, con esa mortal indiferencia!

—Cierto que le habría hecho más justicia a una prosa simple; lo pensé en aquel momento; pero tú insististe en que leyera a Cowper.

—Así fue, mamá..., ¡si Cowper no es capaz de darle vida...! Pero debemos atenernos al hecho de que hay gustos para todo. Elinor no siente como yo, y quizá por eso pueda no tenérselo en cuenta, y ser feliz con él. Pero, si hubiera sido yo quien le amase, se me habría caído el alma a los pies al oírlo leer con esa falta de sensibilidad. Mamá, cuantas más cosas sé del mundo más convencida estoy de que nunca encontraré a un hombre al que pueda amar de verdad. ¡Exijo tanto! Debe tener todas las virtudes de Edward, pero su físico y sus maneras deben ser solamente el marco de su bondad y de muchos otros encantos.

—Recuerda, cariño mío, que no has cumplido siquiera los diecisiete años. Aún es muy pronto para que despierte en tu alma tal felicidad. ¿Por qué no ibas a tener tú tanta suerte como tu madre? ¡En una sola y única circunstancia puede tu destino, querida Marianne, ser distinto del mío!

# Capítulo IV

—Qué pena me da, Elinor —dijo Marianne—, que Edward no tenga gusto por el dibujo.

—¿Que no tiene gusto por el dibujo? —respondió Elinor—; ¿y qué te hace pensar eso? Él no dibuja, eso es cierto, pero disfruta viendo la obra de los demás, y te aseguro que de ningún modo está privado de un sentido natural del gusto, a pesar de no haber tenido oportunidades para perfeccionarlo. Si alguna vez se le hubiera presentado la ocasión de aprender, creo que habría dibujado muy bien. No se fía de su propio criterio en esas materias, y tanto es así que siempre declina dar su parecer sobre una obra; pero tiene una innata corrección y simplicidad de gusto, que normalmente lo guía por el mejor camino.

Marianne tenía miedo de ofender, y no dijo nada más sobre el asunto; pero la clase de aprobación que, según la descripción de Elinor, obtenían de él los dibujos de los demás, estaba muy lejos de aquel rapto de placer que, en su propia opinión, era lo único que merecía llamarse gusto. Con todo, aunque sonriendo para sí por aquella actitud de su hermana, la felicitó por su buena disposición hacia Edward, aunque considerase que aquello no era más que una ciega parcialidad.

—Confío, Marianne —continuó Elinor—, en que no lo consideres privado de gusto en conjunto. De hecho, creo poder decir que no puedes hacerlo, pues tu actitud con él es absolutamente cordial, y si fuera ésa tu opinión, estoy segura de que no podrías ser amable con él.

Marianne apenas supo qué decir. No quería herir los sentimientos de su hermana por ningún motivo; pero decir lo que no sentía realmente le pareció inapropiado, por lo que terminó diciendo:

—No debes sentirte ofendida, Elinor, si mis alabanzas no se corresponden en todo punto con tu propio concepto de sus cualidades. No he tenido tantas ocasiones como tú de apreciar las más recónditas propensiones de su alma, sus gustos e inclinaciones, pero tengo la mejor opinión de su bondad y buen juicio. Veo en él sólo cosas valiosas y agradables.

—Estoy segura —repuso Elinor con una sonrisa— de que sus mejores amigos no se sentirían descontentos con una recomendación así. Tu amabilidad no podría, creo, expresarse en mejores términos.

Marianne se regocijó al ver a su hermana tan fácilmente complacida.

—De su bondad y buen juicio —continuó Elinor—, en mi opinión nadie podría dudar, nadie que lo haya conocido al punto de sostener con él una conversación sin ataduras. La finura de su inteligencia y sus principios sólo puede velarla esa timidez que a menudo lo obliga a guardar silencio. Tú lo conoces lo bastante para dar cuenta de la veracidad de sus auténticas cualidades. Pero de lo que llamas sus más recónditas propensiones te has mantenido, por determinadas circunstancias, más en la ignorancia que yo. Nosotras hemos coincidido muchas veces, mientras tú estabas absorbida por mi madre, guiada por los más afectuosos principios. He sabido muchas cosas de él, he estudiado sus sentimientos y escuchado su parecer en asuntos literarios, o en general de buen gusto, por lo que me atrevería a afirmar que su inteligencia está bien cultivada, que su placer por la lectura es grande, su imaginación es viva, sus observaciones justas y correctas, y sus gustos puros y delicados. Sus facultades se perciben como mejores en todos los campos a medida que se le va tratando, tanto como sus modales y su físico. En una primera impresión, ciertamente, no nos deslumbra su forma de ser, y apenas puede decirse que sea guapo, hasta que uno se percata de la expresión de sus ojos, que son extraordinariamente bondadosos, y de la dulzura general de su semblante. A estas alturas lo conozco tan bien que me parece guapo de verdad; o, si eso es mucho decir, casi guapo. ¿Tú qué crees Marianne?

—Estoy segura de que muy pronto lo encontraré guapo, Elinor, si bien ahora no lo veo así. Cuando me pidas que lo quiera como a un hermano, dejaré de ver la imperfección en su rostro, como no la veo ahora en su corazón.

Elinor se sobresaltó al oír estas palabras, y lamentó las efusiones que la habían traicionado al hablar de él. Notaba que Edward ocupaba un lugar muy alto en su consideración. Creía que el interés era mutuo; pero necesitaba estar más segura antes de permitirse respaldar la fe que Marianne tenía en sus relaciones. Sabía que las conjeturas de Marianne y de su madre no necesitaban más que dar un paso para convertirse en certezas. Quería explicarle a su hermana el verdadero estado de la situación.

—No pretendo negar —dijo— que pienso lo mejor de él..., que lo aprecio enormemente, y que me gusta.

Estas palabras provocaron una explosión en Marianne, quien parecía muy indignada.

—¡Apreciable! ¡Gustarte! ¡Oh, Elinor, qué corazón tan frío! ¡Peor que frío! Vuelve a decir algo parecido y salgo inmediatamente de la habitación.

Elinor no pudo dejar de reírse.

—Perdóname —dijo—, y ten por seguro que no pretendía ofenderte al hablar con tanta liberalidad de mis sentimientos; pero debes saber que son incluso más fuertes de lo que he declarado. En fin, debes creerlos en la medida en que, sin imprudencias ni locuras, puedan justificarlos sus buenas cualidades, y la sospecha..., la esperanza en su afecto por mí. Pero más no debes creer. No estoy del todo segura de su interés, hay momentos en que el alcance de éste parece dudoso; y mientras no se conozcan plenamente sus sentimientos comprenderás que desee evitar toda efusión en mi parcialidad. En mi corazón hay pocas dudas, o tal vez ninguna, de que él siente algo importante por mí; pero también sé que él está muy lejos de ser un hombre importante en lo económico, no podemos saber cómo es realmente su madre; sin embargo, por su forma de comportarse y por lo que le hemos oído decir alguna vez, no tenemos muchos motivos para creerla amable; y mucho me equivoco o Edward mismo está muy al corriente de los impedimentos que saldrían a su paso si quisiera casarse con una mujer que no tiene gran fortuna ni una elevada posición social.

Marianne estaba enormemente sorprendida de ver en qué medida su propia imaginación y la de su madre habían rebasado la realidad.

—Pues lo único cierto es que tú no estás comprometida con él —dijo—. Pero por lo que veo eso tardará en llegar; y de ese retraso se tendrán dos ventajas; por un lado no te perderé tan pronto, y por otro Edward tendrá nuevas oportunidades para perfeccionar ese gusto natural por tu pasatiempo favorito, del cual depende tu futura felicidad. ¡Oh, si tu genio pudiera incitarlo al punto en que él mismo quisiera aprender a dibujar, sería una maravilla!

Elinor había hablado con toda franqueza a su hermana. No podía considerar su parcialidad por Edward en condiciones tan favorables como Marianne había creído. A veces se observaba en él un abatimiento que, si no denotaba indiferencia, decía muy poco en favor de sus expectativas. Alguna duda sobre el interés de ella, suponiendo que la tuviera, no tendría por qué producirle algo más que inquietud. No era probable que fuera ésa la causa de aquel espíritu alicaído que manifestaba últimamente. Un motivo más que razonable quizá fuese la situación de dependencia que le impedía abandonarse a sus afectos. Elinor no ignoraba que la madre de Edward no se conducía con él de manera que le hiciera sentirse incómodo en su actual hogar, pero tampoco le daba ninguna seguridad en cuanto a que pudiera formar el suyo propio sin atenerse estrictamente a las perspectivas de grandeza que le tenía reservadas. Sabiendo esto, Elinor no podía encontrarse a gusto hablando de esto. No podía confiar en el resultado de la preferencia que le manifestaba, y que su madre y su hermana daban por seguro. Sí, cuanto más tiempo pasaban juntos más dudosa parecía la naturaleza del interés de Edward; y, a veces, durante algunos dolorosos minutos, le parecía que no era más que una simple amistad.

Sin embargo, fueran cuales fueren sus límites, dicho interés fue suficiente, para poner nerviosa a la hermana de Edward en cuanto lo advirtió, y también bastó para poner en marcha al mismo tiempo sus malos modales, lo que le era bastante natural. A la primera oportunidad, planteó la cuestión ante su suegra. Hablándole con vehemencia de las grandes esperanzas de su hermano, de lo decidida que estaba la señora Ferrars a casar bien a sus dos hijos y del peligro que acechaba a toda jovencita que hiciera el intento de atraparlo. Ante esto, la señora Dashwood no pudo disimular ni fue capaz de mantener la serenidad. Su respuesta definió su desprecio, y de inmediato salió de la habitación, habiendo decidido que, sin importar los inconvenientes o los costos de una mudanza tan repentina, su adorada Elinor no iba a verse expuesta a tales insinuaciones ni una semana más.

En este estado de ánimo recibió del correo una carta, que contenía un ofrecimiento particularmente oportuno. Se ponía a su disposición una casita, en condiciones muy favorables, propiedad de un pariente suyo, un caballero de calidad y relevancia en Devonshire. La carta era de ese caballero en persona, y estaba escrita en términos tales, que revelaban el espíritu de lograr un acuerdo amistoso. Entendía que tenía necesidad de una residencia y, aunque lo que él ofrecía no era más que una casita de campo, le aseguraba que la arreglaría de acuerdo a sus necesidades, si el emplazamiento era de su gusto. Tras dar detalles de las características de la casa y del jardín, con gran amabilidad la invitaba a desplazarse, junto con sus hijas, a Barton Park, donde él residía y visitar la casa de Barton Cottage, que pertenecía a la misma parroquia; podía, haciendo los cambios oportunos, responder a su bienestar. Parecía realmente deseoso de hospedarlas, y la carta entera estaba escrita en un tono tan amistoso que su prima no pudo menos que quedar complacida; tanto más en un momento como aquél, en el que se encontraba recibiendo el trato frío y desnaturalizado de sus parientes más cercanos. No necesitó tiempo para deliberaciones ni pesquisas. Apenas terminada la lectura de la carta, tomó la decisión. La localización de Barton, en un condado tan distante de Sussex como Devonshire, que, sólo unas horas antes habría constituido objeción suficiente para menospreciar cualquier posible ventaja, resultaba ahora su mejor recomendación. Abandonar la vecindad de Norland no era ya un mal; era objeto de deseo; y marcharse para siempre de aquel querido lugar iba a resultar menos penoso que habitarlo o visitarlo mientras una mujer así fuera su ama y señora. De inmediato se puso a escribir una carta de respuesta a sir John Middleton, agradeciéndole su amabilidad y comunicándole que aceptaba su ofrecimiento; luego se apresuró a enseñar ambas cartas a sus hijas, a fin de contar con su aprobación antes de despachar la respuesta.

Elinor siempre había creído que sería más prudente establecerse a cierta distancia de Norland que en las inmediaciones de su actual círculo de amistades. Según este cálculo, no tenía razones para oponerse al propósito de su madre al trasladarse a Devonshire. La casa, además, tal como la describía sir John, era de unas dimensiones tan sencillas, y el alquiler tan inusitadamente moderado, que no le daba derecho a objetar en punto alguno; y, así, aunque no fuera un proyecto que cautivase de ningún modo su imaginación, aunque significara un alejamiento de las proximidades de Norland que era mucho mayor de lo que ella hubiese deseado, no hizo el menor intento por disuadir a su madre de enviar la carta con su conformidad.

# CAPÍTULO V

No bien hubo despachado su respuesta, la señora Dashwood se dio el gusto de anunciar a su hijastro y a la mujer de éste que ya tenía la casa, y que no iba a molestarlos más tiempo del necesario para habitarla. La pareja escuchó la noticia con sorpresa. La señora Dashwood no dijo nada; pero su marido expresó la cortés confianza de que no fuera a fijar su residencia lejos de Norland. La señora Dashwood, tuvo gran satisfacción de responderle que se marchaban a Devonshire. Al oírlo, Edward se volvió precipitadamente, y, con voz sorprendida y preocupada que para ella no necesitaba explicación, repitió:

—¡Devonshire!... ¿De verdad se van a Devonshire? ¡Tan lejos de aquí!... ¿Y a qué parte?

La señora Dashwood explicó la situación de la casa. Estaba a cuatro millas al norte de Exeter.

—No es más que una casa de campo —explicó—, aunque yo espero recibir allí a muchos de mis amigos. No será difícil añadirle una o dos habitaciones; y si mis amigos no encuentran impedimento en hacer un viaje tan largo para ir a verme, estoy segura de que yo no hallaré ninguno en darles alojamiento.

Concluyó invitando muy amablemente al señor y a la señora de John Dashwood a visitarla en Barton; y a Edward le extendió la invitación aún con mayor énfasis. Aunque la última conversación con su nuera la había convencido de no seguir en Norland más de lo indispensable, no había producido el menor efecto en lo concerniente a aquello en lo que principalmente estaba encaminada. Separar a Edward y Elinor seguía estando tan lejos de su ánimo como antes; y deseaba hacer notar a la señora de John Dashwood, mediante esta inequívoca invitación a su hermano, que le importaba bien poco la desaprobación que manifestaba ella por los escarceos amorosos de su hermano.

El señor John Dashwood no dejó de repetirle a su madre lo mucho que sentía que hubiera alquilado una casa tan distante de Norland, por lo que no podía prestarle la menor ayuda en la mudanza. La situación le contrariaba sobremanera, pues el mismo esfuerzo al que había reducido el cumplimiento de la promesa que había hecho a su padre resultaba impracticable a la vista de este arreglo. Se envió el ajuar por mar, que consistía principalmente en ropa banca, loza, porcelana, libros y un bonito piano que era propiedad de Marianne. La señora Dashwood suspiró al ver partir los embalajes: no podía dejar de pensar en lo injusto que era el que la señora Dashwood, cuya renta iba a ser insignificante comparada con la suya, hubiera de tener un ajuar tan espléndido.

La señora Dashwood arrendó la casa por un año; estaba ya amueblada y podía ocuparla de inmediato. No surgió ninguna dificultad entre los contratantes, y la familia esperó solamente lo necesario para organizar el traslado de sus efectos personales y decidir su futuro servicio doméstico, para partir con rumbo al oeste. Los caballos que le había dejado su marido habían sido vendidos poco después de su muerte y ahora, habiéndose presentado una oportuna oferta por el carruaje, la señora Dashwood también lo vendió, aconsejada por la hija mayor. Ella hubiera preferido conservarlo para conveniencia de sus hijas; pero en ese caso prevaleció el buen sentido de Elinor, y también fue la sensatez de ella por lo que se limitó a tres el número de sirvientes: dos doncellas y un hombre, de los que se proveyeron rápidamente, eligiéndolos entre los que habían formado parte de su servicio en Norland.

El hombre y una de las doncellas partieron sin más tardanza a Devonshire a preparar la casa para la llegada de su señora; pues como lady Middleton era una completa desconocida para la señora Dashwood, ella prefería ir directamente a la casa e instalarse en ella, en vez de pasar una temporada como invitada en Barton Park, y confiaba tan ciegamente en la descripción de sir John que no sentía curiosidad por examinarla personalmente, considerándola ya su casa.

Su impaciencia por marcharse de Norland no pudo verse disminuida, dado el regocijo evidente de su nuera ante la perspectiva de la mudanza; un regocijo que apenas trató de disimular con una fría invitación a retrasar su marcha. Ahora ella y su marido tenían la oportunidad de cumplir la promesa hecha al difunto señor Dashwood. Ya que su hijo se había desentendido en el momento de recibir la herencia, quizás ahora, al dejar ellas la casa, pensara que tenía ante sí una ocasión idónea para cumplirla. Pero la señora Dashwood no tardó en renunciar a toda esperanza al respecto, y en convencerse, por el rumbo general de sus palabras, de que la ayuda de su hijastro terminaba con la manutención provista durante los seis meses pasados en Norland. Hablaba tan a menudo de los crecientes gastos del cuidado de la casa, y de las reclamaciones que pesaban sobre su bolsillo, a la que cualquier hombre de calidad estaba expuesto más allá de todo cálculo, que parecía tener él mismo más necesidad de dinero que la disposición de darlo.

Muy pocas semanas después de recibir la primera carta de sir John Middleton, su futura morada se hallaba ya tan perfectamente dispuesta que la señora Dashwood y sus hijas pudieron emprender el viaje.

Muchas fueron las lágrimas que se vertieron en su último adiós a un lugar tan amado. "¡Querido, querido Norland!", dijo Marianne la última noche que pasaron allí, paseando en soledad en los alrededores de la casa. "¡Cuándo se me acabará este pesar! ¡Cuándo aprenderé a reconocer mi hogar en otra parte!... ¡Oh, dichoso hogar, cómo podrías saber lo que sufro al verte ahora desde aquí, en este lugar desde donde tal vez no pueda verte más! ¡Pensar que todo seguirá siendo lo mismo, que a los árboles no se les caerá una sola hoja porque nosotros partamos, que ni una sola rama dejará de moverse porque ya no podamos contemplarlas más! ¡No!..., ellos seguirán siendo siempre los mismos, sin darse cuenta del dolor que nos ocasiona dejarlos, insensibles a la desaparición de aquellos que caminaban bajo su sombra... ¿Quién los disfrutará ahora?

# Capítulo VI

La primera parte del viaje transcurrió en medio de una gran melancolía, por lo que no podía ser más que algo tedioso y desagradable. Pero a medida que se acercaban a su destino, el interés por la fisonomía de aquellas tierras que estaban a punto de habitar venció la desdicha, y al entrar en el valle de Barton lo que vieron les infundió una buena dosis de optimismo.

Era un paraje fértil y agradable, con buenos bosques, y rico en pastos. Tras serpentear su curso más allá de una milla, llegaron a la casa. En el frente había una pequeña parcela de césped, y esas eran todas las tierras vinculadas a la propiedad, y entraron en ellas atravesando un bonito postigo.

Barton Cottage era una casa pequeña, pero bastante sólida y cómoda; pero, como toda casa de campo, tenía sus inconvenientes; la construcción tenía una forma irregular, el techo era de tejas, las persianas no estaban pintadas de verde, ni las paredes cubiertas de madreselva. Un estrecho pasillo conducía directamente a través de la casa al jardín posterior. A ambos lados del vestíbulo había una salita de estar, de unos dieciséis pies cuadrados, y tras él estaban la cocina, sus dependencias y las escaleras. Cuatro dormitorios y dos buhardillas formaban el resto de la casa. No era de construcción antigua y estaba en buen estado; pero en comparación con Norland se veía demasiado pobre y pequeña. Sin embargo, las lágrimas que al entrar inspiraron los recuerdos y las comparaciones pronto fueron enjugadas. La alegría de los sirvientes al verlas llegar las animó, y por el bien de las demás cada una resolvió fingir que estaba contenta. Eran los primeros días de septiembre; el clima era suave, y al verse supeditada su primera impresión del lugar a las excelencias del buen tiempo, el efecto favorable que produjo en ellas les fue muy útil para lograr la aceptación de las cosas y la definitiva aceptación de su nueva residencia.

La casa estaba bien situada. Elevadas colinas se alzaban justo delante de ella, y a no mucha distancia de ambos laterales, algunas áreas eran de campo raso y otras cultivadas y pobladas de árboles.

El pueblo de Barton se extendía en su mayor parte sobre una de las colinas, y constituía una agradable vista desde las ventanas de la casa. La perspectiva desde la parte delantera era más amplia, dominaba el valle entero y llegaba hasta las tierras de más allá. Las colinas que rodeaban la casa cerraban el valle en esa dirección; con otro nombre y con otro curso el valle seguía ramificándose entre dos de las colinas más abruptas.

Con el tamaño y el mobiliario de la casa la señora Dashwood se mostró en conjunto satisfecha; pues, aunque su antiguo estilo de vida exigía muchos complementos a lo que era sólo indispensable, nunca dejaba de ser para ella un placer hacer añadidos y reformas, y en esos momentos disponía de dinero suficiente para proveer sus dependencias de todo lo necesario para una mayor elegancia.

—No hay duda de que esta casa —dijo— es demasiado pequeña para toda la familia, pero de momento nos instalaremos tolerablemente, dado que es demasiado tarde, en esta época del año, para hacer reformas. Tal vez en primavera, si me sobra dinero, cosa que podría suceder, hagamos algunas obras. Estas salitas son demasiado pequeñas para las reuniones de amigos que espero ver a menudo celebrarse aquí; y tengo idea de extender el pasillo hacia una de ellas, quizás aprovechando parte de la otra, y dejar así el resto de esta última como vestíbulo; esto, así como una nueva salita para las visitas que no será difícil de añadir, junto con un dormitorio y una buhardilla arriba, lo que daría como resultado una casita de campo cómoda y acogedora. Me gustaría también que las escaleras fueran más anchas. Pero tampoco se puede tenerlo todo; aunque supongo que sería más fácil ampliarlas. Ya veré cuáles son mis deudas con el mundo cuando llegue la primavera, y de acuerdo con ellas haremos planes para nuestra reforma.

Mientras tanto, aunque pudieran llevarse a cabo todas las reformas, a cuenta de los ahorros de una renta de quinientas libras anuales, percibidas por una mujer que no está acostumbrada a ahorrar, la hijas tuvieron la sensatez suficiente para pensar en que habría que contentarse con la casa tal como estaba, y cada una se dedicó a atender sus particulares cuidados, e hizo cuanto pudo, colocando por todas partes libros y demás pertenencias, por crearse un hogar.

El piano de Marianne fue desembalado y convenientemente emplazado; y colgaron los dibujos de Elinor en las paredes de la salita de estar.

Hallándose en tales ocupaciones, las encontró el siguiente día, y poco después del desayuno se presentó el propietario de la casa, quien iba a darles la bienvenida a Barton, y a poner todos los enseres de su propia casa y jardín a disposición del acomodo que en las actuales circunstancias pudieran hacerles falta.

Sir John Middleton era un hombre bien parecido, de unos cuarenta años. Él las había visitado anteriormente en Stanhill, pero hacía demasiado tiempo para que sus primas se acordasen de él. Su semblante revelaba buen humor y sus modales eran tan cordiales como el tono de su carta. La llegada de sus parientes parecía producirle una verdadera satisfacción, y el bienestar de ellas era objeto de sincera preocupación de su parte. Expresó muchas veces el firme deseo de que vivieran en las condiciones más sociables con su propia familia, y las instó tan amigablemente a ir a cenar todos los días a Barton Park hasta que estuvieran completamente instaladas, y sus ruegos fueron llevados a un punto de perseverancia que rebasó la cortesía, por lo que ellas no pudieron negarse a la invitación. La amabilidad de sir John no se limitó a las palabras, pues una hora después de haberse marchado, llegó de Barton Park una gran cesta de fruta y hortalizas y, antes de que acabara el día, fue seguida por un presente de caza. Insistió además en ocuparse del correo de todas las cartas que escribieran o recibieran, y tampoco quiso privarse del placer de mandarles su periódico todos los días. Lady Middleton les había hecho llegar por mediación de su marido un mensaje muy atento, que denotaba el propósito de presentar sus respetos a la señora Dashwood tan pronto como se le diera la seguridad de que su visita no sería inoportuna; y, como ese mensaje fue respondido con una invitación igual de cortés, su señoría les fue presentada al día siguiente.

Por supuesto, ellas tenían grandes deseos de conocer a la persona de la que tanto dependía su bienestar en Barton, y su elegante presencia respondió favorablemente a sus expectativas. Lady Middleton no tenía más de veintiséis años y poseía un rostro muy agraciado, una figura alta e impresionante, y era graciosa en su trato. Sus maneras hacía gala de toda la elegancia de que carecía su marido; pero habrían sido mejores si hubieran tenido algo de la franqueza y afabilidad de éste. La visita fue lo suficientemente larga como para que la dama llegara a desmerecer un poco en la observación de sus primas, pues reveló que, aunque perfectamente educada, en el fondo era fría y reservada, y que no tenía por sí misma nada más que decir en cuanto a trilladas preguntas y aseveraciones.

No faltó, pese a todo, la conversación, pues sir John era muy locuaz, y lady Middleton había tomado la sabia precaución de llevar consigo a su hijo mayor, un hermoso niño de unos seis años de edad, gracias al cual las damas no dejaron de estar alegres y comunicativas haciendo muchas preguntas al niño, que contestaba la madre mientras él, manifestando gran timidez se pegaba al cuerpo de la madre, con la cabeza baja, pera sorpresa de su señoría, que estaba sorprendida de su actitud, pues en casa era un auténtico torbellino. Toda visita formal debería incluir la presencia de un niño, a fin de nutrir la conversación. En este caso se emplearon diez minutos en determinar si el niño se parecía más a su madre o a su padre, y en qué pormenores consistía su parecido con cada uno, pues por descontado todos disentían, y todos se quedaban atónitos ante la opinión de los demás.

No tardaron los Dashwood en tener la oportunidad de debatir el tema del descanso de los niños; sir John, mientras tanto, rehusó abandonar la casa sin obtener la promesa de que irían al día siguiente a cenar a Barton Park.

# Capítulo VII

La finca de Barton se hallaba a una media milla de la casita de campo. Durante su trayecto por el valle habían pasado cerca de ella, pero desde la casa no se veía, pues la tapaba una colina. La finca era grande y bonita; los Middleton vivían en ella de una forma hospitalaria y distinguida a la vez; lo primero era el gusto de sir John, y lo segundo era el placer de su esposa. Rara vez dejaban de tener invitados en la casa, y ellos excedían en número y condición a todas las familias de la vecindad. Era algo necesario para la felicidad de ambos, pues, aunque distintos en temperamento y trato, eran de lo más parecidos en esa total ausencia de gusto y talento que su ámbito de actividades se reducía a lo que estaba socialmente programado. De cualquier manera tenía una actividad que les era propia y personal: sir John era cazador, y lady Middleton era madre. Él disparaba su escopeta y ella mimaba a sus niños, ése era todo su mundo. Lady Middleton tenía la ventaja de poder malcriar a los niños durante todo el año, mientras que las ocupaciones autónomas de sir John estaban vigentes sólo la mitad del tiempo. Constantes compromisos en casa y fuera de ella suplían, sin embargo, cualquier deficiencia en materia de carácter y educación; eran un estímulo para el buen humor de sir John, y permitían a su esposa ejercitar su buena crianza.

Lady Middleton se preciaba de la elegancia de su mesa, y de todos los arreglos domésticos; y de ese tipo de vanidad procedía la gran satisfacción que le daban sus reuniones. En cambio, para sir John, el disfrute de la sociedad era mucho más auténtico; le encantaba verse rodeado de jóvenes, más de los que cabían en la casa, y cuanto más alborotaban más le gustaban. Él era una bendición para toda la gente joven de la comarca, pues, especialmente en el verano, organizaba comidas frías de jamón y pollo al aire libre, y en el invierno sus bailes privados eran lo suficientemente concurridos para cualquier jovencita que no padeciera el insaciable apetito de los quince años.

La llegada de una nueva familia a la región era para él motivo de júbilo, y no podía estar más satisfecho con los inquilinos que habían encontrado para su casita de Barton. Las señoritas Dashwood eran jóvenes, bonitas, y carecían de afectación. Esto último bastaba para conseguir sus beneplácitos; pues, para él, la falta de afectación era la mayor cualidad de una muchacha bonita, eso podía hacerla tan cautivadora como su presencia física. Por su natural cordialidad, le hacía feliz acomodar a aquellos cuya situación, en comparación con el pasado, podía considerarse infortunada. Al mostrarse amable con sus primas obtenía la satisfacción que es propia de un buen corazón, e instalando en su casa a una familia exclusivamente femenina encontraba toda la satisfacción de un deportista; porque un deportista, aunque estima tan sólo a aquellos de su propio sexo que son también deportistas, rara vez se siente inclinado a fomentar en ellos el sentido del gusto, dándoles techo en sus propios dominios.

La señora Dashwood y sus hijas fueron recibidas en la puerta por sir John, quien les dio la bienvenida a Barton con gran sencillez, sin afectación alguna; y mientras las acompañaba al salón, expresó a las jovencitas, con la misma preocupación de la noche anterior, su incapacidad para encontrar algunos jóvenes elegantes que presentarles. Les dijo que sólo iban a conocer, además de sí mismo, a otro caballero, amigo suyo, que estaba residiendo en la finca, pero que ni era muy joven ni precisamente muy alegre. Les pidió que disculparan las pequeñas proporciones de la reunión, y podía asegurarles que eso nunca más volvería a ocurrir. Aquella mañana había visitado a algunas familias con la esperanza de incrementar la concurrencia, pero aquella noche habría luna llena y todos tenían muchos compromisos. Por fortuna, la madre de lady Middleton había llegado a Barton a última hora, y, dado que era una mujer muy animada y simpática, confiaba en que a las señoritas aquella reunión no les parecería demasiado aburrida. Sin embargo, tanto ellas como su madre se daban por enteramente satisfechas con tener a dos completos desconocidos en el grupo, y no pedían más.

La señora Jennings, la madre de lady Middleton, era una mujer de cierta edad, de risueño talante, gorda y alegre, que hablaba mucho, parecía muy contenta, y de hecho se comportaba con bastante vulgaridad. Reía y bromeaba constantemente, y antes de que acabara la cena había dicho ya muchas cosas ingeniosas sobre los novios y maridos; expresó la esperanza de que las señoritas Dashwood no hubieran dejado el corazón en Sussex, porque tenía intención de verlo florecer tanto si así era como si no. Marianne, al oír esto, se sintió incómoda por su hermana, y volvió los ojos hacia Elinor para ver cómo resistía a estos embates, con un gesto de gravedad que a Elinor le dolió más que los comentarios de la señora Jennings.

El amigo de sir John, el coronel Brandon, no parecía, por semejanza de carácter, más adecuado para ser su amigo que lady Middleton para ser su esposa, o que la señora Jennings para ser la madre de ella. Era un hombre callado y circunspecto. No tenía un aspecto desagradable, pese a ser, en opinión de Marianne y Margaret, un auténtico solterón, pues andaba por los treinta y cinco; pero, aunque su rostro no era atractivo, su expresión era inteligente y sus modales particularmente caballerosos.

Nada había en ninguno de los miembros del grupo que pudiera recomendar su compañía a las Dashwood; pero la fría simpleza de lady Middleton era tan especialmente insoportable que, comparada con ella, la seriedad del coronel Brandon, y hasta la ruidosa jocosidad de sir John y de su suegra resultaban interesantes. El entusiasmo de lady Middleton tan sólo parecía suscitarlo la entrada de sus cuatro escandalosos niños después de la cena, que la manosearon, le rasgaron el vestido y pusieron fin a toda conversación que no estuviese centrada en sí mismos.

Por la noche, como se descubrieron las cualidades musicales de Marianne, se la invitó a tocar. Se quitó el cerrojo al instrumento, se prepararon todos para rendirse cautivados, y Marianne, que cantaba muy bien, atendió a sus peticiones y pasó revista a la mayor parte de las canciones que lady Middleton había aportado al matrimonio y que seguían junto al piano desde que se habían instalado en la casa, pues, al contraer matrimonio, su señoría había renunciado a la música, aunque, según el relato de su madre, antes tocaba extraordinariamente bien, y según el suyo propio, no era más que una gran aficionada al canto.

Las interpretaciones de Marianne fueron muy aplaudidas; sir John expresó sonoramente su admiración, al final de cada pieza, del mismo modo que sonora fue su conversación mientras duraba cada una de ellas. Lady Middleton lo llamó repetidamente al orden, asombrada de que él pudiera apartar su atención de la música, y pidió a Marianne que interpretara una canción que ya había cantado. De todo el grupo, tan sólo el coronel Brandon la oyó sin entrar en trance. Su único cumplido fue escucharla, y por esta razón ella conservó para él el respeto que los demás, con justa razón, habían perdido, a causa de su evidente falta de gusto. El placer que obtenía de la música, si bien no alcanzaba aquel deleite extático que era el único con el que ella era capaz de congeniar, resultaba estimable en contraste con la horrible insensibilidad de los demás; y ella era lo suficientemente razonable para conceder a un hombre de treinta y cinco años la posibilidad de vivir después de haber agotado todas las finuras del sentimiento y todas las exquisitas facultades del placer. Estaba totalmente dispuesta a hacer por la avanzada edad del coronel todas las concesiones que fueran requeridas.

# Capítulo VIII

La señora Jennings era viuda, y gozaba de una generosa pensión. Tenía sólo dos hijas, y había vivido para ver a las dos respetablemente casadas, por lo que ahora no tenía otra cosa que hacer que casar al resto del mundo. En la persecución de ese objetivo se mostraba celosamente activa, en la medida de sus posibilidades, y no desaprovechaba ocasión para planear bodas entre los jóvenes que conocía. Era memorable su rapidez en descubrir asuntos del corazón, y había tenido la virtud de provocar los rubores y la vanidad de no pocas jovencitas mediante insinuaciones de su poder sobre tales o cuales jovencitos; y esta clase de discernimiento le permitió, poco después de su llegada a Barton, pronunciar en tono de autoridad que el coronel Brandon estaba muy enamorado de Marianne Dashwood. Ella percibió señales de ese enamoramiento desde la primera vea que se vieron, a raíz de la atención con que el coronel la había escuchado mientras ella cantaba para la concurrencia; y cuando los Middleton devolvieron la visita, yendo a cenar a la casa de campo, el hecho quedó demostrado porque él volvió a escucharla. No le cupo duda. Quedó totalmente convencida. Harían una pareja excelente, siendo él rico y ella guapa. La señora Jennings había estado deseando una buena boda para el coronel Brandon desde que su parentesco con sir John le había dado ocasión de conocerlo, y nunca cejaba en su empeño por conseguir un buen marido para una jovencita hermosa.

Las ventajas inmediatas en lo que a ella atañía no eran en absoluto desdeñables, pues las circunstancias favorecían una infinidad de bromas a costa de ambos. En la finca se burlaba del coronel, y en la casa de campo de Marianne. A él sus bromas le eran, con toda probabilidad, y en la medida en que le afectaban sólo a él, perfectamente indiferentes; para ella, en cambio, al principio aquellos comentarios jocosos fueron incomprensibles, y, cuando su propósito se hizo entender, apenas supo si reírse de lo absurdas que las encontraba o censurar su impertinencia, pues le parecían una grosería teniendo en cuenta la avanzada edad del coronel y su indefensa condición de solterón.

La señora Dashwood, a quien un hombre cinco años menor que ella misma no se le antojaba tan extremadamente anciano como a la juvenil fantasía de su hija, se aventuró a absolver a la señora Jennings de la acusación de faltar al respeto a la edad del coronel.

—Pero al menos, mamá, no podrás negar que la acusación es absurda, aunque no la pudiéramos considerar malintencionada. El coronel Brandon es ciertamente más joven que la señora Jennings, pero es lo suficientemente viejo para ser mi padre; y si tuviera estímulos suficientes para enamorarse, haría ya tiempo que habría dejado atrás toda prudencia. ¡Todo esto es ridículo! ¿Cuándo podrá verse un hombre libre de esta clase de bromas?; solamente si lo protege la edad, o la enfermedad.

—¡La enfermedad! —dijo Elinor—. ¿Es que para ti el coronel Brandon es un enfermo? No me asombra que su edad pueda parecerte a ti mucho mayor que a mi madre; pero no puedes considerarlo tan viejo como para estar menguado en sus cualidades físicas.

—¿Acaso no lo han oído quejarse de su reuma? ¿Y no es ésta la enfermedad más común cuando la vida declina?

—Tesoro mío —dijo su madre riendo—, con estos razonamientos estarás temiendo continuamente por cómo declina la mía, y debe parecerte un milagro que yo haya llegado a la avanzada edad de los cuarenta.

—Mamá, no eres justa conmigo. Sé muy bien que el coronel Brandon no es lo suficientemente viejo para que sus amigos teman perderlo; ateniéndose al curso de la naturaleza pude vivir veinte años más. Pero treinta y cinco años no es edad para el matrimonio.

—Quizá —dijo Elinor— un matrimonio entre una persona de treinta y cinco y una de diecisiete no sea recomendable. Pero quizás en el caso de una mujer soltera de veintisiete yo no diría que los treinta y cinco del coronel fueran un obstáculo para casarse.

—Una mujer de veintisiete —dijo Marianne, tras una breve pausa— no puede nunca confiar en volver a sentir o inspirar amor, y si su hogar es estrecho o su fortuna pequeña, supongo que podría llegar a resignarse al oficio de enfermera, pensando en el bienestar material y en la seguridad de estar casada.

Casarse con una mujer así no sería impropio. Sería un pacto de conveniencia, y eso complacería al mundo. A mis ojos no habría matrimonio alguno, pero eso es lo de menos. Para mí sólo habría un intercambio comercial, en el que cada uno buscaría beneficio a expensas del otro.

—Sería imposible, lo sé —replicó Elinor—, convencerte de que una mujer de veintisiete años pueda sentir por un hombre de treinta y cinco algo que se parezca lo suficiente al amor, y que haga de él una compañía deseable para ella. Pero debo oponerme a que condenes al coronel Brandon y a su mujer al constante confinamiento de una habitación de enfermo sólo porque a él se le ocurriera ayer (que hizo un día muy frío y húmedo) quejarse de un pequeño dolor reumático en un hombro.

—Pero hablaba de chalecos de franela —dijo Marianne—; y para mí un chaleco de franela está indefectiblemente asociado a los dolores, calambres, reumatismos y a todos esos achaques.

—Si se tratara de unas fiebres violentas no lo despreciarías ni la mitad. Confiesa, Marianne, ¿no despiertan tu interés los pómulos enrojecidos, los ojos hundidos y el pulso rápido de un calenturiento?

Poco después de esto, cuando Elinor salió de la habitación, Marianne dijo:

—Mamá, hablando de enfermedades, me invade un temor que a ti no puedo ocultarte. Estoy segura de que Edward Ferrars no se encuentra bien; llevamos aquí casi quince días y todavía no ha venido a visitarnos. Sólo una verdadera indisposición puede ser la causa de esa actitud tan rara. ¿Qué otra cosa puede retenerlo en Norland?

—¿Tenías idea de que fuera a venir tan pronto? —preguntó la señora Dashwood—. Yo no. Al contrario, si he sentido la menor ansiedad al respecto, ha sido al recordar que a veces mostraba cierta falta de entusiasmo y de disposición en aceptar mi invitación, cuando le hablaba de venir a Barton. ¿Elinor lo espera?

—Nunca hemos hablado de eso, pero, desde luego, yo creo que ella lo espera.

—Más vale, en mi opinión, que estés equivocada, porque cuando ayer le hablé de poner una parrilla nueva en la chimenea de la habitación de invitados, dijo que no corría ninguna prisa, ya que no era probable que hiciese falta durante una temporada.

—¡Qué extraño! ¿Qué querría decir con eso? Todo el comportamiento que han tenido el uno con el otro ha sido inexplicable... ¡Qué frialdad!, ¡qué compostura hubo en su último adiós! ¡Cómo languideció la conversación la última noche que estuvieron juntos! En la despedida, Edward se portó con Elinor igual que conmigo; las dos recibimos los mismos buenos deseos de un hermano afectuoso. Dos veces los dejé a solas a propósito en el curso de la última mañana, y las dos veces me siguió él de la manera más inexplicable fuera de la habitación. Y Elinor, al dejar Norland y a Edward, no lloró como yo. Incluso ahora sigue conservando su dominio de sí misma. ¿Cuándo está triste o abatida? No se muestra apartada del trato social. ¿Cuándo la vemos inquieta o descontenta?

# CAPÍTULO IX

Las Dashwood se hallaban ya instaladas en Barton con aceptable comodidad. La casa y el jardín, con todos los objetos que se encontraban en su derredor se les habían vuelto familiares, y las ocupaciones comunes que habían dado a Norland la mitad de sus encantos, fueron reemprendidas con mucho mayor placer de lo que Norland, desde la pérdida de su padre, había podido permitir. Sir John Middleton, que fue a verlas todos los días durante la primera quincena, y que no tenía el hábito de ver en su casa demasiado trajín, no podía disimular su asombro al encontrarlas siempre atareadas.

Las visitas, aparte de las que procedían de Barton Park, no eran muy numerosas; pues, a pesar de los insistentes ruegos de sir John de que tuvieran más trato con el vecindario, y de asegurarles rápidamente que tenían su carruaje siempre a su disposición, el espíritu independiente de la señora Dashwood se imponía al deseo de sociedad para sus niñas; y estaba decidida a evitar visitas a cualquier familia que a mayor distancia que la que se pudiera recorrer en un paseo a pie. Y no es que hubiera muchas visitas que cupieran en esa categoría, ni eran todas las que podían realizarse. A una milla y media de la casa, a lo largo del angosto y sinuoso valle de Allenham, que nacía del de Barton, tal como antes se ha descrito, las muchachas habían descubierto, en uno de sus primeros paseos, una antigua mansión de venerable aspecto que, recordándoles un poco Norland, atrajo su imaginación y despertó sus deseos de saber más sobre ella. Pero se enteraron de que su propietaria, una señora mayor de muy buen carácter, estaba por desgracia demasiado enferma para tener trato con el mundo, y que nunca salía de casa.

Las tierras de los alrededores eran pródigas en hermosos paseos. Las altas colinas, que desde casi cada ventana de la casa las invitaban a buscar en sus cumbres las exquisitas delicias del aire libre, constituían una feliz alternativa cuando el barro de los valles cercaba sus superiores beldades, y hacia una de estas colinas se encaminaron Marianne y Margaret una memorable mañana, seducidas por los breves rayos del sol de un cielo lluvioso e incapaces de soportar un día más el confinamiento al que las había obligado la pertinaz lluvia de los días anteriores. El tiempo no era lo suficientemente prometedor como para apartar a las otras de su pincel o de su libro, pese a las declaraciones de Marianne de que el tiempo sería bueno durante gran parte del día y de que las nubes amenazantes se disiparían. Así que las dos muchachas se pusieron en camino.

Ascendieron alegremente por las colinas, disfrutando en su propia penetración de cada atisbo de cielo azul; y cuando sus rostros fueron alcanzados por la brisa vivificante de un recio viento del sudoeste, se compadecieron de los temores que habían impedido a Elinor y a su madre compartir esas deliciosas sensaciones.

—¿Existe en el mundo —dijo Marianne— felicidad mayor? Pasearemos aquí por lo menos dos horas.

Margaret se mostró de acuerdo, y siguieron su camino contra el viento, resistiéndolo con risueño deleite durante veinte minutos más, cuando de pronto las nubes se juntaron sobre sus cabezas y una lluvia torrencial les cayó encima. Mortificadas y disgustadas, se vieron en la necesidad de dar la vuelta, muy en contra de su voluntad, puesto que no tenían otro refugio más cercano que su propia casa. No les quedó más remedio que correr a toda velocidad por la abrupta ladera de la colina que conducía directamente a la verja del jardín. Al principio, Marianne llevaba la delantera, pero de repente dio un paso en falso y cayó al suelo, mientras Margaret, que no pudo pararse a ayudarla, aceleraba sin querer la marcha y llegaba a la base sana y salva.

Un caballero que llevaba una escopeta y dos pointers que retozaban a su alrededor, estaba subiendo por la colina a unas pocas yardas de Marianne cuando se produjo el accidente. Soltó el arma y corrió en su auxilio. Ella se había levantado, pero con la caída se había torcido el pie, y apenas era capaz de sostenerse. El caballero ofreció sus servicios y, viendo que la modestia de la joven la obligaba a negarse a lo que por su estado resultaba indispensable, la tomó en sus brazos sin demora y cargó con ella colina abajo. Luego, cruzando el jardín, cuya verja Margaret había dejado abierta, la llevó directamente a la casa, donde Margaret ayudó a aposentarla en una silla de la salita.

Elinor y su madre se pusieron en pie, estupefactas al verlos entrar y, mientras los ojos de ambas no dejaban de mirar al caballero con patente asombro y secreta admiración, éste se excusó por la intrusión, relatando la causa, de un modo tan franco y graciosos que a los encantos de su apariencia, insólitamente atractiva, se sumaron los de su voz y expresión. Incluso si hubiera sido viejo, feo y vulgar, la gratitud y la amabilidad de la señora Dashwood habrían estado aseguradas por cualquier atención que hubiera tenido por su niña; pero el influjo de la juventud, la belleza y la elegancia favoreció la agitación que se apoderó de sus sentimientos.

Le dio las gracias una y otra vez, y, con aquella dulzura de trato que la caracterizaba, lo invitó a tomar asiento. Él declinó la invitación, pues estaba sucio y mojado. Entonces la señora Dashwood le rogó que le dijera a quién quedaba obligada. Su nombre, repuso él, era Willoughby, y actualmente residía en Allenham, desde donde esperaba que le permitieran el honor de ir a visitarla al día siguiente, para informarse acerca del estado de la señorita Dashwood. El honor fue rápidamente concedido, y él se marchó en medio del intenso aguacero, lo que lo hizo aún más interesante.

Su varonil hermosura y su extraordinaria gracia se convirtieron instantáneamente en admiración general, y las risas que, a costa de Marianne, inspiró su galanura, no se contuvieron entre las hermanas. Marianne había sido en realidad la que menos lo había visto, pues el azoramiento que cubrió el rubor de su rostro cuando el joven la levantó en sus brazos la había privado de la facultad de mirarlo después de su entrada en la casa; pero lo había visto lo suficiente para compartir la admiración general, y hacerlo con la energía y vehemencia que le era usual. La presencia y el porte del joven igualaban los que su fantasía había figurado para el héroe de sus historias favoritas, y el hecho de llevarla a casa con tan escasos preliminares de formalidad denotaba una rapidez mental que lo encarecía todo singularmente. Él tenía un buen nombre, residía en su población favorita y no tardó en darse cuenta de que, entre todas las vestimentas masculinas, una chaqueta de caza era la más favorecedora. Su imaginación estaba más ocupada, sus reflexiones eran complacientes... y el dolor de la torcedura del tobillo quedó en un plano insignificante. Sir John fue a visitarlas tan pronto como el siguiente lapso de tiempo despejado le permitió aquella mañana salir de casa; y, habiéndole sido relatado el accidente de Marianne, se le interrogó con apremio acerca de si conocía un caballero residente de Allenham que se llamaba Willoughby.

—¡Willoughby! —exclamó—. ¡Vaya!..., ¿está en el campo? Buena noticia, se mire como se mire; mañana saldré a caballo y lo invitaré el jueves a cenar.

—Entonces lo conoce —dijo la señora Dashwood.

—¡Claro!; lo conozco muy bien. Él viene todos los años.

—¿Y qué clase de joven es?

—De lo mejor, se lo aseguro. Es un tirador muy respetable, y no hay en Inglaterra jinete más audaz.

—¿Y eso es todo cuanto puede decirnos a su favor? —exclamó Marianne, indignada—... ¿Cómo se comporta cuando se le conoce más íntimamente? ¿Cuáles son sus intereses, su talento, su genio?

Sir John se mostraba muy desconcertado.

—A fe mía —dijo—que no lo conozco tanto como para responder a todo eso. Pero sin duda es un muchacho simpático, de buen talante, y tiene una perra pointer negra que es la más bonita que he visto en mi vida. ¿La llevaba con él?

Pero a Marianne no podía satisfacerle el saber el color de la perra pointer del señor Willoughby, lo que ella quería era obtener señales de los matices de su espíritu.

—Pero, ¿quién es? —preguntó Elinor—. ¿De dónde procede? ¿Tiene una casa en Allenham?

En este punto sir John pudo dar muestras de una comprensión más atinada, y les dijo que el señor Willoughby no tenía propiedades particulares en la región; que sólo residía en el campo mientras visitaba a la anciana señora Allenham Court, con la que tenía parentesco, y cuyas posesiones iba a heredar; a lo que añadió:

—Sí, sí..., vale bien la pena ponerlo en la mira de la cacería, se lo digo yo, señorita Dashwood; tiene además una bonita y pequeña propiedad suya en Somensershire; y, si yo fuera usted, no renunciaría a él en favor de mi hermana menor a pesar de esa caídas por las colinas. La señorita Marianne no debe pensar en acaparar a todos los hombres. Brandon se pondrá celoso.

—No creo —dijo la señora Dashwood con una sonrisa bienintencionada— que el señor Willoughby se vea importunado por los intentos "de cacería" de ninguna de mis hijas. Esa no es una actividad para la que hayan sido educadas. Los hombres están muy a salvo entre nosotras, por muy ricos que sean. Estoy contenta, sin embargo, de saber, por lo que usted dice, que es un joven respetable, y una persona con la que nos sea posible tener trato.

—De lo mejor, señora, en mi opinión —repitió sir John—. Recuerdo un pequeño baile que celebramos en la finca la Navidad pasada; él bailó desde las ocho hasta las cuatro sin sentarse ni una sola vez.

—¿De veras hizo eso? —exclamó Marianne, con chispas en los ojos—..., ¿y lo hizo con elegancia, con espíritu?

—Sí, y a las ocho ya estaba levantado para cabalgar por el soto.

—¡Así me gusta!; así es como un joven debe ser. Sean cuales fueren sus intereses, su tenacidad en ellos no debe conocer la moderación, y no dejarlo con la sensación de cansancio.

—Sí, sí, ya veo lo que va a ocurrir —dijo sir John—, ya lo veo. Ahora le pondrá usted el ojo encima, y nunca más volverá a pensar en el pobre Brandon.

—Eso de "ponerle el ojo encima" es una expresión que no es precisamente de mi agrado —dijo Marianne, acalorada—. Me molestan mucho las frases trilladas que pretenden ser ingeniosas, y ésta es una de ellas. Esas frases tienden a ser groseras, y si su invención puede juzgarse inspirada alguna vez, hace ya mucho que el tiempo ha echado a perder su ingenio.

Sir John no entendió muy bien esa reconvención; pero se rió con el mismo entusiasmo que si hubiera entendido, y entonces replicó:

—Sí, hará usted bastantes conquistas, de un modo u otro, diría yo. ¡Pobre Brandon! Él está completamente chiflado, y merece que alguien le ponga el ojo encima, se lo digo yo, y sobre todo sin necesidad de caerse y torcerse un tobillo.

# Capítulo X

El "protector" de Marianne, como lo calificara Margaret, con más elegancia que precisión, se presentó a la mañana siguiente a primera hora con el objeto de inquirir por su salud. La señora Dashwood lo recibió con algo más que cortesía, con la amabilidad fomentada por los informes de sir John y por su propia gratitud; y todo cuanto se dijo durante la visita contribuyó a confirmar al joven el buen juicio, la elegancia el afecto mutuo y la paz hogareña de la familia a la que un accidente le había llevado a conocer. De sus personales encantos no tenía duda, y no necesitaba un segundo encuentro para tener una total seguridad.

La señorita Elinor Dashwood tenía un cutis delicado, facciones regulares y una figura considerablemente bonita. Marianne era aún más guapa; su tipo, aunque no tan correcto como el de su hermana, contando con la ventaja de la altura, resultaba más llamativo, y su rostro era tan hermoso que, cuando en la jerga de la galantería se decía que era una beldad, la verdad salía menos violentamente ultrajada de lo que es habitual. Tenía la piel muy morena, pero el cutis, por su transparencia, extraordinariamente luminoso; sus facciones eran correctas; su sonrisa dulce y atractiva, y en sus ojos, muy oscuros, había una vida, un aliento, una inquietud que difícilmente podían contemplarse con desagrado. La expresión de sus ojos se contuvo al principio delante de Willoughby, a causa del embarazo que sentía ante el recuerdo de su auxilio. Pero cuando el recuerdo dejó de tener ese tono emotivo, cuando recobró las fuerzas, cuando vio que a la perfecta crianza del caballero se sumaban la franqueza y la desenvoltura, y sobre todo cuando le oyó declarar que era un apasionado de la música y del baile, le dirigió una mirada de aprobación que prometía que no le faltarían, mientras durase la visita, temas de conversación.

Bastaba mencionar cualquiera de sus diversiones favoritas para animarla a hablar, No podía estar callada cuando surgían tales temas, y no tenía reparos ni timidez a la hora de discutirlos. Rápidamente descubrieron que era mutua su afición al baile y a la música, y que ésta procedía de una conformidad general de placeres en todo lo que atañía a ambos. Estimulada, pues, a un mayor examen de las opiniones del joven, Marianne procedió a interrogarlo sobre asuntos literarios, y pasó revista a sus autores favoritos, explicándolos tan largamente y con tales arrebatos de entusiasmo que un joven de veinticinco años habría tenido que ser realmente insensible para no convertirse en un devoto incondicional de la excelencia de tales obras, aunque hasta entonces no la conociera. Los dos tenían gustos muy parecidos. Idolatraban los mismos libros, los mismos pasajes..., y si aparecía alguna discrepancia, si se producía alguna objeción, ésta se disipaba en cuanto Marianne tenía la posibilidad de desplegar la fuerza de sus argumentos y el brillo de su mirada. Él se avenía a todas sus conclusiones, se contagiaba de todo su entusiasmo, y mucho antes de poner fin a la visita, charlaban ya con la familiaridad de una relación establecida desde hacía mucho tiempo.

—Bien, Marianne —dijo Elinor, en cuanto Willoughby se marchó—, creo que para una mañana ya has hecho bastante. Ya has averiguado la opinión del señor Willoughby en casi cualquier tema de relevancia. Sabes lo que piensa de Cowper y Scott; tienes la seguridad de que valora su arte como es debido, y has conseguido las más variadas pruebas de que su admiración por Pope no es mayor de lo que conviene. Pero, ¿en qué van a sostenerse las relaciones entre ustedes si se despachan de manera tan expedita todos los temas de conversación? Ponto habrás agotado todos tus temas favoritos. Un nuevo encuentro bastará para que te dé su parecer en materia de belleza pintoresca, de segundas nupcias, y luego puedes quedarte callada, pues ya no habrá nada de qué hablar.

—Elinor —exclamó Marianne—, ¿te parece bien? ¿Es esto justo? ¿Soy tan corta de ideas? Pero ya veo lo que quieres decir. Me he comportado con demasiada desenvoltura, demasiada alegría, demasiada franqueza. He pecado contra todas las reglas del decoro; he sido abierta y sincera cuando debería haber sido reservada, lánguida, aburrida e hipócrita..., si hubiera hablado sólo del tiempo y del estado de los caminos, y si lo hubiera hecho una sola vez en diez minutos, me hubiera evitado todos tus reproches.

—Cariño mío —dijo su madre—, no debes ofenderte por lo que te dice Elinor, ella sólo estaba bromeando. Yo misma habría de reprenderla si se atreviera a querer entorpecer tu amena charla con nuestro nuevo amigo.

Marianne se calmó un momento.

Willoughby, por su parte, no dejó de dar muestras del placer que obtenía en su compañía, todas las que un deseo evidente de aumentarlo podía ofrecer. Así comenzó a visitar la casa todos los días. Al principio, interesarse por Marianne fue su excusa; pero el calor con que era recibido, al que cada nuevo día añadía una mayor cordialidad, hizo que la excusa fuese innecesaria antes de haber dejado de ser posible, gracias al excelente restablecimiento de Marianne. Durante algunos días estuvo confinada en casa; pero nunca un confinamiento fue menos molesto. Willoughby era un joven de grandes recursos, imaginación despierta, humor vivaz y maneras cordiales y afectuosas. Estaba hecho precisamente para prender el corazón de Marianne, pues a todas esas cualidades unía no sólo una presencia física cautivadora, sino un natural ardor de espíritu que ahora crecía y aumentaba con el ejemplo de ella, y que, más que cualquier otra cosa, era el acicate de sus afectos.

La compañía de Willoughby se convirtió gradualmente en el más exquisito placer para Marianne. Leían, hablaban y cantaban juntos; las dotes musicales del joven eran considerables, y leía con todo el sentimiento y con todo el aliento que Edward, por desgracia, nunca había tenido.

En la consideración de la señora Dashwood, el joven estaba tan libre de falta como en la de Marianne; Elinor, por su parte, no veía en él nada censurable, excepto una propensión, en la que se parecía mucho a su hermana y con la que ésta particularmente se complacía, a decir demasiado lo que pensaba en cualquier ocasión, sin importarle las personas ni las circunstancias. Formando, tan rápido como dándola, su opinión sobre otra gente, sacrificando la cortesía general al disfrute individual del interés en que ponía su corazón, y observando tan por encima las formas de la sociedad, hacía gala de una ligereza que Elinor no podía dar por buena, a pesar de todo lo que él y Marianne pudieran aducir.

Marianne empezaba ahora a darse cuenta de que la desesperación que se había apoderado de sus dieciséis años y medio, de no conocer jamás a un hombre que pudiera colmar sus ideales de perfección había sido precipitada y sin fundamento. Willoughby era todo cuanto su fantasía había acariciado en aquellos desgraciados momentos tanto como en fases más esplendorosas, como respuesta a los atractivos ideales de un joven, y el comportamiento de éste revelaba que sus deseos eran a este respecto tan serios como buenas eran sus facultades.

También su madre, por cuya imaginación no había pasado siquiera la idea del matrimonio en virtud de las perspectivas de riqueza del joven, antes de que transcurriera una semana acabó por cobrar expectativas y confiar en ellas, y por felicitarse en secreto por haberse ganado las simpatías de dos yernos como Edward y Willoughby.

La simpatía del coronel Brandon por Marianne, tan precozmente descubierta por sus amigos, se hizo entonces por primera vez perceptible a Elinor, ahora que los demás habían dejado de prestarle atención. El interés y el ingenio de éstos se desviaron hacia su más afortunado rival, y las burlas de que el primero había sido objeto antes de que naciera el primer ápice de aquella simpatía cesaron cuando sus sentimientos estaba empezando realmente a merecer el escarnio que tan justamente se asocia a la sensibilidad del corazón. Elinor, si bien contra su voluntad, se vio obligada a pensar que las emociones que la señora Jennings había atribuido al coronel para su diversión tenían fundamento, y que, por mucho que una semejanza general de inclinaciones en las dos partes pudiera justificar los afectos del señor Willoughby, una oposición igualmente pronunciada de caracteres no era motivo para dejar de lado al coronel Brandon. La circunstancia le causaba cierta inquietud, pues ¿qué esperanzas podía abrigar un hombre callado de treinta y cinco años, frente a un vigoroso joven de veinticinco? Y ya que no podía tener esperanzas de salir triunfante, al menos confiaba, sinceramente, en que no saliese demasiado afectado. Pero a ella sí le gustaba el coronel; pese a su gravedad y su reserva, tenía cualidades interesantes. Sus modales, aunque serios, eran suaves, y su reserva parecía más el producto de algún abatimiento de espíritu que de un natural hosco. Sir John había hecho algunas insinuaciones sobre heridas y desengaños pasados que daban razones a Elinor para creerlo un hombre afortunado, mirándolo con respeto y compasión.

Quizá lo valoraba y se compadecía de él más por los desaires de Willoughby y de Marianne, quienes, prejuzgándolo por no ser joven ni dicharachero, parecían empeñados en restarle méritos.

—Brandon es precisamente el tipo de hombre —dijo Willoughby un día en que hablaban de él —del que todos hablan bien, y que a todos trae sin cuidado; al que todos están contentos de ver, pero al que nadie se acuerda de hablar.

—Eso es exactamente lo que pienso de él —exclamó Marianne.

—No te jactes de ello, de todos modos —dijo Elinor—, porque es injusto por parte de los dos. Es muy estimado por toda la familia de la finca, y yo misma no pierdo ocasión, siempre que puedo, de conversar con él.

—El hecho de que usted lo proteja —repuso Willoughby—es ciertamente un punto a su favor; pero en cuanto a la estima de los demás, es un reproche para sí misma. ¿Quién iba a resignarse a la indignidad de contar con mujeres como lady Middleton y la señora Jennings, que para cualquier otro serían motivo de indiferencia?

—Sin embargo, quizá los abusos de gente como usted mismo y como Marianne puedan corregir la consideración que le tienen hoy a lady Middleton y a su madre. Si sus elogios son censuras, tal vez las censuras de usted y de Marianne sean elogios, pues no son ellas menos sagaces de lo que son usted y Marianne, sólo que los comentarios de ellas están cargados de prejuicios.

—En la defensa de su protegido puede usted llegar a ser hasta un poco grosera.

—Mi "protegido", como usted lo llama, es un hombre de juicio, y el juicio tendrá siempre grandes atractivos para mí. Sí, Marianne, aunque se trate de un treintón, ha visto mucho mundo; ha estado en el extranjero, ha leído, y tiene un espíritu razonador. Él ha sido capaz de proporcionarme información sobre muchos asuntos, y siempre ha respondido a mis preguntas con la disposición que corresponde a una buena educación y a una buena naturaleza.

—Es decir —exclamó Marianne con desprecio—, que te ha dicho que en las Indias Occidentales el clima es caluroso, y los mosquitos un fastidio.

—Si yo le hubiera preguntado, es seguro que eso me habría dicho, pero resulta que sobre tales cuestiones yo ya estaba previamente informada.

—Tal vez —dijo Willoughby— sus observaciones puedan haberse extendido a la existencia de mohrs[1] de oro y palanquines.

---

[1] *Moneda inglesa que circulaba en la India.*

—Yo diría que a él sus observaciones le han llevado más lejos que a usted su franqueza. Pero, ¿por qué tiene que disgustarle tanto?

—En realidad no me disgusta, más al contrario, lo considero un hombre muy respetable, a quien todos prodigan alabanzas y tienen buenas opiniones, pero en quien nadie repara; un hombre que tiene más dinero del que puede gastar, más tiempo del que sabe cómo ocupar y dos abrigos nuevos al año.

—Añada a esto —exclamó Marianne— que no tiene ni genio, ni gusto, ni carácter. Que su entendimiento carece de brillantez, sus sentimientos de ardor y su voz de expresión.

—Ambos deciden acerca de sus imperfecciones muy a la ligera —replicó Elinor—, y se dejan llevar de tal modo por la fuerza de la imaginación que los elogios que pueda hacer yo de él resultan fríos e insulsos. Lo único que puedo afirmar es que él es un hombre juicioso, bien educado, culto, de trato gentil, y que lo creo en posesión de un gran corazón.

—Señorita Dashwood —intervino Willoughby—ahora me está usted tratando de la forma menos amable, pues me desarma con la razón y trata de convencerme en contra de mi voluntad. Pero no me dejaré, seré tan testarudo como artera pueda ser usted. Tengo tres razones irrebatibles para que me desagrade el coronel Brandon: me ha amenazado con lluvia cuando yo quería tener buen tiempo, ha puesto pegas a la suspensión de mi calesa y no puedo convencerlo de que me compre la yegua parda. En todo caso, si puede serle de algún consuelo que le diga que creo que en otros aspectos su forma de ser es intachable, estoy dispuesto a admitirlo. Y en pago a este reconocimiento, que no puedo dar sin cierto resquemor, no puede usted negarme el privilegio de que siga desagradándome lo mismo que antes.

# Capítulo XI

Poco habían imaginado la señora Dashwood y sus hijas cuando llegaron a Devonshire que hubieran de tener, nada más ser presentadas, tantos compromisos, o que fuesen a recibir invitaciones tan frecuentes o visitantes tan tenaces; poco imaginaban que apenas les quedaría tiempo para ocupaciones serias. Sin embargo, éste fue el caso. Cuando Marianne se restableció, los planes de diversión en casa y fuera de ella, que sir John había estado planeando con antelación, fueron llevados a la práctica. Empezaron entonces los bailes privados en la finca, y se organizaron y celebraron excursiones acuáticas tan a menudo como un lluvioso mes de octubre lo pudo permitir. De ninguna de esas reuniones se excluyó a Willoughby, y la informal familiaridad en que naturalmente se desenvolvían tales fiestas fue escrupulosamente destinada a aumentar la intimidad de sus relaciones con las Dashwood, y a darle ocasión de contemplar las excelencias de Marianne, de afianzar su viva admiración por ella y de recibir, en la actitud con que era correspondido, la más inequívoca confirmación de sus afectos.

Elinor no podía extrañarse de ese mutuo apego. Sólo que habría preferido que se mostrara menos en público, y una vez o dos se atrevió a sugerir a Marianne la conveniencia de un poco de control sobre sí misma. Pero Marianne abominaba de todo disimulo cuando la falta de reserva no podía acarrear ningún verdadero mal, y aspirar a reprimir sentimientos que no fueran en sí mismos vituperables se le antojaba no sólo un esfuerzo innecesario, sino un sometimiento vergonzoso de la razón a nociones vulgares y erróneas. Willoughby pensaba lo mismo, y el comportamiento de ambos era, en todo momento, una ilustración de sus opiniones. Cuando él estaba presente, ella no tenía ojos para nadie: todo lo que él hacía estaba bien, todo lo que él decía era inteligente. Si sus veladas en la finca concluían jugando a las cartas, él hacía trampas al resto del grupo e incluso en su propio perjuicio, con tal de que ella saliera beneficiada. Si el baile constituía la diversión de la noche, eran pareja la mitad de las veces, y cuando se veían obligados a separarse durante un par de bailes, se cuidaban de estar de pie uno al lado del otro, sin dirigir apenas la palabra a nadie. Naturalmente, este comportamiento los convirtió en blanco de todas las bromas; pero el ridículo no conseguía avergonzarlos, y rara vez parecía provocar su irritación.

La señora Dashwood tomaba parte en sus sentimientos con un entusiasmo que no le permitía dominar tan excesivo despliegue. Para ella éste no era sino la consecuencia natural de un fuerte afecto prendido en un espíritu joven y ardiente.

Había llegado la hora de la felicidad para Marianne. Su corazón estaba consagrado a Willoughby, y los dulces recuerdos de Norland que se había traído desde Sussex fueron más fáciles de reblandecer de lo que antes hubiera creído posible, gracias a los alicientes que la compañía del joven ofrecía a su actual hogar.

La felicidad de Elinor no era tan grande. Su corazón no estaba tan en paz, ni era tan puro su disfrute de las diversiones; éstas no le proporcionaban la suficiente compañía como para reemplazar lo que había dejado tras de sí, ni disminuir la nostalgia que sentía de Norland. Ni lady Middleton ni la señora Jennings podían ofrecerle la conversación que echaba de menos, y eso que la segunda era una conversadora infatigable, y desde el principio se había tomado por ella un interés tan sentido que nunca les faltaban temas de qué hablar. Ya le había contado tres o cuatro veces la historia de su vida; y si Elinor hubiera tenido tan buena memoria como medios para desarrollarla, habría podido referir de manera pormenorizada desde el día en que se conocieron los acontecimientos de la última enfermedad del señor Jennings, así como lo que le dijo la mujer pocos minutos antes de su muerte. De cualquier manera, lady Middleton resultaba más soportable que su madre, y sólo porque ella era más callada. No había por qué ser muy despierto para darse cuenta de que su reserva era el producto de una simple laxitud de carácter con el que el buen sentido nada tenía que ver. Era igual con ellas que con su marido y con su madre; no se podía, por ello, pretender conocer su intimidad, o siquiera desearlo. No decía nunca nada que no hubiera dicho el día anterior. Su bobería era lo más firme de su carácter, pues ni siquiera cambiaba de humor; ella no se oponía a las reuniones que organizaba su marido, pues todo se hacía con distinción y sus dos hijos mayores siempre estaban a su lado, sin embargo nunca parecía obtener de ellas mayor placer que el que había podido encontrar quedándose en casa, y bien poco añadía su presencia al placer de los demás, tan escasa era su contribución a la conversación que a veces sólo se acordaban de ella por la solicitud que mostraba con sus malcriados niños.

Sólo en el coronel Brandon, entre todos sus nuevos conocidos, tenía Elinor una persona que podía en todos los sentidos exigir respeto para sus facultades, mover el interés de la amistad o ser una agradable compañía. Con Willoughby no podía contar, aunque tenía toda su admiración y toda su consideración fraternal, pero era un hombre enamorado y Marianne ocupaba todas sus atenciones, y un hombre mucho menos simpático habría podido ser en general más complaciente. El coronel Brandon, para su propia desgracia, no tenía estímulos suficientes para pensar en alguien distinto de Marianne, pero charlando con Elinor encontraba alivio para la total indiferencia de su hermana.

Elinor lo compadecía cada vez más, pues cierta circunstancia le había hecho sospechar que las miserias del amor contrariado le eran ya conocidas. Esta sospecha la motivaron ciertas palabras que el coronel dejó escapar accidentalmente una noche en la finca, cuando con mutuo consenso estaban sentados uno al lado del otro, mientras los demás bailaban. Los ojos del coronel no dejaban de mirar a Marianne, y, tras un silencio de algunos minutos, dijo, con una débil sonrisa.

—Según creo, su hermana no es partidaria de segundos amores.

—No —respondió Elinor—, sus opiniones son todas románticas.

—Es más, creo que piensa que no pueden existir.

—Eso me parece. Pero cómo lo hace sin acordarse de su propio padre, que estuvo casado dos veces, es algo que no entiendo. No obstante, un par de años más, consolidarán sus creencias sobre la razonable base de la observación y del sentido común, y entonces, quizá sean más fáciles de definir y de justificar de lo que son ahora, pues en el presente sólo las entiende ella.

—Ése será el caso, probablemente —dijo el coronel—; pero aun así hay algo tan delicioso en los prejuicios de un espíritu juvenil que uno lamenta ver cómo dan paso a creencias de orden más común.

—En eso no puedo estar de acuerdo con usted —dijo Elinor—. Hay inconvenientes ligados a sentimientos como los de Marianne que todos los atractivos del entusiasmo y de la ignorancia del mundo no pueden redimir.

Por desgracia, su forma de actuar tiende siempre a no dar la menor importancia a lo que es debido; y espero sinceramente que un mejor conocimiento del mundo pueda llegar a ayudarla.

Tras una breve pausa, el coronel reanudó la conversación diciendo:

—¿No hace distinciones su hermana a sus objeciones a un segundo amor? ¿O es implacable con todo el mundo? Aquellos que han sufrido un desengaño en su primera elección, ya sea por la inconstancia de su objeto, o por lo torcido de las circunstancias, ¿están igualmente condenados a la indiferencia durante el resto de sus días?

—La verdad es que no conozco tan a fondo sus principios. Sólo sé que aún no la he oído decir que algún ejemplo de segundos amores sea perdonable.

—Esto —dijo él— no puede durar; pero un cambio, un cambio total de sentimientos... No, no; Dios no lo quiera..., pues cuando los refinamientos de un joven espíritu son obligados a claudicar, ¡con qué frecuencia los siguen creencias que son demasiado comunes, y demasiado peligrosas! Hablo por propia experiencia. Una vez conocí una dama que en talante y espíritu se parecía mucho a su hermana, que pensaba y juzgaba como ella, pero que por culpa de un cambio impuesto... por una serie de desafortunadas circunstancias...

Aquí se interrumpió de improviso; pareció pensar que había hablado demasiado, y su expresión dio pie a conjeturas que de otro modo a Elinor jamás se le hubieran ocurrido. La dama en cuestión probablemente no habría levantado sospechas si el coronel no hubiera querido convencer a la señorita Dashwood de que ella debía callar todo cuanto a ella se refería. Así, no fue necesario sino un ligero esfuerzo de imaginación para relacionar su emoción con el tierno recuerdo de un amor pasado. Elinor no quiso insistir. Marianne, en cambio, no habría hecho tan poco de haber estado en su lugar. Su activa fantasía hubiera recreado rápidamente la historia completa, y asignado a cada uno de sus pormenores el orden tristísimo de los amores desgraciados.

# Capítulo XII

A la mañana siguiente, mientras paseaban, Marianne comunicó una pequeña noticia a su hermana, que, a pesar de todo cuanto ésta supiera con anterioridad de su imprudencia y falta de reflexión, la sorprendió por su extravagante testimonio de ambas. Marianne le contó, con el mayor deleite, que Willoughby le había regalado un caballo, uno que él personalmente había criado en su propiedad de Somersetshire, y que estaba expresamente concebido para que fuera montado por una mujer. Sin tener en cuenta que no estaba en los planes de su madre mantener un caballo ni que, en caso de que ésta alterase sus resoluciones en virtud de este obsequio, iba a tener que comprar otro para el mozo de cuadra, contratar al propio mozo y, finalmente, construir un establo para albergarlos a ambos. Marianne había aceptado el presente sin vacilación, y se lo contó a su hermana en medio de arrebatos de alegría.

—Él tiene intenciones de enviar a su mozo a Somersetshire inmediatamente a buscarlo —añadió—, y cuando llegue, montaremos todos los días. Tú lo compartirás conmigo. Imagina, querida Elinor, el placer de galopar por esas colinas.

Tan pocos deseos tenía de despertar de un sueño así de feliz que apenas comprendía las tristes verdades que todo ello acarreaba, y durante un rato rehusó resignarse a ellas. Lo del gasto de un nuevo sirviente iba a ser una minucia; estaba segura de que la madre no pondría reparos en ello; para ese mozo cualquier caballo serviría, y siempre se podía conseguir uno en la finca. En cuanto al establo, en realidad no se necesitaba más que un simple cobertizo. Elinor se atrevió entonces a poner en duda la propiedad de recibir un regalo de esta naturaleza de un hombre al que conocía tan poco, o al menos al que conocía desde hacía tan poco tiempo. Esto fue demasiado.

—Estas equivocada Elinor —dijo Marianne, acalorada—, si piensas que conozco muy poco a Willoughby. No hace mucho que lo conozco, cierto es, pero estoy más familiarizada con él que con cualquier otro ser en el mundo, salvo mamá y tú. No es el tiempo ni la ocasión lo que determina la intimidad, sino únicamente la disposición. Siete años serían pocos para que ciertas personas se conocieran mutuamente, y siete días bastan de sobra para otras. Me sentiría más culpable de faltar al decoro si aceptara un caballo de mi hermano que aceptándolo de Willoughby. A John lo conozco muy poco, aunque hayamos vivido juntos durante años; en cambio, mi juicio sobre Willoughby se ha formado en muy poco tiempo, pero sé que lo conozco mucho más.

Elinor creyó que era lo más sensato no tocar más el asunto. Conocía el carácter de su hermana. Oponerse a una cuestión tan delicada no haría sino reafirmarla aún más en su propia idea. En cambio, apelando al cariño que sentía por su madre, haciéndole ver los trastornos que esa madre indulgente iba a crearse, sí (como probablemente ocurriría) consentía a este aumento de servidumbre, Marianne no tardó mucho en sucumbir. Prometió no causar una inquietud en su madre mencionando la oferta e induciéndola a una amabilidad tan imprudente, y decirle a Willoughby en cuanto volviera a verla que su ofrecimiento debía ser declinado.

Fue fiel a su palabra, y cuando Willoughby se presentó aquel mismo día en la casa, Elinor la oyó expresar en voz baja su desilusión por verse obligada a no aceptar su regalo. Las causas de esta alteración se expusieron simultáneamente, de tal manera que a él le fue imposible insistir en súplicas por su parte. Sin embargo fue muy patente su preocupación, y después de manifestarla con seriedad añadió, todavía en voz baja:

—Pero, Marianne, el caballo no deja de ser tuyo, aunque ahora no puedas hacer uso de él. Yo lo conservaré sólo hasta que puedas reclamarlo. Pero cuando te vayas de Barton para formar tu propia casa en un lugar más duradero, Reina Mab[2] te estará esperando.

Todo esto no dejó de oírlo la señorita Dashwood, y en esta propuesta, en el tono de voz utilizado, y en el hecho de tutear a su hermana, entendió una intimidad tan resuelta, unas intenciones tan diáfanas, que con ello tuvo

---

[2] *"Reina Mab" es el nombre que da Shakespeare, en* Romeo y Julieta *a una pequeña "hada madrina" que visita a los amantes en sueños para fomentar la mutua añoranza.*

la prueba de que existía un perfecto entendimiento entre ambos. Desde ese momento no dudó en que estuvieran comprometidos, y si esta conclusión no la sorprendió fue sólo porque había llegado a ella, como podría haber llegado a cualquiera de los amigos, dado el escaso disimulo de la pareja, por una simple casualidad.

Al día siguiente, Margaret le contó algo que vino a arrojar aún mayor claridad sobre el asunto. Willoughby había pasado la noche anterior con ellas, y Margaret, habiéndose quedado unos momentos sola con él y con Marianne en la salita, había tenido ocasión para observaciones que, con una expresión de lo más solemne, comunicó a su hermana mayor tan pronto como pudo verla a solas.

—¡Oh, Elinor! —exclamó—. Tengo que contarte un secreto de Marianne, Estoy segura de que muy pronto se casará con Willoughby.

—Has dicho lo mismo —repuso Elinor— casi cada día desde que se vieron por primera vez en la colina de la iglesia, y no hacía, creo, ni una semana que se conocían y ya estabas segura de que Marianne llevaba al cuello un retrato suyo; aunque luego resultó ser sólo la miniatura de nuestro tío abuelo.

—Pero esta vez es algo completamente distinto. Estoy segura de que se casarán muy pronto, porque él tiene un mechón de pelo suyo.

—Ve con cuidado, Margaret. Quizá se trate del pelo de algún tío abuelo suyo.

—Pero lo cierto, Elinor, es que es de Marianne. Estoy segura de ello porque vi cómo él se lo cortaba. Anoche, después del té, cuando mamá y tú salieron de la sala, ellos comenzaron a murmurar y a hablar con mucha prisa, y él parecía estar pidiéndole algo, y poco después tomó las tijeras de ella y le cortó un largo mechón de su cabellera, pues la llevaba suelta; después él besó el mechón, lo envolvió en un pedazo de papel blanco y se lo guardó en su monedero.

De estos pormenores, establecidos con esa autoridad, Elinor ya no podía dudar, y tampoco estaba dispuesta a hacerlo, porque el episodio estaba en todo de acuerdo con lo que ella misma había visto y oído.

La sagacidad de Margaret no siempre se manifestaba de un modo tan satisfactorio. Una noche en que la señora Jennings la acorraló en la finca, a fin de obtener el nombre del joven al que Elinor favorecía particularmente, lo cual llevaba algún tiempo siendo motivo de una gran curiosidad para ella, Margaret respondió mirando a su hermana y diciendo:

—¿No debo decirlo, verdad, Elinor?

Esto, naturalmente, hizo reír a todo el mundo; y Elinor también trató de reír. Pero el esfuerzo fue doloroso. Estaba segura de que Margaret pensaba en una persona en concreto, y ella sabía qué difícil le iba a resultar guardar la compostura si veía el nombre de esa persona convertido en una broma continua en boca de la señora Jennings.

Marianne compartió su sentir con la mayor sinceridad; pero hizo más mal que bien al ruborizarse y decirle a Margaret de malos modos:

—Recuerda que, cualesquiera que sean tus conjeturas, no tienes derecho a declararlas en público.

—Nunca he hecho conjeturas al respecto —respondió Margaret—; fuiste tú misma la que me lo dijo.

Esto divirtió mucho a la concurrencia y Margaret se vio apremiada a decir algo más.

—¡Oh, se lo ruego, señorita Margaret! Permítanos saberlo todo —dijo la señora Jennings—. ¿Cómo se llama el caballero?

—No debo decirlo, señora. Pero sé muy bien quién es; y sé también dónde está.

—Sí, sí, podemos adivinar dónde está; seguro que en su propia casa, en Norland. Es el rector de la parroquia, ¿no es cierto?

—Nada de eso. No tiene ninguna profesión.

—Margaret —dijo Marianne muy excitada—, sabes que todo esto es invención tuya, y que esa persona no existe en realidad.

—Bien, pues entonces acaba de morir, Marianne, porque estoy segura de que una vez existió ese hombre, y de que su nombre empezaba por "F".

En ese momento Elinor debió la mayor gratitud a lady Middleton, porque ésta observó que "llovía mucho"; pero no pudo dejar de pensar que la interrupción obedecía menos a una atención que se le dispensaba que al gran disgusto de su señoría por todos esos prosaicos motivos de guasa que tanto gustaban a su marido y a su madre. Sea como fuere, la idea que ella puso en marcha la recogió en el acto el coronel Brandon, que nunca dejaba de estar atento a los sentimientos de los demás, y mucho dijeron ambos sobre la cuestión de la lluvia. Willoughby abrió el piano y pidió a Marianne que se sentara a tocar; y así, gracias a los variados esfuerzos de distintas personas por cambiar el tema, éste cayó en el olvido. Pero Elinor no se recobró tan fácilmente del estado de alarma en el que la había sumido.

Esa noche se organizó una excursión para ir al día siguiente a ver un sitio muy bonito a unas doce millas de Barton, propiedad de un cuñado del coronel Brandon; sólo éste podía servirles de guía, pues el propietario, entonces de viaje, había dado órdenes estrictas al respecto. Se dijo que los jardines eran extraordinarios, y sir John, quien fue particularmente efusivo en sus elogios, quizá tuviera la autoridad para erigirse en juez aceptable, pues había organizado excursiones al mismo lugar por lo menos dos veces cada verano en los últimos diez años. Como en aquellos lugares había un lago, se podría organizar un paseo en barca, lo que iba a ser una buena parte de la diversión matutina. Se llevarían comida fría, irían sólo en carruajes descubiertos, y todo se desarrollaría según los clásicos principios de una auténtica excursión recreativa.

A unos pocos del grupo les pareció más bien una empresa temeraria, teniendo en cuenta la época del año, y que llevaba quince días lloviendo sin parar...; y Elinor persuadió a la señora Dashwood, que ya estaba resfriada, de que debía quedarse en casa.

# CAPÍTULO XIII

La planeada excursión a Whitwell resultó muy diferente de lo que Elinor había esperado. Estaba preparada para mojarse toda, fatigarse y asustarse; pero el evento fue todavía más desafortunado, porque ni siquiera se produjo.

A las diez en punto el grupo entero estaba reunido en la finca, donde tenían que desayunar. Aunque había llovido toda la noche, la mañana se presentaba muy favorable, pues las nubes comenzaron a dispersarse, y el sol asomaba con frecuencia. Estaban todos muy animados y de buen humor, ávidos de felices perspectivas, y decidieron someterse a los mayores infortunios e inconvenientes con tal de no renunciar a su objetivo.

Mientras estaban desayunando llegó el correo. Entre las cartas había una para el coronel Brandon; él la tomó, miró las señas, cambió de color y de inmediato salió de la habitación.

—¿Qué le pasa a Brandon? —dijo sir John.

Nadie supo decirlo.

—Espero que no haya recibido malas noticias —dijo lady Middleton—. Tiene que tratarse de algo extraordinario, si el coronel Brandon se ha visto obligado a dejar la mesa de manera intempestiva.

Al cabo de unos minutos el coronel regresó.

—Espero que no hayan sido malas noticias —dijo la señora Jennings tan pronto como él apareció en la sala.

—No, señora, en absoluto, gracias.

—¿La carta venía de Aviñón? Espero que no haya sido para informarle que su hermana está peor.

—No, señora, venía de la ciudad, y es simplemente una carta de negocios.

—Pero, ¿por qué entonces le ha causado tal conmoción, si se trataba sólo de negocios?... Vamos, vamos, coronel; déjenos conocer la verdad.

—Madre querida —interrumpió la señora Middleton—, piense un poco en lo que dice.

—¿Quizá le han dicho que su prima Fanny se ha casado? —dijo la señora Jennings, pasando por alto el reproche de su hija.

—No, la verdad es que no.

—Bien, entonces ya sé de quién es, coronel. Y espero que ella esté bien.

—¿De quién está hablando, señora? —preguntó el coronel, enrojeciendo un poco.

—¡Oh! Ya lo sabe usted.

—Ha sido muy lamentable, señora —dijo el coronel, dirigiéndose a lady Middleton—, haber recibido esta carta hoy, porque se trata de un negocio que requiere mi presencia inmediata en la ciudad.

—¡En la ciudad! —exclamó la señora Jennings—. ¿Qué puede usted tener que hacer en la ciudad en esta época del año?

—No puedo menos que lamentar —continuo el coronel— verme obligado a renunciar a una reunión tan agradable; pero seguramente el primero en lamentarlo soy yo mismo, pues me temo que sin mí les negarán el acceso a Whitwell.

Aquellas palabras causaron una gran decepción en los demás concurrentes.

—Pero, si escribiera usted una nota al guardia, coronel Brandon —dijo Marianne, intranquila—; ¿no bastaría?

El coronel negó con la cabeza.

—De cualquier manera debemos ir —dijo sir John—. No podemos aplazarlo ahora que estamos a punto. Ya irá usted a la ciudad mañana, Brandon, y no se hable más.

—Ojalá el asunto pudiera solucionarse tan fácilmente. ¡Pero no está en mi mano retrasar el viaje un día más!

—Si quisiera tan sólo decirnos de qué negocio se trata —dijo la señora Jennings—, quizá veríamos si se puede aplazar o no.

—No llegaría usted más de seis horas tarde —dijo Willoughby—, si retrasara su viaje hasta nuestro regreso.

—No puedo permitirme perder ni una hora.

Elinor oyó entonces a Willoughby decirle a Marianne en voz baja:

—Hay algunas personas que no pueden soportar ir de excursión. Brandon es una de ellas; tal vez tenga miedo de resfriarse y ha inventado ese truco para librarse del paseo. Apostaría cincuenta guineas a que la carta era de su puño y letra.

—No me cabe la menor duda —contestó Marianne.

—No hay manera de convencerlo de que cambie de opinión, Brandon, lo sé desde hace tiempo —dijo sir John—, una vez que se ha decidido a lo que sea. Espero, sin embargo, que se lo piense mejor. Téngalo en cuenta, aquí están las dos señoritas Carey, que han venido desde Newton; las tres señoritas Dashwood, que han venido andando desde la casita de campo, y el señor Willoughby, que se ha levantado dos horas antes de su hora habitual sólo para ir a Whitwell.

El coronel Brandon volvió a disculparse por ser la causa de la decepción del grupo; pero al mismo tiempo declaró que era inevitable.

—Bien, entonces, ¿cuándo estará de vuelta?

—Confío en que lo veremos en Barton —añadió su señoría— tan pronto como pueda dejar la ciudad sin trastorno, y nosotros aplazaremos la excursión a Whitwell hasta su regreso.

—Es usted muy amable. Pero tengo tan poca seguridad de cuándo me será posible regresar que no me atrevo a comprometerme en lo más mínimo.

—¡Oh! Tiene que volver, y volverá —exclamó sir John—. Si no está aquí a fines de semana, iré a buscarlo yo mismo.

—Sí, hágalo, sir John —exclamó la señora Jennings—, y entonces quizás averigüe cuál es el misterioso negocio.

—No quiero entrometerme en los asuntos de los demás. Supongo que es algo de lo que se avergüenza.

Se anunció que los caballos del coronel Brandon estaban preparados.

—No irá usted a la ciudad a caballo, ¿verdad? —preguntó sir John.

—No, sólo hasta Honiton. Allí tomaré la posta.

—Bueno, ya que está decidido a partir, le deseo un buen viaje. Pero mejor sería que cambiara de idea.

—Le aseguro que no está en mi mano.

A continuación se despidió de todo el grupo.

—¿Hay alguna posibilidad de verla a usted y a sus hermanas este invierno en la ciudad, señorita Dashwood?

—Me temo que ninguna.

—Entonces debo despedirme de usted para mucho más tiempo del que desearía.

A Marianne simplemente le hizo una reverencia, sin decirle nada.

—Vamos, coronel —dijo la señora Jennings—, antes de irse, díganos lo que va a hacer.

El coronel le dio los buenos días y, acompañado de sir John, salió de la estancia.

Las quejas y lamentaciones que hasta el momento la cortesía había constreñido estallaron entonces con toda libertad, y todos coincidieron una y otra vez en lo irritante que resultaba haber sufrido tamaña decepción.

—De todos modos, puedo imaginarme qué negocio es ése —dijo la señora Jennings, exultante.

—¿De veras, señora? —dijeron casi todos.

—Sí, se trata de la señorita Williams, sin duda.

—Y, ¿quién es la señorita Williams? —preguntó Marianne.

—¡Cómo! ¿No sabe usted quién es la señorita Williams? Estoy segura de que ha oído hablar de ella. Es una pariente del coronel, querida, una pariente muy cercana, no diremos hasta qué punto para no impresionar a las jovencitas —entonces, bajando un poco la voz, le dijo a Elinor—: es su hija natural.

—¡Qué me dice!

—¡Oh, sí! Y no podría parecérsele más. Me atrevería a decir que el coronel le dejará toda su fortuna.

Cuando volvió sir John, se sumó con todo su entusiasmo a las protestas generales sobre tan desafortunado suceso; concluyó, sin embargo, señalando que, ya que estaban todos reunidos, debían hacer algo para divertirse, y, tras algunas consultas se acordó que, aunque la felicidad plena sólo podía lograrse en Whitwell, podrían recrear aceptablemente sus espíritus dando un paseo en coche por el campo. Se mandó, pues, disponer los carruajes; el del señor Willoughby llegó primero, y Marianne nunca había parecido tan feliz como cuando se subió a él. Willoughby tomó las riendas, cruzó rápidamente las tierras de la finca y no tardaron en perderse de vista; nada se supo de ellos hasta que volvieron, lo cual no ocurrió hasta que ya habían vuelto todos los demás. Los dos parecían encantados de su paseo, pero sólo dijeron muy en general que no habían salido de las veredas, mientras que los demás habían subido hasta las colinas.

Se decidió que por la noche habría baile, y que todo el mundo debía divertirse de lo lindo hasta entonces. Algunos miembros de la familia Carey fueron a cenar, y tuvieron el placer de ser casi veinte a la mesa, cosa que sir John miró con gran satisfacción. Willoughby ocupó su sitio habitual entre las dos Dashwood mayores. La señora Jennings se sentó a la derecha de Elinor, y no llevaban mucho tiempo en la mesa cuando dicha señora se asomó por delante de ella y de Willoughby y le dijo a Marianne, en voz bastante alta para que todos oyeran:

—Los he descubierto a pesar de todas sus triquiñuelas. Sé dónde han pasado la mañana.

Marianne se sonrojó y, con gran inquietud, dijo:

—Dígame usted dónde, se lo ruego.

—¿No sabía usted —dijo Willoughby— que hemos salido en mi calesa?

—Sí, sí, señor atrevido, lo sé muy bien, y me había propuesto averiguar adónde habían ido... Espero que le guste su casa, señorita Marianne, sé que es muy grande, y, cuando yo vaya a verla espero que hayan comprado muebles nuevos, porque, cuando estuve allí, hace seis años, ya los necesitaba.

Marianne le dio la espalda muy azorada. La señora Jennings se reía con fruición; y Elinor descubrió que en su empeño por enterarse dónde habían estado, había interrogado con sus artes de mujer al mozo del señor Willoughby, y que por este método se había informado de que la pareja había ido a Allenham, y pasado allí un buen rato paseando por los jardines y viendo toda la casa.

Elinor apenas podía creer que tal cosa fuera verdad, pues parecía muy improbable que Willoughby propusiera, o que Marianne aceptara, entrar en la casa mientras estuviera en ella la señora Smith, a quien Marianne nunca había sido presentada.

Apenas salieron del comedor, Elinor se lo preguntó, y grande fue su sorpresa al averiguar que cada una de las circunstancias referidas por la señora Jennings era totalmente cierta. Marianne estaba muy enfadada con su hermana por haberlo dudado.

—¿Por qué ibas a imaginar, Elinor, que no hemos ido, o que no hemos visto la casa? ¿No es lo que a menudo has deseado tú misma hacer?

—Sí, Marianne, pero yo no iría si estuviera la señora Smith, y sin otra compañía que la del señor Willoughby.

—Sin embargo, el señor Willoughby es la única persona que puede tener derecho a enseñar esa casa, y ya que íbamos en carruaje descubierto, era imposible tener más compañía. No he pasado una mañana más grata en toda mi vida.

—Me temo —replicó Elinor— que el que una ocupación sea grata no siempre es prueba de que sea acertada.

—Al contrario, no puede haber prueba más firme, Elinor; porque si hubiera habido algo realmente impropio en lo que hice me habría dado cuenta, pues siempre sabemos cuándo nos estamos conduciendo mal, y con una certeza semejante no habría podido disfrutar.

—Pero, querida Marianne, viendo que ya te han expuesto a observaciones muy pertinentes, ¿no empiezas ahora a dudar de la discreción de tus propios actos?

—Si las impertinentes observaciones de la señora Jennings van a constituir prueba de conducta reprobable, todos estamos pecando en cada momento de nuestras vidas. No estimo ya sus censuras más de lo que habría de estimar sus recomendaciones. No tengo conciencia de haber hecho nada malo paseando por los jardines de la señora Smith, o viendo su casa. Un día serán del señor Willoughby y...

—Si un día llegaran a ser tuyos, Marianne, eso no justificaría lo que has hecho.

Marianne se ruborizó ante este reproche; pero en realidad no le molestó el comentario; y tras un silencio que duró diez minutos, volvió a hablar con su hermana, diciéndole de muy buen humor:

—Elinor, puede que fuera bastante imprudente por mi parte ir a Allenham; pero el señor Willoughby tenía muchas ganas de enseñarme la casa, y te aseguro que es una casa preciosa... Hay una salita de estar muy bonita en el piso de arriba; tiene un buen tamaño y sirve tanto para el invierno como para el verano, y con muchos muebles modernos sería una delicia, hace esquina y tiene ventanas a ambos lados; por un lado da al jardín de la casa y a un hermoso bosque, y por el otro se ve la iglesia y el pueblo, y más allá, aquellas escarpadas y bellas colinas que tantas veces hemos admirado. No me ha parecido plenamente aprovechada, pues nada podía dar más sensación de abandono que el mobiliario..., pero, si se reamueblara.., un par de cientos de libras, dice Willoughby, sería una de las casas más bonitas de Inglaterra.

Si Elinor hubiera podido escucharla sin interrupciones ajenas, Marianne habría descrito cada una de las dependencias de la casa con igual delectación.

# Capítulo XIV

La repentina conclusión de la visita del coronel Brandon a la finca, con determinación de no revelar los motivos, ocupó los pensamientos y suscitó el asombro de la señora Jennings durante dos o tres días; ella se asombraba con mucha facilidad, como hace todo aquel que se toma un interés tan vivo en todas las idas y venidas de sus conocidos. Se preguntaba constantemente qué malas noticias habían sido aquéllas, y pensó y repensó todas las desgracias que pudieran haberle sucedido al coronel, deduciendo que no había podido salir bien librado de ellas.

—Debió haberse tratado de algo muy desagradable —decía—. Se lo vi en la cara. ¡Pobre hombre!, me temo que le sean adversas las circunstancias. Nunca se ha sabido que su heredad diese más de dos mil libras al año, y su hermano lo dejó todo tristemente comprometido. En realidad creo que se le ha debido requerir por cuestiones de dinero, porque..., ¿qué otra cosa podría ser? Me pregunto si realmente se trata de eso. Daría cualquier cosa por saber la verdad. Quizá tenga que ver con la señorita Williams, y, por eliminación, diría que eso es, porque cuando se la mencioné puso cara de mucha preocupación. Puede ser que ella esté aún en la ciudad; nada más probable, porque tengo idea de que es bastante enfermiza. Apostaría lo que fuera a que se trata de la señorita Williams. No es muy probable que fuese ahora a ser desafortunado en su economía, pues es un hombre muy prudente, y, sin duda a estas alturas ha saneado ya su herencia. ¡Quisiera saber qué puede ser! Quizá su hermana de Aviñón se encuentre peor y lo haya mandado llamar. Esa manera de irse tan precipitada también hace pensar una cosa así. Bueno, ojalá que salga pronto de esas tribulaciones, y de ser posible con una buena esposa.

Tales eran las preguntas que se hacía la señora Jennings, y tal era su conversación. Cambiaba de idea con cada nueva conjetura, y todas, a medida que nacían, parecían igualmente probables. Elinor, aunque le preocupaba sinceramente el bienestar del coronel Brandon, no podía mostrar, ante su partida súbita, todo el asombro que la señora Jennings deseaba; pues, dejando aparte que la ocasión no justificaba a su parecer un desconcierto tan continuado ni tal variedad de especulaciones, su asombro se aplicaba a otros asuntos. Estaba absorbido por el extraordinario silencio que Willoughby y su hermana guardaban sobre lo que sin duda sabían que era de particular interés para todos. Como el silencio se prolongaba, cada día parecía más extraño y más incompatible con el temperamento de ambos. Elinor no podía imaginar por qué no podían reconocer abiertamente ante su madre y ante ella misma que el compromiso era ya un hecho.

No era difícil pensar que sus planes de boda no podían ser inmediatos; pues, aunque Willoughby disponía de rentas propias, no había razones para creerle rico. Sir John había calculado su herencia en seiscientas o setecientas libras anuales; pero vivía en unas condiciones que una renta así difícilmente podía sostener, y él mismo se había lamentado a menudo de lo pobre que era. Pero este extraño secreto que los dos mantenían sobre su compromiso, que de hecho no ocultaba nada en absoluto, Elinor no podía explicárselo, y estaba en tan completa contradicción con las creencias y costumbres habituales de ambos que a veces la atenazaba la duda de si estaban realmente comprometidos, y esta duda era suficiente para no preguntar nada a Marianne.

Nada podía expresar más a los ojos de todos el afecto que se tenían que el comportamiento de Willoughby. Con Marianne tenía todas las distinciones y delicadezas que el corazón de un enamorado puede ofrecer, y con el resto de la familia tenía las cariñosas atenciones de un hijo y de un hermano. Parecía que consideraba y quería la casita de campo como si fuese su hogar; pasaba en ella muchas más horas que en Allenham; y si no tenían que verse con otras personas en la finca, el ejercicio físico que el joven se imponía todas las mañanas siempre tenía su meta en la casita de las Dashwood, donde pasaba el resto del día al lado de Marianne, y con su pointer favorito a los pies de ella.

Una noche en particular, alrededor de una semana después de la marcha del coronel Brandon, el corazón del joven se mostró más proclive de lo habitual a los sentimientos de apego hacia los objetos que le rodeaban, y cuando a la señora Dashwood se le ocurrió mencionar sus planes primaverales de reforma para la casa, se opuso enérgicamente a cualquier cambio en un lugar que gracias al cariño que le tenía había colmado sus ideas de perfección.

—¡Cómo! —exclamó—. ¡Hacer obras en esta querida casa! ¡No, a eso no voy a dar mi consentimiento! Ni una piedra ha de añadirse a sus paredes, ni una pulgada a su tamaño, si se respetan mis sentimientos.

—No se alarme —dijo la señorita Dashwood—, no se hará nada de eso; porque mi madre nunca tendrá el suficiente dinero para llevarlo a la práctica.

—Me alegro de todo corazón —exclamó él—. Que sea siempre pobre, si no sabe hacer mejor uso de su caudal.

—Gracias, Willoughby. Pero puede usted estar seguro de que un solo sentimiento suyo de cariño a la casa, o de cualquiera a quien aprecie, vale más para mí que todas las reformas del mundo. Por eso le digo que, si acaso me queda una suma sin empleo, cuando haga cuentas en primavera, mejor la apartaré sin usarla que disponer de ella de un modo tan doloroso para usted. Pero, ¿de verdad es tal su apego a este lugar que no se le ve ningún defecto?

—Sí —dijo él—. Para mí es impecable. Es más, para mí es el único tipo de casa en que puede lograrse la felicidad, y, si fuera lo suficientemente rico, echaría abajo Combe inmediatamente, y la construiría de nuevo, apegándome exactamente al plano de esta casita.

—Con una escalera oscura y estrecha, y una cocina llena de humo, supongo —dijo Elinor.

—Sí, exclamó Willoughby en el mismo tono impetuoso—, con todas y cada una de las cosas que tiene; en nada sería perceptible la menor variación. Entonces, y sólo entonces, bajo un techo así, quizá pudiera ser tan feliz en Combe como lo he sido en Barton.

—Me alegra pensar —repuso Elinor— que incluso con la desventaja de mejores habitaciones y una escalera más ancha, verá en el futuro en su propia casa tan pocos defectos como ve en ésta.

—Lo cierto es que hay circunstancias —dijo Willoughby— que pueden hacérmela enormemente grata; pero este lugar ocupará siempre en mis sentimientos un espacio que ningún otro podrá compartir.

La señora Dashwood miró muy contenta a Marianne, cuyos bellos ojos estaban tan expansivamente pendientes de Willoughby que denotaban claramente lo bien que lo comprendía.

—¡Cuán a menudo he deseado —añadió el joven—, en mi estancia en Allenham un año atrás, que la casita de Barton estuviese habitada! Nunca pasaba por aquí sin dejar de admirar su emplazamiento, y sin lamentar que nadie viviera en ella. Qué poco imaginaba entonces que las primeras noticias que oiría de boca de la señora Smith iban a ser que la casita de Barton había sido alquilada; de inmediato sentí una suerte de interés, pero también alegría que en esos momentos no tenía ninguna explicación pero que preludiaba la felicidad que con eso iba a encontrar. ¿No crees que así debió ocurrir, Marianne? —le dijo en voz más baja, luego, volviendo al tono de antes, continuó—: y siendo así, señora Dashwood, ¿echaría a perder la casa?, ¿le robaría el encanto de su simplicidad con reformas? Y esta querida salita, en donde nos conocimos y en donde tantas horas felices hemos pasado, la degradaría a una condición de vulgar vestíbulo, de un lugar de paso, del que todos querrían salir nada más entrar, ignorando que ésa ha sido hasta entonces una estancia más cómoda y más espaciosa que la más grande y lujosa sala del mundo.

La señora Dashwood volvió a prometerle que no se acometería ninguna alteración por el estilo.

—Es usted una buena mujer —dijo Willoughby, efusivo—. Su promesa me deja tranquilo. Extiéndala un poco más y me hará feliz. Dígame que no sólo su casa seguirá siendo la misma, sino que siempre la veré a usted y a los suyos tan poco cambiados como su morada; y que siempre tendrá conmigo la amable consideración que me ha hacho tan queridas las cosas que la rodean.

La promesa fue dada con toda prontitud, y la actitud de Willoughby durante esa velada reveló tanto su cariño como su felicidad.

—¿Lo veremos mañana para cenar? —dijo la señora Dashwood cuando se despidió—. No le digo que venga por la mañana porque tenemos que ir a la finca a visitar a lady Middleton.

Él se comprometió a estar allí a las cuatro.

# Capitulo XV

La visita de la señora Dashwood a lady Middleton tuvo lugar al día siguiente, y dos de sus hijas la acompañaron; Marianne, en cambio, se excusó con un nimio pretexto de tener cosas que hacer, y su madre, que llegó a la conclusión de que Willoughby le había prometido la noche anterior ir a verla mientras ellas no estaban, se mostró muy satisfecha de que se quedara en casa.

Al volver de la finca se encontraron la calesa de Willoughby y a su criado esperando fuera de la casa; entonces la señora Dashwood tuvo la seguridad de haber conjeturado con acierto. Hasta entonces todo estaba ocurriendo como había previsto; pero al entrar en la casa descubrió lo que ninguna previsión la hubiera hecho esperar. Apenas habían llegado al pasillo cuando Marianne salió a toda prisa de la salita, al parecer violentamente trastornada, con el pañuelo en los ojos, y, sin reparar en ellas, subió corriendo las escaleras. Sorprendidas y alarmadas, entraron directamente en la estancia de la que acababa de salir, donde sólo encontraron a Willoughby, dándoles la espalda, apoyado en la repisa de la chimenea. Cuando las oyó entrar, se dio vuelta, y en su semblante se veía que participaba con gran intensidad de la misma emoción que embargaba a Marianne.

—¿Le ocurre algo a mi hija? —preguntó la señora Dashwood nada más entrar—, ¿está enferma?

—Espero que no —respondió el joven, tratando de ocultar su turbación, y con una sonrisa forzada añadió—: tal vez yo sea el enfermo... ¡pues ahora mismo estoy sufriendo una enorme decepción!

—¡Una decepción!

—Sí, porque me es imposible mantener el compromiso que tengo con ustedes. La señora Smith ha ejercido esta mañana el privilegio de los ricos sobre el pobre primo que de ella depende, y me ha enviado a Londres a atender una transacción. Acabo de recibir mis despachos y de despedirme de Allenham, y para ver si consigo darme ánimos estoy aquí para despedirme de ustedes.

—¡A Londres...! ¿Y se va esta mañana?

—Sí, prácticamente ahora mismo.

—¡Qué calamidad! Pero supongo que es necesario complacer a la señora Smith... Espero que sus negocios no lo aparten de nosotras mucho tiempo.

Willoughby se sonrojó al contestar:

—Es usted muy amable, pero no tengo expectativas de volver a Devonshire inmediatamente. Mis visitas a la señora Smith nunca se repiten en el curso del mismo año.

—Pero, ¿es que la señora Smith es su única relación en estos lugares? ¿Acaso Allenham es la única casa de la vecindad en la que es usted bien recibido? ¡Qué vergüenza, Willoughby! ¿No ha pensado usted que en esta casa es bien recibido?

Su rubor aumentó, y con la vista fija en el piso, dijo en un murmullo:

—Es usted demasiado buena.

La señora Dashwood miró a Elinor sorprendida. Elinor sufría el mismo desconcierto. Por unos momentos nadie dijo nada. La señora Dashwood fue la primera en hablar:

—Sólo tengo que añadir, mi querido Willoughby, que usted siempre será bienvenido en la casita de Barton; no voy a pedirle que vuelva inmediatamente, porque sólo usted puede juzgar hasta qué grado complacería eso a la señora Smith, y en este punto crucial no estaré más dispuesta a poner en entredicho su capacidad de juicio que a dudar de sus deseos.

—Mis compromisos actuales —respondió Willoughby aturdido— son de tal naturaleza que, en realidad no me atrevo a confiar en...

En ese momento se interrumpió, y la señora Dashwood estaba demasiado perpleja para decir nada, por lo que se produjo una pausa, interrumpida por Willoughby, quien, con una débil sonrisa, dijo:

—Es preferible tomar las cosas como son. No voy a torturarme más en compañía de amigos de lo que ahora me es imposible disfrutar.

Acto seguido, se despidió rápidamente de ellas y salió de la habitación. Lo vieron subir en su carruaje, y en un minuto lo perdieron de vista.

La señora Dashwood estaba demasiado apesadumbrada para hablar, y de inmediato salió de la salita para abandonarse en soledad a la preocupación que esta súbita desaparición le había ocasionado.

La inquietud de Elinor era igual al menos a la de su madre. Pensaba en lo que acababa de suceder con disgusto y recelo. La manera de despedirse de Willoughby, su embarazo, su afectación de buen humor, y, sobre todo, su falta de disposición a aceptar la invitación de su madre, una timidez tan impropia de un enamorado, tan impropia de sí mismo, le producían una gran desazón. Hubo un momento en que tuvo miedo de que él nunca hubiera sido formal en sus planes; y otro en el que temió que él y su hermana hubieran reñido por alguna desafortunada circunstancia; la congoja que había visto en el rostro de Marianne al salir de la salita podría muy razonablemente atribuirse a una riña, pero, si pensaba en cuánto la quería, que hubieran tenido un altercado parecía casi imposible.

Pero, cualesquiera que fuesen los pormenores de esta separación, la desolación de su hermana era indudable, y Elinor pensaba con lástima y ternura en ese gran dolor al que Marianne debía estarse entregando, no sólo como alivio, sino alimentándolo casi como un deber.

Una media hora después volvió su madre, y, aunque tenía los ojos enrojecidos, su semblante ya no expresaba desánimo.

—Nuestro querido Willoughby se encuentra ahora a unas cuantas millas de Barton, Elinor —dijo, mientras se sentaba a la mesa de costura—..., ¿qué pena llevará en el corazón?

—Es todo muy extraño. ¡Marcharse de un modo tan imprevisto! Pareciera una decisión improvisada. ¡Y anoche estaba aquí con nosotras, tan contento, tan cariñoso y lleno de ánimos!; y ahora, en sólo diez minutos... ¡Se ha ido sin intención de volver! Debe haber ocurrido algo más, algo que no estaba obligado a decirnos. No hablaba, no se comportaba como suele ser él. Tú tienes que haber notado la diferencia tanto como yo. ¿Qué puede ser? ¿Acaso se han peleado? ¿Por qué otro motivo iba a mostrarse tan reacio a aceptar tu invitación?

—No lo ha hecho por falta de ganas, Elinor, eso pude verlo claramente. No dependía de él. Lo he pensado bien, te lo aseguro, y puedo explicar perfectamente todo lo que al principio nos ha parecido raro a ti y a mí.

—¿De verdad puedes?

—Sí, me lo he explicado a mí misma del modo más satisfactorio; pero a ti, Elinor, a ti que te gusta dudar siempre que puedes... a ti no te dejará satisfecha, lo sé; pero a mí no me convencerás de lo contrario. Estoy segura de que la señora Smith sospecha del interés de Willoughby por Marianne, y pienso que no lo aprueba porque tiene otros planes para él, creo que es por eso que quiere verlo lejos de aquí, y también creo que la transacción que lo ha enviado a negociar es sólo una excusa para alejarlo de aquí... Eso es lo que creo que ha ocurrido. Además, el muchacho sabe que ella no aprueba estas relaciones; por ello no se atreve ahora a confesarle su compromiso con Marianne, y se ve obligado, por su situación de dependencia a acatar sus disposiciones y ausentarse de Devonshire por una temporada. Tú dirás, ya lo sé, que estas son meras conjeturas y que tal vez las cosas no ocurrieron así; pero yo no voy a prestar atención a tus reparos, a menos que tú tengas otra manera de explicar las cosas tan satisfactoria como la mía. ¿Qué dices a esto, Elinor?

—Nada, pues ya te has adelantado a mi respuesta.

—Así, pues, habrías dicho que tanto podría haber ocurrido como no. ¡Oh, Elinor! ¡Qué incomprensibles son tus sentimientos! Prefieres creer lo malo antes que lo bueno. Prefieres buscarle la miseria a Marianne y echarle la culpa al pobre Willoughby antes que encontrarle una disculpa. ¿Y no puede hacerse alguna conclusión a la inadvertencia, al espíritu desasosegado por alguna reciente contrariedad? ¿No se podría pensar que las cosas pueden ser de tal manera que no se podría saber la verdad sino hasta que se tenga la información correcta? De cualquier manera, nada podríamos reprochar por adelantado al hombre que todas queremos y de quien no tenemos razón alguna para pensar mal. Finalmente, ¿qué es lo que sospechas de él?

—Ni siquiera yo puedo decirlo. Pero sospechar algo malo es la consecuencia inevitable de una actitud como la que acabamos de presenciar en él. Tienes, sin embargo, mucha razón al insistir en las concesiones que se merece, y es mi deseo ser siempre imparcial en mis juicios. Quizá Willoughby tenga sobrados motivos para actuar así, y yo espero que así sea. Pero habría sido más propio de él reconocerlos. El secreto puede ser aconsejable; pero aún así no puede dejar de sorprenderme que él lo practique.

—No lo culpes, en cualquier caso, de salirse de su habitual carácter, si fuera el caso que la desviación sea necesaria. Pero, ¿admites realmente la justicia de lo que he dicho en su descargo? A mí me satisface..., y a él lo absuelve.

—No del todo. Quizá sea conveniente que oculte su compromiso (en caso de que estén comprometidos) delante de la señora Smith..., y si ése es el caso, resultaría comprensible que Willoughby se ausente de Devonshire; pero eso no lo excusaría de ocultárnoslo a nosotras.

—¡Ocultárnoslo a nosotras! Hija mía, ¿estás acusando a Willoughby y a Marianne de ocultarme algo? En verdad es extraño, teniendo en cuenta que por tu aspecto has estado reprochándote día tras día su imprudencia.

—Yo no necesito pruebas de su amor —dijo Elinor—; pero sí de su compromiso.

—A mí me sobran pruebas de ambas cosas.

—Pero no te han dicho ni una palabra al respecto, ninguno de los dos.

—A mí no me hacen falta palabras cuando los hechos han hablado claramente. ¿Acaso su actitud con Marianne y con todas nosotras, al menos en los últimos quince días, no ha revelado que la amaba y la trataba como su futura esposa? ¿Acaso no ha sido solicitado diariamente mi consentimiento por medio de sus miradas, de sus modales, sus modos respetuosos y atentos? Elinor mía, ¿es posible dudar de un compromiso? ¿Cómo se te ha podido ocurrir una idea así? ¿Quién podría suponer que Willoughby, convencido como debe estar del amor de tu hermana, la dejara, y la dejara tal vez para no verla durante meses, sin comunicarle su amor, y que se hubieran separado con una promesa de mutua fidelidad?

—Admito —repuso Elinor— que todas las circunstancias, excepto una, indican que ha habido compromiso; pero una es el completo silencio de ambos al respecto, y para mí eso es casi más importante que cualquier cosa.

—¡Qué extraño! Debes tener realmente la peor opinión de Willoughby si, después de todo lo que ellos han mostrado públicamente, eres capaz de poner en duda la naturaleza de su relación. ¿Acaso ha estado representado un papel con tu hermana todo el tiempo? ¿Lo supones realmente indiferente?

—No, yo no puedo pensar eso. Él debe amarla, y la ama, estoy segura.

—Pero con una extraña clase de ternura, si puede dejarla con esa indiferencia, esa despreocupación que tú le atribuyes.

—Debes recordar, madre querida, que nunca he dado por seguro todo este asunto. He tenido mis dudas, lo confieso; pero son más débiles de lo que fueron, y quizá pronto se disipen del todo. Si descubrimos que se corresponden, todos mis temores se desvanecerán.

—¡Vaya gran concesión! Si pudieras verlos ante el altar, supondrías que iban a casarse. ¡Vaya grosería! Pero a mí no me hace falta esa prueba. A mi entender, jamás ha pasado nada que justifique la duda; no se ha querido llevar nada en secreto; todo ha sido regularmente público y sin misterios. No puedes dudar de los anhelos de tu hermana. Por eso tiene que ser Willoughby el centro de tus sospechas. Pero, ¿por qué? ¿Acaso él no es un hombre de honor y de sentimientos? ¿Ha habido por su parte alguna preocupante veleidad? ¿Es que acaso es un mentiroso?

—Espero que no, creo que no —protestó Elinor—. Quiero a Willoughby, lo quiero sinceramente, y sospechar de su integridad no puede ser más doloroso para ti que para mí. Ha sido algo involuntario, y no voy a fomentarlo. Me asusté, lo admito, con su cambio de actitud esta mañana; no habló como suele hablar, no respondió a tu gentileza con la menor cordialidad. Pero todo eso puede explicarlo un estado de cosas como el que tú has supuesto. Acababa de despedirse de mi hermana, de verla marcharse con la mayor de las penas; y si se veía obligado, por miedo a ofender a la señora Smith, a resistir a la tentación de regresar pronto aquí, y si aún así era consciente de que, declinando tu invitación, diciendo que se marchaba por una temporada iba a parecer que se comportaba de forma nada generosa y sospechosa para nuestra familia, es muy posible que se sintiera violento y molesto. En tal caso, una declaración clara y abierta de sus dificultades habría favorecido su honor, por lo menos así lo pienso yo; de esa manera habría sido coherente con su forma de ser en general; pero yo no discutiré la conducta de nadie sobre un fundamento tan pobre y limitado, como es una opinión diferente de mi parte, o una desviación de lo que yo pueda creer correcto y consecuente.

—Hablas con mucha propiedad. Ciertamente Willoughby no se merece que se sospeche de él. Aunque no hace mucho tiempo que lo conocemos, no es ningún extraño en la vecindad; y, ¿acaso alguien nos ha hablado mal de él alguna vez? De haberse encontrado en situación de actuar libremente y casarse de inmediato, habría podido extrañarnos que se fuera sin decírmelo todo enseguida; pero no es ese el caso. Se trata de un compromiso que en ciertos aspectos no ha nacido afortunado, porque la boda habrá de celebrarse en un plazo muy incierto, y hasta el secreto, en la medida en que pueda observarse, por ahora puede ser muy recomendable.

La llegada de Margaret las interrumpió, y Elinor tuvo entonces libertad para meditar las observaciones de su madre, reconocer la probabilidad de muchas de ellas, y confiar en que todas fueran acertadas.

A Marianne no la vieron hasta la hora de cenar, cuando entró en el comedor y ocupó su sitio en la mesa sin decir una palabra. Tenía los ojos rojos e hinchados, y pareció que incluso entonces no le era fácil contener las lágrimas. Evitó las miradas de todas, no pudo comer ni hablar, y al cabo de cierto tiempo, cuando su madre la tomó de la mano con dulzura, su endeble fortaleza sucumbió definitivamente, rompió a llorar y salió de la habitación.

El ambiente de profundo desánimo se prolongó durante toda la velada. Marianne no tenía facultades para dominarse, porque no quería tenerlas. La más somera mención a Willoughby la sacaba de quicio en un instante, y aunque su familia se deshizo en atenciones para calmarla les fue imposible, en las raras ocasiones que lo hicieron, hablar de nada que no evocase en su corazón el recuerdo de él.

# Capítulo XVI

Marianne habría creído imperdonable no pasarse la noche en vela el día de su separación de Willoughby. Le había dado vergüenza mirar a la cara a su familia la mañana siguiente, si no se hubiera levantado de la cama con mayor necesidad de reposo de la que tenía al irse a dormir. Pero los sentimientos que hacían de tal serenidad una desgracia, la apartaron del peligro de incurrir en ella. Estuvo despierta toda la noche, y lloró durante la mayor parte. Se levantó con dolor de cabeza, sin fuerzas para hablar y sin ganas de tomar ningún alimento, con lo que causaba una gran pena en su madre y hermanas, lo que se agravaba por el hecho de que ella rechazaba todo intento de consuelo por parte de ellas.

Al terminar el desayuno salió a pasear sola, y vagó sin rumbo por la aldea de Allenham, dando rienda suelta a sus recuerdos de felicidad y lamentando los presentes reveses durante la mayor parte de la mañana.

La tarde pasó en el mismo estado emocional. Tocó una y otra vez todas sus canciones favoritas, las que se había acostumbrado a tocar para Willoughby, y todos los aires en los que sus voces se habían mezclado más a menudo, y se sentó ante el instrumento mirando fijamente cada compás que él le había transcrito, hasta que tuvo el corazón tan acongojado que ya no pudo alcanzar tristeza más honda, y ese alimento del dolor se dispensó día tras día. Se pasaba hora tras hora al piano, alternando canciones y llanto, la voz a menudo totalmente quebrada por las lágrimas. También los libros, así como con la música, le permitían cultivar la sensación de infortunio que sin duda fomentaba contrastando el pasado con el presente. En aquellos días no leía otra cosa que los libros que habían leído juntos.

Tan intensa desolación no podía en verdad sostenerse indefinidamente; en unos pocos días se redujo a un estado de más sosegada melancolía; pero las ocupaciones a las que se dedicaba diariamente, sus paseos solitarios y sus meditaciones en silencio aún producían de vez en cuando efusiones de dolor tan vívidas como las de antes.

No llegó carta alguna de Willoughby, y Marianne no parecía esperar alguna. Su madre estaba sorprendida, y Elinor volvió a sentirse preocupada. Pero la señora Dashwood era capaz de dar con una explicación siempre que la necesitaba, y así al menos ella se quedaba contenta.

—Recuerda, Elinor —dijo—, cuántas veces es sir John quien lleva y trae nuestro correo. Hemos convenido ya en que el secreto quizá sea una necesidad, y debemos admitir que la discreción no podría mantenerse si su correspondencia tuviera que pasar por las manos de sir John.

Elinor no podía negar la lógica de aquellas palabras, y trató de ver en ellas un buen argumento en favor del silencio. Pero había un método tan directo y simple de conocer el verdadero estado de las cosas que no pudo dejar de sugerírselo a su madre.

—¿Por qué no preguntas a Marianne de una buena vez —dijo— si está o no comprometida con Willoughby? Viniendo de ti, que eres su madre, y una madre tan amante e indulgente, la pregunta no puede ofenderla. Se interpretará como el resultado natural de tu amor por ella. Marianne nunca ha sido muy escrupulosa, y contigo menos.

—Yo no le preguntaría eso por nada del mundo. Suponiendo que fuera posible que no estuvieran comprometidos, ¡que desazón le causaría al manifestarle un interés así! Eso sería muy desconsiderado por cualquier lado que se lo vea. Nunca volvería a merecerme su confianza después de forzarla a confesar lo que ella tendría que decirme espontáneamente. Conozco el corazón de Marianne; sé que me quiere mucho y que no seré la última en ser informada cuando las circunstancias permitan que las cosas salgan a la luz. No quisiera forzar la confianza de nadie; y mucho menos la de la niña, porque el sentido del deber le impediría negarse a decir lo que posiblemente no quiera decir.

Elinor consideró excesiva esa generosidad, teniendo en cuenta la juventud de su hermana, e insistió otra vez, pero en vano; el sentido común, la preocupación común, la prudencia común, todo se hallaba oscurecido por la romántica delicadeza de la señora Dashwood.

Pasaron varios días antes de que alguien de la familia mencionara delante de Marianne el nombre de Willoughby. Sir John y la señora Jennings no fueron de ninguna manera prudentes y delicados, y sus comentarios añadieron dolor a un periodo doloroso; pero, una noche, la señora Dashwood, tomando al azar un volumen de Shakespeare, exclamó:

—No hemos acabado de leer Hamlet, Marianne; nuestro querido Willoughby se marchó antes de que pudiéramos llegar al final. Lo pondremos aparte, para cuando vuelva... Pero pueden pasar meses antes de que eso suceda.

—¡Meses! —gritó Marianne con gran sorpresa—. No..., ni siquiera muchas semanas.

La señora Dashwood lamentó lo que había dicho; pero a Elinor le pareció muy bien, porque de esa manera Marianne expresó su confianza en Willoughby y también dio a conocer que sabía cuáles eran sus intenciones.

Una mañana, aproximadamente una semana después de la partida del joven, Marianne se dejó convencer para acompañar a sus hermanas en su paseo habitual, en lugar de vagar sola. Hasta entonces había evitado escrupulosamente toda compañía en sus vagabundeos. Si sus hermanas tenían intención de pasear por las colinas, ella se escabullía hacia las veredas, si se encaminaban hacia el valle, ella se apresuraba a subir a las colinas, y nunca se la encontraba cuando las demás se disponían a salir. Pero al fin sucumbió ante los esfuerzos de Elinor, que deploraba esa actitud huidiza de su hermana. Pasaron por el camino que atravesaba el valle, y la mayor parte del tiempo en silencio, pues el espíritu de Marianne era incontrolable, y Elinor, contenta de haber ganado un punto, no quería de momento correr el riesgo de echar a perder ese progreso. Más allá de la entrada del valle, donde el paisaje, aunque todavía rico, era menos agreste y más despejado, se abría a sus pies un largo trecho del camino que habían recorrido en su viaje a Barton; y al llegar a ese lugar se detuvieron a contemplar el panorama y a examinar una perspectiva que constituía el límite de la vista que tenían desde la casa, desde un lugar en el que casualmente nunca habían estado en ninguno de sus paseos anteriores.

Entre los elementos de la escena, no tardaron en descubrir uno animado: era un hombre a caballo que se dirigía hacia ellas. En pocos minutos pudieron apreciar que se trataba de un caballero, y un momento después Marianne exclamaba con pasión:

—¡Es él, yo sé que es él! —y ya se apresuraba a ir a su encuentro, cuando Elinor le dijo:

—Marianne, me parece que estás equivocada. No es Willoughby; mira, no es lo suficientemente alto para ser él, y no tiene su constitución.

—Sí, sí —exclamó Marianne—, estoy segura. Es su porte, es su abrigo, es su caballo. Ya sabía yo que volvería pronto.

Caminaba impaciente mientras lo decía; y Elinor, para protegerla de cometer algún error de trato, pues ya estaba casi segura de que no era Willoughby, aceleró el paso y lo alcanzó. Pronto se encontraron a treinta yardas del caballero. Marianne volvió a mirar y el alma se le cayó a los pies; dándose vuelta se apresuraba a regresar cuando las voces de sus dos hermanas se alzaron para detenerla; una tercera, casi tan conocida como la de Willoughby, se les unió en la petición, y Marianne se volvió sorprendida para saludar a Edward Ferrars.

Él era la única persona del mundo que en esos momentos tenía la disculpa de no ser Willoughby; la única que podía haberle robado una sonrisa, y las lágrimas se le secaron para recibirlo. En la felicidad de su hermana olvidó temporalmente sus pesares.

Edward desmontó, y, entregando el caballo a su criado, fue andando con ellas a Barton, a donde se dirigía con el propósito de visitarlas.

Las tres le dieron la bienvenida con gran cordialidad, pero especialmente Marianne, que lo recibió más calurosamente que la misma Elinor. Para Marianne, en realidad, el encuentro entre Edward y su hermana no fue sino una prolongación de aquella inexplicable frialdad con la que se trataban y que ella había observado a menudo en Norland. Edward fue quien más pecó, al no manifestar, ni en su aspecto ni en sus palabras lo que un enamorado en una ocasión semejante habría debido manifestar. Estaba apabullado, apenas parecía contento de verlas, no daba la impresión de estar entusiasmado ni alegre, no hizo más que responder a lo que se le preguntaba, y no distinguió a Elinor con ninguna señal de afecto: Marianne veía y escuchaba y su asombro iba en aumento. Casi empezó a sentir cierto disgusto por Edward, y esto acabó, como todo sentimiento tenía que acabar en ella, por devolverla a sus cavilaciones en torno a Willoughby, cuyas maneras creaban un contraste muy acusado con las de quien estaba predestinado a ser su cuñado.

Tras un corto silencio que siguió a la sorpresa inicial y a las primeras preguntas, Marianne quiso saber si Edward venía directamente de Londres. No, llevaba quince días en Devonshire.

—¡Quince días! —repitió, sorprendida de que llevara tanto tiempo en el condado sin haber ido antes a ver a Elinor.

Edward pareció bastante incómodo al añadir que había estado con unos amigos cerca de Plymouth.

—¿Ha estado recientemente en Sussex? —le preguntó Elinor.

—Sí, estuve en Norland hace un mes.

—¿Y cómo está el querido Norland? —preguntó Marianne.

—Nuestro querido Norland —dijo Elinor— probablemente esté como siempre en esta época del año. Los bosques y senderos cubiertos totalmente de hojas secas.

—¡Oh! —exclamó Marianne—. ¡Con qué sensación de éxtasis las he visto caer en otro tiempo! ¡Cómo he disfrutado, en mis paseos, viendo cómo el viento las empujaba, como una lluvia, contra mí! ¡Qué sentimientos han inspirado, ellas, el aire, la estación, todo! Ahora no hay nadie que las quiera. Sólo se les ve como un estorbo, se las barre deprisa y se hace cuanto se puede por quitarlas de en medio.

—No todo el mundo —dijo Elinor— comparte tu pasión por las hojas secas.

—No, mis sentimientos no son a menudo compartidos, ni a menudo comprendidos. Pero a veces lo son —al decir esto se sumergió en un breve ensueño. Pero, recobrándose, añadió—: Ahora, Edward —llamó su atención sobre el panorama—, aquí tiene el valle de Barton. Admírelo, y conserve la serenidad, si puede. ¡Mire esas colinas! ¿Ha visto algo parecido alguna vez? A la derecha está la finca de Barton, entre esos bosques y campos de cultivo. Por ahí se ve una parte de ella. Y allá, más arriba de aquella lejana colina, que se yergue con esa grandeza, está nuestra casa.

—Es una hermosa región —replicó—; pero en invierno seguramente los pies de las colinas están cubiertos de fango.

—Pero, ¿cómo se le ocurre pensar en el fango ahora, con tal belleza delante de usted?

—Porque —contestó sonriendo—, entre la paz de las cosas que me rodean, veo un sendero muy enfangado.

"¡Qué hombre tan extraño!" —pensó Marianne, sin interrumpir el paso.

—¿Tienen ustedes buenos vecinos? ¿Son los Middleton gente simpática?

—No, en lo más mínimo —respondió Marianne—. No podríamos estar peor situados.

—Marianne —exclamó su hermana—, ¿cómo puedes decir una cosa así? ¿Cómo puedes ser tan injusta? Ellos son una familia muy respetable, señor Ferrars; y se han portado con nosotras con la mayor cordialidad. ¿Has olvidado, Marianne, cuántos buenos ratos les debemos?

—No —dijo Marianne en voz baja—, ni cuántos malos.

Elinor no oyó estas palabras, y, dirigiendo su atención al visitante, se esforzó en sostener algo parecido a una conversación, hablándole de su residencia actual, de sus ventajas..., y arrancándole de vez en cuando algunas preguntas y observaciones. Su frialdad y reserva la mortificaban severamente. Estaba molesta y un poco irritada; pero, decidida a medir su conducta mirando hacia el pasado en vez del presente, trató de evitar todo sentimiento de disgusto y le dispensó el trato que se merecía por su parentesco con la familia.

# Capítulo XVII

La señora Dashwood se sorprendió de verlo, pero sólo en un primer momento, pues para ella su presencia en Barton era algo de lo más natural. Su alegría y expresiones de interés sobrepasaron con creces su asombro. Edward obtuvo de ella el más afectuoso recibimiento, y la timidez, la frialdad y la reserva no pudieron ante semejante bienvenida. Habían empezado a fallarle antes de que entrara en la casa, y sucumbieron completamente ante los cautivadores modales de la señora Dashwood. En realidad no era fácil que un hombre se enamorase de alguna de sus hijas, sin que ella se sintiera también un poco enamorada, y Elinor tuvo pronto la satisfacción de ver que Edward se reconvertía en aquél que ella había conocido. Pareció revivir su afecto por todas, y la atención que dedicaba a su bienestar se hizo de nuevo visible. Sin embargo, no estaba muy animado, y toda la familia lo advirtió; pero la señora Dashwood lo atribuyó a alguna falta de liberalidad por parte de la madre de él, por lo que se sentó a la mesa indignada contra todos los padres egoístas.

—¿Qué planes tiene para usted la señora Ferrars en estos momentos, Edward? —le preguntó, cuando terminaron la cena y se congregaron junto al fuego—. ¿Aún va usted a ser un gran orador, mal que le pese?

—No. Espero que mi madre se haya convencido ya de que no tengo más talento que inclinación para la vida pública.

—Pero, ¿en qué va a cimentar su fama? Pues famoso tendrá que ser si quiere satisfacer a toda su familia, y sin predisposición al dispendio, sin gusto por los extraños, sin profesión y sin garantías, quizá vaya a serle un poco difícil.

—No lo intentaré. No tengo deseos de ser una persona distinguida, y tengo todos los motivos del mundo para confiar en que nunca lo voy a ser. ¡Gracias a Dios no se me puede obligar a tener genio ni elocuencia!

—Carece usted de ambición, lo sé bien. Todos sus anhelos son moderados.

—Tan moderados como los del resto del mundo, creo. Yo anhelo tanto como todo el mundo ser terriblemente feliz; pero, como todo el mundo debo serlo a mi manera. La grandeza no va a hacerme feliz.

—¡Vaya cosas que hay que oír! —exclamó Marianne—. ¿Qué tienen que ver la grandeza o la riqueza con la felicidad?

—La grandeza, poco —dijo Elinor—; pero la riqueza, mucho.

—Elinor, ¡qué vergüenza! —dijo Marianne—: el dinero sólo puede dar la felicidad allí donde no hay otra cosa que la dé. Además de ciertos recursos, no puede aportar ninguna satisfacción real, en lo que concierne a lo más íntimo de uno mismo.

—Quizá —dijo Elinor sonriendo— concluyamos en el mismo punto. Tus "ciertos recursos" y mi riqueza se parecen mucho, diría yo, y tal como va el mundo hoy, estarás de acuerdo en que siempre se echarán de menos muchas comodidades materiales. Tus ideas son sólo más nobles que las mías. Dime, ¿en cuánto cifras tus recursos?

—En unas mil ochocientas o dos mil libras anuales, no más.

—¡Dos mil libras anuales!

Elinor se echó a reír.

—¡Dos mil libras anuales! ¡Mil son mi riqueza! Ya sabía en qué acabaría todo esto.

—Pues dos mil libras anuales es una cantidad muy moderada —dijo Marianne—. Una familia no puede mantenerse bien con menos. Estoy convencida de no ser extravagante en mis exigencias. Una adecuada dotación de criados, un carruaje, quizá dos, y caballos de caza, no se pueden mantener con menos.

Elinor volvió a sonreír, oyendo a su hermana describir con tanto primor sus futuros gastos en Combe Magna.

—¡Caballos de caza! —repitió Edward—. Pero, ¿para qué quiere usted caballos? No todo el mundo caza.

Marianne se ruborizó al contestar.

—Pero la mayoría de la gente sí.

—¡Ojalá —dijo Margaret, improvisando un pensamiento novelesco— que alguien nos regalara una gran fortuna a cada una!

—¡Oh, sí, ojalá! —exclamó Marianne, con los ojos radiantes de alegría y las mejillas ardientes del placer de tal imaginaria felicidad.

—Supongo que en eso estamos todas de acuerdo —dijo Elinor—, a pesar de los escasos beneficios de la riqueza.

—¡Ay —prorrumpió Margaret—, qué feliz sería!; aunque la verdad yo no sabría qué hacer con una gran fortuna.

Marianne parecía no tener la menor duda al respecto.

—Yo misma no sabría en absoluto cómo gastar mucho dinero —dijo la señora Dashwood—, si mis niñas no necesitaran mi ayuda para ser ricas.

—Pues podrías empezar con las obras de esta casa —observó Elinor—, y ya verías qué pronto se desvanecerían tus dificultades.

—¡Qué magníficos pedidos recibiría Londres de esta familia —dijo Edward— en una situación así! ¡Vaya día de júbilo para libreros, grabadores y editores de música! Usted, señorita Dashwood, daría orden general de que le fuera enviado todo nuevo grabado de calidad... y en cuanto a Marianne, conozco su grandeza de espíritu, no habría en Londres música suficiente para contentarla. ¡Y libros...! Thomson, Cowper, Scott..., los compraría todos una y otra vez. Agotaría todas las ediciones, me parece, para evitar que cayeran en manos indignas, y compraría todos los libros que le enseñaran a admirar un viejo árbol retorcido. ¿Verdad, Marianne? Perdóneme, perdone mi descaro. Pero tenía ganas de manifestar que no he olvidado nuestras antiguas discusiones.

—Me encanta que me recuerden el pasado, Edward; tanto si es alegre como si es triste, me encanta recordar. Y usted nunca me ofenderá hablando de tiempos pasados. Está usted muy en lo cierto en su manera de suponer cómo gastaría yo el dinero..., al menos algo de él. El dinero suelto lo emplearía sin duda en ampliar mi colección de libros y partituras.

—Y el grueso de su fortuna iría a parar a rentas anuales para los autores o sus herederos.

—No, Edward, tendría otras cosas en qué invertir el dinero.

—Entonces quizá lo ofrecería como recompensa a la persona que escribiera la defensa más enérgica de su máxima favorita: que nadie puede enamorarse más que una vez en su vida... Pues su opinión al respecto no ha cambiado, ¿tengo razón?

—Sin duda. A mi edad las creencias están ya bastante establecidas. No es probable que vaya ahora a ver u oír algo que las haga cambiar.

—Marianne sigue tan resuelta como siempre, ya lo ve usted —dijo Elinor—; no ha cambiado.

—Sólo que ahora está un poco más seria que antes.

—Sí, Edward —dijo Marianne—, pero usted no tiene por qué reprochármelo, pues usted no está precisamente muy alegre.

—¡Por qué dice eso! —respondió Edward con un suspiro—. La alegría nunca ha formado parte de mi carácter.

—Ni tampoco del de Marianne, en mi opinión —dijo Elinor—. Yo no diría que es una muchacha atolondrada; es muy seria, muy tenaz en todo lo que emprende, a veces habla mucho y siempre con animación..., pero normalmente no es una muchacha alocada.

—Le doy la razón —dijo Edward—, pero aun así siempre me ha parecido bastante atolondrada.

—A menudo yo misma me he sorprendido en errores de esa clase —dijo Elinor—, me he equivocado completamente al juzgar uno u otro aspecto de un carácter, imaginando a la gente mucho más alegre o más seria, o ingeniosa, o estúpida, de lo que es en realidad, y apenas sé decir por qué o en qué se originó la confusión. A veces uno se guía por lo que las personas dicen de sí mismas, y con mucha frecuencia por lo que dice de ellas otra gente, sin darse oportunidad para deliberar y juzgar.

—Pero yo creía que estaba bien, Elinor —dijo Marianne—, el guiarse completamente por la opinión de otra gente. Creía que nuestros juicios estaban para subordinarse a los de nuestros vecinos. Siempre ha sido ésta tu teoría, según tenía entendido.

—No, Marianne, no es así. Mi teoría nunca ha pretendido la sujeción del entendimiento, ni influir en la conducta ajena. No debes confundir mis propósitos. Me reconozco culpable de haber deseado muchas veces que tratases en general a nuestros conocidos con mayor atención; pero, ¿cuándo te he aconsejado adoptar sus sentimientos o amoldarte a sus juicios en asuntos serios?

—No ha sido usted capaz de arrastrar a su hermana a su plan de cortesía general —le dijo Edward a Elinor—. ¿No gana ningún terreno?

—Todo lo contrario —contestó Elinor, mirando intencionadamente a Marianne.

—Mis ideas —continuó él— están totalmente de su parte en esta cuestión; pero me temo que en la práctica soy mucho más como su hermana. Nunca deseo ofender, pero soy tan ridículamente tímido que muchas veces parezco desconsiderado, cuando lo único que me retiene es mi natural torpeza. He pensado muchas veces que la naturaleza debe haberme destinado a apreciar la compañía de la gente baja, yo me siento muy mal entre gente extraña y bien educada.

—Marianne carece de esa forma de timidez que no excusa la menor falta de atención —dijo Elinor.

—Conoce demasiado bien su propio valor para sentir falsa vergüenza —replicó Edward—. La timidez es sólo el efecto de una sensación de inferioridad en un sentido o en otro. Si yo pudiera estar seguro de que mis maneras son perfectamente naturales y airosas, no sería tímido.

—Pero aún sería reservado —dijo Marianne—, y eso es peor.

Edward la miró desconcertado.

—¡Reservado! ¿Realmente cree que soy reservado, Marianne?

—Sí, mucho.

—No la entiendo —dijo, ruborizándose—. ¡Reservado...! ¿Cómo, de qué manera? ¿Cómo debería expresarme? ¿Qué se imagina usted?

Elinor vio sorprendida su emoción, pero, intentando restar importancia al asunto, le dijo:

—¿No conoce a mi hermana lo suficiente para saber lo que quiere decir? ¿No sabe que para ella es reservado todo aquel que no hable tan rápido, y admire lo que ella admira con tanto arrebato como ella misma?

Edward no contestó. Su naturaleza seria y reflexiva volvió a apoderarse completamente de él... y durante un buen rato estuvo sombrío y callado.

# Capítulo XVIII

Elinor observaba con gran inquietud el desánimo de su amigo. Su visita no le proporcionaba más que una satisfacción muy parcial, al tiempo que él parecía que disfrutaba de un modo también limitado. Era claro que no estaba feliz; ella deseaba que fuera igual de evidente que aún la distinguiera con el mismo afecto que una vez había estado segura de inspirarle; pero hasta ahora la continuación de su preferencia parecía cosa muy incierta, y su actitud reservada contradecía en un momento lo que una mirada más efusiva había indicado en el momento anterior.

A la mañana siguiente, Edward las acompañó a ella y a Marianne al comedor antes de que las demás hubieran bajado; y Marianne, siempre deseosa de impulsar, en la medida de sus posibilidades, la felicidad de ambos, no tardó en dejarlos a solas. Pero antes de haber llegado a la mitad de las escaleras oyó abrirse la puerta de la sala, y, dándose la vuelta, se quedó atónita al ver que era Edward quien salía.

—Voy al pueblo a ver mis caballos —dijo—; dado que aún no está usted lista para desayunar; estaré de vuelta en un momento.

Edward regresó con una nueva disposición de ánimo respecto de las tierras de los alrededores; durante su paseo en dirección al pueblo había visto y juzgado favorablemente muchas partes del valle, y el mismo pueblo, situado mucho más en lo alto que la casa, le permitió una vista general del conjunto que le agradó sobremanera. Éste era un tema que garantizaba la atención de Marianne, y empezaba ya ésta a describir su propio sentimiento de admiración por esos paisajes, y a hacer preguntas más detalladas sobre las cosas que en particular le habían llamado la atención, cuando Edward la interrumpió para decir:

—No debe usted hacerme demasiadas preguntas, Marianne... Recuerde que carezco de conocimientos sobre lo pintoresco, y voy a ofenderla con mi ignorancia y mi falta de gusto si nos entretenemos en los detalles. De las colinas diré que son escarpadas, y de las planicies que son un poco escabrosas e irregulares, y de los objetos distantes que son invisibles, cuando sólo debían ser indistinguibles en medio de la suave bruma de la atmósfera. Tendrá que contentarse con los sentimientos de admiración que honradamente puedo expresar. En realidad me parece una región muy bonita, las colinas son empinadas, los bosques están poblados de bellos árboles, y el valle es un espacio tranquilo y resguardado, con ricos prados y unas cuantas granjas diseminadas aquí y allá. Responde con exactitud a mi idea de una bonita región campestre, porque une belleza y utilidad..., y me atrevería a decir que también es pintoresca, porque usted la admira; no me es difícil creer que esté llena de peñascos y promontorios, musgo gris, maleza, pero éstas son cosas que a mí me pasan inadvertidas, pues no entiendo nada de eso que llaman "gusto por lo pintoresco".

—Me temo que tiene mucha razón —dijo Marianne—: pero, ¿a qué jactarse de ello?

—Sospecho —dijo Elinor— que, para evitar una clase de afectación, Edward cae aquí en otra. Dado que cree que mucha gente pretende admirar las bellezas de la naturaleza más de lo que siente en realidad, y le disgustan tales pretensiones, aparenta mayor indiferencia y menor discernimiento en su contemplación de lo que realmente posee. Es puntilloso y le gusta disponer de su propia afectación.

—Es muy cierto —dijo Marianne— que la admiración del paisaje natural se ha convertido en mera palabrería. Todos pretenden sentir y describir las cosas con el mismo gusto y elegancia del primero que definió lo que era la belleza pintoresca. Detesto toda esta sensiblería y prefiero guardar para mí lo que siento, porque soy incapaz de encontrar un lenguaje que los describa que no esté gastado, trillado, y haya perdido su sentido y su valor.

—Estoy convencido —dijo Edward— de que siente usted de verdad todo el placer que dice sentir ante un bello panorama. Pero, en compensación, su hermana debe permitirme no sentir más de lo que digo. Me gustan los bellos panoramas, pero no sobre los principios de lo pintoresco. No me gustan los árboles torcidos, enroscados, anublados. Yo los admiro más si son altos, rectos y frescos en su follaje. No me gustan las casas de campo ruinosas, destartaladas; obtengo más satisfacción en una granja tranquila que en una torre vigía..., y me encuentro más a gusto entre un grupo de aldeanos contentos y bien arreglados que entre los más vistosos bandoleros del mundo.

Marianne miró con asombro a Edward y compasión a su hermana. Elinor solamente sonrió.

No se habló más de ese tema y Marianne permaneció en completo silencio, hasta que otra cosa atrajo inesperadamente su atención. Estaba sentada al lado de Edward y, al tomar éste el té que le ofrecía la señora Dashwood, su mano le pasó tan cerca que de ningún modo pudo dejar de ver un anillo que llevaba en un dedo, con un mechón de cabello enredado en el centro.

—Nunca le había visto llevar anillo, Edward —exclamó—. ¿Es el cabello de Fanny? Recuerdo su promesa de darle un mechón. Pero yo juraría que ella tiene el cabello más oscuro.

Marianne decía con toda sinceridad lo que realmente sentía..., pero, cuando vio lo mucho que había incomodado a Edward, el disgusto para su propia falta de delicadeza no pudo ser mayor que el que sintió él. Edward se ruborizó intensamente, y con una rápida mirada a Elinor, respondió:

—Sí, es el cabello de mi hermana. Ya sabe que al engastarlo siempre toma un tono diferente.

Elinor había captado su mirada, y parecía, del mismo modo, haberse hecho cargo. De que el mechón era suyo tuvo la misma e inmediata certeza que Marianne; la única diferencia en sus conclusiones fue que lo que Marianne consideraba un regalo voluntario de su parte, Elinor sabía que no podía haberlo conseguido sin robárselo, o sin alguna treta ejecutada sin ella saberlo. Sin embargo no estaba de humor para ver en este episodio un motivo de afrenta y, afectando no darse cuenta de lo que ocurría, se puso a hablar en seguida de otra cosa, habiendo resuelto para sí aprovechar, desde aquel preciso instante, toda oportunidad que se le presentase para echar un vistazo al cabello y asegurarse, más allá de toda duda, de que tenía exactamente el mismo tono.

La turbación de Edward se prolongó un rato más, y acabó en un estado de ausencia aún más definido. Estuvo particularmente serio toda la mañana. Marianne se reprochó severamente lo que consideraba su imprudencia; pero habría tardado menos en perdonarse si hubiera sabido lo poco que había ofendido a su hermana.

Antes de mediodía recibieron la visita de sir John y la señora Jennings, los cuales, habiéndose enterado de la llegada de un caballero a la casita, se dirigían a inspeccionar al huésped. Con ayuda de su suegra, sir John no tardó en descubrir que con el nombre de Ferrars, que empezaba con F, se abría un filón de futuras bromas a costillas de la querida Elinor, que sólo la circunstancia de que se acabaran de conocer pudo impedir que fuera explotado el momento. Pero, entre tanto, Elinor sólo dedujo de algunas miradas muy intencionadas hasta qué punto se extendía su agudeza, guiada por las enseñanzas de Margaret.

Sir John nunca iba a ver a las Dashwood sin invitarlas a cenar a la finca al día siguiente, o a tomar el té con ellos esa misma noche. En la presente ocasión, para mayor solaz del visitante, a cuya diversión él mismo se sentía impulsado a contribuir, quiso que se comprometieran a ambas cosas.

—Deben ustedes tomar el té con nosotros —dijo—, porque estaremos completamente solos..., y mañana, sin excusa, deben ir a cenar, porque seremos un grupo muy nutrido.

La señora Jennings ponderó la necesidad de todo ello.

—Y, quién sabe, a lo mejor hasta se organiza un baile —dijo—. Y eso será una tentación para usted, señorita Marianne.

—¡Un baile! —exclamó ella sorprendida—. ¡Imposible! ¿Quién va a bailar?

—¡Cómo que quién! Pues ustedes, y los Carey, y los Whitaker, claro está... ¡Vamos! ¿Se creía usted que porque se ha marchado una persona cuyo nombre no mencionaremos nadie iba a poder bailar?

—Ojalá, ojalá —añadió sir John— Willoughby se encontrara de nuevo entre nosotros.

Esto y el rubor de Marianne dieron a Edward nuevos motivos de sospecha.

—Y, ¿quién es Willoughby? —preguntó en voz baja a la señorita Dashwood, quien estaba sentada a su lado.

Ésta le respondió brevemente. El semblante de Marianne era más comunicativo. Edward vio lo suficiente para comprender no sólo lo que los otros querían decir, sino aquella expresión de Marianne que antes lo había desconcertado, y cuando las visitas se marcharon se acercó inmediatamente a ella en un susurro y le dijo:

—He estado haciendo algunas conjeturas adivinatorias. ¿Quiere que se las cuente?

—¿Qué quiere decir?

—¿Se lo digo?

—Desde luego.

—Pues bien, adivino que el señor Willoughby es un cazador.

Marianne quedó sorprendida y perpleja, pero no pudo dejar de sonreír ante la discreta malicia de esta reacción, y, tras un breve silencio, dijo:

—¡Oh, Edward! ¿Cómo se le ocurre...? Aunque con el tiempo espero... Estoy segura de que le gustará.

—No lo dudo —respondió él, bastante confundido por la seriedad y emoción de sus palabras; pues, si no hubiera pensado que era una broma al uso con la que se divertían sus conocidos, basada únicamente en que hubiera algo o no hubiera nada entre ella y el señor Willoughby, no se había atrevido a despegar los labios.

# Capítulo XIX

Edward pasó una semana en la casa de campo; la señora Dashwood le instó con insistencia a que se quedara más tiempo; pero, como si estuviera muy interesado en su propia mortificación, pareció decidido a marcharse justo cuando más disfrutaba entre sus amistades. En los últimos dos o tres días, aunque todavía inestable, su estado de ánimo había mejorado; cobraba cada vez mayor apego a la casa y a sus alrededores; nunca hablaba de irse sin suspirar; decía que no tenía ningún compromiso en su calendario; incluso dudaba de a qué sitio iba a dirigirse cuando se marchara..., pero aun así, debía irse. Jamás una semana había pasado tan rápido; apenas podía creer que hubiera tocado a su fin; lo dijo muchas veces, y dijo también otras cosas que indicaban el sesgo de sus sentimientos y pusieron en entredicho sus actos. Nada le complacía en Norland; deseaba vivir en la ciudad; pero, ya fuera a Norland, ya fuera a Londres, debía partir. Apreciaba la amabilidad de la familia sobre todas las cosas y no podía ser feliz sino entre ellas. Pero aun así debía dejarlas al final de la semana, pese a los deseos de ambas partes, y sin pérdida de tiempo.

Elinor juzgó todo cuanto de desconcertante hubo en esta manera de comportarse a la luz de las razones de la señora Ferrars, y era una suerte para ella que Edward tuviera una madre de cuyo carácter estuviese tan poco informada, pues así se convertía en la excusa general para todas las cosas extrañas que hacía su hijo. Sin embargo estaba desilusionada, contrariada y a veces disgustada con la incierta conducta que mostraba. En conjunto estaba muy bien dispuesta a considerar sus actos con todas las concesiones de favor y generosas calificaciones que su madre había obtenido de ella a la fuerza, y bastante más dolorosamente en atención a Willoughby. Su falta de ánimos, de franqueza y de consecuencia en el obrar fue atribuida invariablemente a su carencia de independencia y a su mejor conocimiento de las disposiciones y planes de la señora Ferrars. La brevedad de la visita y la firmeza de la intención de marcharse tenían su origen en la misma voluntad encadenada, la misma necesidad inevitable de contemporizar con su madre. El antiguo y bien arraigado agravio entre deber y voluntad, característico de las relaciones entre padres e hijos, era la causa de todo. A Elinor le habría gustado saber cuándo iban a cesar esos impedimentos, cuándo iba a ceder esta oposición, cuándo se enmendaría la señora Ferrars y quedaría su hijo en libertad para ser feliz. Pero de estos vanos deseos se veía obligada a volver, para hallar consuelo, a la renovación de su confianza en los afectos de Edward, al recuerdo de todas las señales que en miradas o palabras se le habían escapado durante su estancia en Barton, y, por encima de todo, a esa halagadora prueba de dilección que llevaba constantemente prendida del dedo.

—Me parece, Edward —dijo la señora Dashwood, mientras desayunaban la última mañana—, que sería usted un hombre más feliz si tuviera alguna profesión con que ocupar el tiempo y le diera interés a sus proyectos y empresas. Algún inconveniente para sus amigos, de hecho, podría derivarse de ello; no podría usted dedicarles tanto tiempo; pero —sonrió— al menos en una cosa saldría ganando: sabría adónde ir cuando se separara de ellos.

—Le aseguro —respondió Edward— que he pensado mucho en esta cuestión, igual que ahora usted. Ha sido, y es, y probablemente lo será siempre para mí una gran pena no haber tenido necesidad de ocuparme de algún negocio, ni de dedicarme a una profesión, o de procurarme algo parecido a la independencia. Pero, por desgracia, mis propios escrúpulos, y los escrúpulos de mis amigos, han hecho de mí lo que soy ahora, un ser inútil y ocioso. Nunca pudimos ponernos de acuerdo en qué profesión elegir. Yo siempre tuve preferencia por la iglesia, aún ahora la tengo; pero eso no era lo bastante elegante para mi familia. Ellos preferían la milicia. Esto era, con mucho, demasiado elegante para mí. Condescendían a considerar la carrera de leyes de suficiente buen tono; muchos jóvenes con despacho en el Colegio de Abogados de Londres hacían muy buenas entradas en los mejores círculos y conducían por la ciudad calesines muy distinguidos. Pero no sentía inclinación por las leyes, ni siquiera por este estudio menos profesional de ellas que contaba con la aprobación de mi familia. En cuanto a la Marina, tenía la moda de su parte, pero yo estaba ya demasiado mayor para ingresar en el cuerpo cuando se planteó el asunto..., y al final, como no había necesidad alguna de que ejerciera una profesión, como podía ser tan gallardo y manirroto con una chaqueta roja a la espalda como sin ella, se dictaminó de forma general que la ociosidad era lo más ventajoso y honorable, y un jovencito de dieciocho años no está por lo común tan empeñado en dedicarse a una ocupación como para resistirse a sus amistades, sobre todo si éstas le insisten en que no haga nada. Por eso me enviaron a Oxford y desde entonces he sido el modelo de holgazán.

—La consecuencia de lo cuál será, supongo —dijo la señora Dashwood—, visto que el ocio no le ha procurado la felicidad, que sus hijos sean educados para tantos intereses, empleos, profesiones y oficios como los de Columella.[3]

—Serán educados —dijo él en tono grave— para ser en todo lo que se pueda distintos a mí; en sentimientos, conducta, carácter..., en todo.

—Vamos, vamos; todo esto no es más que un efecto de esa falta de ánimo en la que se encuentra últimamente, Edward. Está usted triste y melancólico, y se imagina que todo el que no es como usted tiene que ser feliz. Pero recuerde que de vez en cuando todo el mundo se pone triste al despedirse de sus amigos, sea cual fuere su estado o profesión. Conozca su propia felicidad. No necesita más que paciencia, o, si se quiere darle un nombre más sugestivo, diga esperanza. Con el tiempo su madre le concederá esa emancipación que tanto anhela; es su deber y habrá de hacerla feliz, y es probable que eso suceda pronto, pues ella seguramente está deseosa de que no se eche a perder su juventud a causa de ese melancólico hastío. Tal vez sea cosa de unos cuantos meses.

—Me parece —repuso Edward— que van a tener que pasar muchos meses antes de que ocurra algo bueno para mí.

Aquel abatimiento de espíritu, aunque no llegara a influir en la señora Dashwood, aumentó para todos la tristeza de la despedida, que en poco tiempo tuvo lugar, y las dejó con una sensación de desasosiego que Elinor, especialmente, necesitó algún tiempo y algún trabajo para poder superar. Pero como realmente era su intención superar ese estado de ánimo, y no quería dar muestras de lo que sufría a su familia, adoptó el método tan sensatamente empleado por Marianne, es decir, buscó el silencio, la soledad y la completa

---

[3] *Alusión a la novela Columella de Richard Graves (1779), en la que el personaje principal, habiendo sufrido mucho por el tedio de una vida ociosa, se dedica a enseñar a sus hijos toda clase de oficios.*

inacción. Los medios de cada una eran tan distintos como sus objetivos, e igualmente adecuados para el alivio de ambas.

Elinor se sentó a su mesa de dibujo tan pronto como Edward salió de la casa; estuvo atareada todo el día, no buscó ni evitó la mención de su nombre, pereció interesarse casi tanto como siempre en los asuntos cotidianos de la familia, y si, conduciéndose así, no disminuyó su propia aflicción, al menos impidió que creciera innecesariamente, y su madre y hermanas se ahorraron muchas atenciones en su nombre.

Tal forma de proceder, tan contraria a la de Marianne, no se le antojó a ella más loable que deficiente le había parecido a Elinor la suya. Marianne tenía fácil solución para lo del autodominio, con sus afectos fuertes era imposible, con afectos moderados no tenía mérito. Ella no se aventuraba a negar que el afecto de su hermana era moderado, aunque le diese vergüenza reconocerlo, y de la fuerza de los suyos ofrecía una prueba muy notable al seguir amando y respetando a esa hermana, por encima de aquella convicción exasperante.

Sin necesidad de encerrarse y no ver a su familia, ni de salir sola de esa casa con la intención de evitar su compañía, ni de pasar la noche en vela sumida en la meditación, Elinor se dio cuenta de que no le faltaban a lo largo del día ratos libres para pensar en Edward, y en el comportamiento de Edward, con toda la gama de posibilidades que diferentes estados de ánimo en diferentes situaciones eran susceptibles de originar: con ternura, compasión, conformidad, censura e incertidumbre. Había muchos momentos en que, si no por la ausencia de su madre y sus hermanas, al menos por la naturaleza de sus ocupaciones, la conversación les estaba vedada, y la soledad rendía plenamente sus frutos. La cabeza se le iba, fatalmente desatada; sus ideas no podían aferrarse a ningún otro lado, y el pasado y el futuro, ante un tema tan interesante, no podían menos que aparecérsele, forzar su atención y absorber su memoria, su raciocinio y su fantasía.

De un ensueño de esa índole, mientras se hallaba en su mesa de dibujo, vino a despertarla una mañana, poco después de que Edward las dejara, la llegada de compañía. Casualmente estaba sola. Al oír cerrarse la pequeña verja del jardín de césped que había frente a la casa, se asomó a la ventana y vio a un grupo numeroso encaminándose a la puerta. Entre ellos vio a sir John, a lady Middleton y a la señora Jennings, pero había dos personas más, un caballero y una dama, que le eran totalmente desconocidos. Estaba sentada cerca de la ventana, y, en cuanto sir John la vio, dejó para el resto de la comitiva el llamar a la puerta, y, avanzando por el césped, la obligó a abrir los cristales, a pesar de que el espacio entre la puerta y la ventana era tan corto que difícilmente podía hablarse por una sin ser oído por la otra.

—Aquí nos tiene —le dijo—, acompañados por unos forasteros. ¿Qué le parecen?

—¡Chist! Van a oírlo.

—Eso me tiene sin cuidado. Son sólo los Palmer. Charlotte es muy guapa. Mire, desde aquí la puede ver.

Como Elinor estaba segura de verla en un par de minutos sin necesidad de tomarse esa libertad, le rogó que la excusara.

—¿Dónde está Marianne? ¿Ha huido al oírnos llegar? Veo que tiene el piano abierto.

—Creo que ha salido a pasear.

Se les unió entonces la señora Jennings, que no había tenido la paciencia necesaria para esperar que le abrieran la puerta antes de dar ella su versión. Se acercó saludando, muy efusiva, a la ventana.

—¿Qué tal se encuentra, querida? ¿Qué tal la señora Dashwood? Y sus hermanas, ¿dónde están? ¡Cómo! ¡Está sola! Estará contenta de tener un poco de compañía. He traído a mi otra hija y a mi hijo para que los conozcan. ¡Imagínese! ¡Han llegado tan de improviso! Anoche creí oír un carruaje mientras tomábamos el té, pero nunca me pasó por la cabeza que pudieran ser ellos. Lo único que pensé fue que quizá fuera el coronel Brandon, que regresaba; y entonces le dije a sir John: "Me parece que oigo un carruaje; tal vez sea el coronel Brandon, que ha vuelto."

Elinor se vio obligada a dejarla en la mitad de la historia, para recibir al resto del grupo; lady Middleton presentó a los dos desconocidos mientras la señora Dashwood y Margaret bajaban las escaleras, y todos comenzaron a mirarse unos a otros al tiempo que la señora Jennings continuaba su relato dirigiéndose a la salita por el pasillo, acompañada por sir John.

La señora Palmer era unos cuantos años más joven que lady Middleton, y en todos los aspectos completamente distinta. Era baja y rechoncha, tenía un bonito rostro, y él mostraba la más delicada expresión de buen humor que pueda darse; aunque sus modales no eran en absoluto tan elegantes como los de su hermana, pero sin duda más agradables. Entró con una sonrisa y sonrió todo el tiempo que duró la visita, excepto cuando se reía abiertamente, y sonrió cuando se marchó. Su marido era un joven de veinticinco o veintiséis años, con un aire más a la moda y más juicioso que el de su mujer, pero menos preocupado por agradar o ser agradado. Entró en la habitación con una actitud de darse importancia, se inclinó ligeramente ante las señoras, sin decir ni una palabra, y tras un breve examen de las mismas y de sus aposentos, tomó un periódico de la mesa y no dejó de leerlo hasta que se fue.

La señora Palmer, en cambio, a quien la naturaleza había dotado de sólidas y consistentes aptitudes para la urbanidad y la felicidad, apenas se había sentado y ya había expresado su admiración por la salita y por todo cuanto veía.

—¡Que encantador aposento! ¡Jamás había visto una sala tan linda! ¡Recuerda, mamá, la última vez que estuve aquí! ¡Cómo ha mejorado! Siempre pensé que era un rincón agradable, señora —dirigiéndose a la señora Dashwood—, ¡pero usted lo ha convertido en un verdadero encanto!... ¡Mira, hermana, mira que delicadeza hay en todo esto! ¡Cómo me gustaría tener una casa así! ¿A ti no, señor Palmer?

El señor Palmer no contestó, y ni siquiera levantó la vista del periódico.

—El señor Palmer no me oye —dijo ella riendo—; nunca me oye. ¡Es tan gracioso!

Ésta es una idea completamente nueva para la señora Dashwood; nunca había tenido la costumbre encontrar graciosa la desconsideración de nadie, y no pudo dejar de mirarlos a ambos con gran asombro.

Mientras tanto la señora Jennings hablaba, en la voz más alta que podía, prosiguiendo con el relato de la sorpresa que se había llevado la noche anterior, al ver a sus hijos, y no paró hasta haberlo contado todo. La señora Palmer se reía con gusto al recordar su perplejidad, y todos convinieron, dos o tres veces más, en que había sido una gratísima sorpresa.

—Ya se imaginará usted lo contentos que nos pusimos todos al verlos —añadió la señora Jennings, inclinándose hacia Elinor y hablando en voz baja, como si quisiera que nadie la oyera, a pesar de que estaban sentadas en ángulos distintos de la habitación—; sin embargo, no deja de preocuparme que hayan hecho un viaje tan rápido y tan largo, pues•vinieron pasando por

Londres a cuenta de algún negocio, porque ya sabe usted —asintió significativamente, señalando a su hija— que en su estado eso no es cosa buena. Yo quería que esta mañana se quedara en casa y descansara, pero ella ha querido venir con nosotros, ¡tenía tantas ganas de conocerlas!

La señora Palmer rió, y dijo que eso no le haría ningún daño.

—Espera dar a luz en febrero —prosiguió la señora Jennings.

Lady Middleton no podía aguantar más tiempo una conversación semejante, por lo que hizo el esfuerzo de preguntar al señor Palmer si el periódico traía alguna noticia.

—No, ninguna —contestó él, y siguió leyendo.

—Por ahí viene Marianne —exclamó sir John—. Ahora, Palmer, verá usted una muchacha monstruosamente bonita.

En el acto se dirigió al pasillo, abrió la puerta de la entrada, y él mismo la anunció. La señora Jennings le preguntó, nada más aparecer, si no había ido a Allenham, y la señora Palmer se rió muy a gusto con la pregunta, como para manifestar su entendimiento del asunto. El señor Palmer alzó la vista del diario cuando ella entró en la habitación, la miró unos instantes y luego volvió a su periódico. Ahora los ojos de la señora Palmer habían descubierto los dibujos que colgaban de las paredes, y se levantó para examinarlos.

—¡Oh, por Dios! ¡Qué bonitos son! Pero, mira, mamá, ¡qué dulzura! Sólo puedo decir que son una verdadera monada; podría pasarme la vida contemplándolos —y, sentándose de nuevo, muy pronto olvidó que hubiera tales cosas en la habitación.

Cuando lady Middleton se levantó para marcharse, el señor Palmer se levantó también, dejó el periódico, se estiró, y los miró, a todos uno por uno.

—Amor mío, ¿te has quedado dormido? —dijo su esposa, riendo.

Él no contestó, y, después de examinar de nuevo la sala, hizo la observación de que el techo tenía la pendiente muy baja y además estaba agrietado. Luego hizo sus reverencias y se fue con los demás.

Sir John había insistido mucho en que pasaran el día siguiente en la finca. La señora Dashwood, que prefería no cenar con ellos más de lo que ellos cenaban en la casita de campo, se negó totalmente por su parte; sus hijas podían hacer lo que quisieran. Pero éstas no sentían ninguna curiosidad por ver cómo el señor y la señora Palmer se tomaban la cena, ni tenían ninguna perspectiva de divertirse en alguna otra forma. Intentaron, pues, excusarse también; aunque el tiempo probablemente sería malo. Pero sir John no se dio por satisfecho: iba a mandarles el carruaje y no se podían negar. También lady Middleton insistió, aunque no con la madre de las muchachas. La señora Jennings y la señora Palmer se unieron a las súplicas, todos parecían igualmente ansiosos de evitar una reunión familiar, y las señoritas Dashwood no tuvieron más remedio que someterse.

—¿Por qué tienen que invitarnos? —dijo Marianne, en cuanto hubieron salido—. Creía que pagábamos poco por el arrendamiento de esta casa, pero las condiciones son muy duras si tenemos que ir a la finca cada vez que tienen visitas, o las tenemos nosotras.

—Con estas frecuentes invitaciones —dijo Elinor—, pretenden no ser ahora menos amables y corteses con nosotras que cuando nos invitaban hace unas semanas. Si algo ha variado, si sus reuniones se han vuelto tediosas y pesadas, no es culpa suya. El cambio hay que buscarlo en otra parte.

# Capítulo XX

Cuando las señoritas Dashwood entraron en el salón de la finca al día siguiente, por una puerta, la señora Palmer entró corriendo por la otra, con un semblante tan radiante y ufano como el del día anterior. Las tomó a ambas de la mano con el mayor de los afectos y expresó gran placer por volverlas a ver.

—¡Estoy tan contenta de verlas! —dijo, sentándose entre Elinor y Marianne—. Como hace mal día temía que no fueran a venir, y eso habría sido lamentable, porque mañana nos vamos de nuevo. Tenemos que irnos, porque, ¿saben?, los Weston nos visitan la semana que viene. Nuestra venida ha sido de lo más inesperado, y yo no lo supe hasta que vi el carruaje en la puerta y el señor Palmer me preguntó si quería venir con él a Barton. ¡Es tan raro! ¡Nunca me dice nada! Siento que no podamos quedarnos más; espero, sin embargo, que muy pronto podamos vernos de nuevo en la ciudad.

Las dos hermanas se vieron obligadas a frustrar tales expectativas.

—¡Pero como! ¿No irán a la ciudad? —exclamó la señora Palmer riendo—. Me enfadaré muchísimo si no lo hacen. Podría conseguirles la casa más bonita del mundo, vecina de la nuestra, en Hanover Square. Tienen que ir, no se hable más. Sé seguro que disfrutaré mucho siendo su acompañante hasta que dé a luz, si es que a la señora Dashwood no le gusta salir.

Ellas se lo agradecieron, pero se veían obligadas a rechazar todas sus súplicas.

—¡Oh amor mío! —le gritó la señora Palmer a su marido, que en aquel preciso instante entraba en el salón—. Tienes que ayudarme a convencer a las señoritas Dashwood par que vayan este invierno a la ciudad.

Su “amor” no contestó, y, tras una ligera reverencia a las señoritas, empezó a quejarse del tiempo.

—¡Vaya horror! —dijo—. Este tiempo lo vuelve todo desagradable, personas y cosas. Con la lluvia, en casa se aburre uno tanto como fuera de ella. Lo hace odioso a todos sus conocidos. ¿Qué demonios pretende sir John no teniendo una sala de billar en la casa? ¡Qué poca gente conoce el alivio que eso supone! Sir John es tan estúpido como el tiempo.

El resto de la compañía no tardó en aparecer.

—Me temo, señorita Marianne —dijo sir John—, que no haya podido dar su paseo habitual por Allenham.

Marianne se puso seria y no dijo nada.

—¡Oh! ¡No sea tan disimulada! —dijo la señora Palmer—. Nosotros lo sabemos todo, no lo dude, y la admiro mucho por su gusto, porque me parece un joven extraordinariamente guapo. No vivimos muy lejos de él en el campo, ¿sabe? No a más de diez millas, diría yo.

—Casi a treinta —dijo su marido.

—¡Ah, bueno!, no hay mucha diferencia. Nunca he estado en su casa; pero dicen que es una monada de lugar.

—En mi vida he visto un lugar más horrible —dijo el señor Palmer.

Marianne seguía en completo silencio, aunque su expresión traicionaba el interés que tenía por lo que estaban diciendo.

—¿Es muy fea...? —prosiguió la señora Palmer—. Entonces supongo que debe ser otro sitio el que es tan bonito.

Una vez en el comedor, sir John observó con lástima que sólo eran ocho en total.

—Querida —le dijo a su esposa—, es un fastidio que seamos tan pocos.

—¿No recuerdas que te dije, cuando me lo preguntaste antes, que eso no era posible? Cenaron aquí la otra noche.

—Usted y yo, sir John —dijo la señora Jennings—, no nos atendríamos a tanta ceremonia.

—Pues serían muy mal educados —exclamó el señor Palmer.

—Amor mío, llevas la contraria a todo el mundo —dijo su mujer, con su risa habitual—. ¿Sabes que eres bastante grosero?

—No sabía que estuviera llevando la contraria a nadie llamando a tu madre mal educada.

—Sí, tráteme usted todo lo mal que quiera —dijo la señora—; se ha llevado a mi Charlotte y no puede devolvérmela. Así que ahora la toma conmigo.

Charlotte rió entusiasmada de pensar que su marido no podía librarse de ella; y dijo, exultante, que a ella no le importaba cargar con esa cruz, dado que debían vivir juntos. Era imposible que alguien tuviera mejores intenciones, o estuviera más determinada a ser feliz que la señora Palmer. Era inmune a la estudiada indiferencia de su marido, a su insolencia e insulsez, y cuando él la maltrataba o reprendía, se divertía mucho.

—¡El señor Palmer es tan raro! —le dijo, en un susurro, a Elinor—. Siempre está de mal humor.

Elinor no se sentía inclinada, tras una breve observación a creerla tan genuina y simplemente maligno o grosero como quería aparentar. Su carácter tal vez se había agriado un poco al descubrir, como otros muchos miembros de su sexo, que, por culpa de algún prejuicio inexplicable en favor de la belleza, era el marido de una mujer tan tonta..., pero ella sabía que deslices de esta clase era demasiado corrientes para que un hombre en sus cabales se resintiera mucho tiempo de las heridas. Se trataba más bien, creía Elinor, de un deseo de diferenciarse lo que le hacía tratar con desdén a todo el mundo y despreciar todo cuanto tuviera delante. Era el deseo de parecer superior a los demás. La causa era demasiado común par asombrarse; pero los medios, por mucho que destacasen a la hora de establecer su superioridad en mala crianza, no era probable que despertasen el amor de nadie que no fuera su mujer.

—¡Oh, querida señorita Dashwood! —dijo la señora Palmer, poco después—. Tengo que pedirles a usted y a su hermana un gran favor: ¿querrían ir estas Navidades a Cleveland a pasar una temporada? Por favor, digan que sí..., y vayan cuando los Weston estén con nosotros. ¡No pueden imaginarse lo feliz que me harán! ¡Será algo totalmente delicioso...! Amor mío —dijo, dirigiéndose a su marido—. ¿No te parecería maravilloso ver a las señoritas Dashwood en Cleveland?

—Por supuesto —contestó él con mofa—, he venido a Devonshire con ese único propósito.

—Ya lo ven —dijo su esposa—, ya ven que el señor Palmer las espera; así que no pueden negarse.

Las dos declinaron con tenacidad y energía la invitación.

—Pero lo cierto es que deben ir, y que van a ir. Seguro que les gustará a rabiar. Los Weston estarán con nosotros, y todo será una maravilla. No pueden imaginarse lo encantador que es un lugar como Cleveland, y ahora nos la pasamos extraordinariamente divertidos, porque el señor Palmer va y viene por la región haciendo campaña electoral, y tenemos de invitados a cenar a tanta gente desconocida que es una delicia. Pero, ¡pobrecito! ¡Le resulta agotador! No le queda más remedio que hacerse agradable a todo el mundo.

Elinor apenas pudo contener la risa al reconocer la carga de una obligación así.

—¡Qué maravilla —dijo Charlotte—, cuando esté en el Parlamento! ¿No creen? ¡Cómo me voy a reír! Me hará gracia ver encabezadas sus cartas con un M. P.;[4] pero, ¿saben lo que dice? ¡Que nunca va a usar esas siglas en sus cartas personales hacia mí!... ¿No es verdad, señor Palmer?

El señor Palmer no le prestaba la menor atención.

—Escribir es algo superior a sus fuerzas, ¿saben? —continuó ella—, dice que es algo que lo espanta.

—No —replicó él—, en mi vida he dicho nada tan irracional. Haz el favor de no cargar sobre mí tus destrozos con el lenguaje.

—Aquí le tienen, ya ven lo raro que es. ¡Siempre es así! A veces no me habla en medio día, y luego sale con una de esas rarezas..., por cualquier tontería.

Elinor se sorprendió mucho cuando, al volver al salón, la señora Palmer le preguntó si acaso no le gustaba mucho el señor Palmer.

—Claro que sí —dijo Elinor—; parece un hombre muy simpático.

—Bueno..., celebro que le guste. Sabía que le gustaría, es tan amable, y puedo decirle que al señor Palmer le agradan muchísimo usted y sus herma-

---

[4] *M. P. Membrer of the Parliament: Miembro del Parlamento.*

nas, y no saben lo mucho que se disgustará si no van a Cleveland. No veo por qué tienen ustedes que oponerse.

Elinor se vio nuevamente obligada a declinar la invitación, y, cambiando de tema, puso fin a sus súplicas. Pensó que, como vivían en el mismo condado, la señora Palmer probablemente pudiese darle noticias de la reputación de Willoughby más detalladas que las del trato parcial de los Middleton se podían derivar; y deseaba con impaciencia que alguien le confirmase las virtudes del joven de alguna manera que pudiese despejar los eventuales temores que se cernían en torno a Marianne. Empezó preguntando si veía mucho al señor Willoughby en Cleveland, y si lo conocía íntimamente.

—¡Oh, sí, querida! Lo conozco bastante bien —respondió la señora Palmer—. No es que haya hablado nunca con él; pero siempre lo veo en la ciudad. Por una u otra razón nunca se ha dado que él estuviera en Allenham cuando yo estaba en Barton. Mamá lo vio aquí una vez...; pero yo estaba con mi tío en Weymouth. Sin embargo, podría decir que lo habríamos visto mucho en Somersetshire, de no haber sido por la desafortunada circunstancia de que nunca coincidimos en el campo con él. Creo que no pasa mucho tiempo en Combe; pero si lo pasara, no creo que el señor Palmer lo visitase, porque está en la oposición, ¿sabe?, y además hay mucho trecho. Sé por qué me ha preguntado esto, lo sé muy bien; su hermana se va a casar con él. Y eso me pone terriblemente contenta porque así seremos vecinas, ya ve.

—Le aseguro —repuso Elinor— que sabe usted del asunto mucho más que yo, si es que tiene razones para esperar esa boda.

—¡Vamos!, no quiera negarlo. Nadie habla de otra cosa. Le aseguro que lo oí decir en la ciudad, de camino hacia aquí.

—¡Querida señora Palmer!

—Se lo digo por mi honor. Me encontré al coronel Brandon el lunes por la mañana en Bond Street, poco antes de salir de la ciudad, y me lo dijo él mismo.

—Me da usted una gran sorpresa. ¡Decírselo el coronel Brandon! Debe estar equivocada. Dar una información así a una persona que, ni aunque fuera cierta, podía estar interesada en ella, no es propio, en mi opinión, del coronel Brandon.

—Pero yo le aseguro que así fue, y le voy a contar cómo ocurrió. Cuando nos encontramos, él dio la vuelta y se puso a caminar a nuestro lado; y así empezamos a hablar de nuestro hermano y de mi hermana, y de muchas otras cosas; hasta que yo le dije: "Me han dicho, coronel, que hay una familia nueva en la casita de Barton, y mamá me ha hecho saber que son unas chicas muy guapas, y una de ellas se va a casar con el señor Willoughby de Combe Magna. ¿Es verdad eso, coronel? Usted debe saberlo porque ha estado en Devonshire hace nada."

—¿Y qué dijo el coronel?

—¡Oh...! No dijo mucho; pero parecía saber que era verdad, así que desde ese momento lo di por seguro. Será algo maravilloso, ¡no me cabe la menor duda! ¿Cuando se celebrará?

—Espero que el coronel Brandon se encuentre bien.

—¡Oh, sí, muy bien!, y lleno de alabanzas hacia usted, sólo dice cosas bonitas.

—Me halaga mucho eso. Él es un hombre de muchas cualidades y lo tengo por extraordinariamente amable.

—Y yo lo mismo. Es un hombre totalmente encantador, tanto que es una pena que sea tan serio y aburrido. Mamá dice que también él estaba enamorado de su hermana. Le aseguro que si eso es cierto es un gran cumplido, porque es un hombre difícil de enamorar.

—¿El señor Willoughby es muy conocido en aquella parte de Somersetshire? —dijo Elinor.

—¡Oh, sí, mucho! Es decir, no creo que mucha gente lo trate, porque Combe Magna está muy lejos; pero a todos les parece muy simpático, se lo aseguro, nadie es más querido que el señor Willoughby dondequiera que vaya, y así puede decírselo a su hermana. Tiene una suerte prodigiosa de haberlo conseguido, se lo digo yo; y no es que él sea menos afortunado, porque su hermana es tan guapa y simpática que nada puede ser demasiado bueno para ella. Y eso que no creo en absoluto que sea más guapa que usted, se lo aseguro; porque las dos me parecen sumamente bonitas, y estoy convencida de que al señor Palmer también, aunque anoche no pudiéramos obligarlo a que lo confesara.

Los informes de la señora Palmer respecto de Willoughby no eran muy provechosos; pero Elinor agradecía cualquier testimonio en su favor, por pequeño que fuese.

—Estoy tan contenta de que por fin nos hayamos conocido —continuó Charlotte—. Y ahora espero que seremos siempre grandes amigas. ¡No puede ni imaginarse las ganas que tenía de conocerlas! ¡Es maravilloso que vivan en la casita! ¡Seguro que no puede haber nada igual! ¡Y estoy tan contenta de que su hermana vaya a hacer una buena boda! Confío en que pase usted largas temporadas en Combe Magna. Es un sitio monísimo se mire como se mire.

—Hace tiempo que conoce usted al coronel Brandon, ¿verdad?

—Sí, mucho; desde que se casó con mi hermana. Era amigo personal de sir John. Yo creo —añadió en voz baja—, que habría estado muy contento de casarse conmigo, de haber podido. Sir John y lady Middleton lo deseaban mucho. Pero mamá creía que no era partido bastante bueno para mí; de otro modo sir John se lo habría dicho al coronel, y nos habríamos casado inmediatamente.

—¿No estaba al corriente el coronel Brandon de la proposición de sir John a su madre antes de que éste la hiciera? ¿Nunca le había declarado sus sentimientos a usted?

—¡Oh, no! Pero si mamá no se hubiera opuesto, diría que nada habría podido complacerlo más. No me había visto mas de dos veces, entonces, porque yo estaba todavía en la escuela. De todos modos, soy mucho más feliz casada como estoy. El señor Palmer es exactamente mi tipo de hombre.

# Capítulo XXI

Los Palmer regresaron a Cleveland al día siguiente, y las dos familias de Barton volvieron a quedarse solas para su mutuo entretenimiento. Pero esta situación no duró mucho; Elinor apenas había dejado de pensar en sus últimos visitantes, de asombrarse de que Charlotte fuera tan feliz sin motivo, de que el señor Palmer se comportase de un modo tan simple siendo un hombre de tan buenas cualidades, y de que se diera tan a menudo entre marido y mujer esa extraña incompatibilidad cuando el celo activo de sir John y la señora Jennings en la causa de la sociedad puso a su alcance una nueva dotación de relaciones a las que ver y observar.

En una excursión matutina a Exeter, sir John se había encontrado con dos jovencitas, con quienes la señora Jennings tuvo la satisfacción de descubrir que estaba emparentada, y eso bastó para que las invitase sin más preámbulos a la finca, no bien las muchachas hubieran finalizado sus actuales compromisos en Exeter. Pero los compromisos de las jovencitas se desatendieron al instante en vista de una invitación así, y lady Middleton se sintió no poco alarmada al oír, al regreso de sir John, que iba a recibir muy pronto la visita de dos muchachas a las que no había visto en su vida, y de quienes no tenía información de cuál fuera su nivel de elegancia, o siquiera de presentabilidad, pues las afirmaciones de su marido y de su madre en este sentido no eran nada de fiar. Que fueran pariente suyas lo suponía aún peor, y por ello los intentos de la señora Jennings por consolarla fueron desafortunadamente fundados cuando recomendó a su hija que no se preocupara de si las muchachas eran o no eran distinguidas, porque, de cualquier manera, al ser todas primas, no les quedaba más remedio que tolerarse. Como de todos modos era imposible evitarlo, lady Middleton se hizo resignadamente a la idea, con toda la filosofía de una mujer bien educada, y se contentó simplemente con echar una amable reprimenda a su marido cinco o seis veces al día.

Las señoritas llegaron, y no dieron en absoluto una impresión de poca fineza o respetabilidad. Muy elegantemente vestidas, de modales muy educados, quedaron encantadas con la casa, y extasiadas con el mobiliario, y resultó que los niños les gustaban muchísimo, tanto que no llevaban una hora en la finca y ya se habían ganado la buena opinión de lady Middleton. De hecho, ésta declaró que eran unas muchachas muy agradables, lo que, dicho por su señoría, era en verdad un privilegio. La confianza de sir John en su propio juicio creció con este encendido elogio, y se fue directo a la casita de campo para informar a las señoritas Dashwood de la llegada de las señoritas Steele, y a asegurarles que eran las muchachas más dulces del mundo. Poco significaban, sin embargo, esos cumplidos, pues Elinor sabía muy bien que en cualquier parte de Inglaterra, bajo todas las variaciones posibles de rostro, figura, carácter e inteligencia, podía uno encontrar a las muchachas más dulces del mundo. Sir John pretendía que toda la familia se trasladase inmediatamente a la finca para conocer a sus huéspedes. Como hombre filantrópico y benevolente, hasta una prima tercera le resultaba doloroso guardarse para sí.

—Vengan ahora mismo —decía—. Se lo ruego, tienen que venir, y, por supuesto, vendrán... Ya verán cómo les gustan, no se las pueden imaginar. Lucy es monstruosamente bonita, ¡y tan risueña y simpática! Los niños saltan a su alrededor como si la conocieran de toda la vida. Y las dos se mueren por conocerlas, porque en Exeter les han dicho que son ustedes las criaturas más hermosas del mundo, y yo les he asegurado que es la verdad, y que aun se han quedado cortos. Seguro que se quedarán encantadas con ellas. Han llenado el coche hasta los bordes de juguetes para los niños. Vamos, no sean ariscas y vengan conmigo; al fin y al cabo son primas suyas, ¿no? Ustedes son primas mías y ellas lo son de mi mujer, por lo tanto es necesario que se relacionen.

Pero sir John no consiguió imponerse. Sólo pudo obtener una promesa de que irían de visita a la finca al cabo de uno o dos días, y entonces, asombrado de su indiferencia, volvió a casa, a ponderar sus encantos ante las señoritas Steele, del mismo modo que había hecho con las de ellas ante las Dashwood.

Cuando la prometida visita a la finca y la subsiguiente presentación a esas señoritas tuvo lugar, no encontraron en el aspecto de la mayor, que se acercaba a los treinta años, nada extraordinario; de hecho tenía una cara anodina y no demostraba ser muy inteligente. Pero en la otra, que no tenía más de veintidós o veintitrés, reconocieron una notable belleza: de bonitas facciones, tenía además una mirada aguda y penetrante, y un aire a la moda que, aunque no auténtica gracia o elegancia, imprimía distinción a su presencia: Sus modales eran particularmente corteses, y Elinor pronto les atribuyó alguna clase de buen criterio al ver con qué constantes y prudentes atenciones se labraban la simpatía de lady Middleton. Con los niños estaban las dos en continuo éxtasis, ensalzando su hermosura, recabando su atención, y complaciendo todos sus caprichos; y el tiempo que eventualmente les sobraba después de los inoportunos requerimientos que esa gentileza imponía, lo dedicaban a admirar cualquier cosa que su señoría estuviese haciendo, si es que por casualidad hacía algo, o a tomar el patrón de un elegante vestido nuevo, con el que su señoría las había maravillado el día anterior. Afortunadamente para quienes rinden su tributo mediante estas veleidades, una madre amante, aunque sea, en su búsqueda de alabanzas para sus niños, el más depredador de los seres humanos se convierte en el más crédulo; tal vez sus demandas son exorbitantes, pero lo acepta todo; y por esta razón veía lady Middleton, sin el menor disgusto o recelo, los excesos de tolerancia y de cariño que prodigaban las señoritas Steele a sus retoños. Contemplaba con maternal complacencia los impertinentes abusos y malignas jugarretas a las que sus primas eran sometidas; veía sus fajas desatadas, su cabello despeinado a la altura de las orejas, sus costureros revueltos y robadas sus tijeras y cuchillas; pero en ningún momento dudó que la diversión fuese recíproca. Lo único sorprendente era que Elinor y Marianne permanecieran allí sentadas, tan tranquilas, sin manifestar deseos de tomar parte en lo que ocurría.

—¡John está hoy de muy buen humor! —dijo lady Middleton al ver que el niño cogía el pañuelo de bolsillo de la señorita Steele y lo arrojaba por la ventana—. No se le ocurren más que diabluras.

Y poco después, cuando el segundo de los niños comenzó a pellizcar rabiosamente a la misma señorita en un dedo, observó con cariño:

—¡Qué juguetón está William! Y miren a mi pequeñita Annamaria —añadió, acariciando tiernamente a una niñita de tres años que llevaba dos minutos sin dar una sola voz—, siempre tan modosita y callada... ¡En mi vida he visto una cosita tan buena!

Pero, por desgracia, al prodigar estos abrazos, un alfiler del tocado de su señoría fue a arañar levemente el cuello de la criatura, arrancando de ese dechado de mansedumbre unos alaridos tan violentos que difícilmente habría podido proferirlos algún otro ser reconocidamente escandaloso. La consternación de la madre fue muy grande, pero no llegó a superar la alarma de las señoritas Steele, y, en una emergencia tan crítica, las tres hicieron todo lo que su amor les señaló como probable a fin de aliviar las agonías de la pequeña doliente. La sentaron en el regazo de su madre, la cubrieron de besos, y una de las señoritas Steele, que estaba de rodillas atendiéndola, bañó su herida en agua de lavanda, mientras la otra le llenaba la boca de ciruelas confitadas. Siendo sus lágrimas de tal modo recompensadas, la niña resultó ser demasiado lista como para dejar de llorar, así que siguió berreando con gran pasión, agredió a sus hermanos por haber osado tocarla y la unión de todos los consuelos no surtió el menor efecto hasta que lady Middleton recordó felizmente que, la semana anterior, en una escena de infortunio similar, un poco de mermelada de durazno se había aplicado con gran éxito a una magulladura en la cien, así que se propuso el mismo método terapéutico para este desdichado arañazo, y un ligero descanso en los gritos de la niña al oír ese proyecto les hizo cobrar esperanzas de que el remedio por lo menos sería aceptado. A tal efecto se la llevó su madre en brazos fuera de la sala, en busca de medicina, y como los dos muchachos decidieron seguirla, a pesar de las insistentes súplicas de su madre de que se quedasen, las cuatro jóvenes señoritas se vieron en medio de una tranquilidad que desde hacía varias horas no habían experimentado.

—¡Pobre criatura! —dijo la señorita Steele, en cuanto hubieron salido—. Hubiera podido ser un accidente muy serio.

—Me cuesta imaginar cómo —exclamó Marianne—, solamente que hubiera ocurrido en condiciones muy distintas. Ésta es la forma habitual de crear alarma donde no la hay en realidad.

—¡Oh, qué mujer más cariñosa, lady Middleton! —dijo Lucy Steele.

Marianne prefirió callarse; para ella era imposible decir lo que no pensaba, por trivial que fuese la ocasión; y por eso era siempre Elinor quien cargaba con el trabajo de decir mentiras cuando la urbanidad lo requería. Hizo cuanto supo cuando a tal propósito fue invitada, y habló de lady Middleton con mayor entusiasmo del que sentía, aunque con mucho menos que la señorita Lucy.

—Y también sir John —exclamó la hermana mayor—, ¡qué hombre tan encantador!

También en esta ocasión el encomio de la señorita Dashwood, siendo únicamente sencillo y justo, se expresó sin gran aparato. Comentó meramente que era un hombre cordial y de buen humor.

—¡Y qué familia tan encantadora tienen! En mi vida he visto unos niños tan guapos... Puedo decir que ya los adoro..., y es que siempre me han vuelto loca los niños.

—Lo había adivinado —dijo Elinor, sonriendo—, habiendo visto lo que hizo usted esta mañana.

—Me parece —dijo Lucy— que usted piensa que los pequeños Middleton están demasiado mimados; quizá más de lo necesario, pero para lady Middleton eso es algo muy natural. Y, por mi parte, me encanta ver a los niños radiantes de vida y energía; no puedo soportarlos dóciles y callados.

—Confieso —replicó Elinor— que, cuando estoy en Barton Park, nunca me acuerdo sin alegría de los niños dóciles y callados.

Una breve pausa siguió a esas palabras, al fin quebrada por la señorita Steele, que parecía muy inclinada a la conversación, y, que en estos momentos dijo con bastante brusquedad:

—¿Y qué le parece Devonshire, señorita Dashwood? Supongo que usted sentiría mucho irse de Sussex.

Con cierta sorpresa por la familiaridad de la pregunta, o al menos por la forma en que fue expresada, Elinor respondió que sí lo había sentido.

—Norland es un sitio incomparablemente hermoso; ¿verdad? —añadió la señorita Steele.

—Hemos oído a sir John admirarlo sobremanera —dijo Lucy, que parecía creer que las libertades de su hermana necesitaban alguna disculpa.

—Creo que todo aquél que haya visitado esos parajes —repuso Elinor— debe admirarlos; aunque supongo que nadie puede apreciar sus bellezas como nosotras.

—¿Y tenían ahí muchos jóvenes galantes? Supongo que no hay tantos en esta parte del mundo; por mi parte, creo que ellos son siempre una importante contribución.

—Pero, ¿por qué crees —dijo Lucy, con expresión de vergüenza ajena— que en Devonshire no hay tantos jóvenes elegantes como en Sussex?

—¡Oh, querida, por supuesto que no pretendo decir que no los haya! Estoy segura de que hay una gran cantidad de jóvenes guapos y distinguidos; pero ya sabes lo que podría decirte yo de los que debe haber en Norland. Lo único que me daba miedo era que las señoritas Dashwood pudieran aburrirse en Barton, si el número de galanes era inferior al que tenían por costumbre. Pero quizá a ustedes, señoritas, les tengan sin cuidado los jóvenes galantes, y les de igual que los haya o que no. Por mi parte, creo que son sumamente apreciables, siempre que vistan con elegancia y se comporten con educación. Pero no puedo soportarlos si van sucios o son antipáticos. Por ejemplo, el señor Rose de Exeter, un joven increíblemente elegante, un auténtico galán que es empleado del señor Simpson; pero si se lo encuentra uno por la mañana da pena verlo. Supongo que su hermano sería un galán antes de casarse, señorita Dashwood, además de muy rico.

—La verdad —repuso Elinor—, es que no podría decírselo, pues no entiendo exactamente lo que significa esa palabra. Pero sí puedo decirle que, si fue galán alguna vez antes de casarse, continúa siéndolo ahora, porque en él no ha habido el menor cambio.

—¡Oh, querida! Nunca se piensa en los hombres casados cuando se habla de galanes..., ellos tienen otra cosa que hacer.

—¡Dios mío, Anne! —exclamó su hermana—. No sabes hablar de otra cosa que de galanes; harás que la señorita Dashwood crea que no piensas en nada más. —Y entonces, para cambiar de tema, se puso a elogiar la casa y el mobiliario.

Con esta muestra de las señoritas Steele tuvieron suficiente. Las libertades vulgares y los disparates de la mayor no la hacían nada recomendable, y, como a Elinor no la cegó ni la belleza ni el sagaz aspecto de la menor, se fue de la casa dejándolas con su torpeza y con su falta de verdadera elegancia, sin ningún deseo de conocerlas mejor.

Pero no ocurrió lo mismo con las señoritas Steele... Habían llegado a Exeter bien provistas de admiración hacia sir John, sus hijos y toda su parentela, y ahora, sin el menor sentido de la proporción, ellas declaraban que las primas lejanas eran las más bonitas, las más elegantes, cumplidas y simpáticas muchachas que habían conocido en su vida, y deseando con particular interés conocerlas mejor. Y eso mismo, el conocerlas mejor, llegó a convertirse en un destino insoslayable, pues, estando sir John enteramente del lado de las señoritas Steele, su partido iba a ser demasiado fuerte como para presentar oposición, y no quedaba más remedio que resignarse a esa clase de intimidad que consiste en estar sentados todos juntos en la misma habitación una o dos horas casi todos los días. Sir John no podía hacer más; pero tampoco entendía que se necesitara otra cosa; estar juntos era, en su opinión, gozar de intimidad, y, mientras sus continuos planes para que se reunieran fuesen efectivos, no albergaría la menor duda de que la suya era una sólida amistad.

Para ser justos con él, hizo cuanto estuvo en su mano para fomentar la franqueza de las señoritas Steele, familiarizándolas hasta el último detalle con todo lo que sabía o suponía de la situación de sus primas... Elinor no las había visto más de dos veces y ya la mayor de ellas la felicitó por la suerte que había tenido su hermana conquistando a un elegantísimo galán al poco tiempo de llegar a Barton.

—Desde luego será una maravilla tenerla casada tan joven —dijo—, y he oído decir que él es un auténtico galán, increíblemente guapo, y espero que también usted corra pronto la misma suerte, a no ser que tenga ya un amigo en alguna parte.

Elinor no podía esperar de sir John que tuviera más razones para ser considerado al proclamar sus sospechas sobre el interés de ella por Edward de las que había tenido para serlo con Marianne; en realidad, de las dos, ésta era su diversión favorita, por ser en cierto modo la más reciente y la más fundada en conjeturas; y desde la visita de Edward no habían cenado juntos una sola vez sin que él brindara a la salud de su amor con gestos significativos y tantos guiños que la concurrencia no había podido menos que sentirse informada. También la letra F había sido sacada a colación en repetidas ocasiones, constituyéndose en una fuente de risas tan marcadas que desde hacía tiempo había calado en el espíritu de Elinor en su calidad de la letra más ingeniosa del alfabeto.

Como era de esperarse, las señoritas Steele participaban ahora de todos estos entretenimientos, y la mayor originó una curiosidad por saber el nombre del caballero aludido que, aunque a menudo expresada con impertinencia, encajaba a la perfección con sus hábitos inquisitivos en todo lo relativo a los hábitos de la familia Dashwood. Pero sir John no se recreó mucho tiempo en la curiosidad que se deleitaba en suscitar, pues tuvo al menos tanta satisfacción al decir su nombre como la que tuvo al oírlo la señorita Steele.

—Se llama Ferrars —dijo, en un susurro muy audible—; pero por favor no lo diga, porque es un gran secreto.

—¡Ferrars! —exclamó la señorita Steele—. El señor Ferrars es el afortunado, ¿verdad?... ¡Cómo!, ¿el hermano de su cuñada, señorita Dashwood? En verdad se trata de un joven muy simpático, lo conozco muy bien.

—¿Cómo puedes decir eso, Anne? —intervino Lucy, que, por regla general enmendaba todas las afirmaciones que hacía su hermana—. Aunque lo hayamos visto una o dos veces en casa de mi tío, es excesivo pretender que lo conocemos muy bien.

Elinor escuchaba aquello con atención y sorpresa. "¿Quién era ese tío? ¿Dónde vivía? ¿Cómo llegaron a conocerse?"... Tuvo grandes deseos de alargar la conversación, aunque no se decidió a tomar la iniciativa. Nada más se dijo al respecto, pero por primera vez hubo de juzgar deficiente a la señora Jennings en cuanto a curiosidad en obtener información y tan parca en disposición para comunicarla. La forma en que la señorita Steele había hablado de Edward aumentaba su interés, pues le pareció que era bastante malintencionada, y sugería el hecho de que esa dama sabía, o se imaginaba saber algo en perjuicio de él. Pero su curiosidad fue vana, porque la señorita Steele no volvió a prestar atención al nombre del señor Ferrars cuando sir John volvió nuevamente a aludirlo, o incluso a mencionarlo sin reservas.

# Capítulo XXII

Marianne, que nunca había sido muy tolerante con nada que se pareciera a la impertinencia, la vulgaridad, la inferioridad de condiciones, o los gustos siquiera distintos a los suyos, se hallaba a estas alturas muy poco dispuesta, dado su estado de ánimo, a que le gustaran las señoritas Steele, o a dar alas a sus avances, y a la inevitable frialdad con que las trataba, frenando toda tentativa por su parte de entablar una intimidad, lo que no tardó en manifestarse en la actitud de ambas hermanas, pero especialmente en la de Lucy, quien no perdía oportunidad de entablar conversación, ni de intentar mejorar sus relaciones mediante una fácil y desenvuelta comunicación de sus afectos.

Lucy era inteligente por naturaleza, sus observaciones eran a menudo justas y divertidas; y como compañía para media hora Elinor no dejaba de encontrarla simpática; pero sus facultades no habían recibido el respaldo de la educación, era ignorante e inculta, y su falta absoluta de desarrollo intelectual, de información en los asuntos más comunes no podía dejar de notarla la señorita Dashwood a pesar de los esfuerzos que hacía la joven por parecer culta. Elinor veía, y por ello la compadecía, el descuido de ciertas cualidades que, educadas, habrían podido ser muy respetables; pero veía con menos condescendencia la total falta de delicadeza, de rectitud y de integridad de espíritu que eran delatados por su constante solicitud y sus excesivos halagos. No podía encontrarse a gusto mucho tiempo en compañía de una persona que unía insinceridad con ignorancia; cuya falta de instrucción impedía que la conversación se desarrollase en condiciones de igualdad, y cuyo comportamiento con los demás desacreditaba todas las muestras de atención y deferencia que a ella le dispensaba.

—Pensará que esta pregunta está un poco fuera de lugar —le dijo un día mientras se dirigían caminando de la finca a la casita de campo—, pero si me lo permite, ¿me diría si conoce usted personalmente a la madre de su cuñada, la señora Ferrars?

Elinor creyó que la pregunta estaba absolutamente fuera de lugar, y su semblante así lo expresó, al responder que nunca había visto a la señora Ferrars.

—¿De veras? —replicó Lucy—. Me sorprende, porque pensé que la había visto de vez en cuando en Norland. Entonces quizá no pueda decirme qué clase de mujer es.

—No, contestó Elinor —cuidándose de dar su verdadera opinión sobre la madre de Edward, y sin muchos deseos de satisfacer lo que parecía impertinente—. No sé nada de ella.

—Estoy convencida de que piensa que es muy raro que le haga preguntas sobre ella —dijo Lucy, mirando con intención a Elinor—. Pero quizá tenga razones..., ojalá pudiera permitírmelo; espero, sin embargo, que me hará la justicia de creer que no tengo ninguna intención de ser impertinente.

Elinor le dio una respuesta adecuada, y siguieron andando unos minutos sin decir nada. El silencio terminó cuando Lucy sacó de nuevo a relucir la cuestión diciendo, con ciertas cavilaciones:

—No puedo tolerar que piense de mí que soy curiosa e impertinente, lo último que desearía es dar esa idea a una persona cuya buena opinión no es tan valiosa. Y yo no tengo, se lo aseguro, el más pequeño temor de confiar en usted; mucho me gustaría que me aconsejara cómo desenvolverme en una situación tan violenta como en la que me encuentro; pero no tengo razones para preocuparla. Siento que no haya llegado usted a conocer a la señora Ferrars.

—Yo también lo siento —dijo Elinor, completamente aturdida—, si es que a usted hubiera podido serle útil saber lo que opino de ella. Pero en realidad, que yo sepa, nunca ha tenido usted ninguna relación con esa familia, y por eso me sorprende un poco, lo confieso, una pregunta tan interesada por el carácter de la señora Ferrars.

—Pues veo que sí le sorprende, y a mí no me extraña en absoluto. Pero si me aventurara a contárselo todo, no se sorprendería tanto. Le aseguro que actualmente la señora Ferrars no es nada para mí..., pero puede que algún día..., cuándo habrá de llegar ese día es cosa que sólo depende de ella..., un día en que quizá nos una relación muy cercana.

Miraba al suelo mientras decía eso, pudorosamente avergonzada, pero alcanzando de reojo a su compañera a fin de observar el efecto que causaba en ella.

—¡Por Dios! —exclamó Elinor—. ¿Qué está usted diciendo... ¿Conoce al señor Robert Ferrars? ¿Es posible eso? —y no se sintió muy complacida con la idea de llegar a tener una cuñada así.

—No —replicó Lucy—, al señor Robert Ferrars no, a él nunca lo he visto en mi vida; pero —miró fijamente a Elinor—, sí a su hermano mayor.

¿Qué sintió Elinor en ese momento?: perplejidad, que hubiera sido algo en verdad doloroso e intenso de no haber seguido inmediatamente por una descalificación de lo que acababa de oír. Miró a Lucy con gran desconcierto, incapaz de adivinar el motivo o propósito de esta declaración, y aunque mudó de color, se mantuvo firme en su incredulidad y no se sintió en peligro de un ataque de histeria o de un desvanecimiento.

—Comprendo su sorpresa —continuó Lucy—; seguro que no tenía ni la menor idea, pues me atrevería a decir que de él no ha salido ninguna insinuación delante de usted o de su familia; porque desde el principio ha sido siempre un gran secreto, y puedo asegurarle que hasta hoy yo lo he guardado lealmente. Nadie de mi familia, excepto Anne, lo sabe, y nunca se lo habría mencionado a usted si no tuviera la mayor confianza del mundo en su discreción. Además, he pensado que mi conducta al hacer tales preguntas sobre la señora Ferrars ha debido parecerle tan fuera de lugar que necesitaba una explicación. Y no creo que el señor Ferrars pueda disgustarse cuando sepa que he confiado en usted, porque sé que tiene la más elevada opinión de todos los miembros de su familia, de usted y todas las demás señoritas Dashwood, que son para él prácticamente como hermanas —hizo una pausa.

Durante unos momentos Elinor permaneció en silencio. Lo que había oído le había perturbado al principio demasiado para decir una palabra; pero al fin, obligándose a hablar, y a hablar con cautela, dijo, con gesto tranquilo y un disimulo bastante airoso de su sorpresa y preocupación:

—¿Puedo preguntarle si llevan mucho tiempo comprometidos?

—Los últimos cuatro años.

—¡Cuatro años!

—Sí.

Pese a su enorme conmoción, Elinor todavía se negaba a creerlo.

—No fue sino hasta hace poco —dijo— que supe que se conocían.

—Pues nos conocemos desde hace muchos años. Ya sabe que él estuvo bajo la tutela de mi tío una buena temporada.

—¡Su tío!

—Sí, el señor Pratt. ¿Nunca ha oído usted hablar del señor Pratt?

—Creo que sí —respondió Elinor—, haciendo un esfuerzo que aumentaba en la medida en que crecía su emoción.

—Él pasó cuatro años con mi tío, que vive en Longstaple, cerca de Plymouth. Allí fue donde nos conocimos, pues mi hermana y yo pasábamos muchas temporadas en su casa, y allí fue donde se estableció nuestro compromiso, aunque no hasta un año después de que hubiera dejado de ser pupilo; pero después estaba casi siempre con nosotros. Yo me sentía muy poco inclinada a comprometerme con él, como puede usted imaginar, sin el consentimiento y la aprobación de su madre; pero era demasiado joven y lo amaba demasiado como para ser todo lo prudente que hubiera debido ser. Aunque usted no lo conozca tan bien como yo, señorita Dashwood, lo habrá tratado lo suficiente para percatarse de que es capaz de ganarse el sincero amor de una mujer.

—Eso es verdad —repuso Elinor, sin saber muy bien lo que decía. Pero, tras una breve reflexión, con fe renovada en el honor y en el amor de Edward, y en la falsedad de su interlocutora, añadió—: ¡Comprometida con Edward Ferrars...! Confieso que estoy tan sorprendida por lo que me dice que..., le ruego que me perdone, pero seguramente debe usted equivocarse de persona o de nombre. No es posible que estemos hablando del mismo señor Ferrars.

—Pues no podríamos estar hablando de nadie más —dijo Lucy, sonriendo—. El señor Edward Ferrars, el hijo mayor de la señora Ferrars, de Park Street, y hermano de la cuñada de usted, la señora de John Dashwood; él es precisamente a quien me refiero. Por lo menos concédame usted que no es probable que me confunda tratándose del hombre del que depende toda mi felicidad.

—Es extraño —repuso Elinor, en la más dolorosa de las turbaciones— que yo nunca lo haya oído decir siquiera el nombre de usted.

—No lo es, considerando nuestra situación, su proceder no es extraño. Nuestro primer cuidado ha sido guardar el asunto en secreto. Usted no sabía nada de mí, ni de mi familia, y por eso no podía haber ocasión de mencionar mi nombre delante de usted, y dado que él siempre ha temido en particular que su hermana sospechase algo, pues tiene razón de sobra para no mencionar nuestra relación.

Guardó silencio. La seguridad de Elinor se hundió por completo, pero su autodominio no se hundió junto con ella.

—Cuatro años llevan comprometidos —dijo con voz firme.

—Sí, y sólo Dios sabe cuántos más tendremos que esperar. ¡Pobre Edward! Esto lo saca de quicio. —Sacó entonces una pequeña miniatura del bolsillo, y añadió—: Para ahuyentar la posibilidad de un error, sea usted tan amable de mirar este rostro. No le hace justicia, por descontado, pero aun así creo que no hay lugar a confusión en cuanto a quién posó para este retrato. Lo llevo encima desde hace tres años.

Mientras decía esto lo puso en las manos de Elinor, y cuando ella vio el retrato, si se resistía a abandonar su pensamiento cualquier otra duda motivada por el miedo a una decisión demasiado precipitada, o por el deseo de detectar una falsedad, ahora pudo tener ninguna de que aquél era el rostro de Edward. Le devolvió de inmediato el relicario, reconociendo el parecido.

—Nunca he podido —continuó Lucy— corresponderle con un retrato mío, y eso me ha valido muchos disgustos, ¡porque él siempre ha tenido tantas ganas de tener uno! Pero estoy decidida a darle gusto en la primera oportunidad.

—Hará usted bien —repuso Elinor con calma. A continuación dieron unos pasos en silencio, y Lucy fue la primera en hablar.

—No tengo, por supuesto —dijo—, ninguna duda de que guardará usted fielmente este secreto, porque ya puede imaginarse lo importante que es para nosotros que no llegue a oídos de su madre, pues me temo que ella nunca lo aprobaría. Yo no tengo fortuna, y supongo que ella es una mujer sumamente orgullosa.

—Yo no busqué su confianza —dijo Elinor—, pero está totalmente en lo cierto al creer que puede fiarse de mí. Su secreto está a salvo; pero perdóneme si le digo que me sorprende un poco esta revelación tan innecesaria; tal vez haya pensado que, por conocerlo yo, el secreto no iba a estar más seguro.

Al decir esto, miró a Lucy con la mayor seriedad, con la esperaza de descubrir algo en su semblante, quizá la falsedad de la mayor parte de lo que había estado diciendo; pero el semblante de Lucy no sufrió cambio alguno.

—Temía que pensara usted que me estaba tomando una gran libertad —dijo— al contarle todo esto. No hace mucho, desde luego, que la conozco, al menos personalmente, pero desde hace mucho tiempo he oído hablar de usted y de su familia; y tan pronto como la vi me sentí como una vieja amiga. Además, en el presente caso, creí que le debía alguna explicación después de haber hecho preguntas tan detalladas sobre la madre de Edward; y yo tengo la desgracia de no tener a nadie a quien pedir consejo. Anne es la única persona que lo sabe, y no tiene el menor discernimiento; en realidad a mí me hace mucho más mal que bien, porque vivo en continuo temor de que me delate. No sabe tener la boca cerrada, como debe haber visto, y no pude asustarme más el otro día, cuando sir John mencionó el nombre de Edward, porque pensé que iba a soltarlo todo. No se imagina qué penurias he tenido que pasar. No acabo de creerme que haya sobrevivido a todos mis sufrimientos por Edward en estos cuatro últimos años. Siempre en esta suspensión, en esta incertidumbre..., viéndolo a él tan de tarde en tarde..., apenas nos vemos más de dos veces al año. A veces yo misma me admiro de que mis sentimientos sigan vivos.

Aquí sacó su pañuelo; pero Elinor no se sentía muy compasiva.

—A veces —continuó Lucy tras limpiarse las lágrimas— pienso si no sería mejor para los dos olvidarnos de todo para siempre —al decir esto, miró a los ojos a su interlocutora—; pero luego, otras veces, no tengo la suficiente fuerza de voluntad. No puedo soportar la idea de sumirlo en esa desgracia, sabiendo lo que causaría en él la simple mención de una cosa así... Y por lo que a mí toca, él me es tan querido..., creo que me faltaría valor para cortar mi relación con él. ¿Qué me aconsejaría en un caso así, señorita Dashwood? ¿Qué es lo que haría usted?

—Tendrá que perdonarme —respondió Elinor, conmocionada por semejante pregunta—, pero yo no puedo dar ningún consejo siendo tales las circunstancias. Su propio discernimiento debe guiarla.

—Sin duda —prosiguió Lucy, tras unos minutos de silencio por ambas partes—, su madre tendrá que proporcionarle medios tarde o temprano; pero, pobre Edward, ¡eso lo desanima tanto! ¿No lo notaron ustedes moralmente abatido cuando estuvo en Barton? Se sentía tan desgraciado cuando nos dejó en Longstaple, para irse con ustedes, que temí que creyeran que estuviese enfermo.

—¿Así que cuando nos visitó venía de la casa de su tío?

—¡Oh, sí! Acababa de pasar quince días con nosotros. ¿Creyeron que venía directamente de la ciudad?

—No —contestó Elinor, cada vez más afectada con el conocimiento de cada nueva circunstancia que salía en apoyo de la veracidad de Lucy—; recuerdo que nos dijo que había estado pasando quince días con unos amigos cerca de Plymouth.

Recordaba también su propia sorpresa porque no había dicho nada más de esos amigos, porque no había mencionado ni siquiera sus nombres.

—¿Lo notaron triste y desanimado? —repitió Lucy.

—Pues la verdad es que sí, sobre todo al principio, cuando llegó.

—Yo le supliqué que hiciera un esfuerzo, por temor a que ustedes sospecharan lo que en realidad le pasaba; pero estaba tan triste por no poder quedarse más de quince días, y verme a mí tan afectada... ¡Pobre hombre! Temo que ahora esté en la misma situación, porque escribe en un estado de ánimo tan desdichado... Tuve noticias suyas justo antes de salir de Exeter —sacó una carta del bolsillo y sin mayor ceremonia le mostró las señas a Elinor—. Ya conoce usted su letra, es encantadora, diría yo; pero en esta carta es menos bonita de lo habitual en él..., estaría cansado, quizá habría acabado de escribir la hoja..., no podría estar más llena.

Elinor vio que era su letra, y ya no pudo dudar más. Se había permitido creer que el retrato hubiera podido obtenerse de una manera más o menos accidental, pudiera no haber sido regalo de Edward; pero una correspondencia entre los dos revelaba sin lugar a dudas un compromiso, ninguna otra cosa podía autorizarla; durante unos momentos estuvo a punto de sucumbir, pues sentía que el alma se le había caído a los pies, y apenas podía sostenerse; pero el esfuerzo era imprescindible, y luchó con tanta resolución contra la tiranía de sus sentimientos que la victoria fue rápida y, por el momento, completa.

—Escribirnos el uno al otro —dijo Lucy, volviendo a guardar la carta en su bolsillo— es el único consuelo que tenemos en estas separaciones tan largas. Es verdad que otro gran consuelo es el retrato suyo; el pobre Edward ni siquiera tiene eso. Si tan sólo tuviera mi retrato, dice que se sentiría en paz. Le di un mechón de mi cabello, engastado en un anillo la última vez que estuvo en Longstaple, y eso le sirvió de algún consuelo, según me dijo; pero no es lo mismo que un retrato. Seguramente usted notó ese cabello en su anillo..., ¿me equivoco?

—Me fijé —dijo Elinor, con una voz templada que escondía una emoción y un pesar más allá de todo cuanto hubiera sentido con anterioridad. Estaba realmente mortificada, confundida, conturbada.

Afortunadamente para ella, estaban llegando ya a la casita de campo, y la conversación no podía prolongarse más. Después de estar con ellas unos cuantos minutos, las señoritas Steele regresaron a la finca, y entonces Elinor se sintió a sus anchas, libre para dar rienda suelta a su desdicha.

# Capítulo XXIII

Por muy escasa que fuese, en líneas generales, la confianza de Elinor en la honestidad de Lucy, en las actuales condiciones no podía albergar dudas de su veracidad, ya que le parecía que no sacaba provecho alguno de la invención de una historia así. En fin, ya no podía negar, ya no se atrevía a negar que lo que Lucy le había dicho era verdad; sobre todo considerando que se encontraba respaldado por pruebas fehacientes. Ella había tenido oportunidad de conocer a Edward en casa del señor Pratt, y eso había sido el origen de todo lo demás, un origen indiscutible y alarmante a la vez; y la visita que había hecho Edward cerca de Plymouth, la melancolía de su estado de ánimo, lo descontento que estaba con sus propios planes, la incierta actitud con que trataba los detalles sobre Norland y sus relaciones familiares, además del retrato, la carta, el mechón de pelo en el anillo..., todo formaba un conjunto de datos suficiente para alejar todo temor de condenarlo injustamente, y para establecer como un hecho que ningún sentimiento de favor podía hacerle olvidar que en verdad se había portado bastante mal con ella. Su resentimiento contra este proceder, la indignación por haber sido un juguete en sus manos, la llevaron durante un rato a lamentarse sólo pensando en sí misma; pero pronto le surgieron otras ideas, otras consideraciones... ¿Edward la había engañado intencionalmente? ¿Había fingido un amor que no sentía? ¿Era su compromiso con Lucy algo auténtico y de corazón? No; por mucho que una vez pudiera haberlo sido, Elinor no podía creer que ahora siguiera siéndolo. Era a ella a quien quería; en eso no podía equivocarse. Su madre, sus hermanas, Fanny, todo el mundo había notado las atenciones que le prodigaba en Norland; aquello no era una ilusión de su vanidad. Él la amaba de veras. ¡Qué bálsamo para el corazón era esa creencia! ¿En qué medida se sentía inclinada a perdonar? Había sido reprochable, tal vez muy reprochable, que Edward prolongara su estancia en Norland después de haber advertido que ella tenía sobre él una ascendencia que iba más allá de lo debido. En este punto no tenía disculpa, pero si él la había herido, cuánto más se había herido a sí mismo; si ella era digna de compasión, a él no le quedaba esperanza. Por culpa de su imprudencia ella había sido muy desdichada durante algún tiempo; pero a él, por la misma razón, parecía habérsele negado para siempre la posibilidad de sentirse de otra forma. Con el tiempo ella recobraría la paz; pero él, ¿qué podría esperar? ¿Acaso podría ser medianamente feliz al lado de Lucy Steele? ¿Acaso, y eso sin contar con el afecto que le profesaba, iba a poder él, con su integridad, con su delicadeza y su cultivado espíritu, sentirse satisfecho de una esposa así, inculta, artera y egoísta?

A los diecinueve años, era natural que una chifladura de juventud hubiese cegado su vista a todo lo que no fuera la belleza y la simpatía de la muchacha; pero los cuatro años que habían seguido..., esos años sí habían transcurrido con arreglo a la cordura, en ese tiempo seguramente se le habían abierto los ojos a los defectos de la educación de Lucy, y ella, durante ese mismo tiempo, inmersa en un ambiente social inferior y abocada a intereses más frívolos, quizás hubiese perdido aquella simplicidad por la que otrora su belleza pudo tener algún rasgo de interés.

Si, cuando era Elinor la que pensaba que Edward quería casarse con ella, los impedimentos maternos habían parecido grandes, cuánto mayores pudieran ser ahora, cuando el objeto de su compromiso era, sin duda, por familia y probablemente también por fortuna, bastante inferior. En realidad, estos impedimentos quizá no hubieran influido muy duramente en la paciencia de Edward, estando su corazón tan alejado de Lucy; pero, ¡triste era la situación de quien podía encontrar alivio esperando la oposición y la intransigencia de su familia!

A medida que tales consideraciones iban formándose, en dolorosa sucesión, Elinor comenzó a compadecerse de él, incluso más que de sí misma. Sabiendo a ciencia cierta que Edward no había hecho nada para perder el derecho a su estima, pensó que incluso ahora, cuando las heridas aún estaban frescas, podía dominarse lo suficiente para impedir que su madre y sus hermanas sospecharan lo sucedido. Y tantas facultades tenía para responder a sus propias esperanzas que, cuando se vieron a la hora de cenar, sólo dos horas después de haber asistido a la muerte de sus más profundos anhelos, nadie había imaginado que Elinor estaba llorando por dentro, pensando en los escollos que habían de separarla para siempre del objeto de su amor, y que Marianne se recreaba íntimamente en las virtudes de un hombre por cuyo corazón se sentía completamente poseída, y al que esperaba ver en cada carruaje que oía pasar.

La necesidad de ocultar a su madre y a Marianne la confidencia de la que había sido depositaria, aunque la obligaba a un constante esfuerzo, no agravó las penas de Elinor. Fue, al contrario, un alivio poder ahorrarse una revelación que tanto pesar iba a causarles, y al mismo tiempo la condenación que, derivada del amor y de un exceso de visión parcial, probablemente habría de caer sobre Edward, y que era algo para lo que ya no se sentía con fuerzas.

Del consejo, o de la conversación de su familia, sabía que no iba a recibir ningún consuelo; su ternura y sus lágrimas se añadirían a su propio dolor, y del mismo modo el dominio que ejercía sobre sí misma no iba a fortalecerse ni con su ejemplo ni con sus halagos. Sola era más fuerte, su buen sentido era un sostén firme e inamovible, y ella parecía siempre de buen humor, todo lo que, en la medida de lo posible, permitían heridas tan recientes y sangrantes.

Aunque grande había sido el sufrimiento infligido por la primera conversación que tuvo con Lucy, no tardó en sentir vivos deseos de reanudarla, y eso por más de una razón. Quería oír nuevos detalles de su compromiso, quería comprender más claramente lo que de verdad sentía Lucy por Edward, quería entender el grado de sinceridad que había en su declaración de amor por él, y, sobre todo, quería convencerla, mediante su disposición a sacar de nuevo el asunto, y por su calma al hablar de él, de que era algo que sólo le interesaba como amiga, lo cual, en su conversación de la mañana, mucho temía que hubiese quedado por lo menos en entredicho entre tanta involuntaria agitación. Probablemente, Lucy se encontraba predispuesta a tener celos de ella; era evidente que Edward siempre la había alabado mucho, no sólo por lo que Lucy había dicho, sino porque de otra manera no se hubiese arriesgado, haciendo tan poco que la conocía, a confiarle un secreto de tan grande importancia. Y hasta era posible que sir John y sus graciosos informes hubieran tenido algo que ver. Pero, en realidad, mientras Elinor tuviera la íntima seguridad de que Edward la amaba, era de lo más natural pensar que Lucy estuviera celosa, sin necesidad de recurrir a otras probabilidades, y seguramente lo estaba, pues su confidencia así lo dejaba ver. ¿Qué otro propósito podía tener para aventurarse a aquella confesión, sino participar a Elinor que la aventajaba en sus derechos sobre Edward, y hacerle saber que debía hacerse a un lado? No era muy difícil interpretar de ese modo una gran parte de las intenciones de su rival, y, mientras ella siguiera firmemente decidida a actuar según lo que prescriben los principios del honor y la virtud, a combatir su propio amor por Edward y a verlo lo menos posible, no quería privarse del consuelo de intentar convencer a Lucy de que su corazón se conservaba intacto. Y como ahora ya no podía oír nada más doloroso de lo que había oído, poco le costaba atender a nuevos detalles sin perder por eso la compostura.

La oportunidad, sin embargo, no se presentó de inmediato, aunque Lucy, por su parte, estaba tan bien dispuesta como ella a aprovechar la menor circunstancia, pues las más de las veces no hizo buen tiempo y no hubo ocasión de salir a pasear y de separarse fácilmente del resto del grupo; y aunque se veían cada noche en la finca o en la casita, y sobre todo en la primera, no había que pensar que lo hacían en aras de la conversación. Una idea así jamás habría pasado por la cabeza de sir John o de lady Middleton, y por eso nunca se les daba mucho tiempo para la charla general, ni mucho menos para una conversación de carácter privado. Sus reuniones consistían en comer, beber, y reír juntos, jugar a las cartas, a las adivinanzas o a cualquier tipo de juego que armara suficiente alboroto.

Dos o tres reuniones de este tenor se habían celebrado ya sin ofrecer a Elinor la posibilidad de abordar a Lucy en privado; pero una mañana sir John se presentó en la casita suplicando por caridad que fueran todas a cenar con lady Middleton, pues él se vería obligado a atender sus obligaciones en el club de Exeter aquel mismo día, y ella se iba a quedar absolutamente sola, con la salvedad de su madre y de las señoritas Steele. Elinor pensó que esa noche tendría una perspectiva más despejada para el propósito que estaba rumiando, pues, dados los visos de la celebración, probablemente se encontraría más a sus anchas bajo los tranquilos y educados auspicios de lady Middleton que cuando su marido las juntaba para celebrar aquellos festines estridentes; por ello aceptó con gusto la invitación. Margaret, con el permiso de su madre, hizo el mismo cumplido, y Marianne, aunque nunca tenía ganas de participar en tales fiestas, fue persuadida por su madre, que no podía soportar verla recluida y ajena a toda oportunidad de divertirse, para acompañarlas.

Las señoritas acudieron a la cita, y lady Middleton se mostró feliz de librarse de la horrible soledad que la había amenazado. La insipidez de la reunión fue exactamente la que Elinor había esperado; no se oyó ni una sola idea o expresión novedosa, y nada pudo ser menos interesante que el conjunto de su conversación en torno a la mesa del comedor como en el salón; en este último tuvieron la compañía de los niños, y mientras ellos estuvieron allí, Elinor pensó que sería imposible atraer la atención de Lucy, por lo que ni siquiera lo intentó. Los niños se marcharon sólo cuando se retiró el servicio del té. Entonces se dispuso la mesa de naipes, y Elinor empezó a admirarse de haber albergado alguna vez la esperanza de encontrar en la finca un solo momento para conversar. Todas se levantaron, dispuestas a jugar.

—Me alegro —dijo lady Middleton a Lucy— de que haya decidido no terminar esta noche la cesta de mi pequeña Annamaria, porque estoy segura de que hacer labores de filigrana a la luz de las velas le haría daño a la vista. Ya encontraremos mañana algún remedio para el disgusto que se llevará mi tesoro, y así espero que se le pase rápido.

Esta insinuación fue suficiente; Lucy se sobrepuso al instante y respondió:

—¡Oh, lady Middleton, permítame decirle que se equivoca; sólo estoy esperando a que me diga si la partida puede prescindir de mí, o si debo ponerme a trabajar con la filigrana. Por nada del mundo me permitiría disgustar al angelito, y si usted no me necesita ahora en la mesa de naipes, estoy segura de que esta misma noche terminaré la cesta.

—Es usted muy buena, espero que no le haga daño a la vista... Por favor llame usted para que le traigan unas velas. Mi pobre hija tendría una gran desilusión si la cesta no estuviera acabada mañana, pues aunque le he dicho que no estaría, sé que ella tiene la esperanza de verla terminada.

Lucy acercó rápidamente la mesa de costura y volvió a sentarse con una presteza y un entusiasmo que parecían dar a entender que ningún placer podía ser mayor para ella que el de hacer la cesta de filigrana para una niña mimada.

Lady Middleton propuso una partida de cartas a las demás y todas estuvieron de acuerdo, con excepción de Marianne, quien, con su habitual inobservancia de las reglas elementales de la cortesía exclamó:

—Su señoría tendrá la bondad de excusarme; ya sabe cómo detesto las cartas. Prefiero el piano; no lo he tocado desde que lo afinaron —y, sin más ceremonia se dio vuelta y se encaminó hacia el instrumento.

Lady Middleton dio la impresión de estar dando las gracias al Cielo por esta intervención, por completo maleducada.

—Ya sabe usted, señora, que Marianne no puede pasar sin el piano mucho tiempo —dijo Elinor, intentando suavizar un poco la ofensa—; y en verdad no me extraña que quiera tocar este piano, porque yo nunca he oído otro que suene tan bien.

Las otras cinco se disponían ahora a repartir las cartas.

—Tal vez —continuó Elinor—, si pudieran prescindir de mí, podría ayudar un poco a la señorita Lucy Steele enrollándole los papeles, y queda tanto que hacer todavía que no creo que sea posible, si trabaja ella sola, terminar la cesta esta noche. Me gustaría mucho ayudarla, si a ella no le molesta.

—Pues lo cierto es que lo agradecería mucho —dijo Lucy—, porque me estoy dando cuenta de que queda mucho más por hacer de lo que creía, y desde luego sería terrible desilusionar a la pequeña Annamaria.

—¡Oh, sí, terrible! —dijo la señorita Steele—. ¡Pobrecita mía! ¡Cómo la quiero!

—Es usted muy amable —le dijo lady Middleton a Elinor—. Y ya que le gusta tanto la labor, quizá prefiera esperar hasta la última ronda, ¿o quiere jugar ahora?

Elinor se aferró gustosamente a la primera de esas proposiciones, y así, con un poco de aquellos modales que Marianne era capaz de ejecutar, consiguió su propósito y a la vez dejó contenta a lady Middleton. Lucy le hizo sitio con mucha consideración, y así las dos bellas rivales se encontraron sentadas una al lado de la otra en la misma mesa, en gran armonía y enfrascadas en la misma labor. El piano, donde Marianne, absorta en la música y en sus propios pensamientos, a estas alturas se había olvidado ya de que hubiera en la sala otras personas además de sí misma, se hallaba felizmente tan cerca de ellas que la señorita Dashwood pensó que con el sonido podría desarrollar a la perfección sus planes sin ser oída en la mesa de naipes.

# Capítulo XXIV

Con gran cautela, y al mismo tiempo con firmeza, Elinor comenzó a ejecutar su estrategia:

—No merecería la confianza que usted me ha hecho el honor de depositar en mí si no sintiera deseos de confirmarla, o si el asunto no me moviera a la mayor curiosidad. No voy por ello a disculparme por sacarlo de nuevo a relucir.

—Le agradezco —dijo Lucy con emoción— que haya roto el hielo. Con ello ha dado paz a mi corazón; porque tenía miedo de haberla ofendido de un modo u otro con aquello que le conté el lunes.

—¡Ofenderme! ¿Cómo se le ocurre? —dijo Elinor, en un tono de gran sinceridad—. Créame que no hay nada más lejos de mi ánimo que causarle esa impresión. ¿Podía usted acaso tener algún motivo para sincerarse que no fuera un honor y un halago para mí?

—Y sin embargo le aseguro —contestó Lucy, con sus pequeños y agudos ojos llenos de intención—, que creí percibir una frialdad y un desagrado en su forma de conducirse que me puso muy violenta. Estaba convencida de que se había enojado conmigo, y desde entonces no he dejado de reprocharme el haberme tomado la libertad de molestarla con mis asuntos. Pero estoy muy contenta de ver que fueron sólo imaginaciones mías, y que usted no me culpa de nada. Si supiera qué alivio fue para mí descargar mi corazón, hablándole de lo único que ocupa mis pensamientos, estoy segura de que se compadecería y pasaría por alto cualquier otra consideración.

—Ciertamente, no es difícil de creer que fuera para usted un gran alivio ponerme al corriente de su situación, y tenga por seguro que nunca le daré motivos para arrepentirse de ello. Su caso es muy desafortunado; parece estar rodeada de obstáculos, y necesitarán ustedes todo su mutuo afecto para resistir y hacerles frente. Por lo que sé, el señor Ferrars depende en todo de su madre.

—Personalmente sólo dispone de dos mil libras; sería una locura casarse con esa renta, aunque por mi parte renunciaría con gusto a toda perspectiva de tener más. Siempre he estado acostumbrada a una renta muy pequeña, y por él sería capaz de luchar contra la pobreza; pero lo amo demasiado para convertirme en el medio egoísta de privarlo, tal vez, de todo lo que su madre le daría si se casara de acuerdo a su complacencia. Tendremos que esperar, quizá muchos años. Con cualquier otro hombre éste sería un panorama desolador; pero yo sé que el amor y la constancia de Edward son tan grandes que todo lo hemos de soportar.

—Esta convicción debe ser su guía y su sostén, y sin duda él se aferra a la misma confianza. Si la fuerza de los lazos que los unen se hubiese debilitado, como de forma natural le habría ocurrido a muchas otras personas en otras circunstancias a lo largo de un compromiso de cuatro años, su situación habría sido verdaderamente digna de lástima.

Lucy alzó la mirada; pero Elinor tuvo cuidado de alejar de su semblante toda expresión que pudiera proyectar sobre sus palabras una sombra de sospecha.

—El amor de Edward —dijo Lucy— ha sido duramente puesto a prueba, por nuestra larga, larguísima separación desde que estamos comprometidos, y ha resistido con tanta firmeza que sería imperdonable dudar hasta ahora de él. Puedo decir con seguridad que en ningún momento, desde el primer día, me ha dado motivos de preocupación.

Elinor apenas supo si sonreír o suspirar ante esta afirmación. Lucy prosiguió.

—Además, mi temperamento es por naturaleza bastante celoso, y por nuestra diferente posición en el mundo, por su vida social más intensa, y por nuestra continua separación, no me han faltado razones para estar en guardia, y sin duda habría descubierto la verdad inmediatamente si hubiese notado el menor cambio en su comportamiento cuando nos veíamos, o algún decaimiento que no hubiese podido explicar, o si hubiese hablado más en particular de una dama que de otra, o en algún momento dar la impresión de ser menos feliz en Longstaple de lo que solía ser. No quiero decir con esto que yo sea especialmente observadora o aguda en general, pero en un caso así sé que no podría engañarme.

"Todo esto", pensó Elinor, "está muy bien; pero puede aplicarse a cualquiera de las dos".

—Pero —dijo, después de un breve silencio—, ¿cuáles son sus planes? ¿Tan sólo esperar la muerte de la señora Ferrars? ¿Se puede depender de un extremo tan triste y terrible...? ¿Está dispuesto su hijo a someterse a una expectativa de esa naturaleza, y probablemente al tedio de una espera de muchos años, sólo por no correr el riesgo de disgustarla temporalmente confesándole la verdad?

—¡Si estuviéramos seguros de que sólo iba a ser temporalmente! Pero la señora Ferrars es una mujer obstinada y muy orgullosa, y si se enterase seguramente en un arranque de ira legaría toda su fortuna a Robert, y esta idea, por el bien de Edward, me obliga a desechar cualquier medida precipitada.

—Y también por su propio bien, a no ser que quiera llevar su desinterés a un punto más allá de toda razón.

Lucy volvió a mirar a Elinor sin decir nada.

—¿Conoce usted al señor Robert Ferrars? —preguntó Elinor.

—No, ni siquiera de vista. Pero me lo imagino muy distinto a su hermano..., yo creo que no es más que un simple, un tonto.

—¡Un tonto! —repitió la señorita Steele, cuyo oído había captado la palabra en una pausa de la música de Marianne. ¡Oh! Deben estar hablando de sus galanes favoritos.

—No, hermana —exclamó Lucy—, estás muy equivocada, ninguno de nuestros galanes favoritos es un tonto.

—A eso puedo responder que el de la señorita Dashwood no lo es —dijo la señora Jennings, riendo muy animada—. El suyo es uno de los jóvenes más moderados y correctos que conozco; pero el de Lucy..., esta muchachita es tan taimada que no hay manera de averiguar quién le gusta.

—¡Oh! —exclamó la señorita Steele, mirándolas a todas con penetración—. Yo diría que el galán de Lucy es tan modesto y tan correcto como el de la señorita Dashwood.

Elinor enrojeció sin querer. Lucy se mordió la lengua, mirando enojada a su hermana. Durante un rato reinó el silencio entre ambas. Lucy fue la primera en romperlo cuando, en voz baja, y amparándose además en la poderosa protección del magnífico concierto de Marianne, dijo:

—Voy a contarle sin reparos un plan que se me ha ocurrido recientemente, y que tiene que ver con el asunto; de hecho, estoy obligada a participarle el secreto, porque usted es parte implicada. Creo que conoce lo suficiente a Edward para saber que le gustaría, entre todas las carreras, seguir la eclesiástica; mi plan consiste en que se ordene lo antes posible, y entonces, por mediación de usted, cosa que no dudo que tendrá la amabilidad de hacer, por su amistad con él, además de algún cariño hacia mí. El favor consiste en hablar con su hermano, y tratar de convencerlo para que le otorgue el beneficio de Norland; yo sé que es un beneficio muy bueno, y no es probable que el actual beneficiario viva mucho tiempo. Esto bastaría para casarnos, y para lo demás, habríamos de confiarnos al tiempo y a la probabilidad.

—Yo siempre ofreceré gustosa —respondió Elinor— pruebas de la estima y la amistad que profeso al señor Ferrars; pero, ¿no le parece que mostrar mi interés por ese motivo sería totalmente innecesario? Él es hermano de la señora de John Dashwood; eso debería ser suficiente recomendación para su marido.

—Pero la señora de John Dashwood no se sentiría muy inclinada a dar su aprobación si Edward se ordena sacerdote.

—En ese caso, sospecho que mi intervención sería inútil.

Volvieron a quedarse calladas durante varios minutos. Al fin Lucy exclamó con un hondo suspiro.

—Creo que la forma más sensata de acabar con todo este asunto sería romper el compromiso. Parece que las dificultades nos acosan por todos lados, tanto que, aunque durante un tiempo nos sintiéramos desdichados, quizá al final de todo llegaríamos a ser más felices. Pero, ¿y su consejo, señorita Dashwood?... ¿No me lo va a dar?

—No —repuso Elinor, con una sonrisa que ocultaba sentimientos muy agitados—; en un asunto así, ciertamente no se lo voy a dar. Usted sabe muy bien que mi opinión no iba a influir en usted, a menos que estuviera de parte de sus deseos.

—Creo que me está interpretando mal —replicó Lucy, con gran solemnidad—. No conozco a nadie de cuyo juicio tenga tan elevado concepto; y firmemente creo que, si tuviera que decirme: "Le aconsejo que ponga fin por todos los medios a su compromiso con Edward Ferrars, eso contribuirá más que ninguna otra cosa a la felicidad de los dos", yo tomaría la decisión de hacerlo inmediatamente.

Elinor se indignó con la insinceridad de la futura esposa de Edward, y contestó:

—Este cumplido me obligaría, de hecho, a no dar mi opinión aun en el caso de que tuviera alguna. Usted concede un valor demasiado alto a mi influencia; el poder de separar a dos personas que se quieren tan tiernamente es excesivo para quien no es parte interesada.

—Precisamente porque no es usted parte interesada —dijo Lucy, un poco ofendida, y poniendo un particular acento en las palabras—, podría su juicio pesar sobre mí. Si por lo que fuera pensara yo que sus propios sentimientos favorecerían algún prejuicio, su opinión no tendría ningún valor.

Elinor pensó que lo más sensato era no contestar a esta afirmación, a fin de no crear una situación en la que ambas se encontraran en un inconveniente aumento de desenvoltura y falta de discreción; y hasta decidió en parte no volver a hablar del tema. Fue así como a las palabras de Lucy siguió una pausa que duró muchos minutos, y tuvo que ser ella misma quien le pusiera fin.

—¿Va a ir este invierno a la ciudad, señorita Dashwood? —dijo, con su acostumbrada complacencia.

—No, no voy a ir.

—¡Oh, cuánto lo siento! —dijo, con chispas en los ojos al enterarse de la noticia—. ¡Me habría gustado tanto verla! Pero yo creo que al fin acabará por ir. Sin duda su hermano y su esposa la invitarán a ir con ellos.

—No dependerá de mí aceptar su invitación, si es que me invitan.

—¡Qué lástima! Confiaba totalmente en verla allí. Anne y yo iremos a finales de enero a casa de unos familiares que llevan años esperando nuestra visita. Pero mi único propósito es ver a Edward. Él estará allí en febrero; de otro modo, la idea de ir a Londres no me haría ninguna gracia. No me siento con fuerzas.

Elinor no tardó en ser requerida a la mesa para la conclusión de la primera ronda, y por ello la charla confidencial de las dos señoritas llegó a su fin, cosa a la que ambas se resignaron de buen grado, pues ninguna de las dos había dicho nada que les permitiera gustarse más de lo que hasta entonces se gustaban; y Elinor se sentó a la mesa de naipes tristemente convencida de que Edward no sólo no quería en absoluto a la persona que iba a ser su esposa, sino que no tenía siquiera la probabilidad de ser medianamente feliz en ese matrimonio; si ella lo hubiera amado sinceramente habría podido darle esa oportunidad, pues sólo por interés propio podría llegar una mujer a atar a un hombre a un compromiso que parecía saber perfectamente que era una carga para él.

Desde aquel día Elinor nunca volvió a sacar el tema, y cuando lo abordaba Lucy, que rara vez perdía la ocasión de hacerlo, y que con particular interés informaba a su confidente de su felicidad cada vez que recibía una carta de Edward, Elinor lo trataba con calma y cautela, y lo abandonaba tan pronto como la urbanidad lo permitía; pues era del parecer que esas conversaciones eran una concesión que Lucy no se merecía, y un peligro para ella misma.

La visita de las señoritas Steele a Barton Park se prolongó más allá de lo que se había pretendido cuando se las invitó. Su favor crecía, no se podía pasar sin ellas; sir John no quería ni oír hablar de su marcha, y a pesar de sus múltiples y anteriores compromisos, a pesar de su absoluta necesidad de regresar a Exeter para cumplirlos sin dilación, lo cual era cada fin de semana una cuestión de vida o muerte, siguieron dejándose convencer, y se quedaron en la finca casi dos meses, contribuyendo a la debida celebración de esas festividades que precisan, para ostentar su importancia, de una concurrencia más numerosa de lo corriente en los bailes privados y las grandes cenas.

# Capítulo XXV

Aunque la señora Jennings tenía por costumbre pasar una gran parte del año en casa de sus hijas y amigos, no carecía de residencia propia. Desde la muerte de su marido, que había comerciado exitosamente en una zona menos elegante de la ciudad, vivía todos los inviernos en una casa de una calle próxima a Porman Square. Hacia tal hogar empezó a dirigir sus pensamientos cuando se acercó el mes de enero, y allí invitó un día, de manera más bien brusca y del todo inesperada, a las señoritas Dashwood a acompañarla. Elinor, sin observar el cambio de actitud de su hermana, y la mirada vivaz que revelaba su escasa indiferencia respecto del plan, se apresuró a dar una agradecida pero tajante negativa por parte de las dos, en la que creía realmente condensar la voluntad de ambos. El motivo alegado fue la firme determinación de no dejar sola a su madre en esta época del año. La señora Jennings recibió el rechazo con cierta sorpresa, y repitió la invitación inmediatamente.

—¡Oh! Estoy segura de que su madre puede arreglárselas muy bien sin ustedes, y yo les estoy rogando que me honren con su compañía, porque en ello me va el corazón. No crean que van a ser un estorbo para mí, porque de ningún modo voy a variar mis costumbres por causa de ustedes. Sólo tendría que mandar a Betty en la diligencia, y espero que eso me lo pueda permitir. Las tres cabemos muy bien en mi landó; y cuando estemos en la ciudad, si no les gusta ir a donde vaya yo, pues muy bien, siempre pueden ir ustedes con una de mis hijas. Estoy segura de que su madre no se opondrá, pues he tenido tanta suerte a la hora de colocar a mis hijas , que pensará que mi tutela es lo más indicado; y si no consigo casar, bien casada, por lo menos a una de las dos antes de que todo haya acabado, no será por culpa mía. Tendré una palabra bonita sobre ustedes para todos los jóvenes, pueden confiar en mí.

—A mí me parece —dijo sir John— que la señorita Marianne no se opondría a ese plan, si pudiéramos convencer a su hermana mayor. Lo cierto es que sería muy penoso que ella no pudiera disfrutar un poco sólo porque a la señorita Dashwood no le da la gana. Así que mi consejo es que usted, querida, y la señorita Marianne, cuando se cansen de Barton, vayan a la ciudad sin decir una palabra a la señorita Dashwood.

—¡Eso! —exclamó la señora Jennings—; estoy segura de que me lo pasaré de lo lindo en compañía de la señorita Marianne, tanto si viene la señorita Dashwood como si no, sólo que cuantos más seamos más nos reiremos, y yo había pensado que juntas iban a divertirse más, porque si se aburren de mí, siempre pueden ponerse a hablar entre ellas y reírse a mis espaldas de lo rara que soy. Pero, decidido, yo no me voy sin la una o sin la otra, si no con las dos. ¡Por el amor de Dios! ¡Cómo creen que voy a arreglármelas sola! ¡Yo, que hasta este último invierno he estado acostumbrada a tener a Charlotte viviendo en casa! Vamos, señorita Marianne, démonos la mano y cerremos el trato, y si luego la señorita Dashwood cambia de opinión, pues tanto mejor.

—¡Oh, señora!, se lo agradezco, se lo agradezco de todo corazón —dijo Marianne emocionada—. Tiene usted mi eterna gratitud, y me haría muy feliz, sí, casi más feliz de lo que yo misma imagino, poder aceptar esa invitación. Pero mi madre, mi queridísima madre..., creo que Elinor tiene razón al preocuparse, porque si por nuestra ausencia ella tuviera que ser menos feliz, o si eso complica sus planes... ¡Oh, no! No hay nada que pueda empujarme a dejarla sola. No puede y no debe ser motivo de discordia.

La señora Jennings volvió a repetir que estaba segura de que la señora Dashwood podía pasar sin ellas perfectamente; y Elinor, que ahora comprendía a su hermana, y veía qué poco le importaba casi todo y cómo sólo era arrastrada por la impaciencia de volver a ver a Willoughby, dejó de oponerse directamente al plan, y lo remitió simplemente a la decisión de su madre, de quien, sin embargo, difícilmente podía esperar apoyo para impedir un viaje que ella no podía aprobar por el bien de Marianne y que, por sí misma, tenía sus propias razones para querer evitar. Cualesquiera que fueran los deseos de Marianne, su madre no veía la hora de llevarlos a cabo. Elinor sabía que no iba a conseguir que se mostrase cautelosa en un asunto con el que nunca había habido forma de que se mostrase desconfiada, y ella misma no se atrevía a explicar por qué tenía tan pocas ganas de ir a Londres. El hecho de que Marianne, que conocía hasta la saciedad las costumbres de la señora Jennings, y que sabía cuánto fastidio y cuántas molestias invariablemente le ocasionaban, pudiera pasar por alto semejante lastre, que pudiera ignorar, en la persecución de su único objetivo, todo aquello que más habría de irritar su delicada sensibilidad, constituía una prueba fehaciente y completa de la importancia que daba a ese objetivo, que Elinor, a pesar de todo lo que había ocurrido, no estaba preparada para presenciar.

Al ser informada de la invitación, la señora Dashwood, convencida de que un viaje de tales características proporcionaría muchas diversiones a sus dos hijas, y advirtiendo, por el cariño y las atenciones de Marianne, hasta qué punto había puesto en él su corazón, no quiso ni oír hablar de que declinaran el ofrecimiento por su causa, insistiendo en que las dos aceptaran inmediatamente, y luego, con su habitual entusiasmo, empezó a pronosticar las ventajas que para todas ellas se derivarían de esta separación.

—¡El plan me encanta! —exclamó—, responde exactamente a mis deseos. Nos beneficiará a Margaret y a mí tanto como a ustedes. Cuando se hayan marchado con los Middleton, ¡con qué paz y felicidad podremos dedicarnos a los libros y a la música! ¡Qué cambiada encontrarán a Margaret cuando vuelvan! Y también tengo un pequeño plan para hacer algunos arreglos en sus dormitorios, que ahora no podría realizarse sin causarles uno que otro inconveniente. Me parece perfecto que vayan a la ciudad; toda jovencita con una posición en la vida debe familiarizarse con las costumbres y diversiones de Londres. Estarán al cuidado de una buena mujer, de cuya amabilidad con ustedes no me queda la menor duda. Y lo más probable es que vean a su hermano; a pesar de sus defectos, o de los defectos de su mujer, cuando me acuerdo de quién era su padre, no puedo consentir que vivan tan alejados unos de otros.

—Pero, con tu habitual preocupación por nuestra felicidad —dijo Elinor—, has resuelto buenamente todos los obstáculos que pesaban sobre ese plan; pero todavía queda una objeción que, a mi juicio, no es tan fácil de soslayar.

La expresión de Marianne se desencajó.

—¿De qué se trata? —dijo la señora Dashwood—. ¿Qué va a sugerir mi querida y prudente Elinor? ¿Que obstáculo formidable va a sacarse de la manga? No quiero oír ni una palabra de los gastos que ocasionará.

—Mi objeción es la siguiente: aunque pienso lo mejor de la buena voluntad de la señora Jennings, no es una mujer cuya compañía pueda hacernos felices, ni de cuya protección puedan esperarse buenos resultados.

—Tienes toda la razón —repuso su madre—; pero con ella sola, sin otras personas delante, apenas van a estar un momento, y rara vez, en público, dejará de acompañarlas lady Middleton.

—Si a Elinor le arredra lo poco que le gusta la señora Jennings —intervino Marianne—, al menos que eso no sea motivo para que yo acepte su invitación. Yo no tengo tantos escrúpulos, y estoy segura de poder soportar con muy poco esfuerzo todas esas penalidades.

Elinor no pudo dejar de sonreír ante esta exhibición de indiferencia hacia las maneras de una persona a la que Marianne no había conseguido tratar con mediano respeto sino después de muchos y arduos esfuerzos, y decidió en su fuero interno que, si su hermana insistía en ir, ella iría también, pues no le parecía apropiado que ésta quedase abandonada a la sola guía de su propio entendimiento, ni que la señora Jennings se encontrase sola a merced de Marianne en la paz de sus horas hogareñas. Otra cosa la ayudó a tomar esa determinación, y fue recordar que Edward Ferrars, según le había dicho Lucy, no iba a ir a la ciudad hasta el mes de febrero, y que para entonces su visita , sin necesidad de acortarse, podría ya haber finalizado.

—Pues a mí me parece lo adecuado que vayan las dos —dijo la señora Dashwood—, esas objeciones no tienen sentido. Les va a gustar mucho Londres , especialmente estando juntas; y si Elinor tuviera a bien pensar en toda la diversión que podría tener, vería que la iba a encontrar en una gran variedad de lugares. Quizá habría que considerar la oportunidad para mejorar las relaciones con la familia de su cuñada.

Elinor llevaba tiempo esperando una oportunidad para enfriar la fe de su madre en lo que atañía a sus relaciones con Edward, a fin de que la conmoción fuera menor cuando la verdad se hiciera pública, y ahora, con motivo de este ataque, aunque casi sin esperanzas de éxito, hizo un esfuerzo por abordar su proyecto pronunciando, con la mayor seriedad posible, estas palabras:

—Me gusta mucho Edward Ferrars, y siempre estaré contenta de verlo; pero en lo que se refiere al resto de su familia, me tiene realmente sin cuidado llegar a conocerlos o no.

La señora Dashwood sonrió sin decir nada. Marianne alzó la vista, atónita, y Elinor conjeturó que del mismo modo se había impuesto mantener la boca cerrada.

Sin muchas más discusiones, finalmente se decidió que la invitación sería aceptada sin condiciones. La señora Jennings recibió la noticia con verdadero júbilo, y multitud de promesas de cariño y cuidado. No sólo para ella fue motivo de satisfacción. Sir John se mostró encantado, pues para un hombre cuya mayor inquietud era el terror a la soledad, añadir dos habitantes más al índice de población de Londres tenía su importancia. Hasta lady Middleton se tomó la molestia de estar encantada, lo que para ella representaba un notable apartamento de sus costumbres; y en cuanto a las señoritas Steele, y a Lucy en especial, ninguna otra noticia las había hecho más felices en toda su vida.

Elinor se resignó al acuerdo que contravenía sus deseos con menor renuencia de la que había esperado. En lo que a ella concernía, ya no le importaba ir o no ir a la ciudad, y cuando vio a su madre tan entusiasmada con el plan, y a su hermana revivida en su aspecto, voz y actitud, devuelta a toda su animación habitual, y elevada a cimas de contento inusitadas, no pudo sentirse a disgusto con la perspectiva del viaje, y apenas pudo permitirse poner en duda sus resultados.

El júbilo de Marianne rebasaba casi la felicidad, tan grande era la perturbación de su estado anímico y su impaciencia por marcharse. Sólo las pocas ganas que tenía de separarse de su madre le devolvían la tranquilidad; y, en el momento de la despedida, su pesar por ese motivo fue extremo. La aflicción de su madre apenas fue menor, y Elinor fue la única de las tres que pareció considerar que la separación iba a durar algo menos que la eternidad.

Partieron la primera semana de enero. Los Middleton las seguirían al cabo de otra semana, más o menos. Las señoritas Steele mantuvieron sus posiciones en la finca, que sólo abandonarían cuando lo hiciera el resto de la familia.

# Capítulo XXVI

Elinor no podía creer que se encontrara en el carruaje de la señora Jennings, ni que estuviera emprendiendo un viaje a Londres bajo su tutela, y como huésped suya, sin asombrarse de su propia situación, tan poco tiempo hacía que conocía a esa señora, y eran tan completamente dispares en edad y carácter, y ¡tantas objeciones que había puesto ella para la realización de este viaje! Pero toda su reticencia había sido vencida por el juvenil ardor de Marianne y por el optimismo de su madre; y, a pesar de todas las dudas que de vez en cuando la asaltaban sobre la constancia de Willoughby, no era capaz de presenciar los raptos de radiante esperanza que colmaban el alma y tintineaban en los ojos de Marianne, sin darse cuenta de lo anodinas que eran, si se comparaban, sus propias perspectivas, cuán aciago era su estado de ánimo y con qué gusto se uniría a la gozosa ansiedad de su hermana si viera en su horizonte los mismos estímulos, la misma posibilidad de esperar. En poco, en muy poco tiempo iban a conocerse las verdaderas intenciones de Willoughby; con toda certeza él estaba ya en la ciudad. La impaciencia de Marianne dejaba ver que esperaba encontrarlo allí, y Elinor estaba decidida no sólo a arrojar nueva luz sobre la naturaleza del joven, ya fuera observándolo directamente o haciendo acopio de noticias, sino también a vigilar cómo se comportaba con su hermana, y con un celo tal que le permitiera, antes de que se vieran muchas veces, asegurarse de cómo era y de qué quería. Si el resultado de estas observaciones llegase a ser desfavorable, estaba dispuesta a abrirle los ojos a su hermana como fuese, si no, sus esfuerzos habrían de orientarse en una dirección distinta... Tendría entonces que aprender a evitar toda comparación basada en el egoísmo, y a proscribir cualquier reproche que pudiera disminuir su satisfacción de ver feliz a Marianne.

El viaje duró tres días, y en el curso de éste el comportamiento de Marianne fue una muestra ejemplar de lo que sus futuras cualidades en cuanto cumplida acompañante de la señora Jennings podían dar de sí. Estuvo callada casi todo el camino, sumida en sus pensamientos, y apenas habló sin que le preguntaran más que en las raras ocasiones en que algún detalle de belleza pintoresca del paisaje le arrancó alguna exclamación de placer exclusivamente dirigida a su hermana. Para redimir esa conducta, Elinor ocupó inmediatamente el educado lugar que ella misma se había asignado, tratando a la señora Jennings con la máxima atención, conversando con ella, riendo con ella y escuchándola siempre que podía, y mientras tanto la señora Jennings las trató a ambas con toda la gentileza posible, fue solícita en todo momento a la hora de procurarles comodidad y entretenimiento, y su única contrariedad fue que en la posada no pudo obligarlas a elegir libremente su cena ni a confesar si les gustaba más el salmón o el bacalao, el pollo cocido o las chuletas de ternera. Al tercer día, a las tres, llegaron a la ciudad, felices de liberarse del confinamiento del carruaje, después de tan larga travesía, y bien dispuestas a disfrutar de un buen descanso frente a la cálida chimenea.

La casa era bonita y estaba muy bien acondicionada; las señoritas tomaron posesión de unos cómodos aposentos. Eran las antiguas habitaciones de Charlotte, y sobre la repisa de la chimenea aún colgaba un paisaje, obra suya, en sedas coloreadas, una prueba de que los siete años pasados en una gran escuela de la ciudad no habían sido del todo en vano.

Como la cena no iba a servirse sino hasta dos horas después, Elinor decidió ocupar el intervalo escribiendo a su madre, y con ese propósito se sentó frente a una mesita, mientras Marianne hacía lo propio.

—Estoy escribiendo a casa, Marianne —dijo Elinor—; ¿no sería mejor que esperaras uno o dos días para escribir tú?

—No es a mi madre a quien voy a escribir —contestó Marianne sin vacilar, dando señales de no querer responder a más preguntas. Elinor no dijo nada, pues comprendió enseguida que debía estar escribiendo a Willoughby, y con la misma rapidez concluyó que, por misteriosas que fueran aquellas relaciones, por fuerza tenían que estar comprometidos. Esta era una idea muy sólida para ella, aunque no del todo satisfactoria; sin embargo le agradó que su hermana estuviera tan entusiasmada en su carta y se concentró en la redacción de la suya. La de Marianne estuvo acabada en pocos minutos; por su extensión no podía tratarse más que de una nota; entonces ella la dobló, la selló y escribió las señas con premura. Elinor creyó distinguir una W mayúscula en el frente de la carta, y apenas terminó de anotar las señas, Marianne hizo sonar la campanilla y pidió al lacayo que se presentó que llevara la carta al correo de dos peniques. Esto resolvía la situación de forma definitiva.

En términos generales, Marianne se encontraba de buen humor, pero había en ella una inquietud que su hermana no podía ver con buenos ojos, y estas manifestaciones de agitación aumentaron a medida que avanzaba la tarde. Apenas pudo cenar, y luego, cuando volvieron al salón, cada vez que pasaba un carruaje, parecía entrar en ansiedad.

Para Elinor fue una satisfacción ver que la señora Jennings, ocupada como estaba en sus habitaciones, se ahorraba gran parte de lo que estaba ocurriendo. Llegó el servicio del té, y Marianne ya había tenido más de una desilusión al oír que tocaban a la puerta de algún vecino, cuando de pronto oyeron un llamado que no podía venir de ninguna otra casa; Elinor creyó que sin duda anunciaba la llegada de Willoughby, y Marianne se levantó de un salto en dirección a la puerta. Se produjo un completo silencio, que fue incapaz de resistir muchos segundos; abrió la puerta, avanzó unos cuantos pasos hacia las escaleras, y después de esperar medio minuto, volvió a la sala muy alterada, pues había escuchado una voz que la puso fuera de sí, de manera que no pudo dejar de decir, casi en un grito: "¡Oh, Elinor, es Willoughby!... ¡Es él!", y parecía ya casi a punto de arrojarse en sus brazos cuando apareció el coronel Brandon.

Fue una impresión demasiado fuerte la que tuvo, y como no podía sobrellevarla con serenidad, abandonó la habitación. También Elinor se sintió decepcionada; pero al mismo tiempo, por el cariño que le tenía, pudo recibir al coronel con cordialidad, y le dolió especialmente ver cómo la presencia de un hombre que apreciaba tanto a su hermana era para ella sólo un fastidio y una contrariedad. Era evidente que él no había dejado de notarlo; incluso había observado a Marianne, mientras salía de la habitación, con una cara de perplejidad y preocupación, hasta el punto de olvidar prácticamente todo el respeto que las formas le debían.

—¿Está enferma su hermana? —preguntó.

Elinor respondió sin mucha desenvoltura que sí, y luego habló de dolores de cabeza, desánimo y excesos de fatiga; y de cualquier cosa que pudiera decentemente atribuir a la conducta de su hermana.

Él la escuchó con la mayor atención, pero, como si lo hubiera estado pensando, no quiso insistir, y empezó a hablar sin dilación de lo contento que estaba de verlas en Londres, y al hacer las preguntas pertinentes sobre el viaje y sobre los amigos a quienes habían dejado.

De esta forma, con muy poco interés por ambas partes, prosiguió la conversación, con poco entusiasmo por ambas partes y pensando siempre en otra cosa. Elinor tenía muchas ganas de saber si Willoughby estaba en la ciudad, pero temía ofender al coronel preguntándole por su rival; y al final, por decir algo, le preguntó si había estado en Londres desde la última vez que se vieron.

—Sí —contestó él con cierto embarazo—, llevo aquí casi desde entonces; he estado una o dos veces en Delaford unos cuantos días, pero nunca he tenido oportunidad de volver a Barton.

Esas palabras, así como la forma de decirlas, causaron en Elinor la reminiscencia de las circunstancias que habían rodeado la partida del coronel Barton, con la intranquilidad y la suspicacia que habían movido a la señora Jennings, y temió que la pregunta hubiera dado a entender una curiosidad mucho mayor de la que realmente sentía.

La señora Jennings no tardó en aparecer.

—¡Oh, coronel! —dijo, con su habitual y ruidoso entusiasmo—. Me alegro horrores de verlo. Le pido perdón por no haber bajado antes; pero me he visto obligada a tomar las cosas con un poquito de tranquilidad, para ordenar mis asuntos; hacía mucho tiempo que no estaba en casa, y ya sabe usted que, cuando se ha pasado algún tiempo fuera, siempre tiene uno infinidad de pequeñeces que atender; y luego he tenido que despachar con Cartwright ... ¡He estado trabajando como una hormiga desde la hora de cenar! Pero, dígame, coronel, ¿cómo ha sabido que hoy llegaríamos a la ciudad?

—He tenido el placer de oír la noticia en casa del señor Palmer, en donde he cenado hoy.

—¡Oh! ¿Con que así fue? Bueno, ¿y qué tal van las cosas por allá? ¿Cómo está Charlotte? Seguro que a estas alturas ha aumentado ya de talla.

—La señora Palmer parecía encontrarse muy bien, y me ha encargado que le diga que mañana, sin falta, la tendrá usted aquí.

—¡Ah, claro!, claro, ya me lo imaginaba. En fin, coronel, ya ve que me he traído a dos jovencitas..., bueno, ahora sólo ve a una de ellas, pero hay otra en alguna parte. Es su amiga, la señorita Marianne, a quien seguramente no lamentará volver a ver. No sé lo que harán usted y el señor Willoughby a propósito de ella. Sí que es una delicia ser joven y guapa. ¡En fin! Yo también fui joven alguna vez, pero nunca fui muy guapa..., tanto peor para mí. En cualquier caso, conseguí un buen marido, y no sé qué más puede conseguir una gran belleza. ¡Ah, pobre hombre! Lleva muerto ocho años..., mejor para él. Pero, coronel, ¿dónde ha estado usted desde la última vez? ¿Cómo van sus asuntos? Vamos, vamos, entre amigos no puede haber secretos.

El coronel respondió con su habitual amabilidad todas las preguntas, pero no la satisfizo ninguna. Elinor empezó entonces a preparar el té, y Marianne no tuvo más remedio que volver a presentarse.

Tras su entrada, el coronel Brandon se puso más pensativo y estuvo más callado que antes, y la señora Jennings no pudo convencerlo de que se quedara más tiempo. Aquella noche no tuvieron más visitas, por lo que se fueron tranquilamente a acostar.

Al día siguiente Marianne amaneció de mejor humor y un aspecto feliz. La decepción de la noche anterior pareció quedar olvidada a la espera de lo que el día le reservara. Una vez terminado el desayuno, el carruaje de la señora Palmer se paró delante de la puerta, y en pocos minutos ésta entró riendo en la habitación, pareciendo tan contenta de verlas a todas que era difícil saber si era su madre, o las señoritas Dashwood a quien más se alegraba de volver a ver. Decía estar sorprendida de que hubieran ido a la ciudad, aunque eso es lo que había estado esperando todo el tiempo; tan enfadada de que hubieran aceptado la invitación de su madre después de rechazar la suya, aunque, desde luego, si no hubieran ido..., ¡jamás se lo habría perdonado!

Después de una o dos horas dedicadas a lo que su madre llamaba charlar agradablemente o, en otras palabras, a preguntar, por parte de la señora Jennings, por todos y cada uno de sus conocidos, y a reír, por parte de la señora Palmer; sin mayor motivo, esta última propuso que la acompañaran de compras, ya que tenía varias que hacer esa mañana, a lo cual accedieron tanto la señora Jennings como Elinor, pues las dos también tenían cosas que comprar; y Marianne, aunque al principio se resistió, cedió a sus súplicas y las acompañó. Sin embargo, nunca dejó de permanecer en guardia. Especialmente en Bond Street, la sede de muchos negocios, sus ojos estuvieron continuamente alerta, y en todas las tiendas en que entraron, sus pensamientos vagaron igualmente lejos de todo cuanto se le ofrecía a la vista, de todo lo que le interesaba y ocupaba a las demás, inquieta e insatisfecha en todas partes, tanto que su hermana no pudo sacarle ni una sola opinión acerca de los artículos que quería comprar, ni siquiera cuando eran de interés de ambas; nada le parecía bien; no veía la hora de volver a casa, y no sin dificultad pudo vencer la irritación que le causaban las tediosas demoras de la señora Palmer, cuya atención era captada por todas las cosas bonitas, caras, o nuevas, pues ardía en deseos de comprarlo todo, sin decidirse por nada, y malgastaba todo su tiempo entre el éxtasis y la vacilación.

Ya era tarde cuando volvieron a casa aquella mañana, y nada más entrar, Marianne subió volando las escaleras, y cuando Elinor la siguió, se la encontró de espaldas a la mesa con tristeza en su expresión, lo que significaba que no había noticias de Willoughby.

—¿No ha llegado ninguna carta para mí mientras estábamos fuera? —le preguntó al lacayo, que en ese momento entraba con los paquetes; pero recibió una respuesta negativa—. ¿Está usted completamente seguro? —insistió—. ¿Está seguro de que ningún criado, ningún mozo me ha traído una carta?

El hombre contestó que nadie había traído nada.

—¡Qué extraño! —dijo ella, en voz baja y denotando contrariedad, mientras se volvía a la ventana.

"Sí, ciertamente muy extraño", repitió Elinor para sí, observando a su hermana con inquietud. "Si ella hubiera sabido que él estaba en la ciudad, no le habría escrito, como lo hizo; habría escrito a Combe Magna; y si está en la ciudad, ¡qué raro que no haya venido, ni haya escrito! ¡Oh, madre querida! ¡Qué error has cometido permitiendo que un compromiso entre una hija tan joven y un hombre tan desconocido sea llevado de un modo tan incierto, tan misterioso! ¡Cómo deseo averiguar la causa!; pero, ¿cómo se tomaría Marianne mi intromisión?"

Tras algunas consideraciones, determinó que, si durante muchos días las apariencias seguían siendo tan desconcertantes como ahora, apelaría del modo más solemne a su madre para obligarla a hacer algunas investigaciones serias sobre el asunto.

La señora Palmer y otras dos señoras de cierta edad, del círculo íntimo de la señora Jennings, cenaron en la casa. La primera se retiró pronto, después del té, para atender sus compromisos nocturnos; y Elinor se vio obligada a participar en una partida de whist en atención a los demás. No se podía contar con Marianne para estas ocasiones, pues nunca había querido aprender el juego; pero, aunque por eso mismo tuvo tiempo a su disposición, la velada en modo alguno le deparó más placeres que a Elinor, pues la pasó en medio de la ansiedad por la espera y en todos los sinsabores de la desilusión. A veces, durante unos pocos minutos, intentaba leer; pero no tardaba en dejar el libro, y volvía a la más interesante actividad de ir y venir de un lado a otro de la habitación, deteniéndose de vez en cuando frente a la ventana, con la esperanza de oír la tan anhelada llamada.

# Capítulo XXVII

—Si sigue haciendo tan buen tiempo —dijo la señora Jennings la mañana siguiente, cuando estaban desayunando—, a sir John no le hará ninguna gracia dejar Barton la próxima semana; para un deportista es una desgracia perderse un día de recreo. ¡Pobre gente! Me dan mucha pena cuando eso ocurre; parece que en ello les va la vida.

—Tiene usted razón —exclamó Marianne en tono alegre, al tiempo que se acercaba a la ventana para examinar el día—. No había caído en eso. Con este tiempo muchos deportistas se quedarán en el campo.

Fue un pensamiento afortunado; gracias a él recobró todos sus ánimos.

—En verdad que para ellos es un tiempo precioso —continuó, sentándose a la mesa con expresión de satisfacción—. ¡Cómo deben estar disfrutando! Pero —de nuevo un poco con ansiedad— no cabe suponer que este tiempo vaya a durar en esta época del año, y después de tanta lluvia, seguramente se acabará pronto. Pronto empezarán las heladas, y muy probablemente con severidad. Dentro de un día o dos, quizás, esta suavidad extrema no puede continuar... Sí, ¡tal vez hiele esta noche!

—En cualquier caso —dijo Elinor con afán de evitar que la señora Jennings leyera con tanta claridad como ella en los pensamientos de su hermana—, creo que tendremos a sir John y a lady Middleton en la ciudad a fines de la semana que viene.

—Sí, querida, puede estar segura. Mary siempre se sale con la suya.

"Y ahora", conjeturó Elinor para sí, "Marianne escribirá a Combe con el correo de hoy".

Pero si lo hizo, la carta fue escrita y despachada con una discreción que eludió toda la vigilancia de Elinor para obtener pruebas del hecho. Fuera o no verdad, y lejos como estaba ella de ver con buenos ojos lo que ocurría, cuando observó el optimismo de Marianne, finalmente no pudo sentirse muy contrariada. Y Marianne estaba optimista, feliz con la suavidad del clima, y más feliz todavía con la expectativa de una helada.

La mayor parte de la mañana la dedicaron a dejar tarjetas en casa de las amistades de la señora Jennings, a fin de hacerles saber que las señoritas se hallaban en la ciudad; y Marianne estuvo todo el tiempo muy ocupada observando la dirección del viento, contemplando las variaciones del cielo e imaginando cambios en la atmósfera.

—¿No te parece que hace más frío ahora que esta mañana, Elinor? Yo noto una gran diferencia. Ni con el manguito consigo calentarme las manos. Y ayer eso no ocurría, si no me equivoco. Además, parece que escampa, saldrá el sol dentro de un minuto, y tendremos una tarde despejada.

Elinor se divertía y entristecía súbitamente; pero Marianne perseveraba, y cada noche en el resplandor del fuego, y cada mañana en el aspecto de la atmósfera, veía los mismos síntomas inequívocos de una helada inminente.

Las señoritas Dashwood no tenían más razones para sentirse insatisfechas con el estilo de vida de la señora Jennings, y su plantel de relaciones, que con el trato que de ella recibían, que siempre era muy atento. Sus disposiciones domésticas se llevaban a efecto invariablemente según un plan de lo más flexible, y, con la excepción de algunas antiguas amistades de la ciudad, a quienes, muy a pesar de lady Middleton, nunca había dejado de tratar, no visitaba a nadie que pudiera, una vez presentado, permitir a sus jóvenes amigas cambiar de parecer. Contenta de encontrarse, en este aspecto, más a gusto de lo que había supuesto, Elinor se avenía sin excesiva desgana al escaso esparcimiento de esas reuniones nocturnas, que tanto en casa como fuera de ella, se celebraban sólo para jugar a las cartas, cosa que no le deparaba mucha diversión.

El coronel Brandon, que estaba invitado a la casa de forma general, iba a verlas casi todos los días; iba a contemplar a Marianne y a hablar con Elinor, quien muchas veces disfrutaba más con esas charlas que con cualquier otro acontecimiento del día, pero que también notaba con mucha preocupación el interés que el coronel ponía de continuo en su hermana. Temía que fuera en aumento. Le apenaba ver el fervor con que frecuentemente la miraba, y ahora ciertamente su desánimo era más acentuado que en Barton.

Alrededor de una semana después de su llegada, tuvieron la prueba de que Willoughby también había llegado. Cuando regresaron del paseo matutino, encontraron una tarjeta sobre la mesa.

—¡Bendito sea Dios! —exclamó Marianne—. ¡Ha venido mientras estábamos fuera!

—No te preocupes. Mañana volverá.

Pero Marianne dio la impresión de no haberla oído, y, al escuchar que la señora Jennings entraba en el salón, huyó con la preciosa tarjeta.

Este acontecimiento, al tiempo que elevó el ánimo de Elinor, devolvió al de su hermana toda, y más que toda, su anterior agitación. Desde entonces su espíritu no conoció la paz; la expectativa de ver a Willoughby en cualquier momento la dejó sin facultades para otra cosa. A la mañana siguiente insistió en quedarse en casa mientras los demás salían.

Los pensamientos de Elinor estuvieron ocupados totalmente por lo que pudiera estar ocurriendo en Berkeley Street durante su ausencia; pero, a su regreso, un breve vistazo a su hermana bastó para hacerla comprender que Willoughby no había hecho una segunda visita. Justo entonces entró un lacayo con una nota, y la depositó en la mesa.

—¡Es para mí! —gritó Marianne, abalanzándose sobre ella.

—No, señorita, es para mi señora.

Pero, Marianne, poco convencida, tomó la nota en sus manos.

—Pues sí, es para la señora Jennings. ¡Qué fastidio!

—Entonces..., ¿esperas carta? —dijo Elinor, ya sin poder contenerse.

—Sí..., un poco..., no mucho.

Tras una breve pausa:

—Marianne, ¿no confías en mí?

—Sí, Elinor... ¿Y tú me haces ese reproche? ¡Tú, que no confías en nadie!

—¡Yo! —replicó Elinor, un poco confundida—. La verdad, Marianne, yo no tengo nada que decir.

—Ni yo tampoco —respondió Marianne, con energía—. Estamos en la misma situación. Ninguna de las dos tiene nada que decir; tú, porque no te comunicas, y yo porque no escondo nada.

Elinor, afligida por esta acusación que no era capaz de impugnar, no supo cómo influir en Marianne para que fuera más franca.

La señora Jennings no tardó en aparecer, ni en leer en voz alta la nota que se le entregó. Era el anuncio de que lady Middleton había llegado a Conduit Street la noche anterior, por lo que solicitaba para esa misma velada la compañía de su madre y sus primas. Ciertos negocios de sir John, y un fuerte resfriado en ella, les impedían visitar Berkeley Street. La invitación fue aceptada; pero, estando ya cerca la hora de la cita, y siendo realmente obligado por la simple deferencia hecha hacia la señora Jennings que las dos la acompañaran, Elinor tuvo algunas dificultades para convencer a su hermana, dado que ésta aún no tenía noticias de Willoughby, razón por la cual su oposición a pasar una velada de asueto fuera de casa no era mayor que su renuncia a correr el riesgo de que el joven volviera y no la encontrara.

Elinor pensó, al acabar la noche, que las inclinaciones de la gente no varían en lo sustancial con un cambio de ambiente, pues sir John, apenas instalado en la ciudad, había conseguido congregar en su casa a más de veinte jóvenes, y a entretenerlos a todos con un baile. Ésta era una cuestión, pese a todo, en la que no podía contar con el beneplácito de lady Middleton. En el campo, en un baile improvisado, podía pasar; pero en Londres, donde era más difícil y de mayor importancia tener fama de elegante, era arriesgarse demasiado, para complacer a un par de muchachas, que la gente supiera que lady Middleton había dado un modesto baile para ocho o nueve parejas, con dos violines, y un simple refrigerio encima del aparador.

El señor y la señora Palmer formaban parte del grupo; era la primera vez que veían al señor Palmer desde que estaban en la ciudad, pues él, en su afán de no parecer atento con su suegra, el hombre ni se le acercaba, no recibieron muestra alguna de reconocimiento cuando llegaron. Él las miró por encima, como si no las conociera, y con una simple inclinación de cabeza saludó a la señora Jennings desde el otro lado de la sala. Al entrar, Marianne echó un vistazo general, y con eso le bastó para saber que él no estaba allí; y luego se sentó, tan poco dispuesta a divertirse como a divertir a los demás. El grupo llevaba aproximadamente una hora reunido cuando el señor Palmer se aproximó distraídamente a las señoritas Dashwood para decirles lo mucho que le sorprendía verlas, a pesar de que había sido precisamente en su casa donde el coronel Brandon se había enterado de su llegada, y a pesar de que él mismo había dicho algo muy divertido al saber que iban a venir a la ciudad.

—Yo las hacía en Devonshire —dijo.

—¿De veras? —replicó Elinor.

—¿Cuándo regresan?

—No lo sé.

Y esa fue toda su conversación.

Marianne nunca había tenido tan pocos deseos de bailar como aquella noche, y nunca el ejercicio la había fatigado tanto. Así se lamentaba una vez de vuelta en Berkeley Street.

—Sí, sí —dijo la señora Jennings—, ya sabemos qué le pasa. Si cierta persona cuyo nombre no mencionaremos hubiera asistido al baile, no estaría usted ahora ni un poquito cansada; y, a decir verdad, no ha sido muy bonito de su parte no venir a verla, teniendo en cuenta que se le ha invitado.

—¡Invitado! —exclamó Marianne.

—Eso me dijo mi hija, lady Middleton; pues parece ser que esta mañana sir John se encontró con él en la calle.

Marianne no dijo nada, pero dio la impresión de haber sido herida en lo más hondo. Impaciente, en estas circunstancias, por contribuir a la futura tranquilidad de su hermana, Elinor resolvió escribir a su madre a la mañana siguiente, con la esperanza de remover en ella el temor por la salud de Marianne y de esa manera impulsarla a hacerle aquella pregunta que llevaba mucho tiempo sin plantearse; pero había otra cosa que indujo aún más a tomar esa medida, y fue que la mañana siguiente, después del desayuno, vio que Marianne estaba escribiendo otra vez a Willoughby, pues no era posible que escribiera a nadie más.

Hacia mediodía, la señora Jennings salió sola a unos recados, y Elinor empezó sin dilación la carta, mientras Marianne, demasiado inquieta para hacer algo, con el alma en vilo y sin el menor deseo de conversar, iba de una ventana a otra, o se sentaba junto al fuego en melancólica meditación.

Elinor le escribió a su madre en un tono muy serio; le contó todo lo que había pasado, sus sospechas acerca de la volubilidad de Willoughby y la instó, en nombre del deber y del amor, a pedirle cuentas a Marianne sobre el verdadero estado de sus relaciones.

Apenas había terminado la carta, y les fue anunciada la presencia del coronel Brandon. Habiéndolo visto pasar por la ventana, Marianne, en su aversión por todo género de compañía, salió de la habitación antes de que él entrase. El coronel traía un aire más grave de lo normal y, aunque pareció alegrarse de encontrar sola a la señorita Dashwood, como si tuviera algo en particular que comunicarle, estuvo durante un rato sentado sin abrir la boca. Convencida de que esta revelación tenía que ver con su hermana. Elinor estuvo esperando con impaciencia a que se decidiera a hablar. No era la primera vez que eso sucedía; pues en más de una ocasión, observando previamente que "su hermana parece no encontrarse bien hoy", el coronel había parecido a punto de confesar, o bien de inquirir, algo en particular sobre ella. Ahora, tras una pausa de varios minutos, rompió el silencio para preguntarle, con una voz ciertamente destemplada, cuándo iba a poder felicitarla por la adquisición de un nuevo hermano en la familia. Elinor no estaba preparada para una interpelación así, ni tenía a mano ninguna respuesta, y hubo de resignarse al simple y común expediente de preguntar qué quería decir con eso. Él intentó sonreír al responder:

—Es del dominio público que su hermana está comprometida con el señor Willoughby.

—No puede ser del dominio público —contestó Elinor—, cuando ni mi propia familia lo sabe.

El coronel pareció sorprenderse y dijo:

—Le ruego que me perdone, me temo que la pregunta ha sido una impertinencia; pero no me imaginaba que fuese un secreto, ya que es evidente que se corresponden, y que de su boda habla todo el mundo.

—¿Cómo es posible? ¿A quién oído usted hablar de algo así?

—A mucha gente..., a mucha gente que usted no conoce, y a otra que conoce muy bien: la señora Jennings, la señora Palmer y los Middleton. Yo me resistía a creerlo, pues cuando uno no quiere convencerse de una cosa siempre encuentra motivos para dudar de ella; pero hoy he visto accidentalmente, cuando el criado me ha abierto la puerta, que llevaba una carta con letra de su hermana dirigida al señor Willoughby. Había venido a informarme, pero lo he sabido antes siquiera de preguntar... ¿Está todo dispuesto? ¿No hay alguna posibilidad de...? Pero no me ampara el menor derecho, y no tendría la menor probabilidad de ganar. Perdóneme, señorita Dashwood. Creo que he hecho mal hablando tanto, pero no sé realmente qué hacer, y en su prudencia confío más que en ninguna otra cosa. Dígame que todo está completamente decidido, que sólo un esfuerzo inútil, sólo disimular, en pocas palabras, si es que disimular se puede, es lo único que me toca hacer.

Elinor se sintió muy afectada por este discurso, que declaraba en una forma tan patente el amor del coronel por su hermana. No fue capaz de decir nada hasta unos momentos después, e incluso cuando recobró las fuerzas tuvo que esperar para encontrar la respuesta más oportuna. El verdadero estado de cosas entre Willoughby y su hermana le era a ella misma tan desconocido que, en el esfuerzo por explicarlo, podía acabar diciendo demasiado..., o demasiado poco. Sabiendo, no obstante, como sabía, que el amor de Marianne por Willoughby dejaba al coronel sin esperanzas, fuera cual fuese el resultado de ese amor, y deseando al mismo tiempo proteger a su hermana de toda reprobación, después de meditarlo un poco, concluyó que lo más atento y prudente era decir más de lo que realmente sabía o creía. Por ello reconoció que, aunque nunca ninguno de los dos la había puesto al corriente de la naturaleza de sus relaciones, no dudaba de que existía entre ellos un gran afecto, y que no le sorprendía saber que era correspondido.

El coronel la escuchó con silenciosa atención y, cuando terminó de hablar, se levantó de su asiento y después de decir con voz emocionada: "A su hermana le deseo toda la felicidad imaginable; a Willoughby, que pueda hacerse digno de merecerla", se despidió y se marchó.

Tras esta conversación, Elinor no consiguió respirar más tranquila ni calmar de algún modo la inquietud de su espíritu en otros aspectos; se quedó, al contrario, con una triste impresión de infelicidad del coronel Brandon, a la que ni siquiera podía desear ponerle fin, pues el acontecimiento que ella más vivamente anhelaba era el mismo que a él le provocaría la más viva infelicidad.

# Capítulo XXVIII

En el curso de los tres o cuatro días que siguieron, Elinor no tuvo que lamentar haberse encomendado a su madre; pues Willoughby ni escribió ni apareció. Hacia el fin de ese periodo las dos hermanas se vieron en el compromiso de acompañar a lady Middleton a una fiesta a la que la señora Jennings no podía asistir por culpa de la indisposición de su hija la menor; y para esta fiesta se preparó Marianne, en un estado de ánimo de completo abatimiento y tan despreocupada por su aspecto como si le diera lo mismo ir o no ir a la fiesta, sin una mirada de esperanza, ni una expresión de buena gana. Hasta el momento en que llegó lady Middleton, estuvo sentada, después del té, junto a la chimenea del salón, sin hacer un sólo movimiento ni cambiar de actitud, perdida en sus propios pensamientos e insensible a la presencia de su hermana, y cuando finalmente se les comunicó que lady Middleton las esperaba en el portal, se sobresaltó como si hubiera olvidado que estaban esperando a alguien.

Llegaron a su destino puntualmente, y, tan pronto como la fila de carruajes que las precedía lo permitió se apearon, ascendieron la escalinata, oyeron sus nombres anunciados con voz sonora de uno a otro rellano, y entraron en la sala espléndidamente iluminada, completamente atestada, e insufriblemente recalentada. Tras rendir pleitesía a la señora de la casa, pudieron mezclarse entre la multitud y participar del calor y las estrecheces que con su llegada inevitablemente se vieron incrementadas. Lady Middleton invirtió un rato en decir poco a hacer aún menos, y luego se sentó a jugar en el casino, y, como Marianne no estaba de humor para dar vueltas, las dos hermanas, con un golpe de suerte con las sillas, se situaron no muy lejos de la mesa.

No llevaban mucho tiempo acomodadas de esta manera cuando Elinor distinguió a Willoughby, a unos pocos metros de ellas, hablando muy seriamente con una joven de aspecto muy elegante. No tardaron en cruzarse sus miradas, y él la saludó inmediatamente con una inclinación, pero no intentó acercarse ni hablar con Marianne, aunque era imposible que no la estuviera viendo; así que siguió charlando con la misma señorita. Elinor miró involuntariamente a Marianne, para cerciorarse de si, en efecto, algo le tapaba la vista. Pero fue entonces precisamente cuando ella lo vio, y, con la expresión resplandeciente por la súbita alegría, se habría abalanzado inmediatamente sobre él si su hermana no la hubiera detenido.

—¡Dios mío! —exclamaba—. ¡Está aquí!..., está aquí... ¡Oh! ¿Por qué no me mira? ¿Por qué no puedo ir a hablar con él?

—Por favor, Marianne, compórtate —dijo Elinor—, y no te pongas en evidencia delante de todo el mundo. Quizá aún no te haya visto.

Esto era, no obstante, más de lo que ella misma podía creer, y guardar la compostura en semejante momento no sólo estaba fuera del alcance de Marianne, sino que estaba fuera de su voluntad. Las agonías de la impaciencia se reflejaban en cada una de sus facciones.

Por fin Willoughby se dio la vuelta, y las miró a las dos; Marianne se levantó, pronunció su nombre en un afectuoso tono de voz, y le tendió la mano. El joven se aproximó, y, dirigiéndose más a Elinor que a Marianne, como si quisiera rehuir la mirada de ésta, y sin ganas de observar su reacción, se interesó brevemente en la señora Dashwood, y les preguntó cuánto tiempo llevaban en la ciudad. A Elinor le faltó presencia de ánimo para sufrir este comportamiento, y fue incapaz de despegar los labios. Pero Marianne manifestó sus sentimientos sin perder tiempo. Todo su rostro se había cubierto de un color carmesí, y con la mayor emoción en la voz exclamó:

—¡Por Dios, Willoughby! ¿Que significa esto? ¿No has recibido mis cartas? ¿No me vas a dar la mano?

Él no pudo entonces dejar de estrechársela, pero el roce pareció dolerle, y retuvo su mano sólo un instante. Durante todo este tiempo, evidentemente, había estado esforzándose en aras de la decencia. Elinor observó su semblante, y vio que se estaba tranquilizando. Tras una breve pausa, dijo, con parsimonia.

—Fue un honor visitar Berkeley Street el pasado martes, pero lamenté muchísimo no haber tenido la suerte de encontrarlas a ustedes y a la señora Jennings en casa. Espero que mi tarjeta no se perdiera.

—Pero, ¿no has recibido mis notas? —exclamó Marianne, con gran ansiedad—. Debe tratarse de algún malentendido... un mal entendido horrible. ¿Qué significa todo esto?... Dímelo, Willoughby, dime, por el amor de Dios, ¿qué está ocurriendo?

Willoughby no contestó; mudó de color y volvió todo su azoramiento; pero como si sintiera, al advertir que la joven con la que había estado hablando antes lo estaba mirando, la necesidad de sobreponerse de inmediato, templó sus ánimos, y después de decir: "Sí, tuve el placer de recibir la noticia de que había llegado a la ciudad; fue usted muy amable al enviarla", hizo una ligera reverencia y se retiró apresuradamente, para volver al lado de su amiga.

Marianne, mortalmente pálida e incapaz de sostenerse en pie, se hundió en la silla, y Elinor, temiendo que de un momento a otro fuera a desmayarse, intentó ponerla a resguardo de las miradas ajenas, al tiempo que la reanimaba con agua de lavanda.

—Ve a hablar con él, Elinor —sollozó Marianne, en cuanto pudo hablar—, oblígalo a venir aquí. Dile que tengo que verlo otra vez..., que debo hablar con él ahora mismo. No descansaré, no tendré un momento de paz hasta que todo esto se haya explicado..., por algún terrible malentendido... ¡Oh, ve, ve ahora mismo!

—¿Cómo quieres que vaya? No, Marianne querida, debes esperar. Éste no es un lugar para explicaciones. Espera al menos hasta mañana.

No le fue fácil, con todo, impedir que fuera tras él, y convencerla de que moderase su agitación, de que esperara, al menos, guardando la compostura, hasta poder hablar con él en mayor intimidad y con mayor provecho; fue imposible, pues Marianne no dejaba de abandonarse sin freno a la desdicha de sus sentimientos, prorrumpiendo en exclamaciones de infortunio. Al poco tiempo vio Elinor que Willoughby salía de la sala por la puerta de la escalinata, y así se lo dijo a Marianne, abundando, como razón de más, para que se calmara, en la imposibilidad de volver a hablar con él aquella noche. Marianne le rogó que le pidiera a lady Middleton que las llevara a casa, porque se sentía demasiado desgraciada para quedarse un minuto más.

Lady Middleton, aunque en mitad de una partida, era demasiado educada para poner la menor objeción a marcharse en cuanto supo que Marianne no se encontraba bien; pasó sus cartas a una amiga y las tres se pusieron en camino en cuanto el coche pudo ser localizado. Apenas una palabra se dijo en el trayecto a Berkeley Street. Marianne vivía una silenciosa agonía, transida al punto de no poder llorar; pero, como afortunadamente la señora Jennings no había vuelto, ella y su hermana pudieron subir directamente a sus habitaciones, donde las sales de amoníaco le permitieron volver un poco en sí. No tardó en desvestirse y meterse a la cama, y, como parecía deseosa de estar a solas, Elinor salió de la habitación, y, mientras aguardaba el regreso de la señora Jennings, tuvo tiempo de sobra para pensar en lo ocurrido.

Era evidente que había existido algún tipo de compromiso entre Willoughby y Marianne, y que Willoughby había roto ese compromiso por cuenta propia; y si Marianne quería seguir aferrándose a sus sueños, ella no podía atribuir a un malentendido una actitud de esa naturaleza. Eso sólo era explicable como un cambio de raíz en los sentimientos de él. Su indignación aún habría podido ser mayor de no haber sido ella misma testigo de aquel azoramiento que parecía delatar en el joven cierta conciencia de mala conducta, y que le impedía pensar de él que era un individuo sin principios, que había estado jugando con su hermana desde el primer momento, sin ninguna intención capaz de resistir un examen. La distancia quizás había reblandecido su amor por ella, y tal vez por conveniencia se había decidido a olvidarla, pero de que tal interés había existido previamente no se podía tener la menor duda.

En cuanto a Marianne, sobre las heridas que un encuentro tan desafortunado debía ya haber infligido, y sobre las que, aún más dolorosas, en sus probables derivaciones, pudieran estar aguardándola, Elinor no podía reflexionar sin sentir la más honda preocupación. Comparando sus situaciones, ahora era ella quien salía beneficiada, porque, mientras pudiera seguir apreciando a Edward tanto como antes, aunque el destino quisiera separarlos, nunca dejaría de encontrar consuelo en sus pensamientos. Pero todas y cada una de las circunstancias que podían agravar el daño ocasionado parecían ahora confabuladas para aumentar la miseria de Marianne, y llevarla a separarse finalmente de Willoughby..., y a romper con él de inmediato, de manera irreconciliable.

# CAPÍTULO XXIX

Al día siguiente, antes de que la doncella hubiera encendido la chimenea, o de que el sol hubiese podido ganar un poco de terreno a una fría y lóbrega mañana de enero, Marianne, apenas a medio vestir, estaba de rodillas frente a una silla junto a la ventana, dispuesta a aprovechar la escasa luz, y ocupada en escribir algo con toda rapidez que un continuo torrente de lágrimas le podía permitir. Fue en ese estado como Elinor, despertada por su agitación y sus sollozos, se la encontró; y después de observarla unos minutos con silenciosa expectación, dijo, en un tono de extrema delicadeza.

—Marianne, ¿puedo saber?

—No, Elinor —respondió ella—, no me preguntes nada; no quieras saberlo todo.

La especie de desesperada calma con la que se dieron estas palabras no se prolongó más allá del tiempo empleado en pronunciarlas, y en un momento volvió Marianne a ser presa de la misma desolación. Tardó algunos minutos en poder reanudar su carta, y los frecuentes accesos de dolor que aún la obligaron, a intervalos, a detener su pluma fueron para Elinor prueba suficiente de que, casi con toda probabilidad, estaba escribiendo a Willoughby por última vez.

Elinor le dedicó todas las calladas y discretas atenciones que supo; y aún habría intentado consolarla y tranquilizarla más si Marianne no le hubiera rogado, de una manera contundente y mostrando una gran irritabilidad, que no hablara por nada en el mundo. En tales circunstancias, era mejor para las dos no permanecer demasiado tiempo juntas, y, en su estado de ansiedad, Marianne no sólo pudo permanecer, una vez vestida, un solo momento en la habitación, sino que, necesitada a la vez de soledad y de un continuo desplazamiento, estuvo vagando por toda la casa, huyendo de todo el mundo, hasta la hora del desayuno.

Durante el desayuno Marianne no comió ni lo intentó siquiera, y todos los esfuerzos de Elinor se centraron, pues, no en apremiarla, no en parecer preocupada por ella, sino en conseguir atraer sobre sí toda la atención de la señora Jennings.

Como esta era una de las horas más apreciadas de su anfitriona, se alargó considerablemente, y después, siguiendo la costumbre, ya estaban colocándose en torno a la mesa de costura cuando llegó una carta para Marianne, que ésta recogió impaciente de manos del criado; y acto seguido, envuelta en una palidez mortal, salió a toda prisa de la habitación; al ver esto, Elinor comprendió, con la misma claridad que si hubiera visto el remitente, que la carta tenía que ser de Willoughby; entonces sintió un vuelco en el corazón, apenas podía mantener la cabeza erguida, y toda ella empezó a temblar, de tal modo que creyó que la señora Jennings acabaría notándolo todo. Esta buena señora, sin embargo, lo único que veía era que Marianne había recibido una carta de Willoughby, y eso le parecía muy divertido; procedió en consecuencia y dijo, entre risas, que esperaba que la encontrara a su gusto. En cuanto a la zozobra de Elinor, estaba demasiado ocupada tomando medidas de estambre para su esterilla y no se daba cuenta de nada; y, reanudando tranquilamente la conversación, en cuanto Marianne hubo salido, dijo:

—¡En mi vida he visto a una jovencita tan enamorada! Mis hijas no fueron nada comparadas con ella, y eso que hacían bastantes tonterías; pero la señorita Marianne está, pobrecita, totalmente trastornada. Espero sinceramente que él no la haga esperar mucho más, porque es muy triste verla así, tan enferma, tan fuera de quicio. Dígame, ¿cuándo se van a casar?

Elinor nunca había estado tan poco dispuesta a hablar como en aquellos momentos, y ahora se veía obligada a repeler un ataque de gran magnitud, así que, intentando sonreír, dijo:

—Pero, ¿de veras ha llegado usted a creer, señora mía, que mi hermana estaba comprometida con el señor Willoughby? Yo creía que estaba usted bromeando, pero veo, por las preguntas que me hace, que realmente se lo ha tomado muy en serio; por eso le ruego que no se engañe más a sí misma. Le aseguro que nada me sorprendería más que saber que van a casarse.

—¡Por favor, señorita Dashwood! ¡Por favor! ¡Cómo puede decir eso! ¿Acaso no sabemos todos que habrá boda, que se enamoraron perdidamente la primera vez que se vieron? ¿No los he vito yo juntos en Devonshire día tras día, noche tras noche; y no he sabido que su hermana ha venido a la ciudad a comprarse un vestido de novia? Vamos, vamos, no me haga reír. Usted se cree que, como disimula tan bien las cosas, los demás no tienen ojos ni oídos; pero la verdad es que sí los tenemos, y hace ya tiempo que lo sabe toda la ciudad. Yo se lo digo a todo el mundo, y Charlotte también.

—Sin embargo, señora —dijo Elinor, muy seria—, está usted equivocada. En realidad hace muy mal en propagar la noticia, y, aunque no me lo crea, pronto habrá de ver que no me falta razón.

La señora Jennings volvió a reír, pero Elinor no se veía con ánimos para continuar, y, ardiendo en deseos de saber lo que Willoughby había escrito, subió sin perder tiempo a sus habitaciones, donde encontró, al abrir la puerta, a Marianne echada en la cama, casi desencajada de dolor, con una carta en la mano y dos o tres más esparcidas a su lado. Elinor se acercó, sin decir palabra, y sentándose en la cama, le tomó la mano, la besó cariñosamente varias veces, y finalmente rompió a llorar, de un modo que, al principio, fue apenas menos intenso que el de Marianne. Ésta, aunque incapaz de hablar, pareció entender toda la ternura que había tras esas lágrimas, y, tras compartir su aflicción durante un rato, entregó a Elinor todas las cartas; luego, cubriéndose el rostro con un pañuelo, casi estalló en un grito de angustia. Elinor, que no ignoraba que esta congoja, por insoportable que fuese presenciarla, debía seguir su curso, estuvo acompañando a su hermana hasta que de algún modo los extremos de su sufrimiento se agotaron, y luego, mirando con impaciencia la carta de Willoughby, leyó lo siguiente:

> Bond Street, enero.
>
> Mi querida señora,
>
> Acabo de tener el honor de leer su carta, al que espero poder corresponder sinceramente. Me ha inquietado saber que en mi comportamiento de anoche halló usted motivos de queja; y aunque no logre adivinar en qué momento pude ser tan desafortunado para ofenderla, le pido perdón por lo que, puedo asegurárselo, fue totalmente sin intención. Siempre recordaré la relación que tuve con su familia en Devonshire con el más grato placer, y mucho estimaré que esta relación no se rompa a causa de un malentendido o de una errónea apreciación de mis actos. Aprecio a su familia muy sinceramente; pero si he sido tan desafortunado como para fomentar la creencia de que había en mí algo más de lo que sentía, o de lo que quería expresar, me reprocharé no haber sido más cuida-

doso con las manifestaciones de mi aprecio. Que alguna vez quisiera expresar algo más aceptará usted que es imposible cuando sepa que mis sentimientos están, desde hace tiempo, ligados a otra parte, y no pasarán, según creo, muchas semanas antes de ver realizado este compromiso. Sólo con gran pesar obedezco sus órdenes de devolverle las cartas que he tenido el honor de recibir de usted, así como el mechón de pelo que me entregó y por el que le quedé tan reconocido.

Su más leal y humilde servidor

John Willoughby

Es imaginable con qué indignación hubo de leer la señorita Dashwood semejante carta. Aunque sabía, antes de empezarla, que le aguardaba una confesión de volubilidad, y la confirmación de una separación definitiva, no sabía que pudiera tolerarse semejante lenguaje para declararlas, y no había imaginado capaz a Willoughby de olvidar las más elementales formas de honorabilidad y delicadeza, del decoro común de un caballero, hasta el punto de enviar una carta tan irreflexivamente cruel: una carta en la que, en vez de formular su deseo de libertad con palabras de arrepentimiento, no reconocía ninguna fidelidad traicionada, ninguna clase de afecto especial..., una carta en la que cada frase era un insulto, una proclamación de la destreza de su autor en la más infame villanía.

Durante un rato Elinor permaneció en silencio, perpleja y ofendida; luego volvió a leerla una y otra vez; pero cada nueva lectura no hizo sino aumentar su desprecio por aquel hombre, y tan enconados fueron los sentimientos que le inspiró que ni osó ni quiso decir nada, para no tener que ahondar aún más en las heridas de Marianne indicándole que no cabía ver la ruptura como la pérdida de un posible bien, sino como la liberación del peor y más irremediable de los males, de una relación de por vida con un hombre sin escrúpulos, lo que era la mayor de las suertes, la más auténtica de las salvaciones.

En sus profundas cavilaciones sobre el contenido de la carta, sobre la depravación del espíritu que había sido capaz de dictarla, y, probablemente, sobre el muy distinto espíritu de una persona en sí misma distinta, que no tenía otra relación con lo ocurrido que la que ella íntimamente le asignaba, Elinor olvidó la perentoria amargura de Marianne, olvidó que aún tenía en su regazo tres cartas sin leer, y olvidó tan por completo el tiempo que llevaba en la habitación que, cuando oyó que un coche se acercaba a la puerta y se dirigió a la ventana para ver quién podía ser a esas horas tan irrazonablemente tempranas, fue presa de la mayor confusión al ver el carruaje de la señora Jennings, el cual, según las noticias, no debía presentarse hasta la una. Determinada a no dejar sola a Marianne, aunque de momento sin esperanzas de contribuir a su sosiego, se apresuró a excusarse de acompañar a la señora Jennings, alegando como motivo la indisposición de su hermana. La señora Jennings, con una comprensión completamente alegre de su causa, aceptó sus disculpas de muy buen grado, y Elinor, en cuanto la vio partir sin peligro, regresó junto a Marianne, a quien encontró intentando levantarse de la cama, y a la que alcanzó justo a tiempo de impedir que cayera al suelo, pálida y maltrecha, después de haberse privado tanto tiempo del descanso y la comida adecuados; pues llevaba días sin apetito y noches sin dormir de verdad. Ahora, cuando a su espíritu ya no lo sostenía la fiebre de la incertidumbre, las consecuencias se manifestaban en una cabeza dolorida, un estómago debilitado, y un general derrumbamiento nervioso. Un vaso de vino que Elinor le llevó personalmente la alivió un poco, y por fin fue capaz de mostrar un atisbo de gratitud, diciendo:

—¡Pobre Elinor! ¡Qué infeliz eres por mi culpa!

—Sólo me gustaría —respondió su hermana— poder hacer algo para consolarte.

Estas palabras, como también lo hubieran sido otras cualesquiera, fueron excesivas para Marianne, quien, en la zozobra de su corazón, sólo pudo exclamar: "¡Oh, Elinor! ¡Qué desgraciada soy!", antes de que los sollozos ahogaran su voz.

—Haz un esfuerzo, Marianne —le aconsejó su hermana—. Si no, te matarás a ti misma y a todos cuantos te quieren. Piensa en tu madre; piensa en lo desgraciada que será al verte sufrir; por ella debes hacer un esfuerzo.

—No puedo, no puedo —dijo Marianne—; vete, si te doy pena, vete. ¡Vete, ódiame, olvídame; pero no me atormentes así! ¡Oh, qué fácil es hablar de esforzarse cuando no se tiene por qué llorar! Elinor, tú, que eres feliz, no puedes saber cómo sufro.

—¿Yo feliz, Marianne? ¡Ah, si tú supieras...! ¿Cómo puedes pensar que soy feliz viéndote tan desdichada?

—¡Perdóname, perdóname! —dijo, echándole los brazos al cuello—. Sé lo que sientes por mí; sé que tienes un gran corazón. Pero aún así tú eres, tú tienes que ser feliz; Edward te ama... ¿Qué puede estropear una felicidad así?

—Pues muchas circunstancias —dijo Elinor solemnemente.

—No, no, no —gritó Marianne, enloquecida—, él te quiere, sólo te quiere a ti. No puedes sentirte mal.

—No puedo estar contenta viéndote en este estado.

—Pues nunca me verás de otra manera. Nada podrá apartarme de esta fatalidad.

—No debes hablar así, Marianne. Mañana será otro día. ¿Acaso no tienes amigos? ¿Tal es tu pérdida que no deja resquicio al consuelo? Aun sufriendo como sufres, piensa en lo que habría sido descubrir la verdad más tarde..., dejar pasar meses y meses sobre ese falso compromiso, como podrían haber pasado antes de que él decidiera ponerle término. Con cada nuevo día de confianza envenenada, más funesto habría sido el golpe para ti.

—¡Compromiso! —exclamo Marianne—. Desde luego, no ha habido compromiso.

—¿No ha habido?

—No, no es tan indigno como tú lo juzgas. En realidad no ha faltado a su palabra.

—Pero, ¿te dijo que te amaba?

—Sí..., no...., no, nunca. Todo lo indicaba, pero nunca fue declarado. A veces yo lo pensaba así..., pero no lo fue.

—Y aún así, ¿le escribiste?

—Sí... ¿Acaso obré mal después de todo lo que había pasado?... ¡Oh, no puedo hablar más!

Elinor calló; las tres cartas que había olvidado despertaron ahora en ella una gran curiosidad, y se apresuró a leer su contenido. La primera, la que su hermana había escrito al llegar a la ciudad, decía así:

> Berkeley Street, enero.
>
> ¡Qué sorpresa tendrás, Willoughby, al recibir esta nota! Y espero que no hagas más que sorprenderte cuando sepas que estoy en la ciudad. La

oportunidad de venir, aunque fuera en compañía de la señora Jennings, fue una tentación que no pudimos resistir. Ojalá recibas ésta a tiempo de visitarnos esta noche; pero no voy a confiar demasiado en ello. Espero, en cualquier caso, verte mañana. Por ahora, adieu.

M. D.

Su segunda nota, escrita la mañana siguiente al baile en la casa de los Middleton, se expresaba de esta manera:

No soy capaz de decir lo mal que me supo que no me encontraras anteayer, ni lo desconcertada que estoy por no haber recibido respuesta a una nota que te mandé hace ya más de una semana. He estado esperando noticias tuyas, y aún más verte, toda las horas del día. Por favor, vuelve lo antes posible y explícame el motivo de esta inútil espera. Otra vez será mejor que vengas más temprano, porque generalmente hacia la una hemos salido. Anoche estuvimos en un baile, en casa de lady Middleton. Me dijeron que se te había invitado; pero, ¿debo creerlo? Tú ya no serías el mismo que conozco si eso es verdad y no acudiste. No voy a dar crédito, sin embargo, a esta posibilidad, y espero oí pronto tu propio testimonio de que no fue eso lo que ocurrió.

M. D.

El contenido de la última nota era el siguiente:

¿Qué debo pensar, Willoughby, de tu conducta de anoche? Exijo de nuevo una explicación. Me había preparado para recibirte con la natural alegría que debía seguirse de nuestra separación, con la familiaridad que, a mi entender, autorizaba nuestra intimidad en Barton. ¡Pero lo cierto es que fui rechazada! He pasado una noche angustiosa tratando de encontrar una excusa en un comportamiento que apenas puede llamarse otra cosa que insultante; pero, aunque todavía no he sido capaz de imaginar una disculpa razonable para tu proceder, estoy totalmente dispuesta a oír tu justificación. Quizá hayas recibido alguna información errónea, o sido intencionalmente engañado sobre algo que me afecta a mí, algo que quizá me haya rebajado en tu consideración. Dime, pues, explícame lo que te movió a actuar de este modo, y me daré por satisfecha pudiendo satisfacerte a ti. Me dolería mucho verme obligada a pensar mal; pero si voy a tener que hacerlo, si voy a tener que descubrir que no eres lo que hasta ahora hemos pensado que eras, que tus atenciones con todas nosotras han sido falsas, que comportándote así conmigo tan sólo me has estado engañando, digámoslo cuanto antes. En estos momentos mis sentimientos se debaten en un mar de dudas; quisiera poder exculparte, pero la certeza, por boca de otro, será el mejor bálsamo para mi actual padecimiento. Si no sientes ya lo que sentías, debes devolverme mis notas, y el mechón de pelo que te di.

M. D.

Elinor habría querido creer, en honor a Willoughby, que estas cartas, tan llenas de afecto y confianza, habían merecido mejor respuesta. Pero al condenarlo a él no dejaba de ver la inconveniencia de que hubieran sido siquiera escritas; y en silencio empezaba a dolerse de la imprudencia que tan temerariamente había conducido a estas pruebas no solicitadas de ternura, no justificadas por nada que las precediese, y desmentidas con la máxima dureza por los hechos, cuando Marianne, viendo que había acabado de leerlas, le dijo que las cartas decían solamente lo que cualquier otra mujer en su situación hubiera dicho.

—Me sentía —añadió— tan solemnemente comprometida con él como si estuviéramos unidos por el más estricto convenio legal.

—Puedo creerlo —dijo Elinor—; pero por desgracia él no lo veía así.

—Sí, Elinor, sí lo veía así... Durante semanas y semanas ésos fueron sus sentimientos. Lo sé. No sé qué puede haber hecho que cambiara (y sólo las peores artes empleadas contra mí pueden haber obrado este efecto); pero una vez le fui tan querida como no podría serlo más. Este mechón de pelo, del que ahora puede desprenderse tan fácilmente, me fue rogado con las más ardientes súplicas. ¡Si hubieras visto su mirada, sus gestos, si hubieras oído su voz en aquel momento! ¿Has olvidado nuestra última noche en Barton? ¡Y la mañana en que se despidió! Cuando me dijo que quizá pasaran semanas antes de que volviéramos a vernos... ¡Su desconsuelo! ¡Nunca podré olvidarlo!

Por unos momentos no pudo decir nada más; pero cuando pasó la emoción se calmó un poco, añadió en un tono más firme:

—Elinor, he sido cruelmente utilizada; pero no por Willoughby.

—Pero, querida Marianne, ¿por quién si no? ¿Quién puede haberlo instigado?

—Todo el mundo, y no tanto su propio corazón. Prefiero creer que todas las personas que conozco se han confabulado para ponerlo en mal conmigo, todo antes que pensar que es él, él mismo, capaz de una crueldad semejante.

Esta mujer de la que habla, sea quien sea, o cualquier otra persona, en fin, salvo tú, querida, y mamá, y Edward, ha podido calumniarme de este modo tan malvado. Aparte de ustedes tres, ¿podría sospechar de Willoughby, cuyo corazón conozco tan bien, antes que de cualquier otro ser sobre la tierra?

Elinor no quería discurrir, y sólo contestó:

—Quien quiera que haya sido de forma tan detestable tu enemigo, hermana mía, empañaremos su victoria mostrándole con qué nobleza te sostienen la conciencia de ser inocente y tu buena voluntad. Enfrentarse con orgullo a semejante malevolencia es razonable y digno de encomio.

—No, no —exclamó Marianne—, de una desgracia como la mía nadie puede vanagloriarse. No me importa que sepan que estoy derrotada. Que el mundo conozca libremente su victoria. ¡Oh, Elinor!, aquellos que sufren poco pueden tener su orgullo y su independencia, todo el que quieran; pueden encajar el insulto, devolver el daño..., pero yo no. Tengo que sentir..., tengo que ser desdichada..., y que disfruten, si lo que quieren es verme así.

—Pero, Marianne, en el nombre de nuestra madre y en el mío propio...

—Por ustedes haría más de lo que haría por mí. Pero, ¿fingir que soy feliz cuando soy digna de compasión...? ¡Oh! ¿Quién podría exigírmelo?

Ambas volvieron a guardar silencio, Elinor empezó a deambular pensativa de la chimenea a la ventana, de la ventana a la chimenea, sin reparar ni en el calor de la una, ni en la vista de la otra; y Marianne, sentada a los pies de la cama, con la cabeza contra una de las columnas, tomó de nuevo la carta de Willoughby, y, después de estremecerse con cada una de sus frases, exclamó:

—¡No puedo creerlo! ¡Oh, Willoughby! ¿Es posible que esto sea obra tuya? ¡Esta crueldad...! Nada puede disculparlo. No, Elinor, nada. No sé lo que puedan haberle dicho contra mí, pero, ¿no hubiera tenido que dudar de ello? ¿No habría debido decírmelo, darme la oportunidad de defenderme? "El mechón de pelo que me entregó —repitió, leyendo la carta— y por el que le quedé tan reconocido..." Esto es imperdonable. Willoughby..., ¿dónde estaba tu corazón cuando escribiste estas palabras?... ¡Oh, qué bárbara insolencia...! ¡Oh, Elinor!; ¿qué puede justificarlo?

—Nada, Marianne, nada en absoluto.

—Y aún así esta mujer..., quien sabe qué artes habrá usado..., qué tremendos esfuerzos, y cuánto tiempo premeditándolo... ¿Quién es?... ¿Quién puede ser...? ¿A quién le oí mencionar, entre sus conocidas, que pudiera ser una mujer joven y atractiva...? ¡Oh, a nadie, a nadie! ¡Todo mundo pensaba que hablaba de mí!

Siguió otra pausa; Marianne estaba enormemente alterada, y terminó diciendo:

—Elinor, tengo que volver a casa. Debo ir a consolar a mamá. ¿No podríamos irnos mañana?

—¡Pero, Marianne..., mañana!

—Sí, ¿para qué vamos a quedarnos aquí? Yo vine sólo por Willoughby..., y ahora, ¿quién se interesa por mí? ¿A quién le importo?

—Sería imposible irnos mañana, debemos a la señora Jennings algo más que cortesía; pero la más elemental cortesía debe hacernos desistir de una idea como la de marcharnos así.

—Bueno, quizás uno o dos días más; pero no puedo quedarme demasiado tiempo, no voy a poder soportar las preguntas y los comentarios de toda esa gente. Los Middleton y los Palmer..., ¿cómo crees que voy a tolerar su compasión? ¡La compasión de una mujer como lady Middleton! ¡Oh, qué diría él si lo viera!

Elinor le aconsejó que se recostara otra vez, y ella, por muy breve tiempo le hizo caso; pero en ninguna posición se sentía cómoda, y cambió de postura, en una incontenible desazón de cuerpo y alma, hasta ponerse más y más nerviosa, y sólo con grandes esfuerzos pudo su hermana retenerla en la cama, al punto de que por un momento temió verse obligada a pedir ayuda.

Algunas gotas de agua de lavanda, sin embargo, aplicadas finalmente tras mucha insistencia, acudieron en su auxilio; y desde ese instante hasta que la señora Jennings volvió, Marianne permaneció en su lecho, inmóvil y en calma.

# Capítulo XXX

A su regreso, lo primero que hizo la señora Jennings fue subir a la habitación de sus huéspedes y, sin esperar su permiso, abrió la puerta y cruzó el umbral con una expresión verdaderamente preocupada.

—¿Qué tal está, querida? —preguntó con voz muy compungida a Marianne, la cual apartó el rostro sin tratar de responder—. ¿Cómo está, señorita Dashwood? ¡Pobrecita! ¡Tiene muy mala cara...! No me sorprende. En fin, lo siento mucho, pero es verdad. Nuestro joven va a casarse pronto... ¡Qué hombre deplorable! ¡De mí que no espere nada más! La señora Taylor me lo ha dicho hace media hora, y a ella se lo dijo una amiga personal de la misma señorita Grey; si no, naturalmente no lo habría creído; y casi me desplomo cuando me he enterado. Bueno, dije, lo único que puedo decir es que, si eso es verdad, ese hombre se ha aprovechado abominablemente de una señorita a la que cuento entre mis amistades, y que deseo con toda el alma que su esposa le amargue para siempre la vida. Y eso es lo que siempre diré, querida, puede usted confiar en mí. No sé a dónde irá a parar un hombre por ese camino; y si vuelvo a encontrármelo, le voy a endilgar un discurso que va a recordar en resto de su vida. Pero nos queda un consuelo, querida señorita Marianne: él no es el único hombre sobre la faz de la tierra; hay otros que merece la pena conseguir. Y con su cara bonita a usted nunca le faltarán admiradores. Bueno, ¡pobre criatura! No quiero molestar más; es mejor que se desahogue en seguida, y así terminará todo antes. Afortunadamente esta noche vienen los Parry y los Sanderson, y eso la entretendrá.

Dicho esto se marchó, saliendo de puntillas de la habitación, como si pensara que el ruido pudiera agravar las penas de su joven amiga.

Para sorpresa de su hermana, Marianne decidió cenar con ellas. Elinor personalmente se lo desaconsejó; pero... "No, quería bajar; no le iba a pasar nada, y además, con ella delante, daría pie a menos comentarios". Elinor se alegró de ver que, por unos momentos y gracias a ese pretexto, se dominaba; aunque creyó que posiblemente esa control de sí misma no iba a durar hasta el fin de la cena, no quiso hacer más observaciones, y, arreglándose el vestido lo mejor que pudo, mientras ella permanecía aún en cama, se dispuso a acompañarla al comedor en cuanto llamaron.

Una vez allí, a pesar de su lamentable aspecto, Marianne comió bien e hizo gala de una serenidad mayor de la que su hermana había esperado. Si hubiese intentado participar en la conversación, o si hubiera hecho caso de la mitad de las nobles, pero insensatas atenciones de la señora Jennings, esta serenidad no habría podido mantenerse; pero ni una palabra salió de sus labios, y, abstraída como estaba en sus pensamientos, fue ajena a todo cuanto sucedió a su alrededor.

Elinor estuvo a la altura de las gentilezas de la señora Jennings, a pesar de que las efusiones de ella a menudo eran penosas, y a veces ridículas; sin embargo, correspondió a sus tributos y gentilezas como su hermana no era capaz de corresponder. Su buena amiga veía que Marianne estaba triste y pensaba que se le debía todo cuanto pudiera contribuir al alivio de sus penas. La trató, pues, con todo el indulgente cariño que prodigaría una madre a su hijo favorito en su último día de vacaciones. Marianne se merecía el mejor sitio al lado de la chimenea, tenía que ser regalada con todos los exquisitos manjares que hubiera en la casa, y distraerse con todas las noticias del día. Si no la hubiera arredrado el abatido semblante de su hermana, Elinor habría podido divertirse con el empeño que ponía la señora Jennings en curar un desengaño amoroso con un buen fuego y profusión de dulces y aceitunas. Tan pronto, sin embargo, como Marianne, ante tantos halagos, se vio forzada a recobrar la conciencia de la situación, fue incapaz de resistir en la sala un minuto más. Encomendándose sin remedio a la desdicha y, haciendo una seña a su hermana para que no la siguiera, se levantó y salió a toda prisa.

—¡Pobre criatura! —exclamó la señora Jennings, en cuanto se hubo marchado—. ¡Qué pena me da verla así! Mira que irse sin acabarse el vino! ¡Ni las cerezas confitadas! ¡Ay, Señor, nada parece hacerle bien! Si yo supiera de algo que le fuera a gustar, no dudaría en recorrer todo Londres. Pues sí, ¡jamás habría pensado que un hombre pudiera aprovecharse así de una muchacha tan encantadora! Pero cuando uno tiene enfrente montañas de dinero, y mira hacia otro lado y no ve prácticamente nada, ¡que Dios nos ampare!, pues esas cosas ya no se tienen en cuenta.

—Entonces, la señorita..., la señorita Grey, creo que dijo usted que se llamaba..., ¿es muy rica?

—Cincuenta mil libras, querida. ¿La ha visto alguna vez?; dicen que es una jovencita elegante y a la moda, pero nada guapa. Recuerdo muy bien a su tía, Biddy Henshawe; se casó con un hombre muy acaudalado. Pero son ricas las dos familias. ¡Cincuenta mil libras! Y por lo que se comenta vendrán en muy buen momento, porque dicen que él está muy escaso de dinero. ¡No me sorprende! ¡Todo el día correteando con su calesín y sus caballos de caza! Bueno, no es por hablar, pero cuando a un joven, quienquiera que sea, le da por agasajar a una muchacha bonita, y le promete casarse con ella, no tiene excusa para faltar a su palabra sólo porque cada día es más pobre y hay por ahí una muchacha rica dispuesta a cazarlo a él. ¿Por qué, en este caso, no vende los caballos, alquila su casa, despide a sus criados y sienta cabeza de una buena vez? Sé muy bien que la señorita Marianne habría estado dispuesta a esperar hasta que las cosas cambiaran. Pero eso, hoy en día, no se estila; en esta época un joven nunca renuncia a nada en el camino del placer.

—¿Sabe usted qué clase de muchacha es la señorita Grey? ¿Es una buena persona?

—No he oído hablar nada de malo en ella; en realidad apenas la he oído nombrar, excepto lo que dijo la señora Taylor esta mañana, y es algo que a ella le insinuó la señorita Walker, esto es, que creía que el señor y la señora Ellison no lamentarían ver a la señorita Grey casada, pues ella y la señora Ellison nunca han podido ponerse de acuerdo.

—Y, ¿quiénes son los Ellison?

—Sus tutores, querida. Pero ahora ella es mayor de edad y puede elegir por sí misma, ¡y menuda elección ha hecho...! —haciendo una pausa, continuó—: Y ahora supongo que su pobre hermana ha subido a sus habitaciones a llorar a solas. ¿Nada se puede hacer para consolarla? Pobrecita, me parece una crueldad dejarla sola. En fin, dentro de poco vendrán unos pocos amigos, y eso la distraerá un poco. ¿A qué jugaremos? Ya sé que ella detesta el whist; pero, ¿no hay algún juego que no sea por parejas, que le interese?

—Querida señora, tanta amabilidad es completamente innecesaria. Seguramente Marianne no volverá a salir de su habitación esta noche. Si puedo, la convenceré de que se acueste temprano, porque sé que lo que necesita es descansar.

—Sí, creo que eso será lo mejor. Que diga lo que quiere tomar antes de dormir y que se acueste. ¡Señor! No me sorprende haberla visto con tan mala cara y tan delgada esta última semana, y quizá también la anterior, pues supongo que en todo este tiempo el asunto le habrá rodado por la cabeza; ¡y con la carta que hoy ha recibido todo ha terminado! ¡Criatura! De haber tenido la menor idea, ni por todo el dinero del mundo habría hecho una broma al respecto, se lo aseguro. Pero, bueno, dígame... ¿Cómo iba yo a adivinar una cosa así? Di por cierto que no se trataba de una vulgar carta de amor, y ya sabe que a los jóvenes les gusta que se juegue con esas cosas. ¡Dios mío! ¡Cuánto van a preocuparse sir John y mis hijas cuando se enteren! Si se me hubiera ocurrido habría podido pasarme por Conduit Street al venir a casa y decírselo. Pero ya los veré mañana.

—Sin duda, no habrá necesidad de que usted prevenga a la señora Palmer y a sir John de mencionar siquiera a Willoughby, o de hacer la menor alusión a lo ocurrido, delante de mi hermana. Su buena naturaleza debe hacerles ver lo cruel que sería manifestar cualquier conocimiento de ello en su presencia, y cuando se me diga a mí al respecto, más sufrimientos me ahorraré, como bien se podrá usted imaginar, señora.

—¡Oh, sí, Dios mío, tiene razón! Deber ser terrible para usted oír hablar de esto; y en cuanto a su hermana, le prometo que por nada del mundo diré una palabra delante de ella. Ya vio que no lo hice durante la cena, ni lo harán sir John ni mis hijas, porque todos son atentos y considerados, sobre todo si se lo sugiero yo, cosa que ciertamente haré. Por mi parte, creo que cuanto menos se diga sobre tales asuntos, mejor; así, antes pasará todo y quedará olvidado. Y, ya me dirá, ¿qué tiene de bueno hablar, en cualquier caso?

—En este caso sólo puede ser pernicioso, incluso más que en muchos casos de características similares, pues éste se ha producido en circunstancias que, por el bien de los interesados, es inconveniente convertirlo en tema de conversación pública. Debo en este punto ser justa con el señor Willoughby, y decir que él no ha roto ningún compromiso declarado con mi hermana.

—¡Pero qué dice, querida! No intente defenderlo. ¡Que no ha habido compromiso declarado! ¡Después de llevarla a la casa de Allenham y de pasearse por las mismísimas habitaciones en las que iban a vivir en el futuro!

En atención a su hermana, Elinor no quiso insistir, y esperó no tener que hacerlo en honor a Willoughby, ya que, aunque Marianne podía perder mucho, él iba a ganar muy poco si se imponía la verdad. Tras un breve silencio por ambas partes, la señora Jennings, con toda su hilaridad natural volvió a la carga.

—Bueno, querida, a río revuelto, ganancia de pescadores, al menos por lo que le toca al coronel. Al fin la tendrá; sí, la tendrá, vaya si no, ya verá usted cómo a mediados de agosto los tendremos casados. ¡Oh, Señor, seguro que no podrá reprimir la risa cuando se entere! Espero que venga esta noche. Sin lugar a dudas él es un mejor partido para su hermana. Dos mil libras anuales sin deudas ni cargas...,bueno, con la salvedad de la pequeña criatura..., ay, ya la había olvidado; pero a ella se la puede poner con poco gasto de aprendiz en alguna parte, y entonces, ¿a quién va a molestar? Delaford es un sitio muy bonito, se lo digo yo, precisamente lo que yo llamo un bonito sitio a la antigua, lleno de ventajas y comodidades; tiene un huerto tapiado en el que crecen los mejores frutales de la campiña; ¡hay una espléndida morera en uno de los rincones! ¡Dios mío! ¡Qué atracón nos dimos Charlotte y yo la única vez que estuvimos allí! Tiene también un palomar, un estanque con peces y un bonito canalillo. En fin, no se puede pedir más; está cerca de la iglesia y a sólo un cuarto de milla del camino de peaje, por lo que no es nada aburrido, pues basta con sentarse en un viejo cenador de tejo que hay detrás de la casa para ver pasar los carruajes. ¡Oh, que lugar tan hermoso! Un carnicero muy cerca, el pueblo y la casa del párroco a un tiro de piedra. Me lo imagino mil veces más bonito que Barton Park, donde hay que correr tres millas para la carne y el vecino más próximo es su madre. En fin, cuando pueda aleccionaré al coronel. Ya sabe, querida, un clavo saca otro clavo. ¡Con que consigamos quitarnos a Willoughby de la cabeza!

—¡Ah, señora, si lo consiguiéramos! —dijo Elinor—, nos arreglaríamos muy bien tanto con el coronel Brandon como sin él.

Y, levantándose, salió en busca de Marianne, a quien encontró, como esperaba, en sus habitaciones, inclinada en su mudo desconsuelo sobre las ascuas de un fuego que, hasta que entró Elinor, había sido toda su luz.

—Vale más que me dejes sola —fueron las palabras que le dirigió.

—Te dejaré —dijo Elinor— si te metes en la cama.

Pero Marianne, al principio, llevada de la momentánea perversidad de su sufrimiento exasperado, no quiso hacerle caso. Los ruegos insistentes, si bien amables, de su hermana, pronto la indujeron a complacerla, y Elinor la vio recostar su dolida cabeza sobre la almohada, y la dejó, cumpliendo sus esperanzas, en el camino de hallar algún reposo cuando volvió a salir de la habitación.

En el salón, al que entonces dirigió sus pasos, no tardó en recibir la compañía de la señora Jennings, que entró con un vaso de vino, lleno de algo, en la mano.

—Querida —dijo—, acabo de recordar que tenía en casa un poco del mejor y más añejo vino de Constantia; no conozco otro mejor, y aquí traigo un vaso para su hermana. ¡Mi pobre marido! ¡Cuánto le gustaba! Siempre que tenía uno de sus ataques de gota biliar decía que le sentaba mejor que cualquier otra cosa en el mundo. Tenga, lléveselo a su hermana.

—Señora —repuso Elinor, sonriendo ante lo distinto de los males contra los que este vino estaba prescrito—, ¡qué buena es usted! Pero acabo de dejar a Marianne en la cama, y creo que estaba a punto de dormirse; y como me parece que nada le conviene tanto como descansar, si me lo permite, seré yo quien pruebe el vino.

La señora Jennings, aunque se arrepintió de haber llegado cinco minutos tarde, quedó satisfecha con el arreglo, y Elinor, mientras tomaba el vino, reflexionó que, aunque en esos momentos poco le importaban los buenos efectos del vino sobre la gota biliar, sus poderes curativos sobre un corazón desengañado podrían ser razonablemente probados con ella tanto como con su hermana.

El coronel Brandon llegó cuando la reunión estaba en el té, y por su manera de mirar buscando a Marianne, Elinor imaginó enseguida que ni esperaba ni deseaba verla allí, y, en una palabra, que ya estaba al corriente de la causa de su ausencia. La señora Jennings no fue del mismo parecer; pues, poco después de llegar él, cruzó la sala hasta la mesa de té que Elinor presidía, y le susurró:

—El coronel está hoy tan serio como siempre. No lo sabe, querida, cuénteselo.

Poco más tarde el coronel se acercó una silla a su lado, y, con una mirada que daba buena cuenta de la información que poseía, le preguntó por su hermana.

—Marianne no se encuentra bien —dijo Elinor—. Ha estado indispuesta todo el día, y hemos insistido en que se fuera a dormir.

—Entonces, quizá —replicó él, vacilando—, lo que he oído decir esta mañana, quizá..., quizá sea más cierto de lo que al principio creí posible.

—¿Qué es lo que oyó decir?

—Que un caballero, de quien tenía motivos para creer..., que un hombre, en fin, a quien yo creía comprometido..., pero, ¿cómo decírselo? Si ya lo sabe usted, como seguramente es el caso, no hace falta que se lo diga yo.

—Se refiere usted —repuso Elinor con forzada compostura— a la boda del señor Willoughby con la señorita Grey. Sí, ya lo sabemos. Parece que hoy se ha hecho luz sobre mucha gente, pues esta mañana amanecimos con esta revelación. ¡El señor Willoughby es insondable! ¿Cómo se ha enterado usted?

—En Pall Mall, es una papelería donde estaba comprando algo. Había dos señoras esperando su coche, y una le estaba contando a la otra el proyecto de boda, en un tono tan poco recatado que me fue imposible no oírlo. El nombre de Willoughby fue lo primero que me llamó la atención, y lo siguiente una declaración firme de que por fin estaba ya todo arreglado para su boda con la señorita Grey, que pronto dejaría de ser un secreto y la boda se celebraría en pocas semanas. Hablaron mucho de los preparativos y otros detalles. Recuerdo una cosa en especial, porque me sirvió para identificar mejor al hombre: dijeron que después de la ceremonia la pareja saldría con rumbo a Combe Magna, su residencia en Somersetshire. ¡Me quedé asombrado...! Pero no, sería imposible describirle lo que sentí. Después supe que aquella señora tan comunicativa era una tal señora Ellison, y éste, según mis informes, es el nombre de la tutora de la señorita Grey.

—Lo es. Pero, ¿sabe usted si la señorita Grey dispone de cincuenta mil libras? Al menos eso, si así fuera, podría darnos una explicación.

—Quizá sea así; pero Willoughby es capaz..., o yo al menos lo creo... —se interrumpió un momento después, y en un tono de voz que casi sollozante, añadió—: Y su hermana, cómo...

—Ella ha sufrido mucho. Mi única esperanza es que sus sufrimientos no se prolonguen mucho. Ha sido una gran desgracia. Hasta ayer mismo, creo, ella nunca dudó de su amor; e incluso ahora, tal vez... Pero yo estoy casi segura de que él nunca la quiso. ¡Ha mentido como un bellaco! Y, en ciertos aspectos, parece tener el corazón de piedra.

—¡Ah —dijo el coronel Brandon—, sí, sí! Pero su hermana no..., me parece haberla oído decir... ¿ella no está tan convencida como lo está usted, ¿verdad?

—Ya conoce su modo de ser, y, si pudiera hacerlo, no dude que aún saldría en su ardiente defensa.

El coronel no contestó, y poco después, cuando se llevaron el servicio del té, y empezaron a formarse grupos para los naipes, el tema tuvo que ser abandonado. La señora Jennings, que había estado observando con deleite la charla, y que esperaba ver representados los efectos de la comunicación en una euforia instantánea del coronel, tal como habría reaccionado un hombre en la flor de la juventud, de la esperanza y de la felicidad, vio con estupor cómo, durante el resto de la velada, permanecía más serio y abstraído que nunca.

# Capítulo XXXI

Marianne durmió más aquella noche de lo que había creído posible, pero despertó al día siguiente a la misma conciencia de calamidad que experimentaba cuando sus ojos se habían cerrado.

Elinor la animó en lo que pudo a expresar sus sentimientos, y antes de que las llamaran a desayunar habían tratado ya el asunto repetidamente; Elinor con la misma firme convicción, y Marianne con el mismo impetuoso ardor y las mismas mudables opiniones. A veces llegaba a creer tan infortunado e inocente a Willoughby como lo era ella misma, y en otras ocasiones perdía toda esperanza en la imposibilidad de exculparle. En ocasiones era del todo indiferente a la mirada del mundo, en otras iba a apartarse de él para siempre, y en otras pensaba hacerle frente con entereza. Sin embargo permaneció constante en una cosa, y fue en evitar en lo posible la presencia de la señora Jennings y en guardar un silencio inexorable siempre que se viera obligada a sufrirla. Su corazón se rebelaba ente la idea de que la señora Jennings penetrase en su desconsuelo con un sentimiento de compasión.

—No, no, no, es imposible —gritó—; es incapaz de sentir. En su amabilidad no hay condolencia; no hay ternura en su simpatía. Sólo le gustan los chismes, y sólo me quiere porque se los proporciono.

Estas palabras estaban de más, porque Elinor ya conocía el irritable refinamiento del espíritu de su hermana, y las injusticias que ese carácter le llevaba a cometer; así como la excesiva importancia que otorgaba a las delicadezas de una personalidad sensible y a los detalles de una buena educación. Como medio mundo, si es que más de la mitad del mundo está formada por gente buena e inteligente, Marianne, con sus excelentes cualidades y su gran disposición, no era razonable ni estaba libre de prejuicios. Esperaba de los demás opiniones y sentimientos iguales a los suyos, y juzgaba los motivos ajenos según el efecto inmediato que obraban en sí misma. Fue así como una circunstancia ocurrida en sus aposentos después del desayuno rebajó aún más en su consideración el sentir de la señora Jennings, porque esta circunstancia hizo brotar en ella, por su propia debilidad, un nuevo manantial de lágrimas, a pesar de que la señora había obrado de buena voluntad.

Con una carta en la mano, un gesto expresivo y una alegre conducta basada en la seguridad de ser portadora de un remedio, la señora Jennings entró en sus habitaciones diciendo:

—Querida, le traigo algo de lo que estoy convencida que le hará bien.

Marianne no necesitaba oír más. En un momento su imaginación le presentó una carta escrita por un Willoughby arrepentido, lleno de ternura y de explicaciones para todo lo ocurrido, satisfactorio, convincente; y, acto seguido, a Willoughby en persona, precipitándose impaciente en la habitación para abundar, a sus pies y con la elocuencia de sus miradas, en las afirmaciones de la carta. La obra de ese rapto de imaginación fue destruida al momento siguiente, pues lo que vio en la portada del sobre que se le presentaba fue la letra de su madre, que nunca hasta entonces había sido mal recibida; y, en la actitud que seguía a un éxtasis mayor que la esperanza, se sintió como si nunca, hasta aquel mismo instante, hubiera sabido lo que es sufrir.

Ninguna palabra, ni aun en sus momentos de más afortunada locuacidad, habría podido expresar la crueldad de la señora Jennings; y ahora sólo podía culparla a través de las lágrimas que empezaron a fluir de sus ojos con apasionada violencia..., una acusación, no obstante, tan enteramente inútil en su finalidad, que, tras declarar muchas veces su compasión, la señora Jennings se retiró, pero sin dejar de señalarle la carta que ella suponía destinada a su consuelo. Cuando Marianne se calmó lo suficiente, leyó la carta, pero ésta no le dispensó ningún alivio. Willoughby llenaba cada una de las páginas. La señora Dashwood, confiando aún en su compromiso, y con su eterna e inquebrantable fe en la fidelidad del joven, sólo había visto en la solicitud de Elinor un motivo para suplicar a Marianne una actitud más abierta hacia las dos; y todo ello con tanto cariño por ella, con tanto afecto por Willoughby y tal convicción de la futura felicidad de la pareja, que Marianne lloró en su agonía, mientras la leía de principio a fin.

Volvió entonces todo su anhelo por regresar a casa; nunca había sentido tanto afecto por su madre, y ahora la quería todavía más por su exceso de equívoca confianza en Willoughby; así que ahora lo que más deseaba era marcharse de Londres y regresar a su casa. Por su parte, Elinor era incapaz de decidir si le convenía más quedarse o volver a Barton, no supo aconsejar más que paciencia hasta el momento en que la señora Dashwood diera a conocer sus deseos, y finalmente pudo conseguir de su hermana consentimiento para la espera.

La señora Jennings salió esa mañana más temprano que de costumbre, pues hasta que los Middleton y los Palmer no llegaran a condolerse tanto como ella misma, no iba a poder dormir tranquila, y rehusando claramente el ofrecimiento que le hizo Elinor de acompañarla, se fue sola y estuvo fuera el resto de la mañana. Elinor, muy preocupada por el daño que sabía que iba a infligir, se puso entonces a escribir a su madre, a quien tan en vano, según se desprendía de la carta de Marianne, había tratado de poner en antecedentes; le explicó lo que había pasado y solicitó instrucciones. Mientras tanto, Marianne, al irse la señora Jennings, había bajado al salón, permaneció inmóvil en la mesa, a su lado, observando los progresos de su pluma, lamentando la dureza del cometido, y lamentando aún más el efecto que iba a causar en su madre.

Llevaban un cuarto de hora aproximadamente en esta ocupación cuando Marianne tuvo un sobresalto al oír que llamaban a la puerta; en su estado de nervios, cualquier ruido inesperado la sacaba de quicio.

—¿Quién podrá ser? —exclamó Elinor—. ¡A estas horas! Y yo que pensaba que estábamos a salvo.

Marianne se acercó a la ventana.

—¡Es el coronel Brandon! —dijo irritada—. De él no es posible librarse.

—No pasará, si la señora Jennings no está en casa.

—Yo no confiaría en eso —dijo Marianne, retrocediendo hacia su habitación—. Un hombre que no sabe qué hacer con su tiempo no se da cuenta de que molesta a los demás.

Los hechos dieron la razón a su conjetura, injustos y equivocados como eran sus fundamentos; porque el coronel Brandon sí pasó, y Elinor, convencida de que esta visita se debía a su preocupación por Marianne, viendo esa preocupación en su aspecto melancólico y conturbado, y en el tono escueto, pero intranquilo en que preguntó por ella, no pudo perdonar a su hermana su ligereza de juicio.

—Me he encontrado a la señora Jennings en Bond Street —dijo el coronel, después de las salutaciones—, y me ha animado a venir, lo cual no me costó mucho, pues pensé que probablemente iba a encontrarla a usted sola, y yo no tenía otro deseo. Mi propósito, mi intención..., mi única intención al desear una cosa así..., espero..., creo que es servirle de algún consuelo... Pero no, no debo decir consuelo..., no consuelo pasajero..., sino una verdad duradera, una verdad que su hermana habrá de grabar en su entendimiento. En atención a ella, a usted misma, a su madre..., me permitirá usted relatarle ciertas circunstancias que sólo in interés muy sincero..., sólo un firme deseo de serles útil, creo que me autoriza a hacerlo..., aunque tantas horas he pasado intentando convencerme de que obro bien al hacer esto, que es imposible que me haya equivocado... —entonces se interrumpió.

—Lo entiendo —dijo Elinor—. Tiene usted algo que decirme acerca del señor Willoughby que sacará a la luz nuevos aspectos de su carácter. No concibo mayor prueba de amistad hacia Marianne que el relato de una circunstancia así. Cualquier noticia que contribuya a este propósito merecerá mi gratitud en el acto, y sin duda con el tiempo le valdrá también la suya. Dígame, por favor, le escucho.

—Se lo diré; y para ser breve, cuando el pasado mes de octubre me fui de Barton..., pero así no se hará una idea..., debo retroceder un poco más. Pensará de mí que soy un narrador muy torpe, señorita Dashwood; apenas sé por dónde empezar. Creo que antes necesito contarle algo de mí, y eso no habrá de llevar mucho. Sobre un asunto semejante —dijo, con un hondo suspiro—, poco tentado me sentiré a divagar. —Se detuvo un momento, pensativo, y luego, con otro suspiro, continuó—: Probablemente no recuerde usted una conversación (no hay motivos para pensar que debiera recordarla)..., una conversación que tuvimos una noche en Barton Park..., una noche de baile..., en la que mencioné a una dama que una vez conocí y de la que dije que, en cierta medida, me recordaba a Marianne.

—Cierto —pensó Elinor—, no lo he olvidado.

El coronel pareció alegrarse de este recuerdo, y añadió:

—Si no me engaña la incertidumbre, la parcialidad de un dulce recuerdo, las dos guardan un enorme parecido, tanto en lo físico como en lo espiritual. El mismo corazón ardiente, la misma imaginación y el mismo espíritu inquieto. Esa dama era una cercana pariente mía, que quedó huérfana siendo niña y que mi padre tomó bajo su tutela. Teníamos casi la misma edad, y desde la más tierna infancia fuimos amigos y compañeros de juegos. No recuerdo cuándo empecé a querer a Eliza; y mi afecto, a medida que fuimos creciendo, llegó a ser tal que quizá, pensando en mi presente decaimiento y en mi sombría gravedad, usted ahora me juzgue incapaz de haber sentido esta clase de sentimiento alguna vez. El de ella por mí era, creo, tan ferviente como el que siente su hermana por el señor Willoughby, y fue, si bien por causa diferente, no menos infortunado. A los diecisiete años la perdí para siempre. Se casó..., se casó contra su voluntad con mi hermano. Su fortuna era grande, y el patrimonio de nuestra familia no se hallaba en absoluto libre de cargas. Y eso, me temo, es todo cuanto puede decirse del proceder de quien una vez fue su tío y tutor. Mi hermano no la merecía; no la amaba siquiera. Yo había confiado en que el cariño que ella me profesaba la sostendría contra todo obstáculo, y durante cierto tiempo así fue; pero a la larga la desdichada situación, en la que se vio desvalida y a merced de los mayores desprecios, acabó por socavar su voluntad, y aunque me había prometido que nada..., pero, ¡oh, qué errático es el rumbo de la narración! Todavía no le he dicho en qué circunstancias me lo prometió. Faltaban apenas unas horas para que nos fugásemos a Escocia. La perfidia, o la locura de la doncella de mi prima nos traicionó. Yo fui desterrado a casa de un pariente lejano, y a ella se la privó de libertad, de compañía, de diversión, hasta que se pudo conseguir que mi padre cambiara de parecer. Yo había tenido demasiada fe en su entereza, y el golpe fue muy duro..., pero si su matrimonio hubiera sido feliz, yo, joven como era en aquel tiempo, en pocos meses habría llegado a conformarme, o al menos ahora no tendría que lamentarlo. No fue éste el caso, sin embargo. Mi hermano no la quería; sus placeres no eran los debidos, y desde el principio la trató sin la menor amabilidad. Las consecuencias de este trato en un espíritu tan joven, tan ufano, tan poco experimentado como el de la señora Brandon no fueron sino los naturales. Al principio se resignó a la miseria de su situación, y habría sido medianamente feliz si su vida se hubiera visto libre de los trastornos que mi recuerdo le ocasionaban. Pero, con semejante marido, que invitaba a la infidelidad, y sin un amigo que la aconsejara o refrenase (mi padre había muerto pocos meses antes de la boda, y yo me hallaba con mi regimiento en las Indias Orientales); ¿acaso podríamos sorprendernos de que se perdiera? De haber estado yo en Inglaterra, quizá..., pero yo había pedido el traslado porque pensé que, alejándome de ella, procuraría la felicidad de ambos. La conmoción que me produjo su boda —prosiguió, en un tono de gran agitación— fue una minucia..., no fue nada, comparándolo con la que sentí al saber, unos años después, que se había divorciado. Ése fue el origen de esta amargura... Incluso ahora, al recordar lo que sufrí...

Incapaz de continuar, se levantó precipitadamente y comenzó a dar vueltas por la habitación. Elinor, transida por el relato, y aún más por su aflicción, se había quedado sin habla. El coronel advirtió cuán afectada estaba, y acercándose a ella la tomó de la mano, se la estrechó y besó con agradecido respeto. Unos cuantos minutos más de silenciosos esfuerzos le permitieron recobrar la compostura.

—Habrían pasado casi tres años desde esos tristes acontecimientos cuando regresé a Inglaterra. Lo primero que hice al llegar fue por supuesto ir en su busca, pero eso fue algo tan amargo como infructuoso. No pude seguirle el rastro más allá de su primer seductor. Todo indicaba que se había separado de él sólo para hundirse cada vez más en una vida de pecado. La pensión legal que recibía no estaba a la altura de su fortuna, no era suficiente para garantizarle una existencia holgada, y supe por mi hermano que el derecho de percibirla había sido transferido hacía algunos meses a otra persona. Él imaginaba, y tranquilamente podía imaginarlo, que se había visto obligada, por su liberalidad y consecuente extravío, a disponer de ella para salir de algún apuro urgente. Tras seis largos meses conseguí al fin encontrarla. Había ido a visitar a un antiguo criado mío, caído en desgracia, a la prisión donde estaba confinado por deudas; y allí, en aquella misma morada, en un similar confinamiento, hallé a mi desventurada prima. ¡Tan cambiada!... ¡Tan pálida..., tan abatida por toda clase de penalidades! Apenas podía creer que aquella figura enferma y pálida que tenía ante mí fuese lo que quedaba de aquella muchacha sana, alegre y en toda su lozanía que yo una vez idolatré. Lo que sufrí al verla así..., pero no tengo derecho a herir sus sentimientos intentando describírselo..., ya la he entristecido demasiado. Todo indicaba que se hallaba en la última fase de consunción..., y eso sí, en aquellos momentos fue mi mayor consuelo. La vida ya no podía hacer nada por ella, sólo darle tiempo para mejor disponerse a morir; y el tiempo se le dio. Hice que la trasladaran a un cómodo alojamiento, que alguien la cuidase como necesitaba; fui a verla todos los días de su agonía, y estuve a su lado en sus últimos momentos.

Hizo una nueva pausa para recobrar el aliento, y Elinor expresó su sentir con una exclamación de tierna condolencia por el destino de su desdichada amiga.

—Espero que no haya defendido a su hermana —dijo— con el parecido que mi imaginación ha trazado entre ella y mi pobre y desgraciada pariente. Su sino, su suerte, no pueden ser las mismos; y si la una hubiera tenido, en su dulzura natural de carácter, la guía de un espíritu más fuerte, o de un matrimonio más feliz, habría llegado a ser todo cuanto será la otra y que usted vivirá para ver. Pero, ¿a qué viene todo esto? Se diría que la estoy afligiendo sin motivo. ¡Ah, señorita Dashwood...! Un asunto de esta naturaleza; algo que yo he mantenido en secreto durante catorce años... Es algo que resulta peligroso al tocarlo. Voy a ser más razonable, más conciso. Eliza dejó a mi cuidado a su única hija, el fruto de la primera relación culpable, que para entonces tenía tres años. Ella quería a la niña, y nunca la había apartado de su lado. Fue un hermoso y encomiable gesto de confianza hacia mí, y con gusto habría desempeñado mi deber en el más estricto sentido, cuidando personalmente su educación, si las circunstancias de uno y otro lo hubieran permitido. Pero yo no tenía familia, ni hogar; y por eso interné a mi pequeña Eliza en un colegio. Iba a verla siempre que podía y, tras la muerte de mi hermano (que sucedió hace unos cinco años y que me puso al frente de los negocios familiares), ella empezó a ir con frecuencia a Delaford. Yo la presentaba como una pariente lejana; pero sé muy bien que todo mundo sospecha que nuestro vínculo es más próximo. Hace ahora tres años (acaba de cumplir catorce) la saqué de la escuela y la puse al cuidado de una dama respetable que vive en Dorsetshire, y que tiene a su cargo cuatro o cinco muchachas más de la misma edad. Durante dos años no tuve ningún motivo de queja. Pero el pasado mes de febrero, hace casi un año, de pronto desapareció. Yo le había dado permiso (lo que fue imprudente, como se vio después) para ir a Bath con una de sus amiguitas, que iba a acompañar allí a su padre, delicado de salud. Yo tenía a ese hombre en muy buen concepto, lo mismo que a su hija..., más de lo que se merecía, pues ésta, por una mal entendida discreción, no me dijo nada ni me dio ninguna pista, aunque lo cierto es que lo sabía todo. Su padre, un hombre bonachón, pero de cortas luces, es posible, en mi opinión, que no supiera nada, pues él solía permanecer encerrado en su casa, mientras las muchachas correteaban por la ciudad conociendo gente a voluntad, y quiso convencerme, como él mismo estaba convencido, de que su hija no había tenido nada que ver en el asunto. En fin, lo único que supieron decirme fue que se había ido; sobre el resto, durante ocho largos meses, sólo pude hacer conjeturas. Lo que pensé, lo que temí, huelga decirlo, así como todo lo que sufrí.

—¡Dios mío! —exclamó Elinor—. Es posible... ¡Es posible que Willoughby...!

—Las primeras noticias que tuve de ella —prosiguió el coronel— vinieron de su propia mano, pues recibí una carta el pasado mes de octubre. La carta me la envió de Delaford, y la recibí aquella misma mañana en que habíamos proyectado nuestra excursión a Whitwell. Ésa fue la razón de que me marchara de Barton tan intempestivamente, lo cual, estoy seguro, debió parecer extraño a todos, y hasta ofensivo, según creo, a algunos. Supongo que poco imaginaba el señor Willoughby, cuando con su acusadora mirada reprendió mi falta de delicadeza por haber estropeado los planes, que se me estaba llamando en auxilio de quien era profundamente infeliz por su causa; pero, de haberlo sabido él, ¿de qué habría servido? ¿Habría sido menos feliz, le habrían alegrado menos las sonrisas de su hermana? No, él ya había hecho lo que ningún hombre con sentimientos hacia los demás habría sido capaz de hacer. Había dejado a la muchacha cuya inocencia y juventud había mancillado en una situación sin posible consuelo, sin socorro, sin amigos, sin un hogar honorable, y sin conocer su paradero. Al marcharse, él le había prometido volver; y ni volvió, ni le escribió , ni acudió en su consuelo.

—¡Es más de lo que se puede creer! —exclamó Elinor.

—He aquí su naturaleza, peor que caprichosa, peor que disoluta; y sabiéndolo yo, como lo sé desde hace muchas semanas, imagine lo que debo haber padecido viendo que su hermana seguía tan encariñada como antes, convencida de que iba a casarse con él; imagine lo que debo haber sufrido por todas ustedes. Cuando vine a verlas la semana pasada y la encontré a usted sola, venía resuelto a conocer la verdad, aunque saberla no habría significado que hubiera podido decir lo que iba a hacer. Entonces mi comportamiento debió parecerle extraño, pero ahora lo entenderá. Tolerar el engaño de que han sido víctimas, ver a su hermana... Pero, ¿qué podía hacer? No tenía esperanzas de intervenir con éxito; y a veces pensaba que la influencia de su hermana podría incluso llegar a regenerarlo. Pero ahora, tras estos manejos vergonzosos, ¿quién sabe lo que pretendía hacer con ella? En cualquier caso, quizás ahora, y sin duda en el futuro, contemple con benevolencia lo que le pasó, cuando lo compare con el caso de mi pobre Eliza, cuando considere la situación terrible y desesperada de esta pobre muchacha y se la represente en su imaginación ciegamente enamorada, tanto como lo estaba ella misma, y con un espíritu atormentado por la culpa que la acompañará toda la vida. Sin duda le será de provecho compararse con ella, Advertirá que su propio padecimiento no es nada. Que no tiene su origen en una falta y que no puede llevarla a la perdición; al contrario, esto fortalecerá los lazos con sus amigos. La compasión por su infelicidad y el respeto por su entereza serán suficientes motivos para estrechar cualquier vínculo. De su dirección depende, no obstante, comunicarle lo que le he contado. Usted sabrá mejor cuál puede ser su efecto; pero si yo no hubiera creído firmemente y de todo corazón que podía servirle de algo, que podía aplacar su llanto, no me habría permitido entristecerla con esta relación de mis penas de familia, con un relato que tal vez parezca encaminado a ensalzar mi persona a expensas de los demás.

Profundamente conmovida, Elinor expresó sin demora su gratitud tras esta conversación, y abundó en ella manifestando su esperanza de que Marianne cosechase el fruto de aquellas palabras.

—Me han apenado más —dijo— sus intentos de justificarlo que ninguna otra cosa; pues eso trastorna su mente más de lo que puede trastornarla la más completa certeza de su indignidad. Ahora, aunque al principio sufrirá mucho, estoy convencida de que pronto hallará la paz. ¿Ha visto usted —continuó tras una breve pausa— al señor Willoughby desde que lo vio por última vez en Barton?

—Sí —repuso el coronel, con gravedad—, una vez. No pude evitarlo.

Elinor, asustada por el tono de estas palabras, lo miró con inquietud, diciendo:

—¡Cómo! ¿Es que usted lo emplazó a ...?

—No había otro remedio. Aunque muy en contra de su voluntad, Eliza me confesó el nombre de su amante; y cuando Willoughby volvió a la ciudad, quince días después de hacerlo yo, tuvo lugar nuestro encuentro, él para defenderse, yo para castigar su conducta. Los dos salimos ilesos, y eso nunca se hizo público.

Elinor suspiró, pensando en lo superfluo de tal acto; pero supuso que eso no podía reprochársele a quien era hombre de armas.

—He aquí —dijo el coronel Brandon, tras una pausa— la infausta coincidencia en el sino de una madre y de una hija. ¡Y con qué torpeza he empañado yo su confianza!

—¿Está ella todavía en la ciudad?

—No, cuando la encontré estaba próxima a dar a luz, y en cuanto se restableció, la llevé a ella y a su criatura al campo; y allí sigue.

Recordando, poco después, que probablemente estaría privando a Marianne de la compañía de su hermana, puso fin a la visita; recibió de Elinor un nuevo tributo de gratitud, y la dejó llena de compasión y estima hacia él.

# Capítulo XXXII

Cuando la señorita Dashwood refirió a su hermana el contenido de la conversación con el coronel, cosa que no tardó en hacer, no vio que su reacción fuese la esperada. No es que pareciera dudar de la veracidad de lo que se había revelado, pues escuchó con la mayor y más sumisa atención, sin hacer ninguna objeción o comentario, no tardó en vindicar a Willoughby, y sus lágrimas parecieron dar a entender que tal vindicación era imposible. Pero aunque de esta actitud dedujo Elinor una prueba de que finalmente su entendimiento había asumido la culpabilidad del joven, aunque vio con satisfacción el efecto de este cambio en su forma de no rehuir ya al coronel Brandon cuando iba de visita, y de hablarle, incluso por propia iniciativa, con una especie de compasivo respeto, y aunque la vio mucho más calmada y menos irritable, no por eso dejó también de verla menos afligida. Sus ideas se habían asentado, pero sobre un oscuro abatimiento. Lamentó la falta de integridad de Willoughby con más pesar aún que su falta de sentimientos. La seducción y abandono de la señorita Williams, la desventura de aquella pobre muchacha, y el no saber cuáles habían podido ser sus designios para ella misma le corroían tanto el ánimo que ni siquiera ante Elinor osaba hablar de lo que sentía, y ensimismada y silenciosa en su congoja, preocupó más a su hermana que si le hubiera abierto repetidas veces su corazón.

Describir los sentimientos o las palabras de la señora Dashwood cuando recibió y contestó la carta de Elinor no sería sino repetir lo que sus hijas habían dicho y sentido ya: un desengaño apenas menos triste que el de Marianne, y una indignación aún mayor que la de Elinor.

Se sucedieron con rapidez cartas, una tras otra, en las que la señora Dashwood expresaba su pensamiento y su padecer, sus temores por Marianne y sus ruegos para que pudiera arrostrar con entereza la desventura. ¡Terrible tenía que ser la aflicción de Marianne para que su madre apelara a la entereza!

¡Qué humillación y qué vergüenza habían de inspirar sus lágrimas para que ella no quisiera verla abandonada a su merced!

En contra de su propio interés y bienestar, la señora Dashwood había decidido que, dadas las circunstancias, a Marianne le convenía más mantenerse apartada de Barton, donde todo iba a recordarle el pasado del modo más triste e inexorable, y donde continuamente reviviría, pues ése ha sido el único escenario de sus relaciones, la imagen de Willoughby. Recomendó por lo tanto a sus hijas, por todos los medios, no acortar su estancia en casa de la señora Jennings, cuya duración, aunque nunca exactamente fijada, todas habían previsto que no fuera inferior a cinco o seis semanas. Allí no podría evitar una variedad de ocupaciones, de intereses y de compañías que en Barton no podrían presentársele, y confiaba en que quizá Marianne se distrajera, alguna vez, en algo que no fuera sí misma, e incluso en alguna diversión, a pesar de que ahora, tanto como otra cosa le inspirasen la mayor repugnancia.

En cuanto al peligro de volver a ver a Willoughby, su madre creía que se encontraba a salvo de él tanto en la ciudad como en el campo, dado que de ahora en adelante quienes se llamasen amigos suyos habrían de apartarla de cualquier relación con él. Ningún designio debía hacer que se cruzaran sus caminos; nunca, por una negligencia, podían aventurarse a una sorpresa, y el azar tenía aún menos en su favor en la aglomeración de Londres que en el retiro de Barton, donde tal vez pudiese darse la ocasión cuando Willoughby visitase Allenham obligado con motivo de su boda, lo cual había llegado a ser para la señora Dashwood, después de haberlo visto como probable, un hecho definitivo, y aun esperado.

Tenía, además, otra razón para desear que sus hijas permanecieran donde estaban; había sabido por una carta de su hijastro, que éste y su esposa irían a la ciudad antes de mediados de febrero, y le parecía correcto que de vez en cuando sus hijas trataran con su hermano.

Marianne había prometido dejarse guiar por la opinión de su madre, así que acató sin protesta su disposición, aunque resultara ser muy distinta de la que ella había esperado, y aunque creyera que era totalmente desencaminada, fundada sobre principios equivocados, y que con la exigencia de prolongar su estancia en Londres, la privaba del único olvido posible para su desgracia: la consoladora presencia de su madre; en realidad se sentía condenada a una compañía y a un ambiente en los que nunca iba a tener un momento de paz.

Pero fue para ella un motivo de gran consuelo saber que aquello que la perjudicaba convenía, en cambio, a su hermana; y Elinor, por su parte, sospechaba que no iba a estar en su mano evitar del todo a Edward, pero se consoló pensando que el quedarse en Londres era bueno para Marianne, aunque para ella lo mejor sería regresar inmediatamente a Devonshire.

Las precauciones tomadas para salvaguardar a su hermana de una sola mención del nombre de Willoughby no fueron en vano. Marianne, aún sin saberlo, recogió sus frutos, pues ni la señora Jennings, ni sir John, ni la señora Palmer siquiera hablaron de él una sola vez en su presencia. Elinor habría querido extender a sí misma el alcance de la prohibición, pero eso no pudo ser, y día tras día se vio obligada a dar fe de la indignación de todos ellos.

Sir John no daba crédito a lo ocurrido. "¡Un hombre del que siempre había tenido tantos motivos para pensar bien! ¡Un muchacho tan simpático! ¡No creía que hubiese en Inglaterra jinete más audaz! No podía explicárselo. Deseaba con toda el alma que ardiera en el infierno. Nunca, ¡por nada del mundo!, volvería a dirigirle la palabra, ni aunque coincidieran por casualidad. ¡Ni siquiera si se encontraban en el soto de Barton, y tenía que pasar dos horas esperando juntos! ¡Ese bellaco! ¡Ese perro rastrero! ¡Y pensar que la última vez que lo vio había querido regalarle uno de los cachorros de Folly!... ¡Pues no! ¡Se acabó!".

También la señora Palmer, a su manera, estaba enojada. "Estaba decidida a borrarlo de su círculo inmediatamente, y estaba muy contenta de no haber llegado siquiera a conocerlo. Con toda el alma suspiraba por que Combe Magna no estuviera tan cerca de Cleveland; pero eso era lo de menos, porque para ir de visita seguía estando demasiado lejos. Lo odiaba tanto que había tomado la determinación de no volver a mencionar su nombre, e iba a decirle a todo el mundo que era un tipo de mucho cuidado."

Por lo demás, la solidaridad de la señora Palmer se manifestó en el acopio que hizo, en la medida de sus posibilidades, de pormenores acerca de la inminente boda, los cuales no dejó de referir a Elinor. Pronto estuvo en condiciones de informar qué carrocero estaba construyendo el nuevo coche, qué pintor hacía el retrato del señor Willoughby, y en qué tienda podía verse el traje de novia de la señorita Grey.

El silencioso y educado desinterés de lady Middleton por el asunto fue un consuelo para el espíritu de Elinor, agobiado como estaba por las clamorosas atenciones de los demás. Fue un verdadero alivio saber que al menos a una persona de las que conocía todo, al asunto la tenía sin cuidado, saber que había alguien que podía verla sin desear saciarse de detalles, o sin querer desvivirse por la salud de su hermana.

A veces las circunstancias del momento otorgan a las estimaciones de uno un valor más alto del que tienen en realidad; y en ocasiones esta obsequiosa condolencia mortificaba tanto a Elinor que, para conseguir la paz, era más indispensable la buena educación que la buena voluntad.

Lady Middleton expresaba su parecer una o dos veces al día —dos si se acordaba muy a menudo—, diciendo: "¡Ha sido un duro golpe!", y, por medio de este desahogo continuo, pero lleno de consideración, no sólo fue capaz, los primeros días, de visitar sin inmutarse a las señoritas Dashwood, sino que, en poco tiempo, pudo hacerlo sin recordar una palabra del asunto: y habiendo defendido así la dignidad de su propio sexo, y expresando su severa reprobación por las equivocaciones del otro, se sintió libre para velar por el interés de sus propias reuniones, y decidió en consecuencia (si bien muy a pesar de sir John) que, dado que la señora Willoughby iba a ser una mujer tan rica como elegante, iría, una vez casada, a dejar su tarjeta a su casa.

Las discretas pesquisas del coronel Brandon nunca dejaron de ser bien recibidas por la señorita Dashwood. Se había ganado con creces el privilegio de discutir en la intimidad el desengaño de su hermana, gracias al amistoso empeño que había puesto en mitigarlo, y ambos charlaban siempre con toda confianza. El doloroso esfuerzo de confesar sus pasadas penas y presentes afrentas tenía su mejor recompensa en las miradas compasivas que de vez en cuando le dedicaba Marianne, y en la amabilidad de su acento cuando alguna vez (aunque eso no ocurría muy a menudo) se obligaba, o podía obligarse, a hablar con él. Estos gestos le decían que el esfuerzo hecho le había favorecido, y por la misma razón Elinor abrigó esperanzas de que esta inclinación creciera en el futuro; pero la señora Jennings, que no sabía nada de eso, que sólo sabía que el coronel continuaba tan serio como siempre, y que ella no podía convencerlo de hacer él mismo la proposición, ni recomendarle a Marianne que la hiciese en su lugar, empezó a pensar, al cabo de dos días, que, en vez de a mediados de verano, no los vería casados hasta el día de San Miguel, y, al cabo de una semana, que después de todo no habría boda ni nada. El buen entendimiento entre el coronel y la señorita Dashwood parecía más bien indicar que el privilegio de la morera, el canalillo y el cenador de tejo acabaría correspondiéndole a ella; y, durante una temporada, el señor Ferrars estuvo ausente de sus pensamientos.

A principios del mes de febrero, quince días después de que llegara la carta de Willoughby, Elinor corrió con la ingrata tarea de informar a su hermana de que éste se había casado. Había tomado la precaución de ser ella misma la portadora de la noticia, así que se supo que la ceremonia se había celebrado, pues deseaba que Marianne no se enterase por los periódicos, pues cada mañana veía como los revisaba con ansiedad.

Recibió las noticias con impecable aplomo, no hizo ningún comentario, y al principio no derramó una sola lágrima; pero poco después éstas empezaron a brotar, y pasó el resto del día en un estado de postración no menos acusado que cuando supo que el acontecimiento era inevitable.

Los Willoughby dejaron la ciudad después de la boda, y ahora que el peligro de que se encontraran había desaparecido, Elinor confiaba en que su hermana, que aún no había salido de casa desde el día del golpe, se dejara convencer de reanudar paulatinamente sus antiguas costumbres.

Por esas fechas las dos señoritas Steele, recién llegadas a casa de su primo en Bartlett's Buildings, Holborn, hicieron de nuevo su presentación ante sus más importantes parientes de Conduit y Berkeley Street; y en ambas casas se las recibió con gran cordialidad.

A Elinor el verlas sólo le causó pesar; su presencia siempre la mortificaba, y apenas supo cómo contestar graciosamente a la abrumadora alegría que expresó Lucy el encontrarla aún en la ciudad.

—Habría sufrido una gran desilusión si no la hubiera encontrado aún aquí —dijo, repetidamente, haciendo hincapié en la palabra—. Pero, nunca creí que fuese a marcharse. Estaba casi segura de que no iba a irse de Londres tan pronto, aunque en Barton me dijo, ¿se acuerda?, que no iba a quedarse más de un mes. Pero entonces pensé que probablemente cambiaría de opinión llegado el momento. Habría sido una verdadera lástima marcharse sin ver a su hermano y a su esposa. Y ahora tengo la seguridad de que no tendrá prisa en hacerlo. Me hace rabiosamente feliz ver que ha faltado a su promesa.

Elinor la entendió perfectamente, y se vio obligada a hacer acopio de todo el dominio de sí misma para fingir que no lo había hecho.

—Bueno, querida —dijo la señora Jennings—, ¿cómo han viajado?

—No en diligencia, por supuesto —repuso la señorita Steele rápidamente—. Alquilamos un coche de posta para todo el camino, acompañadas por un joven muy elegante. El reverendo Davies se disponía a ir a la ciudad, así que pensamos alquilar un coche con él; se portó como un caballero, y pagó diez o doce chelines más que nosotras.

—¡Oh, oh! —exclamó la señora Jennings—. ¡Qué bonito gesto! Y el reverendo está soltero, seguro.

—Pues ahora resulta —dijo la señorita Steele, con cara de tonta— que todo el mundo me gasta bromas a propósito del reverendo, y no sé por qué. Mis primos dicen que sin duda he hecho una conquista; pero yo no puedo decirle que no pienso en él más de dos veces en una hora. "¡Oh, Dios mío! Mira, ahí tienes a tu galán, Nancy", me dijo mi primo el otro día, cuando lo vimos cruzando la calle en dirección a la casa. ¡Mi galán!, dije yo... No sé de qué estás hablando. El reverendo no es mi galán.

—Sí, sí, habla usted con mucha seguridad, querida..., pero de nada le servirá. Ya veo que el reverendo es su hombre.

—¡No, por Dios! —repuso su prima, con afectada seriedad—; y le ruego que lo desmienta, si alguna vez lo oye decir.

La señora Jennings le prometió inmediatamente que por supuesto no lo haría, y la señorita Steele fue con eso una mujer completamente feliz.

—Supongo que, cuando lleguen a la ciudad, se hospedarán ustedes con su hermano y su esposa —dijo Lucy, volviendo a la carga después de una tregua en las insinuaciones hostiles.

—No, no creo que lo hagamos.

—Oh, sí, ya verá como sí.

Elinor no quiso hacerle el favor de volver a contradecirla.

—¡Es una suerte que la señora Dashwood pueda prescindir de ustedes tanto tiempo!

—¿Tanto tiempo dice? —intervino la señora Jennings—. ¡Pero si acaban de llegar!

Lucy tuvo que guardar silencio.

—Siento no haber podido ver a su hermana —dijo la señorita Steele—. ¡Qué lastima que no se encuentre bien! —Marianne se había ido cuando llegaron.

—Es usted muy amable. Mi hermana lamentará también no haber tenido el gusto de verlas; pero últimamente se ha visto aquejada de fuertes dolores de cabeza, de origen nervioso, para los que no es conveniente la compañía ni la conversación.

—¡Oh, querida, eso sí que es una lástima! ¡Pero con unas viejas amigas como Lucy y como yo...! Creo que con nosotras podría hacer una excepción; y le prometo que ninguna de las dos diría una sola palabra.

Elinor, muy educadamente, declinó el ofrecimiento. Posiblemente su hermana estaría acostada, o en camisón, por lo que no podía bajar a verlas.

—Oh, si se trata de eso —exclamó la señorita Steele—, podemos subir nosotras.

Elinor empezaba a notar cómo su humor se rebelaba ante tal impertinencia; pero una aguda reprimenda de Lucy la sacó del apuro, una reprimenda que en esta ocasión, como en muchas otras, aunque no volvió más delicados los modales de una de las hermanas, fue útil para dominar los de la otra.

# Capítulo XXXIII

Tras cierta oposición, Marianne cedió a las súplicas de su hermana, y consintió una mañana en salir, durante media hora, con ella y la señora Jennings. Puso, sin embargo, la muy expresiva condición de no hacer visitas, y de acompañarlas únicamente a la joyería Grays, de Sackville Street, donde Elinor tenía que negociar el cambio de unas antiguas joyas de su madre que se habían quedado pasadas de moda.

Al llegar a la puerta de la tienda, la señora Jennings recordó que al otro extremo de la calle vivía una señora a quien debía una visita, y como no tenía nada que hacer en Grays, se decidió que mientas se ocupaban de sus asuntos, ella iría a hacer la visita y volvería luego a buscarlas.

Tras subir las escaleras, las señoritas Dashwood vieron que tenían mucha gente delante y que no quedaba nadie libre para atenderlas, y se vieron obligadas a esperar. No tenían más remedio que sentarse en el lado del mostrador que parecía prometer la sucesión más rápida; en uno de ellos había sólo un caballero, y es probable que Elinor no desestimara la esperanza de influir en la cortesía de éste para que despachase pronto sus asuntos. Pero el ojo perfeccionista del caballero, y su gusto delicado, resultaron superiores a sus modales. Buscaba un estuche para mondadientes, y hasta que no hubo decidido su tamaño, forma y ornato, cosas todas ellas que, tras un cuarto de hora de examen y discusión de todos los estuches que a tal efecto había en la tienda, acabaron encomendándose a la inventiva de su imaginación. No tuvo tiempo de prestar a las dos damas más atención que tres o cuatro miradas rápidas y descaradas, mostrando una manera de mirar que imprimió en la memoria de Elinor el patrón de lo que sería un rostro y figura natural y genuinamente insignificantes, si bien con todos los acicalamientos de la última moda.

Marianne, ajena a todo se ahorró la molesta sensación de desdén y agravio ocasionada por este impertinente examen de los rasgos de ambas, y por esta afectación ante los diferentes "horrores" de los estuches que se le presentaron. Marianne era capaz de quedarse ensimismada en sus pensamientos y de ignorar todo cuanto ocurriera a su alrededor, tanto en la tienda del señor Gray como en la intimidad de su habitación.

Por fin el asunto quedó resuelto. El marfil, el oro y las perlas fueron dispuestas según el diseño del meticuloso caballero y se determinó cuál sería la fecha límite en que podría garantizarse su existencia sin la posesión del estuche; entonces se dedicó a ponerse los guantes con gran lentitud, concediendo otra mirada a las señoritas Dashwood, una mirada que más parecía exigir que expresar admiración, salió de la tienda con un aire feliz de presunción real y de imaginaria indiferencia.

Elinor no perdió el tiempo mientras exponía sus asuntos, y cuando estaba apunto de saldarlos, otro caballero se colocó a su lado. Ella se volvió un poco para verle la cara, y con cierta sorpresa descubrió que era su hermano.

El afecto y la alegría que expresaron por este encuentro fueron los justos para dar una impresión muy creíble en la tienda del señor Gray. En realidad John Dashwood no lamentó volver a ver a sus hermanas; al contrario, se puso muy contento, y el interés que mostró al preguntar por su madre fue solícito y respetuoso.

Elinor supo que Fanny y él llevaban dos días en la ciudad.

—Me habría gustado ir a verlas ayer —dijo— pero fue imposible, pues tuvimos que llevar a Harry a la casa de fieras de Exeter Exchange, y luego estuvimos el resto del día en la casa de la señora Ferrars. Harry se la pasó muy bien. Esta mañana me la pasé con toda la intención de ir a visitarlas, en cuanto encontrara media hora libre; pero uno tiene siempre tanto que hacer los primeros días que está en la ciudad... Ahora he venido a Grays a encargar un sello para Fanny. Pero creo que mañana finalmente podré ir a Berkeley Street y conocer a esa buena amiga de ustedes, la señora Jennings. Tengo entendido que es una mujer notablemente rica. Lo mismo que los Middleton; tienen que presentármelos. Como parientes de mi madrastra, tendré el gusto de ofrecerles mis respetos. He sabido que son excelentes vecinos de ustedes en el campo.

—Sin duda se trata de personas excelentes; sus atenciones a nuestra comodidad, su cordialidad en todo momento, son más de lo que puedo expresar.

—Me alegra muchísimo saberlo; muchísimo de verdad. Pero no era para menos, pues se trata de gente de gran fortuna, parientes de ustedes, y con gran razón podría esperarse de ellos que contribuyesen sir reparar en detalles y atenciones a todo cuanto pudiera hacer más agradable la situación de ustedes. ¿Así que se encuentran muy bien instaladas en la casita de campo, y no les falta nada?... Edward nos contó verdaderas maravillas del lugar; algo de lo más completo en su género, nos dijo, y también nos dijo que ustedes estaban encantadas. Les aseguro que nos dio mucha alegría saber eso.

Elinor sintió un poco de vergüenza por su hermano, y no lamentó eludir la necesidad de comentar cuando llegó el criado de la señora Jennings para decirles que su señora las estaba esperando en la puerta.

El señor Dashwood las acompañó mientras bajaban las escaleras, fue presentado a la señora Jennings a la puerta de su carruaje, y se despidió manifestando de nuevo su esperanza de poder ir a visitarlas al día siguiente.

La visita fue debidamente cumplida. Al llegar, dio un amago de excusa por su esposa, que no había podido acompañarlo..., "pero su madre la tenía tan ocupada que realmente no le quedaba tiempo para ir a ninguna parte". La señora Jennings, no obstante, le dijo sin contemplaciones que no iba a entretenerse con ceremonias, y que pensaba ir pronto a presentar sus respetos a la señora de John Dashwood, y que iría en compañía de sus huéspedes. Él, por su parte, estuvo ciertamente amable, aunque sin excesos, con sus hermanas; muy cortés y atento con la señora Jennings; y cuando, poco después, apareció el coronel Brandon, lo miró con una curiosidad que pareció indicar que sólo necesitaba que le dijeran que era rico para ser igualmente atento con él.

Al cabo de media hora, le pidió a Elinor que hicieran juntos un paseo con rumbo a Conduit Street, con objeto de ser presentado a sir John y lady Middleton. El tiempo era bastante bueno, y ella accedió de buena gana. Apenas acababan de salir de la casa y el señor Dashwood inició sus pesquisas:

—¿Quién es el coronel Brandon? ¿Es hombre de fortuna?

—Sí, tiene grandes extensiones de tierra en Dorsetshire.

—Pues me alegro. Parece realmente un caballero; y creo, Elinor, que puedo felicitarte por la perspectiva de una vida respetable y bien situada.

—Pero, ¿qué me estás diciendo, hermano?

—Tú le gustas. Lo he observado con cuidado y estoy convencido de ello. ¿A cuánto asciende su fortuna?

—Creo que a unas dos mil libras anuales.

—Dos mil libras anuales —repitió pensativo, y después, en un arrebato de entusiasta generosidad, añadió—: Ojalá fueran cuatro mil, Elinor, tú no mereces menos.

—Agradezco tu buena voluntad —le contestó ella—, pero sé de seguro que el coronel Brandon no tiene la menor intención de casarse conmigo.

—Estas equivocada, Elinor, muy equivocada. Sólo hay en ti un pequeño inconveniente que se lo impide. Quizá no se haya decidido todavía a causa de tu precaria fortuna, tal vez eso lo haga titubear, es posible que sus amigos lo desanimen. Pero las damas saben conceder con facilidad ciertas pequeñas delicadezas, ciertos pequeños estímulos, que acabarán por convencerlo, aunque sea a su pesar. No hay razón para que tú no lo intentes. No hay que suponer que por un sentimiento que hayas podido albergar en el pasado..., en fin, ya sabes que una relación de esta clase no puede ni plantearse, hay objeciones insalvables... Eres demasiado sensata para no darte cuenta. El coronel Brandon es el hombre idóneo, y yo no escatimaré atenciones para verlo a gusto contigo y con tu familia. Es una alianza que concitará el aplauso universal. En pocas palabras, es algo que —bajando la voz casi hasta un susurro— satisfará con creces a todas las partes —reflexionando, añadió—: Bueno, lo que quiero decir es que todos tus amigos desean sinceramente verte bien situada; Fanny en particular, porque se interesa por ti de todo corazón, te lo aseguro. Y sin duda también le gustaría mucho a su madre, la señora Ferrars, una mujer muy bien dispuesta, lo dijo el otro día.

Elinor no se dignó responder.

—Sería algo notable —continuó su hermano—, y divertido, que Fanny y yo viéramos, al mismo tiempo, situarse en la vida ella a su hermano, y yo a una hermana. Cosa que, por cierto, no es del todo improbable.

—¿Es que va a casarse el señor Edward Ferrars? —preguntó abiertamente Elinor.

—De hecho aún no está decidido, pero es cosa que está en el aire. Su madre es una mujer excelente. La señora Ferrars, con la mayor liberalidad, le adelantará mil libras anuales si el compromiso tiene lugar. La dama es la honorable señorita Morton, hija única del difunto lord Morton, y tiene treinta mil libras. Un vínculo muy deseable por ambas partes, y yo no dudo de que con el tiempo se realizará. Mil libras son muchas libras para una madre, son mucho como adelanto, como cesión; pero la señorita Ferrars tiene un noble espíritu. Por darte otra muestra de su liberalidad: el otro día, en cuanto llegamos a Londres, y sabiendo que en esos momentos no nadábamos precisamente en la abundancia, puso en manos de Fanny billetes de banco por valor de doscientas libras. Presente aceptable en grado sumo, porque mientras estamos aquí llevamos una vida con muchos gastos.

Hizo una pausa para que su hermana asintiera y participara, ésta se impuso a decir:

—Sin duda, tanto en la ciudad como en el campo deben ustedes tener gastos considerables, pero también tienen una buena renta.

—Yo diría que no tan buena como mucha gente supone.

—No quiero quejarme, sin embargo; no puedo negar que es una renta holgada, y espero que con el tiempo sea mejor. Estamos delimitando con vallas los campos de Norland, y eso es un auténtico sumidero. Y luego, en este medio año, he hecho una pequeña adquisición: la granja de East Kinham. ¿la recuerdas?; allá donde vivía el viejo Gibson. Estas tierras eran tan deseables. Estas tierras eran tan deseadas para mí en todos los aspectos; estaban muy cerca, justo al lado de las mías, así que yo creí que era mi deber comprarlas. La conciencia me decía que no podía dejar que cayeran en manos ajenas. Un hombre tiene que pagar por lo que le conviene, y a mí me ha costado un montón de dinero.

—¿Más de lo que crees que vale de verdad?

—Vaya, espero que no. Habría podido venderla al día siguiente por más de lo que di; pero respecto al precio, lo cierto es que habría podido ser muy desafortunado, porque en esos días el precio del terreno y de los bienes de granja estaba tan bajo que, si no me hubiera asistido la suerte de tener la suma necesaria para vivir en poder de mi banquero, hubiera tenido que venderla por debajo de su valor.

Elinor no pudo hacer otra cosa que sonreír.

—Cuando llegamos a Norland tuvimos también otros gastos inevitables. Nuestro respetado padre, como bien sabes, legó a tu madre todos los efectos de Stanhill, que quedaban en Norland (siendo todos ellos muy valiosos). Nada más lejos de mi ánimo que reprochárselo, tenía el derecho innegable de disponer de sus bienes como mejor le pareciera; pero, a raíz de esa elección, nos hemos visto obligados a adquirir grandes cantidades de ropa blanca, porcelanas y toda clase de enseres, a fin de suplir la pérdida. Así que podrás suponer cuán lejos estamos de ser ricos tras todo este dispendio, y en qué grado es aceptable la amabilidad de la señora Ferrars.

—Por supuesto —dijo Elinor—; y, asistidos por su generosidad, espero que la vida les depare momentos más favorables.

—Dentro de uno o dos años, tal vez —contestó su hermano, con gravedad—; pero queda todavía mucho que hacer. Del invernadero de Fanny todavía no se ha levantado ni una sola piedra, y del jardín de flores no tenemos más que el proyecto.

—¿Dónde van a construir el invernadero?

—En el montículo que hay detrás de la casa. Para tener sitio hemos arrancado los viejos nogales, de manera que la finca se podrá admirar desde todos los ángulos; será una hermosa vista; y justo delante de él, en la pendiente, pondremos el jardín de flores, y quedará precioso. Ya hemos limpiado el terreno de los viejos espinos que crecían sobre la cumbre.

Elinor se guardó para sí los reproches y su disgusto, y en verdad agradeció que Marianne no se hallara presente para sufrir la misma indignación que ella sentía.

Habiendo dicho ya lo indispensable para trazar un panorama claro de su pobreza, y para dejar de sentir la necesidad de comprar, en su próxima visita a Grays, un par de pendientes para cada una de sus hermanas, los pensamientos de John Dashwood tomaron un rumbo más grato, y empezó a felicitar a Elinor por tener una amiga como la señora Jennings.

—Lo cierto es que parece una mujer con grandes virtudes. Su casa, su forma de vida, todo indica una buenísima renta; y es una relación que no sólo les ha prestado un gran servicio hasta el momento, sino que a la postre quizá resulte materialmente provechosa. Que las haya invitado a la ciudad es ciertamente un signo importante de su aprecio; de hecho, deja ver que es tanto el interés por ustedes que con toda probabilidad no las olvidará en el momento de su muerte. Debe tener un enorme legado.

—Yo más bien diría que no tiene nada en absoluto; sólo su pensión, que pasará a sus hijas.

—Pero no cabe imaginar que viva con arreglo a su renta. Muy poca gente con sentido común haría algo así; y de todo lo que ahorre podrá disponer en el futuro.

—¿Y tú no crees más probable que se lo deje a sus hijas antes que a nosotras?

—Sus hijas están las dos magníficamente casadas, y no veo por ello la necesidad de que se acuerde más de ellas. En cambio, en mi opinión, al tomarse tanto interés por ustedes, y tratarlas de esa manera, les ha dado una especie de derecho a su futura consideración, un derecho que una mujer de conciencia no habría de pasar por alto. No existe mayor amabilidad que la suya, y difícilmente puede estar haciendo lo que hace sin reparar en las expectativas que da lugar.

—Pues en nosotras, que pudiéramos ser las partes interesadas, no da lugar a ninguna expectativa. La verdad, hermano, es que tus ansias de prosperidad y bienestar par nosotras te están llevando demasiado lejos.

—Bueno, a decir verdad —dijo él, con actitud pensativa—, la gente tiene pocos, muy pocos recursos a su alcance. Pero, querida Elinor, ¿qué le ocurre a Marianne? Parece no estar bien, ha perdido el color, y ha adelgazado mucho. ¿Está enferma?

—Ella no está bien; lleva varias semanas aquejada de los nervios.

—Cuánto lo siento. A su edad la menor dolencia echa a perder la lozanía para siempre... ¡Qué poco ha durado la suya! El pasado mes de septiembre era una muchacha bonita, no había otra igual; y con posibilidades para atraer a los hombres. Algo había de peculiar en su estilo de belleza que les agradaba. Recuerdo que Fanny decía que ella iba a casarse antes y mejor que tú; a ti te tiene un tremendo cariño, claro, pero de pronto eso fue lo que se le ocurrió. De todos modos, al parecer se equivocaba. Me gustaría saber si ahora Marianne pudiera casarse con un hombre con más de quinientas o seiscientas libras anuales, a lo sumo; y mucho lamentaré si tú no consigues algo mejor.

¡Dorsetshire! Conozco muy poco Dorsetshire; pero, querida Elinor, no sabes cuánto celebraré conocerlo mejor; y supongo que puedo esperar que nos cuentes, a mí y a Fanny, entre los primeros y más agradecidos huéspedes que tengan ustedes.

Elinor trató muy seriamente de convencerlo de que no tenía ninguna probabilidad de verla casada con el coronel Brandon, pero para él esta perspectiva era demasiado placentera para ser desestimada, y tenía toda la intención de tratar a dicho caballero con la mayor intimidad, y de fomentar la boda con todos los medios que estuvieran a su alcance. Personalmente estaba ya harto compungido por no haber hecho nada por sus hermanas, y sentía un deseo inconmensurable de que otras personas hicieran mucho; y una proposición a cargo del coronel Brandon, o un legado de la señora Jennings, constituía el modo más sencillo de expiar su propia negligencia.

Tuvieron la suerte de encontrar a lady Middleton en casa, y sir John llegó antes de que concluyera la visita. Hubo abundantes detalles por parte de todos. Sir John estaba predispuesto a que todo el mundo le gustase, y, aunque el señor Dashwood no parecía ser un gran entendido en materia de caballos, no tardó en tenerlo como hombre de bien; mientras tanto, lady Middleton reconoció en su porte un aire lo suficientemente a la moda como para considerar valioso el haberlo conocido; y el señor Dashwood se marchó encantado con los dos.

—Tendré cosas deliciosas que contar a Fanny —dijo, durante el paseo de regreso en compañía de su hermana—. ¡Lady Middleton es una mujer de lo más elegante! Una mujer como a las que le gusta conocer a Fanny. Y también la señora Jennings, una mujer de lo más educada, aunque no tan elegante como su hija. Tu cuñada no tiene por qué tener escrúpulos de visitarla, lo que, a decir verdad, ha sido un poco el caso, y muy naturalmente, porque lo único que sabíamos nosotros era que la señora Jennings era la viuda de un hombre que se hizo rico de una manera baja; y tanto Fanny como la señora Ferrars tenían el fuerte prejuicio de que ni ella ni sus hijas eran la clase de mujeres con las que a Fanny le gustaría verse asociada. Ahora puedo, sin embargo, darle los mejores informes sobre ambas.

# Capítulo XXXIV

La señora de John Dashwood tenía tanta confianza en el juicio de su marido que justo al día siguiente fue a presentar sus respetos tanto a la señora Jennings como a su hija. Y su confianza se vio recompensada al comprobar que incluso dicha señora, incluso la mujer que alojaba a sus cuñadas, no era en absoluto indigna de su atención; y, en lo tocante a lady Middleton, la encontró "¡una de las mujeres más encantadoras del mundo!".

También lady Middleton quedó encantada con la señora Dashwood. Había en ambas una especie de fría suficiencia que las hizo sentirse mutuamente atraídas, y simpatizaron la una con la otra en una actitud de insípida formalidad, y en una falta de entendimiento general.

Los mismos modales, no obstante, que encarecieron a la señora de John Dashwood a los ojos de lady Middleton no colmaron las aspiraciones de la señora Jennings, a quien no le pareció más que una mujercita estirada y antipática, que no había manifestado el menor afecto al ver a las hermanas de su marido, y que apenas les había dirigido la palabra; pues del cuarto de hora que hizo el favor de pasar en Berkeley Street, al menos estuvo siete minutos y medio sin decir nada.

Elinor tenía muchas ganas de saber, aunque no se atrevió a preguntar, si Edward se encontraba en Londres; pero Fanny no se habría permitido pronunciar su nombre delante de ella, a no ser en el caso de haber podido decirle que la boda de su hermano con la señora Morton estaba ya decidida, o en el que las expectativas de su marido respecto al coronel Brandon estuvieran confirmadas; pues creía que Edward y Elinor estaba aún tan unidos el uno al otro que no bastaba separarlos de hecho, sino también de palabra, lo cual nunca estaba de más; sin embargo, la noticia que ella no estuvo dispuesta a dar no tardó en llegar por otro conducto. Lucy acudió pronto a exigirle a Elinor que se compadeciera de ella porque, a pesar de que Edward estaba ya en la ciudad con el señor y la señora Dashwood, no le era posible verlo. Él no se atrevía a ir a Bartlett's Buildings por miedo a que alguien lo descubriese, y aunque las ganas que ambos tenían de verse eran cosa de no decir, de momento no podía hacer otra cosa que escribirse.

Edward dio muestras personales de encontrarse en la ciudad, visitando, en muy poco tiempo dos veces Berkeley Street. Dos veces se encontraron su tarjeta sobre la mesa, al volver de sus quehaceres matinales. Elinor agradeció mucho estas visitas; pero agradeció aún más el no haber estado en casa.

El matrimonio Dashwood estaba tan encantado con los Middleton que, aunque nunca habían tenido mucha costumbre de ofrecer nada, decidieron ofrecerles nada menos que una cena; y así, poco después de haberse conocido, los invitaron a cenar a Harley Street, donde habían alquilado una bonita casa para tres meses. También invitaron a sus hermanas y a la señora Jennings, y John Dashwood se aseguró personalmente de que no faltara el coronel Brandon, quien, feliz siempre de estar donde estuvieran las señoritas Dashwood, recibió esta apremiante muestra de cortesía un poco desprevenido, pero con la mayor gratitud. Iban todos a conocer a la señora Ferrars; pero no hubo manera de que Elinor supiera si sus hijos iban a formar parte de la recepción. La expectación por verla a ella, de todos modos, era motivo de sobra para merecer su interés; pues, aunque ahora iba a poder conocerla sin aquella inquietud que un día se había imaginado que iba a sentir llegada la ocasión, aunque ahora iba a poder verla sin importarle en absoluto la impresión que fuese a causar, sus deseos de estar junto a la señora Ferrars, su curiosidad por saber cómo era, seguían siendo tan vivos como antes.

Los alicientes que se prometía para la ocasión se incrementaron, poco después, de un modo más intenso que agradable, cuando supo que las señoritas Steele también habían sido invitadas.

Tan bien habían sabido granjearse las simpatías de lady Middleton, tan agradable se le había hecho a ésta su insistencia, que, aunque Lucy no tenía en verdad nada de elegante, y su hermana nada de educación, se encontró tan bien dispuesta como sir John, cuando éste les pidió que pasaran con ellos una o dos semanas en Conduit Street; y resultó ser de lo más conveniente para las señoritas Steele, tan pronto se supo la invitación hecha por los Dashwood, dar comienzo a su estancia unos pocos días antes de que se celebrara aquella cena.

Sus aspiraciones a la atención de la señora de John Dashwood, en su calidad de sobrinas del caballero que durante muchos años había ejercido la tutela de su hermano, de poco les habrían valido, sin embargo, a la hora de procurarse un par de sitios en su mesa; pero, en calidad de huéspedes de lady Middleton, había que recibirlas; y Lucy, que llevaba mucho tiempo suspirando por ser presentada en persona a la familia, por conocer más de cerca su carácter y por tener la oportunidad de hacer algo para ser bien acogida, muy pocas veces había sido tan feliz como cuando recibió la tarjeta de la señora de John Dashwood.

El efecto que tuvo sobre Elinor fue muy distinto. Empezó inmediatamente a razonar que Edward, quien vivía con su madre, tenía que ser invitado a una fiesta ofrecida por su hermana; así podría verlo, después de todo lo que había pasado... ¡En presencia de Lucy!... ¿Cómo podría soportarlo?

Estos temores quizá no estuvieran del todo fundados en razones, y ciertamente no lo estaban. En todo caso, se vieron aliviados, si no por sus propias reflexiones, sí por la buena voluntad de Lucy, que creyó ser la cusa de una terrible desilusión cuando le dijo que Edward no iba a estar presente el martes en Harley Street, y que esperaba incluso ahondar en sus heridas queriéndole hacer creer que, si no asistía, era por lo extremadamente enamorado que estaba de ella, cosa que, cuando se hallaban juntos, él no era capaz de disimular.

Y al fin llegó el martes, el importante día en que las dos jovencitas iban a ser presentadas ante su formidable suegra.

—¡Compadézcase de mí, señorita Dashwood! —dijo Lucy, mientras subían las escaleras; los Middleton habían llegado inmediatamente después de la señora Jennings, y ahora seguían todos juntos los pasos del mayordomo—. Usted es aquí la única que sabe lo que yo siento... Apenas puedo sostenerme en pie, créame. ¡Oh, Dios!, dentro de un momento voy a conocer a la persona que tiene en su mano toda mi felicidad..., ¡la persona que va a ser mi madre!

Elinor habría podido consolarla rápidamente sugiriendo la posibilidad de que no fuera realmente su madre, sino la madre de la señorita Morton, a quien estaban a punto de conocer; pero, en vez de hacerlo le aseguró, muy sinceramente, que se apiadaba de ella..., para gran asombro de Lucy, la cual, aunque no se sentía nada cómoda en realidad, había confiado al menos en provocar en ella una envidia irreprimible.

La señora Ferrars era una mujer menuda y delgada, de figura erguida hasta lo ceremonioso, y de aspecto severo hasta la acritud. Tenía un cutis cetrino, las facciones pequeñas, sin gracia, y naturalmente sin expresión; pero una feliz contracción del ceño había salvado su semblante de la desgracia de ser insulso, al infundirle los rasgos vigorosos del orgullo y la mala voluntad. No era mujer de muchas palabras, pues, a diferencia del común de las gentes, las proporcionaba al número de sus ideas; y de las escasas sílabas que suspiró ni de una sola recibió el hálito de la señorita Dashwood, a quien miraba con la inquebrantable determinación de no hallar en ella un solo motivo digno de su agrado.

Elinor no podía ahora sentirse desdichada a causa de esta actitud. Pocos meses antes le hubiera dolido mucho; pero ahora no estaba en manos de la señora Ferrars el causarle disgustos..., y la forma deferente de tratar a las señoritas Steele, tan deferente que parecía haberse propuesto humillarla, tan sólo le hizo gracia. Por su parte, Lucy recibía toda clase de muestras de afecto, y Elinor no podía menos que sonreír viendo cómo madre e hija obsequiaban a quien precisamente habrían estado más ansiosas de mortificar, si supieran lo que ella sabía. Mientras que ella, que en comparación no tenía nada con qué hacerles daño, era manifiestamente menospreciada por ambas. Pero mientras sonreía observando tantas atenciones mal encaminadas, no podía dejar de pensar en la mezquina idiotez que las inspiraba, ni de contemplar las estudiadas gentilezas con las que las señoritas Steele manifestaban su agrado por su presencia, sin sentir por las cuatro el mayor desdén.

Lucy no cabía en sí de gozo viéndose tratada con tantos honores, y la señorita Steele sólo necesitaba que alguien le gastara una broma a propósito del reverendo Davies para ser completamente feliz.

Fue una cena de gala, con toda la servidumbre en activo, lo que revelaba la inclinación de la anfitriona a las exhibiciones, y a las cualidades del anfitrión como respaldo. A pesar de que estaban construyendo y reformando sus propiedades de Norland, y a pesar de que su dueño había estado a punto de verse obligado, por unos cuantos miles de libras, a vender en las más desfavorables condiciones, nada hacía pensar en aquella indigencia que él había sugerido; no se veía pobreza por ninguna parte, excepto en la conversación, pues en ese aspecto las deficiencias sí fueron considerables. John Dashwood no tenía nada interesante que decir, y mucho menos su esposa. Pero no cupo considerar las circunstancias con especial quebranto, pues era ampliamente compartida por el grueso de los comensales, casi todos aquejados por una u otra de esas taras que tanto entorpecen la amenidad: falta de espíritu o falta de carácter.

Cuando las damas se retiraron al salón, después de cenar, esta penuria se hizo particularmente visible, pues los caballeros habían impreso en la conversación cierta variedad —la variedad de la política, del vallado de terrenos y de la doma de caballos—, pero entonces todo eso se acabó; y sólo un tema ocupó a las señoras hasta que sirvieron el café, y fue la comparación entre la estatura de Harry Dashwood y la de William, el segundo hijo de lady Middleton, ambos casi de la misma edad.

Si los niños hubieran estado presentes, el asunto habría podido zanjarse con mucha facilidad midiéndolos a los dos sin más contemplaciones; pero como sólo estaba Harry, no dejaron de ser todo conjeturas, y a toda la concurrencia asistía el mismo derecho a aferrarse a sus dictados, y a repetirlos y volverlos a repetir cuantas veces les viniera en gana.

Los bandos se definieron de la siguiente forma:

Las dos madres, aunque convencida cada una de ellas de que su hijo era el más alto, decidieron cortésmente a favor la una de la otra.

Las dos abuelas, no tomando partido, pero con la mayor sinceridad, apoyaron ambas con igual tesón a sus respectivos nietos.

Lucy, que difícilmente quería complacer más a una madre que a otra, era de la opinión de que ambos niños estaban considerablemente crecidos para su edad, y de ninguna manera podía concebir que existiera entre sus alturas la mínima diferencia; la señorita Steele, por su parte, con mayor aplicación, si cabe, dio con rapidez su voto a favor de los dos.

Elinor, a su vez, emitió su voto a favor de William, con lo que ofendió a la señora Ferrars tanto como a Fanny; pero Marianne ofendió a todo el mundo, pues cuando se le preguntó, ella simplemente declaró que no podía opinar sobre el tema, pues nunca se había puesto a pensar en eso.

Antes de dejar Norland, Elinor había pintado para su cuñada un par de bonitas escenas, que, recién enmarcadas y traídas a la casa, decoraban ahora su actual salón; y llamando la atención del señor Dashwood cuando siguió a los demás caballeros, las descolgó solícitamente para ofrecerlas a la admiración del coronel Brandon.

El coronel reconoció que no aspiraba a dárselas de entendido, pero elogió ampliamente las escenas, como habría hecho con cualquier cosa que hubiese pintado la señorita Dashwood; y, habiéndose espoleado, naturalmente, la curiosidad de los demás, los dibujos pasaron de mano en mano, librados a la inspección general. La señora Ferrars, ignorando que eran obra de Elinor, solicitó especialmente examinarlos, y, después de haber recibido el encomiable testimonio de la aprobación de lady Middleton, Fanny se los entregó a su madre, informándola oportunamente de que su autora era la señorita Dashwood.

—Ah —dijo la señora Ferrars—... muy bonitos —y, sin mirarlos siquiera, volvió a pasárselos a su hija.

Quizá por un momento Fanny pensó que su madre había sido bastante grosera, porque, con cierto sonrojo, rápidamente añadió:

—Son muy bonitos, ¿no es cierto? —pero entonces el temor de haber sido demasiado educada, demasiado condescendiente, debió volver a apoderarse de ella, porque poco después agregó—: ¿No les parece que recuerdan un poco el estilo pictórico de la señorita Morton? ¡La señorita Morton pinta tan bien! ¡Qué magnífica ejecución la de su último paisaje!

—Magnífica, sí, pero ello lo hace todo bien —dijo la madre.

Marianne no fue capaz de aguantar eso. La señora Ferrars ya la había ofendido bastante; y esta alabanza tan fuera de lugar, a costa de Elinor, y aún sin conocer la intención primordial que la inspiraba, la sacó en el acto de quicio, al punto de exclamar con pasión:

—¡Vaya manera de elogiar las cosas! ¿Y a nosotras qué más nos da la señorita Morton? ¿Quién la conoce? ¿A quién le importa?..., es de Elinor de quien se trata.

Y con estas palabras arrebató los dibujos de manos de su cuñada y se puso a elogiarlos del modo que en justicia les correspondía.

La señora Ferrars pareció enojarse sobremanera, y, más tiesa y erguida que nunca, pronunció secamente esta severa invectiva:

—La señorita Morton es hija de lord Morton.

Fanny parecía estar también muy enfadada, y su marido estaba asustado de la audacia de su hermana. A Elinor le había dolido más el arrebato de su hermana que lo que de él se había derivado; pero los ojos del coronel Brandon, fijos en Marianne, denotaban que, de toda la escena, únicamente retenía la entrega, el leal corazón que era incapaz de tolerar el más mínimo desprecio infligido a su hermana.

Pero los sentimientos de Marianne no se detuvieron aquí. La fría y repetida insolencia de la actitud de la señora Ferrars le parecía augurio de una serie de obstáculos y penalidades para Elinor que su propio corazón dolido le había enseñado a esperar con horror, e impelida por un fuerte acceso de su apasionada sensibilidad, se dirigió, al cabo de un momento, hacia el asiento de su hermana, y, abrazándola por el cuello y uniendo su mejilla a la suya, le dijo en voz baja:

—Elinor, querida mía, no les hagas caso. No les consientas que te hagan infeliz.

No pudo decir más, se había quedado exánime, y, ocultando el rostro contra un hombro de Elinor, rompió a llorar. Todo el mundo se percató de ello, y casi todo el mundo manifestó su preocupación. El coronel Brandon se levantó y fue hacia ellas sin saber lo que hacía. La señora Jennings, con un muy sentido "¡Ah, pobre criatura!", ofreció inmediatamente sus sales, y sir John se sintió tan desesperadamente enfurecido contra el artífice de esta aflicción nerviosa que cambió de asiento y, poniéndose al lado de Lucy, le expuso, entre susurros, una breve relación del desagradable lance.

Unos pocos minutos más tarde, sin embargo, Marianne se recobró lo suficiente para poner fin al revuelo y volver a ocupar su sitio entre los demás; su humor, no obstante, conservó la impresión de lo sucedido durante toda la velada.

—¡Pobre Marianne —le dijo su hermano en voz baja al coronel Brandon, tan pronto como pudo atraerse su atención—. Carece de la buena salud de su hermana..., es muy nerviosa..., no tiene su constitución..., y uno no puede dejar de pensar que, para una mujer que ha sido una beldad, debe ser muy molesto perder sus atractivos personales. Tal vez no lo crea, pero Marianne era, hace sólo unos meses, una muchacha de considerable hermosura, tan hermosa como Elinor... Pero ahora, ya ve, de todo eso no queda ni rastro.

# Capítulo XXXV

Elinor había satisfecho su curiosidad de ver a la señora Ferrars. Gracias a ella había sabido que todo cuanto pudiera contribuir a estrechar los lazos entre las dos familias era indeseable. Había visto cuánto necesitaba de su orgullo y mezquindad, y del ojo acendrado con el que la prejuzgaba, para comprender todas las dificultades que habían complicado su compromiso con Edward y retrasado su boda, si éste hubiera sido, por otra parte, libre de decidir, y casi había visto lo bastante para sentirse afortunada y agradecida por la presencia de un obstáculo mayor que le evitaría sufrir cualquier otro creado por la señora Ferrars, con lo que se libraría de la dependencia de su capricho, o de todo esfuerzo en pos de su consideración. O si no llegó a felicitarse completamente por el hecho de que Edward estuviera encadenado a Lucy, concluyó al menos que, si Lucy hubiese sido más simpática, bien habría debido felicitarse por ello.

Elinor tenía ganas de saber si los modales de la señora Ferrars iban a ser capaces de elevar el alma de Lucy, si el interés y la vanidad de ésta iban a cegarla hasta el punto de convertir en auténticos cumplidos las atenciones que parecieron prodigársele sólo porque ella no era Elinor..., o al punto de permitir a Lucy crecerse sobre una preferencia que le había otorgado únicamente porque se desconocía su verdadera posición. Pero que sí se lo permitía no sólo lo habían revelado sus ojos durante la velada, sino que volvió a revelarse, y muy claramente, a la mañana siguiente, cuando, por expreso deseo suyo, lady Middleton la dejó en Berkeley Street para darle la oportunidad de ver a Elinor a solas y de contarle en qué medida la embargaba la felicidad.

La oportunidad resultó tener la suerte de su parte, porque, a poco llegar, la señora Jennings tuvo que ausentarse a causa de un mensaje que había recibido de la señora Palmer.

—Mi querida amiga —exclamó Lucy cuando estuvieron solas—, he venido a decirle cuán feliz soy. ¿Cabe imaginar mayor halago que la forma que tuvo la señora Ferrars de tratarme ayer? ¡Oh, cuánta amabilidad! Ya sabe lo atemorizada que me tenía la idea de conocerla..., pero desde el momento en que fui presentada, su trato fue tan afable que casi podría decirse que se encaprichó conmigo. Dígame, ¿no fue eso lo que ocurrió? Usted lo vio.., ¿no se quedó impresionada?

—Estuvo ciertamente muy atenta con usted.

—¡Atenta! ¿Es que sólo fueron atenciones lo que usted vio? Yo vi mucho, muchísimo más. ¡Una amabilidad que no tuvo con nadie más que conmigo! Ningún orgullo, ninguna afectación, y su cuñada lo mismo..., ¡toda dulzura y amabilidad!

Elinor quería cambiar de tema, pero Lucy aún la obligó a reconocer que no le faltaban motivos para ser feliz; y Elinor no tuvo más remedio que seguir con lo mismo.

—Sin duda, si hubieran sabido lo de su compromiso —dijo—, nada habría podido ser más adulador que el trato que recibió; pero no siendo éste el caso...

—Esperaba oír una cosa así —replicó Lucy, rápidamente—, pero la señora Ferrars no tenía motivo alguno para fingir que yo le gustaba si no era así, y el gustarle lo es todo para mí. No logrará usted arruinar mi satisfacción. Estoy segura de que todo acabará bien, y de que no habrá el menor impedimento, al contrario de lo que ya me había acostumbrado a pensar. La señora Ferrars es una mujer encantadora, lo mismo que su cuñada. ¡La verdad es que son las dos maravillosas!... ¡No me explico cómo nunca me dijo lo simpática que era la señora Dashwood!

Elinor no tenía respuesta para eso, y no intentó darla siquiera.

—¿Se encuentra mal, señorita Dashwood? Parece alicaída..., no dice nada..., seguro que no se encuentra bien.

—Nunca me he encontrado mejor.

—Pues me alegro de todo corazón, pero lo cierto es que no lo parece. Lamentaría mucho verla caer enferma: ¡usted que ha sido mi mayor y único consuelo! Sabe Dios lo que habría sido de mí sin su amistad.

Elinor intentó responder con cortesía, desconfiando, con todo, de conseguirlo. Pero pareció satisfacer a Lucy, porque ésta de inmediato continuó:

—La verdad es que no me cabe ninguna duda del interés que se toma por mí y, después del amor de Edward, es usted el mayor consuelo que tengo. ¡Pobre Edward! Pero ahora tenemos una buena oportunidad: podremos vernos muy a menudo, y me atrevería a decir que pasaremos largos ratos en Harley Street. Edward hace media vida en casa de su hermana, y además ahora lady Middleton y la señora Ferrars se visitarán..., y la señora Ferrars y su cuñada de usted tuvieron las dos la bondad de decirme más de una vez que siempre sería muy bien recibida... ¡Oh, qué encanto de mujeres! Si alguna vez le dice usted a su cuñada lo que pienso de ella, estoy segura de que se quedará corta.

Elinor, sin embargo, no estaba dispuesta a alimentar esperanzas de que se lo dijera a su cuñada. Lucy prosiguió.

—Estoy convencida de que si le hubiera desagradado a la señora Ferrars, me habría dado cuenta en el acto. Si sólo me hubiera dispensado la más elemental cortesía, es decir, si no me hubiera dirigido la palabra, y se hubiera comportado después como si no estuviera presente, y no me hubiera mirado con buenos ojos..., ya sabe usted lo que quiero decir..., si me hubiera tratado de esa forma tan severa, habría renunciado a todo con gran desesperación. No habría podido aguantarlo. Porque cuando algo no le gusta, me consta que es una mujer de lo más desagradable.

Elinor no pudo replicar este triunfo de las buenas maneras porque la puerta se abrió de par en par y, después de que el criado lo anunciara, el señor Edward Ferrars entró en la habitación.

Fue un momento muy delicado, y la expresión de todos lo demostró ampliamente. Se sintieron extraordinariamente ridículos; y Edward parecía tener tantas ganas de salir por donde había entrado como de avanzar unos pasos más. Había llegado en la circunstancia menos oportuna, en una situación que todos hubieran querido evitar. No sólo estaban los tres juntos, sino que lo estaban sin la protección de otra persona. Las damas fueron las primeras en serenarse. No correspondía a Lucy descubrirse, pues el secreto debía aún guardar sus apariencias. Por esta razón podía tan sólo reflejar sus tiernos sentimientos, y, tras saludarle sin ostentación, no dijo ni una palabra.

Pero Elinor tenía una parte más importante que desempeñar, y tan deseosa estaba, por el bien de Edward y por el suyo propio, de desempeñarla bien que, tras un momento de reflexión, se obligó a darle la bienvenida con una mirada y unos modales que fueron casi desenvueltos, y casi sin disimulo; un nuevo esfuerzo aún los mejoró. No iba a permitir que la presencia de Lucy, o la conciencia de haber sido objeto de alguna injusticia, la frenase a la hora de decir que se alegraba de verlo, y que había sentido mucho no estar en casa en su anterior visita a Berkeley Street. No iba a arredrarse y no iba a dejar de dedicarle las atenciones que, como amigo y casi como pariente, se merecía, por culpa de la escrutadora mirada de Lucy, por quien no había tardado en advertir que era vigilada muy de cerca.

Esta actitud inspiró cierta confianza a Edward, que adquirió el valor suficiente para tomar asiento; pero su turbación excedía a la de las damas en una proporción que el caso permitía calificar de razonable, pero que quizá su sexo permitiera considerar raro, pues su corazón no era indiferente, como el de Lucy, y su conciencia no estaba del todo tranquila, como la de Elinor.

Lucy, con un aire recatado y compuesto, parecía empeñada en no facilitar la comodidad de los demás, y se abstuvo de decir palabra; y casi todo cuanto se dijo fue por boca de Elinor, que se vio obligada a comunicar por iniciativa propia todas las noticias sobre la salud de su madre, sobre su viaje a la ciudad y demás trivialidades, que Edward habría tenido que preguntar, y no preguntó.

No acabaron aquí sus esfuerzos, pues poco después se sentía ya tan heroicamente dispuesta como para tomar la decisión, alegando que iba en busca de Marianne, de dejar a Lucy y Edward a solas, cosa que en verdad hizo, y de la forma más generosa, pues, antes de ir por su hermana, se entretuvo bastantes minutos en el descanso de la escalera. Luego, sin embargo, llegó el momento en que cesarían las penurias de Edward, pues Marianne, en su alegría, no perdió el tiempo y se precipitó en el salón. El placer de verlo fue como cualquier otro sentimiento suyo, intenso en sí mismo e intensamente manifestado. Le tendió una mano, que fue tomada, y, al hablarle, su voz expresó un afecto fraternal.

—¡Querido Edward! —exclamó—. ¡Qué feliz oportunidad! ¡Ha venido usted casi a arreglarlo todo!

Edward trató de corresponder a esta deferencia como debía, pero ante tales espectadores no se atrevió a decir ni la mitad de lo que realmente sentía. Volvieron todos a ocupar sus asientos, y por unos breves instantes guardaron silencio; mientras tanto, Marianne miraba con la más elocuente ternura, a veces a Edward, a veces a Elinor, lamentando únicamente que la mal recibida presencia de Lucy refrenara su mutuo disfrute. Edward abrió la conversación, para hacerse eco del cambiado aspecto de Marianne, y expresar su temor de que Londres no le sentara bien.

—¡Oh, no se preocupe por mí! —contestó ella, con enérgica resolución, aunque al hablar los ojos se le llenaron de lágrimas—. ¡No se preocupe por mi salud! Elinor está bien, ya lo ve. A usted y a mí eso debe bastarnos.

Esta observación no estaba prevista para hacer que Edward o Elinor se sintieran más a gusto, ni para conciliar la buena fe de Lucy, que alzó la vista para mirar a Marianne con no mucha benevolencia.

—¿Le gusta Londres? —dijo Edward, deseoso de decir algo que pudiera introducir un nuevo tema.

—A mí nada. Había abrigado perspectivas placenteras, pero no he satisfecho ninguna. Verlo a usted, Edward, ha sido el único consuelo que me ha deparado; y, a Dios gracias, sigue siendo el mismo hombre de siempre.

Hizo una pausa; nadie dijo nada.

—Elinor —añadió Marianne, un momento después—, creo que Edward debería hacerse cargo de nosotras en nuestro viaje de regreso a Barton. Supongo que nos marcharemos dentro de una o dos semanas; y confío en que Edward no se muestre muy reacio a cumplir el cometido.

El pobre Edward murmuró algo, pero nadie supo qué, ni siquiera él mismo. Pero Marianne, que notaba su inquietud y podía atribuirla fácilmente a la causa que mejor le conviniera, se dio por satisfecha, y empezó a hablar de otra cosa.

—¡Qué día pasamos ayer, Edward, en Harley Street! ¡Qué aburrimiento, oh, que mortal aburrimiento! De todos modos, tengo, a este respecto, muchas cosas que decirle, pero ahora no es el momento.

Y con esta discreción admirable emplazó para ocasión más privada la firme comunicación por la que él habría de enterarse de que había encontrado a sus mutuos parientes más desagradables que nunca, y que había sido su madre la más desagradable en particular.

—Pero, ¿por qué no fue usted, Edward? ¿Por qué no estaba allí?

—Tenía otros compromisos.

—¡Compromisos! ¿Qué compromisos, si lo esperaban sus amigas?

—Tal vez, señorita Marianne —intervino Lucy, no pudiendo resistir la tentación de vengarse un poco—, crea usted que todos los jóvenes incumplen sus compromisos, sean grandes o pequeños, si no tienen interés en atenderlos.

Elinor se molestó mucho, pero Marianne pareció completamente insensible al agrio comentario, pues muy tranquila replicó:

—La verdad es que no; pues, hablando en serio, estoy segura de que sólo la conciencia apartó a Edward de Harley Street. Y creo realmente que tiene la conciencia más delicada del mundo, la más escrupulosa a la hora de cumplir cualquier compromiso, por pequeño que sea, y por contrario que pueda ser a su gusto o interés. Su mayor temor es causar disgustos, o traicionar esperanzas, y no hay nadie tan incapaz como él de ser egoísta. Así es Edward, y así lo diré. ¿Por qué no va a permitir que se le alabe? Si tanto le molesta, no debe ser amigo mío; pues quienes acepten mi amor y mi aprecio deben resignarse a que los elogie sin tapujos.

En el caso presente, este exagerado panegírico resultó particularmente inapropiado para las terceras partes del auditorio, y para Edward fue tan deprimente que no tardó en levantarse y despedirse.

—¡Se va tan pronto! —dijo Marianne—. ¡Querido Edward, no puedo permitirlo!

Y, atrayéndolo un poco hacia sí, le dijo en un persuasivo susurro que Lucy tenía que estar a punto de marcharse. Pero hasta este aliciente fracasó, porque Edward, en efecto, se fue sin más, y Lucy, que se habría quedado aunque la visita hubiera durado dos horas, poco después hizo lo propio.

—¡Qué la traerá aquí tan a menudo! —dijo Marianne, en cuanto salió—. ¿Es que no veía que queríamos que se fuera?... ¡Qué engorro para Edward!

—¿Por qué un engorro? Somos todas amigas suyas, y a Lucy la conoció antes que a nosotras. Es de lo más natural que desee estar en su compañía tanto como en la nuestra.

Marianne la miró fijamente y dijo:

—Ya sabes Elinor, que no soporto esta forma de hablar; si lo que pretendes es sólo que alguien contradiga lo que acabas de decir, como debo suponer que es el caso, deberías saber que yo soy la última persona en este mundo dispuesta a hacerlo.

A continuación salió de la estancia, y Elinor no osó seguirla para añadir algo más, pues, obligada por su promesa de secreto a Lucy, no estaba en condiciones de dar a Marianne ninguna información convincente; y por dolorosas que pudieran ser las consecuencias de que persistiera en el error, se veía forzada a someterse a ellas. La única esperanza que le quedaba era que Edward no se expusiera muchas veces, o no la expusiera a ella, al penoso trance de ser testimonio de las desencaminadas efusiones de Marianne, ni al de reproducir, en ninguno de sus pormenores, las ingratas sensaciones que habían acompañado su reciente encuentro... Y no le faltaban razones para mantener la discreción.

# Capítulo XXXVI

Pocos días después de esta reunión, los periódicos anunciaban al mundo que la señora de Thomas Palmer había dado felizmente a luz a un hijo y heredero; un párrafo muy interesante y satisfactorio, al menos para todos los íntimos que sabían la noticia de antemano.

Este acontecimiento, de suma importancia para la felicidad de la señora Jennings, produjo una alteración pasajera en su distribución del tiempo, e influyó, en similar medida, en los compromisos de sus jóvenes amigas; pues, como la señora Jennings deseaba estar lo más posible junto a Charlotte, iba a verla cada mañana apenas después de vestirse y arreglarse, y no volvía sino hasta las últimas horas de la tarde; y las señoritas Dashwood, a instancias personales de los Middleton, se pasaban el día entero en Conduit Street.

Por propia comodidad habrían preferido, con mucho, quedarse en casa de la señora Jennings, al menos toda la mañana; pero tampoco se trataba de porfiar contra los deseos de todo el mundo. Sus horas fueron así cedidas a lady Middleton y a las dos señoritas Steele, para quienes su compañía era de hecho tan poco valiosa como declaradamente perseguida.

Eran demasiado inteligentes para ser compañía deseable para la primera; y en cuanto a las segundas, las miraban con ojos recelosos, como intrusas en su territorio, intrusas que participaban de las amabilidades que ellas querían monopolizar. Aunque no podía haber trato más atento que el que lady Middleton les dispensaba, en realidad las señoritas Dashwood no le gustaban nada, pues no eran proclives a adularla a ella ni a sus niños; así que no podía creerlas buenas personas, y visto que tenían afición a la lectura, se las imaginaba satíricas, tal vez sin saber exactamente lo que era ser satírico; pero eso era lo de menos. En un sentido general era censura, y ellas la ejercían con gran facilidad.

Su presencia era un freno tanto para lady Middleton como para Lucy. Estorbaba la indolencia de la una y los manejos de la otra. Lady Middleton se avergonzaba de no hacer nada delante de ellas, y Lucy temía que las adulaciones que en otras circunstancias calculaba y administraba con orgullo fueran despreciables a sus ojos. La señorita Steele era la menos afectada de las tres, y estaba en manos de las dos hermanas reconciliarla con su presencia. Si tan sólo una de ellas le hubiera dado una exhaustiva y detallada explicación de lo que había ocurrido entre Marianne y el señor Willoughby, se habría sentido ampliamente retribuida por el sacrificio que hacía de cederles el mejor lugar junto a la chimenea cuando llegaban. Pero esta reconciliación no llegó a consumarse, porque, aunque a menudo expresó ante Elinor, como quien no quiere la cosa, su condolencia por su hermana, y más de una vez hizo ante Marianne un conato de reflexión sobre la volubilidad de los jóvenes galanes, nada de ello surtió el menor efecto, como no fuera una mirada de indiferencia en la hermana mayor o una de repugnancia en la menor. Tal vez un esfuerzo más pequeño habría podido convertirla en su amiga. ¡Con que le hubieran dicho una sola cosa graciosa a propósito del reverendo! Pero tan poco inclinadas estaban, ellas no más que los demás, a complacerla que, si era el caso que sir John estaba fuera de casa, la señorita Steele podía pasarse el día entero sin oír otra broma al respecto que las que ella misma, en atención a sí misma, se prodigaba.

Todos estos celos y frustraciones, sin embargo, pasaban tan inadvertidos a la señora Jennings que ésta seguía pensando que era algo muy bueno el que las jóvenes se hicieran compañía, y había llegado a tomar por costumbre felicitar a sus amigas todas las noches por haberse librado de una vieja tonta durante tanto tiempo.

A veces las iba a buscar a casa de sir John, y otras las encontraba ya en su propio domicilio; pero fuera donde fuese, siempre llegaba radiante, henchida de júbilo y de importancia, atribuyendo el bienestar de Charlotte a sus desvelos y dispuesta a dar detalles tan exactos, tan minuciosos de su estado, que sólo a la curiosidad ansiosa de la señorita Steele podían satisfacer. Una cosa sí le preocupaba, una cosa de la que diariamente se dolía. El señor Palmer mantenía la común, pero poco paternal, opinión masculina de que todos los recién nacidos eran iguales; y aunque ella era capaz de advertir claramente, y en toda ocasión, el más acusado parecido entre este recién nacido y cada uno de los familiares por ambas ramas, no había manera de convencer de ello

a su padre, ni de hacerle ver que el niño no era igual a cualquier otro recién nacido, y ni siquiera pudo conseguirse que reconociera el sencillo enunciado de que era la criatura más hermosa del mundo.

Debo ahora relatar un infortunio que por estas fechas fue a abatirse sobre la señora de John Dashwood. Resultó que, mientras sus cuñadas y la señora Jennings le hacían su primera visita a Harley Street, compareció también otra señora de su círculo de amistades; una circunstancia aparentemente inofensiva en sí misma. Pero mientras la imaginación permita a otras personas formarse juicios erróneos sobre nuestra conducta, así como sacar conclusiones a partir de frágiles apariencias, nuestra felicidad estará siempre en cierta medida en manos del azar. En el caso presente, aquella señora que había llegado la última dejó volar su fantasía al punto de rebasar tanto la verdad como la probabilidad, y de concluir, a la sola mención del nombre de las señoritas Dashwood, y entendiendo que eran hermanas del señor Dashwood, que se hospedaban en Harley Street, y esta errónea información dio lugar, al cabo de uno o dos días, a sendas tarjetas de invitación, para ellas y para su hermano y cuñada, a una pequeña velada musical en su domicilio. He aquí, pues, cómo la señora de John Dashwood no sólo no tuvo más remedio que resignarse al supremo inconveniente de enviar su carruaje a las señoritas Dashwood, sino que, y eso era aún peor, iba a tener que guardar las apariencias y tratarlas, lo que le resultaba sumamente desagradable; ¿quién le decía que no se harían ilusiones de salir con ella por segunda vez? Cierto era que siempre le quedaría el recurso de contrariarlas. Pero eso no le bastaba, pues cuando la gente está decidida a seguir el mal camino, se siente insultada sólo porque alguien espere de ellos un comportamiento mejor.

Por aquel entonces Marianne había llegado, paulatinamente, a acostumbrarse tanto a salir todos los días que lo mismo le daba ir a un sitio como no ir, y se preparaba serena y mecánicamente para todos los compromisos nocturnos, aun sin esperar la menor diversión en ellos, y muy a menudo sin saber hasta el último momento a dónde la iban a llevar.

Tal había llegado a ser la despreocupación de Marianne por su aspecto y vestimenta que todo el tiempo que tardaba en acicalarse no tenía para ella ni la mitad de importancia que la que, una vez terminado, le daba la señorita Steele, quien, al verla, invertía siempre los primeros cinco minutos en no hablar de otra cosa. Nada escapaba ni a su minuciosa observación ni a su general curiosidad; todo lo veía, y todo lo preguntaba, no estaba tranquila

hasta que no conseguía enterarse del precio de cada pieza de su atavío; había podido acertar el número de vestidos que tenía con mayor discernimiento que la propia Marianne, y no renunciaba a la esperanza de averiguar, momentos antes de salir, cuánto gastaba en lavanderas por semana, y cuánto en sí misma por año. La impertinencia de esta clase de escrutinios solía coronarse, además, con un cumplido que, aunque pretendía ser una forma de cordialidad, era para Marianne el colmo de todas las impertinencias, pues, tras sufrir un examen del valor y la factura de sus prendas, el color de sus zapatos y el arreglo de su peinado, con casi toda seguridad aún le quedaba por oír que "a fe suya tenía un aspecto tremendo, elegantísimo, y que sin duda haría grandes conquistas".

Con ánimos de este tenor fue despachada Marianne en la presente ocasión al carruaje de su hermano, y las dos hermanas estuvieron en condición de subirse a él cinco minutos después de que se detuviera frente al portal, una puntualidad nada conveniente para su cuñada, que se les había adelantado a casa de sus amistades, y allí se encontraba confiando en un retraso o en algún posible trastorno que causarle a ella o a su cochero.

Los acontecimientos de la velada no fueron muy memorables. La reunión, como otras veladas musicales, congregó a mucha gente que tenía verdadero gusto por la música, y mucha más que no tenía ni el más mínimo, y los músicos eran, como de costumbre, en la estimación que se tenían y en la de sus amigos más allegados, los mejores músicos privados de Inglaterra.

Como Elinor ni era ni pretendía ser una gran aficionada, no tuvo escrúpulos en desviar, siempre que le pareció conveniente, la vista del imponente piano, y, sin contenerla siquiera, la presencia de un arpa y un violonchelo, distrajo su atención con las demás cosas que había en la estancia. En una de estas incursiones visuales distinguió, formando parte de un grupo, al mismo joven que les había dado una conferencia sobre estuches de mondadientes en la tienda del señor Gray. Poco después lo vio hablando familiarmente con su hermano, y apenas acababa de decidir que le preguntaría a éste su nombre, cuando los dos se encaminaron hacia ella, y el señor Dashwood se lo presentó como el señor Robert Ferrars.

El joven se dirigió a ella con discreta cortesía y con una tan retorcida inclinación de cabeza que, tan llanamente como habrían podido hacerlo las palabras, revelaba exactamente su condición de persona banal. ¡Qué suerte

había tenido Elinor si su interés por Edward hubiera dependido menos de los méritos personales de éste que de los de sus parientes más cercanos! Pues entonces la inclinación de cabeza de su hermano habría asestado el golpe final a lo que el abyecto humor de su madre y su hermana habían iniciado. Pero mientras se asombraba de lo diferentes que eran las dos jóvenes, no vio que la fatuidad y falsedad de uno le hiciera perder en absoluto la comprensión de la modestia y valía del otro. Robert le dio cuenta personalmente de por qué eran diferentes en el curso de un cuarto de hora de conversación; pues, hablando de su hermano, y deplorando la *gaucherie*[5] extrema que, en su tajante opinión, lo tenía apartado de la buena sociedad; la atribuyó, de manera imparcial y generosa, mucho menos a una posible deficiencia natural que a la adversidad de una educación particular; él, en cambio, aunque probablemente carecía de cualquier tipo de superioridad, ni especial ni material, imputable a la naturaleza, se encontraba, simplemente por la ventaja de haber sido educado en un colegio privado, tan bien preparado para alternar con el mundo como cualquier otro.

— A fe mía —agregó— que no creo que haya otra razón, y así se lo digo a menudo a mi madre cada vez que ella se queja... "Querida señora", le digo siempre, "debes dejar de preocuparte. El daño es ahora irreparable, y ha sido enteramente obra tuya. ¿Por qué tuviste que dejarte convencer por mi tío, sir Robert, contra tu propio juicio, de colocar a Edward con un preceptor, en la época más crítica de su vida? Con que lo hubieras enviado a Westminster igual que a mí, en vez de mandarlo con el señor Pratt, nos habríamos evitado todo eso". Así es como siempre considero el asunto, y mi madre está totalmente convencida de su error.

Elinor no quiso oponerse a su opinión, porque, fuera cual fuese su aprecio general de las ventajas de los colegios privados, no podía tener expectativas demasiado buenas sobre la estancia de Edward en casa y con la familia del señor Pratt.

—Tengo entendido que residen ustedes en Devonshire —fue la siguiente observación de Robert Ferrars—, en una casita de campo cercana a Dawlish.

---

[5] *En francés en el original: "torpeza o cortedad", N del T.*

Elinor le aclaró la situación de la vivienda, y él pareció sorprenderse de que alguien fuera capaz de vivir en Devonshire sin vivir cerca de Dawlish. Concedió, a pesar de todo, su aprobación a las noticias que obtuvo sobre la casa.

—Por lo que a mí respecta —dijo—, nada me seduce más que la idea de una casita de campo; son siempre tan cómodas, tan elegantes... Y si tuviera dinero que gastar, afirmo que me compraría un pedazo de tierra y me construiría una, a poca distancia de Londres, donde pudiera desplazarme en cualquier momento, rodearme de unos pocos amigos y ser feliz. Aconsejo a todo aquel que tenga intención de construir que se construya una casa de campo. El otro día, mi amigo lord Courtland fue a pedirme consejo, y desplegó ante mí tres planos distintos de Bonomi.[6] Yo tenía que decidir cuál era el mejor... "Querido Courtland", le dije, arrojando ambos planos al fuego, "no sigas ninguno de ellos, y, por lo que más quieras, constrúyete una casa de campo". Y, por lo que yo sé, creo que no hizo falta decir nada más. Hay gente que piensa que en una casa de campo no hay forma de tener comodidades, ni espacio; pero eso es un gran error. Yo estuve hace un mes en la casa de mi amigo Elliot, cerca de Dartford. Lady Elliot quería dar un baile; "pero ¿cómo?", decía. "Dígame usted, querido Ferrars, cómo me las arreglo. No hay en esta casa una sola habitación en la que quepan diez parejas; y la cena, ¿donde la sirvo?" Yo vi en el acto que no existía el menor impedimento, por lo que le dije: "No se preocupe usted, querida lady Elliot. En el comedor caben dieciocho parejas con facilidad; en el saloncito pueden emplazarse mesas para los naipes; puede abrirse la biblioteca para servir el té y otros refrigerios, y disponga usted la cena en el vestíbulo". A lady Elliot le encantó la idea. Medimos el comedor, y vimos que tenía capacidad exactamente para dieciocho parejas, y todo se arregló siguiendo paso a paso mi plan. Por lo que ya ve usted cómo, con sólo ponerse a ello, puede uno disfrutar de las mismas comodidades en una casita de campo que en la más espaciosa mansión.

Elinor se mostró de acuerdo con todo, pues no creía que él se mereciera el cumplido de una oposición racional.

Como John Dashwood no disfrutaba de la música más que la mayor de sus hermanas, también su pensamiento era libre de concentrarse en cualquier

[6] *Joseph Bonomi (1739-1808) famoso arquitecto de la época. Miembro de la Real Academia.*

otra cosa, y en el curso de la velada le asaltó una idea que, al llegar a su casa, sometió a la aprobación de su esposa. La consideración del error de la señora Dennison, al suponer huéspedes suyas a sus hermanas, le había sugerido la conveniencia de invitarlas realmente a convertirse en tales, mientras durasen los compromisos que mantenían a la señora Jennings apartada de su hogar. Los gastos iban a ser insignificantes, y menores aún los trastornos; finalmente se trataba de un detalle, una necesidad que partía de la delicada conciencia de liberarse de una vez por todas de la promesa hecha a su padre. Al oír la proposición, Fanny se sobresaltó:

—No veo la manera de hacerlo —dijo— sin afrentar a lady Middleton, con quien pasan tus hermanas todo el día; de otro modo nada me complacería más. Ya sabes lo dispuesta que estoy a prodigarles cuantas atenciones se hallen en mi mano, como sacarlas a estas veladas de esparcimiento. Pero ellas son las invitadas de lady Middleton. ¿Cómo podría pedirles que la dejasen?

Su marido, aunque con gran humildad, no veía el peso de esta objeción:

—Llevan ya una semana visitando la casa de Conduit Street, y a lady Middleton no podría disgustarle conceder el mismo número de días a unos parientes tan cercanos.

Fanny, tras una breve pausa, dijo, con remozado vigor:

—Amor mío, las invitaría de buenísima gana si de mí dependiera; pero resulta que había decidido, sin decirte nada, pedir a las señoritas Steele que pasaran unos días con nosotros. Son muchachas muy bien educadas, de buena condición, y creo que se les debe el detalle, dadas las atenciones que tuvo su tío con Edward. A tus hermanas podemos invitarlas cualquier otro año, no hace falta que te lo diga, pero las señoritas Steele quizá no vengan más a la cuidad. Estoy segura de que te gustarán; de hecho ya te gustan mucho, a ti como a mi madre. ¡Y Harry les tiene tanto cariño!

El señor Dashwood quedó convencido. Vio la necesidad de invitar sin pérdida de tiempo a las señoritas Steele, y su conciencia quedó en paz gracias al firme propósito de invitar otro año a sus hermanas, y con la ligera y simultánea sospecha, en cualquier caso, de que en otro año la invitación sería ya innecesaria, pues entonces Elinor iría a la ciudad en calidad de esposa del coronel Brandon, y Marianne en calidad de huésped suya.

Fanny, felicitándose por su airosa salida, y orgullosa del rápido ingenio que había desplegado, escribió a Lucy a la mañana siguiente para reclamar su compañía y la de su hermana en Harley Street durante unos cuantos días, tan pronto como lady Middleton pudiera prescindir de su presencia. Esto bastó para dar a Lucy una alegría auténtica y razonable. La señora Dashwood parecía estar, personalmente, dándole facilidades: ¡respondiendo con entusiasmo a sus esperanzas y fomentando todas sus aspiraciones! ¡Una oportunidad así de residir con Edward y con su familia no podía ser más conveniente para sus intereses, ni una invitación así más propicia a sus sentimientos! Era una ocasión tan favorable que nunca podría agradecerla bastante, ni tampoco corresponder a ella; no veía la hora de aprovecharla; y la estancia en casa de lady Middleton, para la que hasta entonces no había habido límites precisos, resultó de pronto que había estado programada para terminar en dos días.

Cuando la nota, diez minutos después de ser recibida, fue puesta en manos de Elinor, ésta participó de algún modo, por primera vez, de las expectativas de Lucy; pues esta señal de amabilidad tan extraordinaria, siendo tan recientes las presentaciones, parecía decir que, si la miraban con buenos ojos, era por algo más que por la pura malevolencia que a ella le tenían; y, con el tiempo y con el trato, quizá llegara Lucy a ver satisfechos todos sus deseos. Sus halagos habían sojuzgado ya el orgullo de lady Middleton, y abierto una brecha en el cerrado corazón de la señora de John Dashwood, y esos efectos allanaban el camino a otros probables y de mayor magnitud.

Las señoritas Steele se mudaron a Harley Street, y todo cuanto supo Elinor de su ascendencia en esta casa confirmó sus expectativas del acontecimiento. Sir John, que fue a visitarlas más de una vez, le llevaba tales informes del favor de que allí gozaban que no podían ser más locuaces ni más convincentes. La señora Dashwood jamás había conocido jovencitas más encantadoras; les había regalado a cada una un alfiletero en forma de libro, obra de algún emigrado;[7] a Lucy la tuteaba, y no sabía, en fin, si alguna vez iba a ser capaz de vivir sin ella y sin su hermana.

[7] *Probablemente algún refugiado procedente de la Francia revolucionaria.*

# Capítulo XXXVII

Quince días más tarde, la señora Palmer se encontraba ya tan mejorada que su madre dejó de sentir la necesidad de sacrificarle todo su tiempo; y, contentándose con ir a verla una o dos veces al día, volvió a adoptar sus costumbres y a permanecer en su hogar, y así se encontró con el hecho de que las señoritas Dashwood estaban muy inclinadas a reanudar su antigua compañía.

Hacia el tercero o cuarto día de su reinstalación en Berkeley Street, la señora Jennings, al volver un día de su consuetudinaria visita a casa de su hija, entró en el salón, donde Elinor se encontraba sola, haciendo tan grandes aspavientos que ésta se preparó para escuchar algún prodigio; y dándole apenas tiempo para hacerse a la idea, la señora Jennings empezó directamente a justificar su entusiasmo diciendo:

—¡Ay, Señor! ¡Querida señorita Dashwood! ¿Ya sabe usted la noticia?

—No, señora. ¿de qué se trata?

—¡De algo muy raro! Ahora se lo cuento todo... Hoy, al llegar a casa del señor Palmer, me he encontrado a Charlotte en un estado de gran agitación. Estaba convencida de que la criatura se había puesto enferma: lloraba, estaba temblando y toda llena de granitos. Le eché un vistazo sin perder tiempo y le dije: "Por el amor de Dios, querida! ¡Pero si no es más que sarpullido!", y la niñera dijo justo lo mismo. Pero Charlotte no quiso darse por satisfecha, así que hubo que llamar al señor Donovan, y tuvimos suerte porque éste acababa de llegar de Harley Street, así que en seguida lo tuvimos en casa, y, nada más ver al niño, dijo lo mismo que nosotras, que no era más que un sarpullido, y por fin Charlotte se quedó tranquila. Más tarde, justo cuando se marchaba, se me ocurrió preguntarle, no sé cómo fue que lo pensé, simplemente lo pensé, si tenía alguna noticia. Y cuando se lo dije, puso una gran sonrisa, una sonrisa tonta, pero que también mostraba cierta gravedad, como si supiera

algo importante; finalmente me dijo entre susurros: "Creo aconsejable, para evitar que llegue a los oídos de las jóvenes damitas que se hallan a su cuidado ninguna noticia desagradable relativa a la indisposición de su hermana política, decir que no creo que haya grandes motivos de alarma; confío en que la señora Dashwood se recuperará perfectamente."

—¡Qué me dice! ¿Fanny está enferma? Eso fue exactamente lo que le dije yo, querida: "¡Dios del Cielo! ¿Está enferma la señora Dashwood?" Entonces se destapó todo; y en resumidas cuentas, por lo que yo sé, es como sigue: El señor Edward Ferrars, el mismo joven sobre el que yo solía gastarle bromas a usted, señorita (aunque ahora, según están las cosas, me alegro horrores de no haberlo hecho nunca en serio), el señor Edward Ferrars, al parecer, ¡lleva más de un año comprometido con mi prima Lucy! ¡Lo que oye, querida! ¡Y todos sin saber nada, excepto Nancy! ¿No es increíble? No es de extrañar que se gusten uno al otro; pero entre ellos estos asuntos debían estar muy adelantados, ¡y nadie lo sabía! ¡Eso sí es extraño...! nunca tuve ocasión de verlos juntos, porque seguro que enseguida lo habría sentido. Bueno, el caso es que se había llevado un gran secreto, por miedo a la señora Ferrars, y ni ella ni su hija ni el hermano de usted tenían la menor sospecha..., hasta que, esta misma mañana, la pobre Nancy..., ya sabe usted que es una criatura muy bienintencionada, de pronto lo soltó todo. "¡Señor —se ha dicho a sí misma—, están todos tan encariñados con Lucy que seguro que no pondrán ningún reparo..." Y, bueno, se fue derecho a su hermana política, señorita Dashwood, que se encontraba sola, dedicada a su labor, sospechando apenas lo que se le avecinaba..., porque tan sólo cinco minutos antes le había estado diciendo a su hermano que tenía planes para Edward y la hija de un lord o algo así; ahora no me acuerdo. Ya puede imaginarse qué golpe ha sido para su orgullo y vanidad. Cayó en el acto en un violento acceso de histeria, y dio tales gritos que llegaron a oídos de su hermano, que estaba abajo, en su gabinete, pensando en una carta que tenía que escribir a su mayordomo en el campo. Corrió rápido escaleras arriba y se produjo una escena terrible, pues Lucy entró en aquel mismo momento, sin imaginar apenas lo que estaba ocurriendo. ¡Pobre criatura! ¡Qué pena me da! Y, debo decirlo, creo que la trataron con extrema dureza; porque su hermana política se puso hecha una furia, y la muchacha no tardó en desmayarse. Nancy cayó de rodillas y rompió a llorar amargamente; y su hermano, señorita Dashwood, empezó a dar vueltas por la habitación diciendo que no sabía qué hacer. La señora Das-

hwood declaró que no las quería ni un minuto más en su casa, y su hermano se vio obligado a arrodillarse también, para rogarle que al menos las dejara empacar sus cosas. Entonces ella volvió a ponerse histérica, y él se asustó tanto que decidió llamar al señor Donovan, y él llegó a la casa en medio de este escándalo. En la puerta estaba el coche listo para llevarse a mis pobres primas, y a punto estaban de subirse a él cuando el doctor salía. Él afirma que Lucy se encontraba en tal estado que apenas podía dar un paso, y Nancy, casi igual de mal. La verdad es que la hermana política de usted me saca de quicio; y espero, con toda el alma, que se casen a pesar de ella. ¡Oh, Señor! ¡Pobre Edward!, como habré de compadecerlo cuando lo sepa... ¡Ver a su amor sometida a esta humillación! Porque se dice que él la quiere muchísimo, a pesar de todo. ¡No me extrañaría que sintiera la mayor de las pasiones! Y el señor Donovan piensa lo mismo. Él y yo hemos tenido una larga charla; y lo mejor de todo es que después él ha vuelto de nuevo a Harley Street, y quizás esté presente cuando se lo digan a la señora Ferrars, a quien mandaron llamar tan pronto como mi prima abandonó la casa, pues su hermana política estaba segura de que ella también se pondría histérica; por lo que a mí respecta, que se ponga. Ninguna de las dos me inspira lástima. Nunca había conocido a nadie que armara tanto alboroto por estos asuntos del dinero y la grandeza. Yo no veo en absoluto por qué el señor Ferrars y Lucy no puedan casarse; pues estoy convencida de que la señora Ferrars puede permitirse tratar muy bien a su hijo, y, aunque Lucy apenas tenga nada, sabe mejor que nadie cómo sacar provecho de todo, y me atrevería a decir que, con que la señora Ferrars le concediera tan solo quinientas libras anuales, ella se las arreglaría para que pareciera que les había dado ochocientas. ¡Dios mío! ¡Qué a gusto podrían vivir en una casita de campo como la suya, señorita Dashwood, o un poco más grande, con dos criadas y dos hombres de servicio! Y creo que yo podría conseguirles una doncella, porque Betty tiene una hermana libre que les iría de maravilla.

Puso aquí la señora Jennings punto final a su discurso, y, como Elinor había tenido tiempo de sobra para ordenar sus pensamientos, estaba preparada para dar las respuestas y para hacer las observaciones a las que el asunto debía naturalmente dar pie. Feliz de saber que no era sospechosa de ser parte interesada, y que la señora Jennings (como últimamente había pensado que podía ocurrir) había dejado definitivamente de imaginársela enamorada de Edward, y feliz por todo lo demás, se sintió en perfectas condiciones, en

ausencia de Marianne, para hablar sin apuro de las circunstancias, y de dar su parecer con imparcialidad, o al menos eso creyó, sobre la actuación de todos cuantos intervenían en ellas.

Apenas podía discernir qué cabía esperar realmente después de lo sucedido, aunque con denuedo intentaba excluir la idea de que pudiera acabar de otra forma que con la boda de Edward y Lucy. Estaba ansiosa por saber, aunque no le cabía duda de cuál sería su orientación, lo que iba a decir y hacer la señora Ferrars, y aún más ansiosa por conocer cuál sería la reacción del propio Edward. Por él sentía una gran compasión..., muy poca por Lucy; y aun esa poca le costaba esfuerzo sentir. Por lo que respecta al resto de los implicados, no sentía compasión alguna.

En vista de que la señora Jennings no sabía hablar de otra cosa, Elinor vio pronto la necesidad de preparar a Marianne para la discusión de lo ocurrido. No había tiempo que perder; debía desengañarla, ponerla al corriente de todo lo ocurrido, y tratar de inducirla a tolerar los comentarios de terceros sin delatar inquietud por su hermana o resentimiento alguno contra Edward.

La tarea de Elinor era muy penosa. Iba a destruir lo que sinceramente veía como el principal consuelo de su hermana... Tenía que contarle ciertos detalles que temía le hicieran perder para siempre su buena opinión de Edward; además de que era posible que Marianne, ante el parecido de la situación de ambas, recrudeciera sus penas. Sin embargo, por ingrato que fuera su cometido, era necesario cumplirlo, y Elinor no quiso retrasarlo más.

Pocas ganas tenía de recrearse en sus sentimientos, o de manifestar que era grande su padecer, o no más, en todo caso, que en la medida en que pudiera ser útil a Marianne, y para eso se guiaba por el dominio que había ejercido sobre sí misma desde los días en que se enteró del compromiso de Edward. Fue el suyo un relato claro y sencillo; y aunque no pudo expresarlo sin emoción, no lo acompañaron emociones violentas ni quebrantos pasionales. Todo esto ocurrió de parte de la oyente, pues Marianne escuchó con horror, y lloró sin mesura. Elinor estaba destinada a ser, en sus propias penas no menos que en las ajenas, el sostén de los demás; y no hubo de faltarle diligencia a la hora de prestar todo el consuelo que las conclusiones de su atinado pensamiento eran capaces de procurar, ni la de esgrimir una enérgica defensa del derecho de Edward a no ser acusado más que de imprudencia.

Pero Marianne tardó un poco en dar su brazo a torcer. Ahora Edward le parecía un segundo Willoughby; y, siendo cierto que Elinor reconocía haberlo amado del modo más sincero, ¿cómo podía ahora sentir menos que ella? En cuanto a Lucy Steele, la consideraba tan absolutamente indigna de estimación, tan ferozmente incapaz de despertar el amor de un hombre sensible, que en un primer momento no se pudo conseguir que creyera, ni que perdonara luego, que Edward le hubiese profesado antes algún afecto, ni siquiera podía admitir que hubiese sido algo natural; y Elinor, para convencerla de que así era, se encomendó a lo único capaz de convencerla, esto es, a un más profundo conocimiento de la naturaleza humana.

Las primeras palabras de Elinor se habían limitado a establecer el hecho del compromiso, y el tiempo transcurrido desde que éste fue concertado. Dicho lo cual, el sentimiento de Marianne la había interrumpido, y puesto fin a todo orden posible en la exposición de los detalles; y durante un rato nada pudo hacerse sino sosegar su aflicción, atenuar sus temores y combatir su rencor. Lo primero que preguntó, y la pregunta condujo a otros particulares, fue:

—¿Cuanto tiempo hace que lo sabes, Elinor? ¿Te ha escrito él?

—Desde hace cuatro meses. El pasado mes de noviembre, cuando la conocimos en Barton Park, Lucy me contó confidencialmente su compromiso.

Al oír estas palabras, los ojos de Marianne expresaron la perplejidad que sus labios no supieron articular. Tras una pausa, exclamó:

—¡Cuatro meses...! ¡Lo sabes desde hace cuatro meses!

Elinor asintió.

—¡Cómo! Mientras velabas mi desdicha, ¿llevabas eso en tu corazón?... ¡Y yo que te reprochaba que fueras feliz!

—No era el momento de que supieras esa verdad.

—¡Cuatro meses! —repitió Marianne—. ¡Con esa calma...! ¡Con ese buen humor...! ¿Cómo has podido?

—Aferrándome a la creencia de que estaba cumpliendo con mi deber. Se lo prometí a Lucy, y estaba obligada a guardar el secreto. Sentí que debía cuidar el no ofrecer indicio alguno que pudiera conducir al descubrimiento de la verdad; y no podía permitir que mi familia y mis amigos se preocuparan por mí mientras no fuese libre para dar una explicación.

Marianne parecía muy afectada.

—Muchas veces he querido que tú y mi madre supieran que estaban equivocadas —añadió Elinor—; y una o dos veces he intentado desilusionarlas; pero jamás he podido convencerlas, y para hacerlo realmente hubiera tenido que traicionar mi lealtad.

—¡Cuatro meses...! ¡Y todavía lo amabas!

—Sí, pero no sólo lo amaba a él; y mientras me preocupase la tranquilidad de los demás, me alegraba poder evitar que conocieran mis sufrimientos. Ahora puedo pensar en ello, puedo hablar de ello con tranquilidad. No habría permitido que ustedes sufrieran por mi causa; porque ahora te aseguro que yo, sinceramente, he dejado de sufrir. Tengo muchas cosas a las que apegarme. No tengo conciencia de haber cometido ninguna imprudencia que haya perjudicado a nadie, y en lo que he podido he llevado mi carga sin que saliera de mí. Absuelvo a Edward de todo acto en esencia malo y le deseo mucha felicidad; estoy tan convencida de que se ha comportado siempre con arreglo a su conciencia que, aunque ahora quizás abrigue algún remordimiento, sé que al final será feliz. Lucy no carece de juicio, y el juicio es el fundamento de todas las cosas buenas. Y, al fin y al cabo, Marianne, después de todo cuanto de sugestivo hay en la idea de un único y constante amor y de todo cuanto pueda decirse de que la felicidad de uno depende por completo de una sola y concreta persona, no es éste el verdadero fin..., no es proporcionado..., ni posible. Edward se casará con Lucy; se casará con una mujer superior en lo físico y en rendimiento a la media de su sexo; y el tiempo y la costumbre le enseñarán a olvidar que quizás una vez pensó que había otra que la superaba.

—Si así es como razonas —dijo Marianne—, si la pérdida de lo que más aprecias puede subsanarse con tanta facilidad, quizá tu entereza, tu dominio de ti misma, sean un poco menos dignos de admiración. Siendo así me parecen más comprensibles.

—Sé lo que quieres decir. Pones en duda mi capacidad de sentir. Durante cuatro meses, Marianne, he llevado en el alma toda esa incertidumbre, sin ser libre de hablar de ella en ningún momento y con ninguna persona; he sabido que tú y tu madre serían totalmente infelices si se les hubiese revelado, y todo ello sin posibilidad siquiera de prepararse por algún medio. Ella me

lo dijo..., en cierta medida fui obligada a escucharlo de labios de la misma persona que con su antiguo compromiso arruinaba todos mis planes; y me lo dijo, y así lo pensé, como un triunfo. Por eso he tenido que luchar contra la suspicacia de esa persona, esforzándome en fingir indiferencia cuando más afectada me sentía; y más de una vez..., más de una vez he tenido que soportar el escuchar impávida el relato de sus esperanzas y exaltaciones... Me he visto separada de Edward para siempre, sin conocer un solo motivo que pudiera hacer el vínculo menos deseable a mis ojos. Nada ha demostrado que sea indigno, ni nada ha probado su indiferencia hacia mí. He tenido que combatir los desprecios de su hermana, y la insolencia de su madre; y he sufrido los castigos del amor sin disfrutar ninguna de sus ventajas. Y todo eso ha sucedido en una época en la que, como tú bien sabes, no sólo yo era infeliz. Si me vez capaz, quizás, de haber tenido algún sentimiento, seguramente imaginarás ahora que sí he sufrido. La moderación con que finalmente puedo considerar lo ocurrido, el consuelo que he buscado y deseado, no se han conseguido sino tras esfuerzos dolorosos y constantes; no han nacido por sí solos; no han podido ser mi alivio desde el principio... No, Marianne. Y si el silencio no me hubiera atado, quizá nada habría podido privarme, ni siquiera lo que debía a mis más allegados, de manifestar sin reparo lo muy feliz que era.

Marianne estaba completamente anonadada.

—¡Oh, Elinor! —exclamó—. Después de esto, voy a detestarme para siempre. ¡Qué insensible he sido contigo! ¡Contigo, que has sido mi único alivio, que has cargado con todas mis penas, que sólo por mí parecías sufrir! ¡Y he aquí mi gratitud! ¿No había otra forma de pagártelo? Sólo porque ante tus virtudes desmerezco he estado intentando acallarlas.

Las más tiernas caricias siguieron a esta confesión. En el estado de ánimo en que ahora se encontraba, Elinor no tuvo ninguna dificultad en obtener de ella cuantas promesas requirió; y a instancias suyas Marianne se comprometió a no tocar jamás el asunto en presencia de nadie sin disimular su tristeza, así como a recibir la compañía de Lucy sin delatar el menor aumento de su desprecio, e incluso, si la casualidad a ello conducía, a ver al mismo Edward sin restringir en lo más mínimo su habitual cordialidad. Sin duda estas fueron grandes concesiones..., pero cuando Marianne sabía que había infligido algún daño, todo le parecía poco para paliarlo.

Cumplió con su promesa de ser discreta hasta un punto admirable. Prestó atención sin cambiar de color a todo cuanto la señora Jennings tuvo que decir al respecto, no la contradijo en nada, y tres veces se la oyó decir: "Sí, señora". Escuchó sus alabanzas de Lucy sin moverse apenas de su silla, y cuando la señora Jennings empezó a hablar de los sentimientos de Edward, tan sólo un espasmo sacudió su garganta. Tales progresos hacia el heroísmo permitieron a Elinor sentirse a su altura en todo momento.

El día siguiente trajo consigo una prueba más, en la forma de una visita de su hermano, quien, con un aspecto de lo más solemne, se presentó dispuesto a comentar el horrible asunto y a darles noticias de su esposa.

—Supongo —dijo con gran ceremonia en cuanto tomó asiento—, que ya se han enterado del desagradable descubrimiento que tuvo lugar ayer en mi casa.

Las tres asintieron con la mirada; el momento parecía demasiado serio para decir palabra.

—Mi mujer, su cuñada —continuó—, ha sufrido indeciblemente. También la señora Ferrars..., para decirlo con pocas palabras, ha sido una escena muy triste y muy ardua..., pero confío en que amaine el temporal sin que ninguno de nosotros resulte excesivamente dañado. ¡Pobre Fanny! Estuvo con ataques histéricos todo el día de ayer. Pero no quisiera alarmarlas en exceso. Donovan dice que en realidad no hay nada que temer; ella es una mujer de buena constitución, y tiene una entereza inigualable. ¡Lo ha soportado todo con la fortaleza de un ángel! Ahora dice que nunca volverá a pensar bien de nadie; y no es de extrañar..., ¡después de semejante engaño! ¡Recibir semejante ingratitud, cuando se ha demostrado tanta amabilidad, cuando se ha depositado tanta confianza! Sólo la gran benevolencia de su corazón la llevó a invitar a estas jovencitas a su casa, simplemente porque creía que se les debía algún detalle, y que eran chicas bien educadas, sin malicia, que serían una agradable compañía; porque, por otro lado, los dos deseábamos haberlas invitado a ustedes, a ti y a Marianne, mientras su amable amiga se hallaba atendiendo a su madre. ¡Y vean ahora cuál es nuestra recompensa!... "Ojalá, ojalá, Dios mío", dice la pobre Fanny con su habitual dulzura, "hubiéramos invitado a tus hermanas en vez de a ellas".

Hizo entonces una pausa para recibir su agradecimiento, dado el cual, continuó.

—No hay palabras para describir el padecimiento de la señora Ferrars cuando Fanny se lo confesó. Mientras ella, con el más sincero amor, estaba planeando para su hijo una alianza de lo más deseable. ¡Quién iba a imaginar que durante todo ese tiempo él se hallaba secretamente comprometido con otra mujer! ¿Cómo iba a pasársele por la cabeza ni la sospecha de una cosa así? Y si sospechaba alguna inclinación preconcebida en algún aspecto, no era, desde luego, en esa dirección. "En eso, yo lo aseguro", dijo, "habría podido considerarme a salvo". Ha sido para ella una verdadera agonía. De todos modos, consultamos entre todos qué debía hacerse, y finalmente decidió llamar a Edward..., él acudió; pero lo que siguió me resulta vergonzoso referirlo. Todo lo que pudo la señora Ferrars decir para obligarlo a romper el compromiso, con la ayuda, como bien podrán suponer, de mis argumentos y de los ruegos de Fanny, cayó en saco roto. El deber, el amor, nada le importaba. Nunca hubiera creído que Edward fuese tan falto de sentimientos. Su madre le explicó sus generosos proyectos en el caso de que se casara con la señorita Morton; le dijo que le asignaría las propiedades de Norfolk, que, contribuciones aparte, produce sus buenas mil libras al año; hasta le ofreció, cuando las cosas se pusieron difíciles, mil doscientas, y contra esto, si persistía en esa miserable alianza, le describió certeramente las penurias que seguirían al matrimonio. Enérgicamente declaró que Edward habría de contentarse con las dos mil libras de que actualmente dispone, y que tan poco dispuesta estaría ella a proporcionarle la menor asistencia que, si decidiera él adoptar alguna profesión para con ello procurarse mayores recursos, ella haría todo cuanto estuviera en su mano para impedir que progresara en ese empeño.

En ese momento, henchida de indignación, Marianne dio una palmada y exclamó:

—¡Dios mío! ¡Esto es increíble!

—No me extraña en absoluto que te asombre, Marianne —respondió su hermano—, la obstinación que pudo enfrentarse a semejantes argumentos. Tu exclamación es de lo más natural.

Marianne iba a replicar; pero, recordando sus promesas, se contuvo.

—Pero todos estos requerimientos —prosiguió su hermano— fueron en vano. Edward apenas abrió la boca; pero lo que dijo fue en el tono más delicado. Nada iba a hacerlo renunciar a su compromiso. Iba a cumplirlo, al precio que fuera.

—Entonces —intervino la señora Jennings, con desenvuelta sinceridad y ya incapaz de guardar silencio—, ¡se ha portado como un hombre de honor! Le pido disculpas, señor Dashwood; pero si hubiera hecho otra cosa me habría parecido un sinvergüenza. Yo, como usted, me veo un poco afectada por este asunto, dado que Lucy es prima mía, y creo que no hay muchacha con mayores condiciones en toda la tierra, ni otra que se merezca más que ella un buen marido.

John Dashwood se quedó atónito; pero de natural tranquilo, poco dado a la exaltación, no gustaba de ofender nunca a nadie, a nadie, en especial, que fuera rico. Así que contestó sin exaltación:

—De ningún modo hablaría yo sin respeto de alguien de su familia, señora. Puedo decir que la señorita Lucy Steele es una joven de muchos méritos, pero en este caso ya sabe usted que por fuerza la relación es imposible. Y haberse comprometido en secreto con un joven que estaba bajo la tutela de su tío, el hijo de una mujer de gran fortuna como la señora Ferrars, es quizá algo un poco fuera de lo común. En pocas palabras, no tengo intención de sacar conclusiones sobre actos de una persona que merece sus preocupaciones, señora Jennings. Todos nosotros deseamos verla sumamente feliz, y la conducta de la señora Ferrars en el curso de todo este asunto ha sido la que habría adoptado cualquier madre buena y sensata en parecidas circunstancias. Ha sido elegante y liberal. Edward ha elegido un mal camino.

Marianne expresó con un suspiro sus parecidos temores; y el corazón de Elinor dio un vuelco al pensar cómo habría debido sentirse Edward desafiando las amenazas de su madre por una mujer que no iba a poder recompensarlo.

—En fin —dijo la señora Jennings—, ¿y al final en qué quedó el asunto?

—Lamento decir, señora, que en una desafortunadísima ruptura: Edward ha perdido para siempre el amor de su madre. Ayer dejó la casa y no sé a dónde ha ido, ni si aún está en la ciudad; porque, por supuesto, nosotros no podemos tratar de averiguarlo.

—¡Pobre joven! ¿Qué va a ser de él?

—¿Qué podrá ser de él?... No es un panorama agradable. ¡Él, que había nacido con la promesa de semejante caudal! No puedo concebir situación más

deplorable. Con los intereses de dos mil libras..., ¡cómo va a vivir un hombre con eso! Y si a esto añadimos que todo ha sido a causa de su propia locura, habiéndose negado a recibir, en un plazo de tres meses, dos mil quinientas al año (porque la señorita Morton tiene treinta mil libras), me cuesta imaginar un infortunio mayor. Debemos tenerle compasión, tanto más porque ayudarlo es algo que está totalmente fuera de nuestro alcance.

—¡Pobre joven! —exclamó la señora Jennings—. Estoy segura de que recibiría de buen grado una invitación de alojamiento y comida en mi casa; y eso le ofrecería si pudiera verlo. No me parece bien que tenga ahora que vivir a su propio cargo, en posadas y tabernas.

Elinor agradeció íntimamente este gesto de favor hacia Edward, aún sin poder evitar una sonrisa al ver la forma que había adoptado.

—Si tan sólo hubiese hecho —dijo John Dashwood— lo que sus allegados estaban dispuestos a hacer, quizá ahora se encontraría en una posición más conveniente, y no carecería de nada. Pero siendo así, nadie está en condiciones de ayudarlo. Y hay todavía otra cosa cerniéndose sobre él, que va a ser la mayor desgracia de todas: su madre ha decidido, siguiendo un impulso natural, asignar inmediatamente a Robert las propiedades que, en circunstancias adecuadas, habrían podido pertenecer a Edward. Cuando he salido esta mañana, estaba reunida con su abogado tratando el asunto.

—¡Bueno! —dijo la señora Jennings—. Esa es su venganza. Cada cual se venga a su manera. Pero no creo que yo lo hiciera así, dando independencia económica a un hijo sólo porque otro me ha ofendido.

Marianne se levantó y empezó a dar vueltas por la habitación.

—¿Puede algo ser más humillante para el ánimo de un joven —prosiguió John— que el ver a su hermano en posesión de un legado que habría podido ser para él? ¡Pobre Edward! Lo compadezco de veras.

Con unos minutos más de efusiones de este tenor concluyó la visita; y, asegurando repetidas veces a sus hermanas que creía sinceramente que la indisposición de Fanny no era realmente peligrosa, y que no debían inquietarse demasiado por este motivo, John Dashwood se despidió, dejando tras sí a tres mujeres, en esta ocasión, de acuerdo en sus pareceres, al menos en cuanto concernía a la conducta de la señora Ferrars, del matrimonio Dashwood y de Edward.

La indignación de Marianne se disparó en cuanto su hermano salió a la puerta; y como su vehemencia hacía imposibles los reparos de Elinor, e innecesarios los de la señora Jennings, departieron todas sobre el caso con elevado espíritu crítico.

# Capítulo XXXVIII

La señora Jennings hizo una calurosa apología de la actitud de Edward, pero sólo Elinor y Marianne comprendieron su verdadero mérito. Sólo ellas sabían qué pocos alicientes había tenido para desobedecer así, y qué precario era el consuelo, aparte de la conciencia de proceder con rectitud, que podía quedarle después de perder fortuna y amigos. Elinor estaba orgullosa de su integridad, y Marianne perdonaba todas sus ofensas por compasión de su castigo. Pero, aunque gracias a esta revelación pública, las dos hermanas recobraron la habitual y debida confianza, no era asunto que les gustase tratar con sus meditaciones solitarias. Elinor lo evitaba por principio, viendo que sus pensamientos tendían a aferrarse, por culpa de las afirmaciones demasiado enérgicas, demasiado positivas, de Marianne, a aquella idea del continuado afecto que Edward le profesaba, y de la que ella prefería desasirse; y Marianne pronto empezó a desfallecer, al querer discutir un punto que siempre la dejaba, más que cualquier otra cosa, insatisfecha consigo misma, a raíz de la comparación que irremediablemente sugería entre el proceder de Elinor y el suyo propio.

Sufrió todo el peso de tal comparación; pero no como su hermana había confiado, es decir, como un medio para inducirla ahora a hacer un esfuerzo; lo sufrió con todos los sinsabores de un continuo culparse, y toda la amargura de no haberse esforzado nunca antes, y esto sólo acarreaba la tortura de la penitencia, pero no la esperanza de la expiación. Su espíritu se hallaba tan debilitado que aún ahora creía que el esfuerzo era imposible, y así sólo conseguía desesperarse más.

Nada supieron, en los días siguientes, de los asuntos de Harley Street, o de Bartlett's Buildings. Pero, aunque conocían ya gran parte de lo sucedido, tanto que la señora Jennings habría podido contentarse divulgando estos conocimientos sin necesidad de profundizar más, tuvo ésta desde el principio la idea de hacer a sus primas una visita reconfortante e inquisitiva en cuanto le fuera posible; y tan sólo el estorbo de haber recibido ella misma más visitas de las habituales le había impedido ir a verlas en el transcurso de esos días.

Tres días después de que se supiera la noticia hizo un domingo tan hermoso, tan despejado, que mucha gente, aunque era sólo la segunda semana de marzo, se congregó en el parque de Kensington. Tanto la señora Jennings como Elinor se habían unido a la concurrencia; pero Marianne, habiéndose enterado de que el matrimonio Willoughby volvía a encontrarse en la ciudad, y temiendo tropezarse con ellos en cualquier momento, prefirió quedarse en casa antes que aventurarse en un lugar tan público.

No llevaban mucho tiempo en el parque cuando una amiga íntima de la señora Jennings se le acercó y, pegándose a su lado, acaparó toda la conversación; Elinor, lejos de lamentarlo, tuvo así la ocasión para reflexionar a sus anchas. Durante un rato no se encontró ni con Willoughby, ni con Edward ni con nadie que pudiera, por un dichoso o aciago azar, despertar su interés.

Sin embargo, al fin vio, con cierta sorpresa, aproximarse a la señorita Steele, quien, aunque con timidez, se mostró muy satisfecha de la coincidencia, y que, al recibir el estímulo de la especial amabilidad de la señora Jennings, se separó provisionalmente de sus acompañantes para unirse a ellas. Acto seguido, la señora Jennings le dijo a Elinor, en un susurro:

—Sáqueselo todo, querida. Le dirá todo cuanto le pregunte. Yo no puedo dejar a la señora Clarck, entiéndalo.

Fue una suerte, por lo demás, tanto para la curiosidad de la señora Jennings como para la de Elinor que la señorita Steele estuviera dispuesta a contarlo todo sin que se lo preguntaran, porque de otro modo no habrían llegado a saber nada.

—Estoy muy contenta de verla —le dijo, tomándola familiarmente del brazo—, porque es lo que más deseaba en el mundo —y, bajando al voz—. Me imagino que la señora Jennings ya estará enterada. ¿Se ha molestado?

—No, con ustedes en lo más mínimo.

—¡Qué buena noticia! Y lady Middleton, ¿se ha enfadado ella?

—No creo, me cuesta imaginar que lo haya hecho.

—Pues me alegro horrores. ¡Gracias a Dios! ¡Qué mal lo he pasado! Jamás había visto a Lucy tan furiosa. Al principio prometió que jamás volvería a arreglarme un tocado, y que en toda su vida jamás iba a hacer algo por mí; pero ahora ya se le ha pasado y hemos vuelto a ser buenas amigas como antes. ¡Mire qué lazo le ha hecho a mi sombrero! ¡Y qué pluma le puso anoche!... Bueno, ya sé que usted también va a reírse de mí; pero, ¿por qué no puedo llevar yo cintas rosas? No lo hago porque sea el color favorito del reverendo. Puedo asegurarle que, si no me lo hubiese dicho accidentalmente, jamás habría sabido que lo prefería a cualquier otro color. ¡Y mis primos, que no hacen más que criticarme...! La verdad es que a veces no sé qué ponerme cuando van a estar delante.

La señorita Steele estaba yendo por unos derroteros en los que Elinor poco podía intervenir, y no tardó, en consecuencia, en darse cuenta de que sería necesario remontar la conversación a sus orígenes.

—Bueno, señorita Dashwood —dijo, triunfante—, por mí la gente puede decir lo que quiera sobre la señora Ferrars y su decisión de rechazar a Lucy, pero de tales cosas yo no pienso hablar, es una vergüenza que se esparzan noticias tan inicuas. Y, en todo caso, Lucy es la única que sabe lo que piensa de lo ocurrido, y nadie tiene derecho a decir que lo sabe también.

—Yo le aseguro que jamás he oído nada en este sentido —dijo Elinor.

—¿Ah, no? Pues se han dicho cosas; lo sé muy bien, y no sólo las ha dicho una persona, pues la señorita Godby le dijo a la señora Sparks que nadie en sus cabales iba a esperar que el señor Ferrars renunciara a una mujer como la señorita Morton, con una fortuna de treinta mil libras, por Lucy Steele, que no tiene nada de nada; y eso me lo ha dicho la misma señorita Sparks. Y, lo que es más, mi propio primo, Richard, dijo que temía que, en cuanto se plantease la cuestión, el señor Ferrars fuera a romper el compromiso, y yo misma no supe qué pensar cuando vi que pasaban tres días y que él no iba a vernos. Creo sinceramente que Lucy lo dio todo por perdido, porque cuando nos fuimos de casa de su hermano era miércoles, y a Edward no lo vimos ni el jueves, ni el viernes ni el sábado, y todo este tiempo hemos estado sin saber nada de él. Lucy hasta quiso escribirle, pero su espíritu se rebelaba ante la idea. Esta mañana, finalmente, al volver de la iglesia, nos lo hemos encontrado en casa; y entonces lo hemos sabido todo: que el miércoles lo llamaron a Harley Street, que tuvo una conversación con su madre y todos los allí reunidos, y como en su presencia declaró que sólo amaba a Lucy, y que sólo con Lucy se iba a casar. Y cuán afectado le dejó lo que había ocurrido, hasta el punto de que, nada más salir de la casa de su madre, tomó su caballo y, cabalgando a campo traviesa llegó a una posada, en donde estuvo alojado todo el jueves y todo el viernes, pensando la mejor solución. Y después de meditarlo mucho, ha dicho, concluyó que ahora que carecía de fortuna y de toda pertenencia, sería impropio obligar a Lucy a mantener un compromiso en el que no tenía nada que ganar, dado que él no disponía más que de dos mil libras y estaba sin esperanzas de conseguir nada mejor; y, si, como eran sus planes, se ordenaba clérigo, entonces no tendría más que una parroquia, y, en fin, ¿cómo iban a vivir de eso los dos? Lo mejor que ella podía hacer, por poco que le importase su propio interés (y eso le pidió, pues no podía verlo de otro modo) era romper sin más tardanza el compromiso y dejar que él se las arreglara como pudiera. Yo lo oí decir todo eso, de la forma más clara posible. Y era sólo por el bien de ella, y pensando en ella, y no en él, por lo que osaba hablar de ruptura. A fe mía que ni una vez dijo una palabra que pudiera hacer pensar que se había cansado de ella, o que quería casarse con la señorita Morton, o algo parecido. Pero, claro, Lucy no quiso ni oír hablar del asunto, así que (con muchas dulces y amorosas palabras, ya puede usted imaginárselo... ¡En fin! Una no puede repetir esa clase de cosas, ya sabe) ella dijo inmediatamente que no tenía ni la más remota intención de romper, porque iba a ser capaz de vivir con él en cuatro cuartos, y que, por poco que tuviera, siempre estaría encantada de tenerlo a él..., bueno, algo así fue lo que dijo. Él se puso muy contento, y durante un rato reflexionó sobre lo que había que hacer, y los dos convinieron en que tenía que ordenarse sin pérdida de tiempo, y que hasta que no tuviera un beneficio eclesiástico habrían de esperar para la boda. Y justo en este momento tuve que dejarlos, pues llamó mi primo desde abajo para decirme que acababa de llegar la señora Richardson en su coche, y que quería llevarse a una de nosotras al parque de Kensington; me vi obligada a entrar en la habitación e interrumpirlos para preguntar a Lucy si quería ir ella, pero no podía dejar a Edward; así que a toda prisa me calcé un par de medias de seda, y me puse en camino con los Richardson.

—No entiendo lo que ha querido decir cuando ha dicho que los interrumpió —dijo Elinor—. ¿No estaban ustedes en la misma habitación?

—Oh, no, por supuesto. ¡Ay, señorita Dashwood! ¿Cree usted que la gente habla de amor cuando están presentes otras personas?... ¡Oh, por favor! Seguro que usted sabe mejor que yo —rió con afectación—. No, no; ellos estaban encerrados en el saloncito, y yo lo escuché todo tras de la puerta.

—¡Qué me dice! —Exclamó Elinor—. ¿Todo lo que me ha contado lo sabe usted sólo porque lo escuchó detrás de la puerta? Lamento no haberlo sabido antes, porque ciertamente no le habría consentido que me diera pormenores de una conversación que usted misma no habría debido conocer. ¿Cómo puede tener con su hermana un comportamiento tan desleal?

—¡Oh, por favor! Pero si eso no es nada. Yo estaba al lado de la puerta y oí lo que pude, nada más. Pero estoy segura de que Lucy habría hecho exactamente lo mismo en mi lugar, porque hace un par de años, cuando Martha Sharpe y yo compartíamos muchos secretos, nunca tuvo reparos en esconderse dentro de un armario, o, en verano, detrás de la pantalla que cubre la chimenea, para escuchar lo que decíamos.

Elinor intentó añadir algo más, pero la señorita Steele no podía esperar ni un par de minutos a decir sus más trascendentales pensamientos.

—Edward tiene intención de marcharse pronto a Oxford —dijo—, pero ahora está viviendo en Pall Mall, en el número... ¡Qué mujer más malvada la madre!, ¿verdad? Y su hermano y su cuñada de usted no fueron muy amables que digamos... De todos modos, no pienso hablarle mal de ellos; y, a decir verdad, nos mandaron a casa en su propio coche, lo que es más de lo que yo esperaba; y eso que tenía un miedo enorme a que su hermana quisiera que le devolviéramos los alfileteros que nos había regalado un par de días antes; pero finalmente nadie los sacó a colación, y yo me cuidé de llevarme el mío sin que me vieran. Edward dice que tiene asuntos que resolver en Oxford, por lo que estará ausente una temporada; y después, en cuanto encuentre a un obispo, se ordenará. ¡Me gustaría saber qué parroquia le darán! ¡Dios bendito! —con una de sus risitas—. Yo sé perfectamente lo que dirán mis primos cuando se enteren: que tengo que escribir al reverendo para que le consiga a Edward la parroquia de su nuevo beneficio. Sé que me lo pedirán; pero yo le aseguro que por nada del mundo haría tal cosa. "Por favor", no dudaría en decirles, "no sé como pueden pensar algo así. ¡Que yo le escriba al reverendo!"

—En fin —dijo Elinor—, es un alivio estar preparado para lo peor. Así se tiene la respuesta pensada.

La señorita Steele iba a responder algo sobre el particular, pero las personas con las que iba se acercaban, y esto impulsó la necesidad de hablar de otra cosa.

—¡Vaya! Por ahí vienen los Richardson. Tenía que contarle un montón de cosas más. Pero ahora no me queda más remedio que volver con ellos. No le quepa duda de que son gente de lo más notable. Él gana muchísimo dinero, y tienen coche propio. No tengo tiempo para hablar con la señora Jennings, pero por favor dígale lo feliz que me hace saber que no está furiosa con nosotras, y lo mismo a lady Middleton; y si, por lo que fuere, usted y su hermana tuvieran que irse y la señora Jennings necesita compañía, no deje de decirle que nosotras estaríamos encantadas de ofrecérsela todo el tiempo que quiera. Supongo que esta temporada Lady Middleton ya no volverá a invitarnos. Adiós, siento no haber podido saludar a la señorita Marianne. Por favor dele mis mejores recuerdos. ¡Vaya, pero si no lleva usted su vestido de muselina en rombos! Espero que no se le haya roto.

Con tales preocupaciones se despidió; pues, dicho esto, apenas tuvo tiempo para decir adiós a la señora Jennings, porque la señora Richardson exigió su compañía, y Elinor quedó en posesión de conocimientos que durante un rato habrían de dar pábulo a sus reflexiones, a pesar de que poco sabía ahora que no hubiese previsto y adivinado ya. La boda de Edward y Lucy seguía su curso, inalterado, y la fecha de la celebración seguía siendo tan absolutamente incierta como había pensado; todo dependía, en perfecto acuerdo con sus cálculos, de la asignación de un beneficio del que, hasta el momento, no parecía haber la menor posibilidad.

La señora Jennings, en cuanto regresaron al coche, se mostró ansiosa de información; pero como Elinor no quería dar más circulación de la necesaria a unas noticias obtenidas de fuentes tan indignas, se limitó a referir brevemente algunos detalles aislados que sabía que a Lucy, en interés de su fidelidad, le habría gustado contar. Toda la comunicación se redujo a manifestar la continuidad del compromiso y los medios que iban a procurarse para obtener su buen fin; lo cual produjo en la señora Jennings la siguiente observación natural:

—¡Esperar a que él consiga un beneficio! Oh, ya se sabe en qué acabará todo esto... Esperarán un año, verán que no sacan nada bueno de la espera, y se instalarán en una parroquia de cincuenta libras, con los intereses de las dos mil de él, y lo poco que pueda darle a ella el señor Steele y el señor Pratt..., ¡y luego tendrán un hijo cada año! ¡Que el Señor los ampare! ¡Qué pobres serán! Tengo que pensar qué puedo darles yo para el acondicionamiento de la casa. ¡Dos criadas y dos hombres, como dije el otro día...! No, no, tendrán que conformarse con una muchacha fuerte que haga todos los trabajos. Ahora la hermana de Betty ya no les sirve de nada.

A la mañana siguiente, el correo de dos peniques llevó a Elinor una carta de la propia Lucy, que decía lo siguiente:

> Bartlett's Buildings, marzo.
>
> Confío en que mi querida señorita Dashwood sepa disculpar la libertad que me tomo al escribirle; pero sé que por la amistad que me profesa estará contenta de tener noticias de mí y de mi querido Edward, después de todos los contratiempos que últimamente hemos sufrido. Por lo tanto, no voy a excusarme, sino que procedo a decirle que, gracias a Dios, aunque nuestras penas han sido terribles, ahora estamos los dos muy bien y somos todo lo felices que, gracias al amor que nos tenemos siempre habremos de ser. Nos hemos visto sometidos a grandes pruebas, y a grandes persecuciones, pero también, al mismo tiempo, hemos quedado en deuda con muchos amigos, incluyéndola a usted, que nos han mostrado atenciones que tanto yo como Edward, a quien he informado al respecto, recordaremos siempre con gratitud. Estoy segura de que le agradará saber, y también a la querida señora Jennings, que ayer por la tarde pasamos juntos dos felices horas, en las que él no quiso ni oír hablar de separarnos, aunque yo con firmeza, y en nombre de la prudencia, tal como creí mi deber, le insistí en hacerlo, y si hubiera dado su consentimiento, yo le habría dicho adiós en el acto; pero él dijo que eso nunca sucedería, que nada le importaba la cólera de su madre mientras tuviera mi amor; nuestras perspectivas no son muy halagüeñas, a decir verdad, pero debemos aguardar y esperar lo mejor; dentro de poco se ordenará, y, si de algún modo estuviera en sus manos, señorita Dashwood, recomendarle a alguien que tuviera un beneficio libre, sé que no se olvidará de nosotros, ni tampoco la querida señora Jennings, de quien espero buenas palabras con sir John, con el señor Palmer, o con cualquier otro amigo que pueda ayudarnos. La pobre Anne es en buena parte responsable de lo ocurrido, pero lo hizo para bien, y por eso no se lo reprocho; espero que la señora Jennings no le suponga mucho trastorno al ir a hacernos una visita, y si viniera cualquier mañana sería un gran honor y mis primos se sentirían muy orgullosos de conocerla. El papel me recuerda que debo concluir, rogándole que le transmita mis más respetuosos saludos a sir John y a lady Middleton, y a sus queridos niños, cuando tenga ocasión de verlos, y muy especialmente a Marianne.
>
> Muy afectuosamente, quedo de usted.

Tan pronto como terminó de leer, Elinor puso la carta en manos de la señora Jennings, la cuál la leyó en voz alta, salpicando su lectura con multitud de elogios y fervorosos comentarios:

—¡Qué bien está! ¡Qué bien escribe! Sí..., sí..., eso fue muy oportuno, eximirle del compromiso..., si hubiera sido ése su deseo. Muy propio de Lucy... ¡Pobrecita! ¡Ojalá pudiera yo conseguirle un beneficio. Mire, mire..., me llama "querida señora Jennings". ¡Qué buen corazón! No hay otro igual... Muy bien, a fe mía. Esta frase tiene un giro muy bonito. Pues claro que iré a verla, no faltaría más. ¡Qué atenta! ¡Se acuerda de todo el mundo! Gracias, querida, por enseñármela. Es una carta divina como no he visto en mi vida, totalmente digna de Lucy, de su cabeza y de su corazón.

# Capítulo XXXIX

Las señoritas Dashwood llevaban ya bastante más de dos meses en la cuidad, y Marianne ya no podía posponer más el día de vuelta. Suspiraba por el aire, la libertad, el sosiego del campo; y pensaba que, si en algún lugar podría recobrar la paz, sólo podía ser en Barton. Elinor no deseaba menos marcharse, y si no estaba tan empeñada en hacerlo inmediatamente era por su conciencia de las dificultades de un viaje tan largo, las mismas que Marianne no alcanzaba a reconocer. Empezó, de todos modos, a darle vueltas seriamente a la idea, y le había hablado ya de sus deseos a su gentil anfitriona, la cual, con toda la elocuencia de su buena voluntad, se opuso a ellos. Se propuso entonces un plan que parecía ser, a pesar de retrasar aún unas cuantas semanas más su regreso al hogar, el más deseable entre los posibles. Los Palmer iban a volver a Cleveland hacia fines de marzo, para Semana Santa; y la señora Jennings, junto con sus dos amigas, había recibido una muy cariñosa invitación de Charlotte para acompañarlos. Esta invitación, por sí misma, no habría bastado para seducir el cumplido carácter de la señorita Dashwood; pero el señor Palmer en persona se lo encareció con tanta y tan auténtica cortesía que, recordando además cuánto habían mejorado sus modales desde que se hizo pública la infelicidad de su hermana, se dejó convencer y aceptó de buen grado.

Cuando le dijo a Marianne lo que había hecho, sin embargo, su primera reacción no fue muy buen augurio.

—¡Cleveland! —exclamó muy agitada—. No, yo no puedo ir a Cleveland...

—Olvidas —dijo Elinor en un tono afable— que la casa no está situada..., que no está en la vecindad de...

—Pero está en Somersetshire. Yo no puedo ir a Somersetshire. ¡A Somersetshire, a donde tenía tantas esperazas de ir cuando...! No, Elinor, no puedes pedirme que vaya.

Elinor no quiso discutir la conveniencia de dominar tales sentimientos, simplemente se esforzó en contrarrestarlos apelando a otros; y, así, presentó la ocasión como una medida que dispondría las condiciones para la hora de volver junto a su querida madre, a quien tantas ganas tenía de ver, por unos medios más cómodos y deseables que los que cualquier otro plan podía proporcionar, y quizás sin mayor demora. Desde Cleveland, que estaba a unas pocas millas de Bristol, y a pesar de que el viaje era largo, no se tardaba más de un día en llegar a Barton; y el criado de su madre podría ir sin dificultad a buscarlas; y, dado que no habría ninguna posibilidad de que estuvieran en Cleveland más de una semana, quizá estuvieran en casa en poco más de tres semanas. El amor de Marianne por su madre era sincero, y por eso hubo de vencer, sin grandes impedimentos, los males que su imaginación había hecho brotar.

Tan poco le pesaba a la señora Jennings la compañía de sus huéspedes que con toda resolución las instó a volver de nuevo con ellas una vez dejaran Cleveland. Elinor agradeció el gesto, pero no pudo éste alterar sus planes; y, habiendo obtenido el beneplácito de su madre, todas las disposiciones para el regreso fueron establecidas con el máximo rigor; y Marianne encontró cierto alivio en contar las horas que aún habría de pasar lejos de Barton.

—¡Ah, coronel! No sé qué haremos usted y yo sin las señoritas Dashwood— así lo recibió la señora Jennings en la primera visita que les hizo después de haberse convenido su marcha—. Están decididas a volver a Barton sin remedio cuando dejen la casa de los Palmer; y yo..., ¡qué tristeza me espera, cuando vuelva! ¡Dios mío! Estaremos aquí mirándonos el uno al otro como dos gatos aburridos.

Quizá la señora Jennings albergara la esperanza, con esta manera triste de vaticinar el futuro, de incitar al coronel a hacer aquella proposición que quizá le diera a él la ocasión de librarse de compartir el futuro hastío. Si fue así, tuvo en poco tiempo motivos para pensar que había logrado su propósito, pues, en el momento en que Elinor se acercó a la ventana para tomar las medidas de un grabado que tenía la intención de copiar para su amiga, el coronel la siguió con una expresión particularmente interesada, y estuvo charlando con ella un buen rato. Tampoco el efecto de sus palabras sobre la joven pudo escapar a su observación, pues aunque era demasiado digna para escuchar y hasta se había cambiado de sitio a propósito para no oír, y tomando asiento al lado del piano, en el que Marianne ejecutaba una pieza, no pudo dejar de ver que Elinor mudaba de color, atendía con agitación, y estaba, en fin, demasiado absorta por lo que él decía como para reparar en lo que hacía ella. Para mayor confirmación de sus esperanzas, en un intervalo entre estudio de Marianne, llegaron a sus oídos, sin que nada pudiera evitarlo, algunas palabras del coronel que parecían dar a entender alguna disculpa por el mal estado de su casa. Después de esto no cupo ya la menor duda. La señora Jennings de hecho no entendía por qué el coronel creía necesario pedir disculpas; pero supuso que era algo meramente ceremonial. No fue capaz de interpretar la respuesta de Elinor, pero juzgó por el movimiento de sus labios que ella no veía ningún impedimento; y la señora Jennings la alabó interiormente por ser así de sincera. Siguieron hablando unos minutos más sin que pudiera atrapar una sola palabra; pero entonces, otra afortunada pausa en la interpretación de Marianne, le permitió escuchar la frase que el coronel pronunciaba con toda serenidad:

—No creo, al menos, que pueda celebrarse muy pronto.

Atónita y conmocionada por un lenguaje tan impropio del amor, casi exclamó: "¡Ay, Señor! ¿Para qué tanto retraso?"; pero, conteniendo su deseo, se limitó a admirarse en silencio: ¡Qué raro! ¿Para qué querrá esperar a ser más viejo?

A pesar de todo, esta demora por parte del coronel no parecía ofender o mortificar en absoluto a su bella compañera, pues, cuando poco después dieron por terminada la plática y se separaron en direcciones distintas, la señora Jennings oyó muy claramente a Elinor; con una voz que expresaba que sentía lo que decía, exclamar:

—Nunca dejaré de estar en deuda con usted.

A la señora Jennings le satisfizo mucho esta muestra de gratitud, y lo único que no acabó de comprender, después de oír tales palabras, fue que el coronel pudiera marcharse inmediatamente con tanta sangre fría, ¡y sin responder ni una palabra a la muchacha! Nunca habría esperado de su viejo amigo tanta apatía como pretendiente.

Lo que en realidad se dijeron Elinor y el coronel fue lo que sigue:

—He sabido —empezó él, con gran condolencia— cuán injustamente ha sido su amigo, el señor Ferrars, tratado por su familia; pues, si estoy en lo cierto, se le ha repudiado por perseverar en un compromiso con una joven con grandes virtudes. ¿Me han informado bien? ¿Es eso lo que ha ocurrido?

Elinor asintió.

—La crueldad, la injusta crueldad —continuó, con pasión— de separar, de querer separar a dos jóvenes unidos desde hace tiempo es terrible... La señora Ferrars no sabe lo que hace..., no sabe hasta dónde puede llevar todo esto a su hijo. He visto al señor Ferrars dos o tres veces en Harley Street, y me ha parecido muy agradable. No es un joven con el que uno pueda trabar intimidad en poco tiempo, pero lo conozco lo suficiente para desearle felicidad en virtud de cuanto he visto, y con mayor motivo sabiendo que es un amigo suyo. Tengo entendido que quiere ordenarse. Si tuviera usted la amabilidad podría decirle que el beneficio de Delaford, que acaba de quedar vacante, según he sabido por el correo de hoy, es suyo, siempre y cuando lo crea digno de él..., aunque eso, en las desafortunadas circunstancias en que ahora se halla, quizá sea absurdo dudarlo; lo único que lamento es que no sea un beneficio de mayor valor. Es una rectoría, pero pequeña; su último ocupante, creo que no ingresaba más de doscientas libras anuales y, aunque opino que es una cantidad que puede mejorarse, me temo que no hasta el punto de convertirse en una renta demasiado holgada. Sin embargo, en las actuales condiciones, me es muy grato ofrecérselo. Dígaselo así, por favor.

La perplejidad de Elinor ante esta mediación difícilmente habría sido mayor, ni aunque el coronel le hubiera estado pidiendo su mano. La asignación que tan sólo dos días antes había creído imposible era ya un hecho, un hecho que permitía a Edward casarse; ¡y ella, entre todas las personas del mundo, había sido la elegida para comunicárselo...! Sus emociones eran las que la señora Jennings le había atribuido, aunque la causa era muy distinta. Pero fueran cuales fueren los pequeños sentimientos menos puros, menos complacientes, que participaban de esas emociones, apreció y agradeció ampliamente la benevolencia y el especial sentimiento de amistad que habían impulsado al coronel a obrar de esa manera, y así se lo expresó, con gran afecto. Mostró sinceramente su gratitud, aludió a los principios y a la naturaleza de Edward en los elogiosos términos que sabía que él se merecía, y prometió desempeñar la mediación de muy buena gana, si era deseo del coronel dejar en manos de otra persona tan grato cometido. Pero no dejó de pensar, al mismo tiempo, que nadie podía desempeñarlo tan bien como él mismo. Era, en definitiva, una misión de la que su escaso deseo de violentar a Edward por recibir un favor de ella, se había deshecho con sumo placer; pero el coronel Brandon, inspirado por motivos de igual delicadeza, al renunciar él mismo, parecía incluso querer hasta tal punto que fuese ella la mediadora, que por ningún concepto quiso Elinor oponer ninguna resistencia. Según sus noticias, Edward no había salido aún de la ciudad, y por fortuna conocía su paradero gracias a la señorita Steele. Por lo tanto podía encargarse de informarle aquel mismo día. En cuanto los pormenores quedaron establecidos, el coronel empezó a decir que a él le venía muy bien asegurarse la vecindad de un hombre tan respetable y simpático, y fue entonces cuando mencionó lastimeramente que la casa era pequeña y vulgar: un mal al que Elinor, como bien supuso la señora Jennings, había restado importancia, al menos en lo tocante a las dimensiones.

—Que la casa es pequeña —dijo— no me parece cosa grave, porque estará en concordancia con sus ingresos y con su familia.

Al oír esto, el coronel quedó sorprendido, al darse cuenta que ella estaba pensando en la boda del señor Ferrars como la directa consecuencia del ofrecimiento; pues no le parecía posible que el beneficio de Delaford pudiera proporcionar una de la que nadie que llevara su etilo de vida pudiera aventurarse a depender; y así lo expresó:

—Esta pequeña rectoría apenas es suficiente para la comodidad del señor Ferrars siendo soltero; no da para casarse. Lamento decir que mi patrocinio no puede extenderse más allá, como se extiende mi interés. Sin embargo, si alguna vez, por lo que fuere, pudiera prestarle algún otro servicio, tendría que haber cambiado mucho mi opinión de él para no ayudarle entonces como en estos momentos sinceramente desearía. En realidad, creo que de poco le servirá mi ofrecimiento, porque con él muy poco puedo contribuir a la que seguramente es su principal condición, su única condición para ser feliz. Su matrimonio habrá de ser todavía un bien lejano; no creo, al menos que pueda celebrarse muy pronto...

Ésta fue la frase que, mal interpretada, hirió tan justamente los delicados sentimientos de la señora Jennings; pero, tras esta narración de lo que pasó realmente entre Elinor y el coronel Brandon mientras estaban junto a la ventana, la gratitud que ésta expresó al despedirse quizá se nos antoje, en general, no menos razonablemente motivada, no menos correctamente expresada, que si hubiera nacido de una proposición de matrimonio.

# Capítulo XL

—¡Vaya, señorita Dashwood! —dijo la señora Jennings, con una sonrisa suspicaz, en cuanto se retiró el caballero—, no le voy a preguntar qué le ha estado diciendo el coronel; pues, aunque he intentado, por mi honor, no escuchar, no he podido dejar de oír ciertas cosas, y esto me ha bastado para hacerme una idea de lo ocurrido. Y le aseguro que nunca en mi vida he estado más contenta, y sinceramente me congratulo de que así sea.

—Muchas gracias, señora —respondió Elinor—. Es para mí una gran satisfacción, y aprecio muy sensiblemente la bondad del coronel Brandon. Pocos hombres son capaces de obrar como él. ¡Hay pocas personas con el corazón tan grande! Estoy aturdida como jamás lo había estado en mi vida.

—¡Por Dios, querida, qué modesta es usted! Yo no estoy nada, nada aturdida, porque últimamente he pensado muchas veces que nada era más probable.

—Usted juzgaba conociendo la habitual buena voluntad del coronel, pero no es posible que pudiera prever que la oportunidad se presentara tan pronto.

—¡La oportunidad! —repitió la señora Jennings—. ¡Oh! Una vez un hombre ha tomado su decisión respecto a una cosa así, de un modo u otro no tarda mucho en encontrar la oportunidad. En fin, querida, vuelvo a felicitarla; y si tiene que haber en el mundo una pareja feliz, creo que pronto sabré dónde encontrarla.

—Supongo que en Delaford, ¿verdad? —dijo Elinor, con una débil sonrisa.

—Claro, querida, allí iré. Y en cuanto a que la casa es pequeña, no sé qué estaría pensando el coronel, porque está la mar de bien.

—Decía que necesitaba algunas reformas.

—Bueno, ¿y quién tiene la culpa de eso? ¿Por qué no la reforma? ¿Quién lo va a hacer si no lo hace él?

En ese momento fueron interrumpidas por la llegada del criado, que les anunció que el coche esperaba a la puerta; y la señora Jennings, preparándose para salir de inmediato, dijo:

—Ay, querida, me voy a tener que ir dejando esta charla a la mitad. De todos modos, podemos terminarla esta noche, cuando estemos solas. No le pido que me acompañe, porque estoy segura de que tiene la cabeza llena de cosas que se lo impiden; además, tiene usted que ir a contárselo todo a su hermana.

—Sin duda, señora, se lo contaré a Marianne; pero de momento no me gustaría que lo supiera nadie más.

—¡Oh, como quiera! —dijo la señora Jennings bastante contrariada—. Entonces preferirá que no se lo cuente a Lucy; precisamente hoy pensaba acercarme a Holborn.

—No, señora, si me hace el favor, ni siquiera a Lucy. Un retraso de un día no tendrá mucha importancia; y hasta que no haya escrito al señor Ferrars, creo que nadie más debería saberlo. Ahora mismo le escribiré. No hay que perder más tiempo, porque, evidentemente, su ordenación requerirá resolver muchos asuntos.

En un primer momento, estas palabras desconcertaron extraordinariamente a la señora Jennings. No pudo entender de buenas a primeras por qué había que escribir con tanta urgencia al señor Ferrars. Sin embargo, unos instantes de reflexión alumbraron una idea muy afortunada, y entonces exclamó:

—¡Ah, ya, ya entiendo! Va a ser el señor Ferrars. Bueno, tanto mejor para él. Entonces tiene que darse prisa en ordenarse; y me alegro de saber que las cosas están tan adelantadas entre ustedes. Pero, querida, ¿no está un poco fuera de lugar? ¿No debería escribirle el coronel personalmente? Él es el más indicado.

Elinor no comprendió del todo el principio de la reflexión de la señora Jennings; pero tampoco pensó que valiera la pena indagar; y por eso sólo contestó a su conclusión.

—El coronel Brandon es un hombre tan delicado que prefiere que sea otra persona quien anuncie sus intenciones al señor Ferrars.

—Y así es que se ve obligada a hacerlo usted. Bueno, ¡vaya forma tan rara de ser delicado! En fin, no la molesto más —dijo, cuando vio que Elinor se disponía para escribir la carta—. Usted sabrá mejor que yo lo que le conviene. Adiós, querida, no había recibido mejores noticias desde que Charlotte dio a luz.

Y así se marchó; pero un momento después volvió a aparecer.

—Se me acaba de ocurrir una idea, querida, sobre la hermana de Betty. Me haría muy feliz colocarla con tan buena ama. Pero la verdad es que no sé si servirá para doncella de cámara. Es una sirvienta excelente, y muy buena con la aguja. En fin, ya tendrá usted tiempo de pensarlo.

—Muy bien, señora —repuso Elinor, sin prestar mucha atención a sus palabras, y con más ganas de estar sola que de captar su sentido.

Su única preocupación era ahora cómo empezar, cómo expresarse en la nota que iba a escribir a Edward. Sus peculiares relaciones hacían difícil lo que para cualquier otra persona habría sido lo más fácil del mundo; pero mientras temía por igual decir demasiado poco, en actitud pensativa, con el papel delante y la pluma en la mano, la entrada de Edward en persona la interrumpió.

Había venido a dejar su tarjeta de despedida y acababa de encontrarse en la puerta con la señora Jennings, quien estaba a punto de subir a su carruaje; y ella, después de excusarse por no volver a entrar con él, le instó a pasar diciendo que la señorita Dashwood quería hablarle de algo muy especial.

En medio de su perplejidad, Elinor estaba diciéndose que al fin y al cabo, por difícil que fuera dar con el tono que más convenía a la carta, al menos prefería eso a comunicar la información de palabra; fue entonces cuando, para obligarla a un esfuerzo indecible, irrumpió su visitante. La súbita aparición produjo un desconcierto y una confusión muy grandes. No había visto a Edward desde que hizo público su compromiso, y, por consiguiente, desde que él se enteró de que ella lo conocía, lo cual, recordando las cosas que había pasado y las que ahora tenía que decirle, hizo que se sintiera particularmente incómoda durante algunos minutos. También a él se le veía muy afectado, y la situación, allí juntos los dos, prometía ser de lo más incómodo. Edward no era capaz de recordar si al entrar le había pedido disculpas por su intrusión; pero, decidido a curarse en salud, presentó sus excusas, tras tomar asiento, tan pronto como estuvo en condiciones de expresarse.

—La señora Jennings me ha dicho —manifestó— que quería usted hablar conmigo, o al menos eso fue lo que entendí... Sí..., no, no la habría interrumpido de esta manera, pero al mismo tiempo habría lamentado mucho irme de Londres sin verlas a usted y a su hermana, tanto más porque lo más probable es que por algún tiempo..., no creo que tenga el honor de volver a verlas pronto. Mañana salgo para Oxford.

—No crea que le hubiésemos dejado partir —dijo Elinor, sobreponiéndose, y dispuesta a acabar cuanto antes con lo que tanto temía—, si expresarle nuestra más sincera enhorabuena, ni aún en el caso de no haber podido hacerlo de palabra. La señora Jennings decía la verdad. Tengo algo importante que comunicarle, y en realidad en estos momentos me disponía a escribirle una carta. Se me ha asignado un feliz cometido —la respiración se le aceleró—. El coronel Brandon, que acaba de irse no hará más de diez minutos, me ha encomendado que le diga que, conociendo sus intenciones de ordenarse, se alegra de poner a su disposición el beneficio de Delaford, que acaba de quedar vacante, y que sólo lamenta que no sea de mayor valor. Permítame felicitarlo por tener un amigo tan noble y generoso, a quien me uno al desear que el beneficio, de unas doscientas libras anuales, fuera más importante y que pudiera permitirle..., bueno, que pudiera ser algo más que un destino provisional para usted..., que pudiera, en fin, responder a todas sus expectativas de felicidad.

Lo que sintió Edward, como él mismo no fue capaz de decirlo, no puede esperarse que otra persona lo exprese por él. Pareció todo lo atónito que una información tan imprevista, tan inesperada, podía hacerle parecer; pero lo único que dijo fueron estas palabras:

—¡El coronel Brandon!

—Sí —continuó Elinor, cobrando nuevos ánimos, ahora que lo peor había pasado—. El coronel Brandon quiere con ello testimoniarle su condolencia por los últimos acontecimientos..., por la cruel situación en la que lo ha puesto la injustificable reacción de su familia..., una condolencia que sin duda Marianne, yo misma y todos mis amigos compartimos; y también como prueba del alto concepto que se ha formado de su manera de ser, y de que secunda su actitud en las presentes circunstancias.

—¡El coronel Brandon me ofrece un beneficio...! ¿Es posible?

—Su parentela, con su falta de amabilidad, le ha hecho perder la esperanza de hallar en otras partes testimonios de amistad.

—No —contestó Edward, con una súbita conciencia—, no de hallarlos en usted; pues no puedo pasar por alto que es a usted, a su bondad, a quien debo todo. Mis sentimientos..., los expresaría si pudiera..., pero, como usted bien sabe, yo no soy buen orador.

—Está muy equivocado. Le aseguro que todo se lo debe únicamente, o al menos casi únicamente, a sus propios méritos, y al aprecio en que los tiene el coronel Brandon. Yo no he tenido nada que ver. Ni siquiera sabía, hasta que me comunicó su plan, que el beneficio estaba libre; ni se me habría ocurrido que él pudiera tener un beneficio que ofrecer. Como amigo mío, de mi familia, quizá se lo conceda con mayor empeño, y de hecho sé que así es; pero le doy mi palabra que nada debe a mi propia diligencia.

En honor a la verdad tuvo que reconocer que había tenido su pequeña parte en la empresa, pero tenía al mismo tiempo tan pocas ganas de aparecer como benefactora de Edward que al reconocerlo no lo hizo sin vacilar; lo cual contribuyó probablemente a imprimir en el pensamiento de Edward una sospecha.

Durante unos minutos, cuando Elinor hubo acabado de hablar, estuvo abstraído; pero finalmente, y como si estuviera haciendo un gran esfuerzo, dijo:

—El coronel Brandon parece hombre de gran valía y respetabilidad. Éstas han sido siempre mis noticias, y sé que su hermano, señorita, lo aprecia enormemente. Es innegable que es un hombre sensato, y tiene los modales de un perfecto caballero.

—A mí no me cabe duda —repuso Elinor— de que, con el tiempo, descubrirá usted que es tal y como ha oído decir, y, ya que van a ser vecinos tan próximos (pues supongo que la rectoría está muy cerca de la mansión), es especialmente importante que lo crea así.

Edward no contestó; pero cuando ella volvió la cara, la miró de un modo tan serio, tan grave, tan poco alegre, que parecía decir que quizá, desde aquel preciso instante, hubiera preferido que la distancia entre la rectoría y la mansión fuese mucho mayor. Poco después, levantándose de la silla, dijo:

—Tengo entendido que el coronel se aloja en St. James Street.

Elinor le dijo el número de la casa.

—Entonces debo darme prisa, porque quiero agradecerle a él lo que no se me permitirá agradecerle a usted; quiero que sepa que gracias a él soy un hombre muy..., extraordinariamente feliz.

Elinor no intentó detenerlo; en la despedida le expresó con toda firmeza sus deseos infinitos de que fuera feliz en cualquier nueva situación que pudiera deparársele; y él, más que tener facultad de expresarlas, hizo un intento de devolverle estas muestras de bondad.

"Cuando vuelva a verlo —se dijo Elinor en cuanto oyó cerrarse la puerta—, será el marido de Lucy".

Con este feliz augurio se puso a reconsiderar lo pasado, a recordar lo dicho, y a intentar comprender los sentimientos de Edward; y, naturalmente, a pensar en sí misma sin la menor satisfacción.

Cuando volvió la señora Jennings, aunque venía de visitar a gente a la que ella no conocía, y de la que, por eso mismo, tenía muchas cosas que contarle, sus pensamientos estaba tan absorbidos por el gran secreto que obraba en su poder, mucho más que por cualquier otra cosa, que, en cuanto apareció Elinor, volvió a referirse al asunto.

—Y bien, querida —exclamó—, le he mandado a su hombre. Hice bien, ¿verdad? Supongo que no le habrá sido muy difícil... No lo habría tenido que obligar a aceptar su proposición, ¿verdad?

—No, señora; no cabría esperar lo contrario.

—En fin, ¿cuándo estará listo? Porque parece que todo depende de eso.

—Conozco tan poco, en realidad —dijo Elinor—, esta clase de trámites, que apenas imagino el tiempo o los preparativos que se necesitan, pero supongo que en dos o tres meses estará ya ordenado.

—¡Dos o tres meses! —prorrumpió la señora Jennings—. ¡Ay, Señor, con qué tranquilidad lo dice! ¡Y que el coronel sea capaz de esperar dos o tres meses...! ¡Que Dios nos asista! ¡Yo le aseguro que no tendrá paciencia! Y aunque a todos nos gustaría tener un detalle con el pobre señor Ferrars, no creo que valga la pena esperar dos o tres meses por su culpa. Seguro que se puede encontrar a otro que sirva igual, alguien que ya esté ordenado.

—Pero, señora —dijo Elinor—; ¿en qué está usted pensando?... ¡Pero si el coronel Brandon lo único que pretende es ayudar al señor Ferrars!

—¡Dios lo bendiga, querida! ¡Espero que no trate usted de hacerme creer que el coronel se casa con usted sólo para poder darle diez guineas al señor Ferrars!

Después de eso la confusión no podía continuar, y siguió una inmediata explicación que les proporcionó a ambas unos momentos de considerable diversión, sin pérdida de felicidad para ninguna de ellas, pues la señora Jennings sólo cambió una forma de alegría por otra, y todo sin perder la esperanza de alegrarse también por la primera causa.

—Sí, sí: sí que es pequeña la rectoría —dijo, una vez que cesaron las risas por aquel entuerto—, y muy probablemente necesita reformas. ¡Pero oír, como creí, disculparse a un hombre por una casa que tiene, por lo que yo sé, cinco salas de estar en la planta baja, y en las que, por lo que me han dicho, hay sitio para quince camas! ¡Y por no hablar de usted, acostumbrada a vivir en la casita de Barton! Me parecía totalmente ridículo. Pero, querida, debemos insinuarle al coronel que debe hacer algo con la rectoría, y convertirla en un sitio cómodo, antes de que Lucy se traslade.

—El coronel, no obstante, no parece ser de la opinión de que la rectoría sea sitio suficiente para vivir si se casan.

—El coronel tiene muy poco sentido de las proporciones, querida; él tiene dos mil libras de renta, se cree que nadie puede casarse con menos. Le doy mi palabra de que, si estoy viva, antes del día de San Miguel iré de visita a la rectoría de Delaford, y de que no iré si Lucy no está allí.

Elinor también creyó probable que ellos no fueran a esperar más.

# Capítulo XLI

Edward, después de haber ido a expresar su gratitud al coronel Brandon, se dirigió, con su felicidad a cuestas, a casa de Lucy; y, cuando pisó Bartlett's Buildings, lo hizo en tal estado de inmoderación que la joven, al día siguiente, cuando recibió de nuevo a la señora Jennings y su enhorabuena, estuvo en condiciones de asegurar que nunca lo había visto tan entusiasmado.

De la felicidad de ella, y de su propio entusiasmo, no cabía al menos la menor duda; y de todo corazón se unió a las esperanzas manifestadas por la señora Jennings de encontrarse todos cómodamente instalados en la rectoría de Delaford antes del día de San Miguel. Tanto deseaba, al mismo tiempo, adelantarse a Edward y atribuirle ella a Elinor los méritos que él sin duda le atribuía, que valoró su amistad con las más agradecidas y vehementes palabras, no vaciló en reconocer la deuda que habían contraído con ella, y declaró sin pudor que ningún esfuerzo, presente o futuro, hecho por la señorita Dashwood en nombre de ambos, podría sorprenderle, ya que la creía capaz de hacer cualquier cosa por aquellos a quienes estimaba. Y en cuanto al coronel Brandon, no sólo estaba dispuesta a rendirle culto como a un santo, sino que además deseaba ciegamente que así se le tratara en todos los aspectos terrenales, y que las contribuciones que recibía se incrementasen al máximo; y para sí misma había resuelto valerse, una vez en Delaford y siempre que pudiera, de sus criados, de su coche, de sus vacas y de sus gallinas.

Hacía ya más de una semana de la visita de John Dashwood a Berkeley Street, y, visto que desde entonces no habían tenido nuevas sobre la indisposición de su mujer, excepto de oídas, Elinor empezó a considerar la necesidad de ir a visitarla. Esta obligación, sin embargo, no sólo se oponía a sus deseos, sino que no contaba con el apoyo de ninguna de sus compañeras. Marianne, no contenta con negarse tajantemente a hacerlo, trató con insistencia de convencer a su hermana para que no fuera; y a la señora Jennings, aunque siempre ponía el coche a disposición de Elinor, tanto le disgustaba la señora de John

Dashwood que ni siquiera la curiosidad de ver qué cara ponía después de los últimos acontecimientos ni el fuerte deseo de afrentarla tomando partido por Edward pudieron vencer su repugnancia a hallarse en su presencia otra vez. Por consiguiente, Elinor salió sola a cumplir una visita que nadie podía tener menos ganas de cumplir, y corrió el riesgo de un tête-à-tête con una mujer que ninguna de las demás podía tener más razones para detestar.

La señora de John Dashwood no estaba visible; pero, antes de que el coche diese vuelta, su marido salió de la casa por casualidad. Pareció muy contento de encontrarse con Elinor, le dijo que justo en aquel momento se dirigía a Berkeley Street y, asegurándole que Fanny tendría un gran placer en recibirla, la invitó a pasar.

Subieron las escaleras hasta llegar al salón. Allí no había nadie.

—Fanny estará en sus habitaciones —dijo John Dashwood—. Voy a verla ahora mismo; estoy seguro de que no tendrá el menor inconveniente en atenderlo. De hecho, no puede tener ninguno..., especialmente ahora. Y, después de todo, Marianne y tú siempre han sido sus favoritas. Pero, ¿por qué no ha venido Marianne?

Elinor la disculpó como pudo.

—No lamento que hayas venido sola —replicó él—, porque tengo mucho que decirte. Este beneficio del coronel Brandon..., ¿es verdad eso? ¿Es verdad que se lo ha dado a Edward? Ayer oí eso casualmente, e iba a verte para informarme.

—Sí, es totalmente cierto. El coronel Brandon le ha concedido a Edward el beneficio de Delaford.

—¿De veras? ¡Vaya, es increíble! ¡Y no se conocen! ¡Y ni siquiera están emparentados!... ¡Y con lo que valen esos beneficios hoy en día! ¿Cuánto vale este?

—Unas doscientas libras anuales.

—Muy bien..., y para el próximo aspirante a un beneficio de este valor, dando por supuesto que el último ocupante era viejo y estaba enfermo, y que era probable que lo dejara libre pronto, habría podido conseguir..., yo diría que cuatrocientas libras. Pero, ¿cómo no se le ocurrió resolver la cuestión antes de que muriera el antiguo rector? De hecho, ahora sería demasiado tarde para venderlo;[7] pero, ¡un hombre tan juiciosos como el coronel Brandon...! ¡No sé cómo ha podido ser tan poco precavido en un asunto por el que es cosa tan común preocuparse! En fin, me consta que la naturaleza humana está llena de grandes contradicciones. Pensándolo bien, supongo que de lo que se trata, probablemente, es de que Edward se haga cargo del beneficio sólo hasta que la persona a la que el coronel ha vendido realmente la titularidad tenga edad suficiente par ocupar el puesto. Sí, sí, eso es lo que ha ocurrido, sin lugar a dudas.

Elinor lo contradijo de manera categórica, al contarle que ella misma había sido la encargada de comunicárselo a Edward, y que por eso era imposible que no conociera las condiciones del ofrecimiento, le obligó a acatar su autoridad.

—¡Esto sí que es increíble! —exclamó su hermano, después de oírla—. Pero, ¿qué razones ha podido tener el coronel?

—Una muy sencilla: ayudar al señor Ferrars.

—Vaya, vaya..., no sé lo que será el coronel Brandon, pero Edward ¡es un hombre afortunado! No le digas nada a Fanny, por favor, porque aunque yo ya se lo he hecho saber, y lo lleva extraordinariamente bien..., no le gustaría que se comentase demasiado.

En este punto, a Elinor no le fue fácil callarse, y no decir que creía que Fanny bien podía aceptar con benevolencia una adquisición del caudal de su hermano que no podía empobrecerla de ninguna manera, ni a ella ni a su hijo.

—La señora Ferrars —añadió el señor Dashwood, bajando la voz al tono que merecía un tema de tal envergadura— de momento no sabe nada, y creo que lo mejor sería ocultárselo mientras podamos. Me temo que habrá de enterarse de todo cuando el matrimonio se celebre.

—Pero, ¿a qué tanta precaución? ¿No tenemos que suponer que la señora Ferrars pueda alegrarse en lo más mínimo al saber que su hijo tendrá dinero suficiente para vivir?, porque de eso no puede cabernos la menor duda, y,

---

[7] *Los propietarios de grandes extensiones de tierras tenían el privilegio de nombrar a los ministros de las parroquias que estuvieran dentro de sus propiedades; asimismo, cuando por vejez o enfermedad del titular lo hacía necesario, podían negociar la venta de la sucesión.*

después de lo que acaba de hacer, ¿qué clase de sentimientos podemos esperar de ella? Ha terminado con su hijo, lo ha expulsado de su hogar para siempre, y ha obligado a todos aquellos sobre quienes podría ejercer alguna influencia a hacer lo mismo. Seguramente, después de esto, no pretenderá que alguien sea capaz de estar triste o alegre por alguna razón... ¡Qué le importa a ella lo que vaya a ser de él! ¡No iba a ser tan débil para arruinar el bienestar de su hijo y seguir al mismo tiempo preocupándose como una madre!

—¡Ah, Elinor! —dijo John—. Tu razonamiento es muy bueno, pero su fundamento no tiene en cuenta la naturaleza humana. Cuando la desgraciada alianza de Edward se consume, es cosa segura que su madre empezará a actuar como si nunca lo hubiese repudiado; y por esta razón hay que ocultarle tanto como sea posible toda circunstancia que pueda acelerar el horrible acontecimiento. La señora Ferrars no puede olvidar que Edward es hijo suyo.

—Me sorprendes; yo diría que en estos momentos prácticamente se le ha borrado de la memoria.

—¡Qué equivocada estás! La señora Ferrars es una de las madres más amorosas del mundo.

Elinor guardó silencio.

—Ahora estamos pensando —dijo el señor Dashwood, tras una breve pausa— en que sea Robert quien se case con la señorita Morton.

Elinor, sonriendo ente el tono de gravedad y capital importancia de su hermano, contestó con calma:

—Ella, supongo, no puede elegir.

—¡Elegir! ¿Qué estás diciendo?

—Digo sólo que, por tu manera de hablar, supongo que a la señorita Morton le deba dar igual casarse con Edward o con Robert.

—En efecto, no cabe hablar de diferencias, porque Robert será ahora, a todos los efectos y propósitos, el primogénito; y por lo demás, los dos son jóvenes muy simpáticos, y no creo que el uno supere al otro en nada.

Elinor no contestó, y John también guardó un breve silencio. Sus reflexiones concluyeron así:

—De una cosa, querida hermana —le dijo, tomándole la mano, y en un tremendo susurro— puedes estar casi segura; y voy a decírtela porque sé que te hará muy feliz. Tengo buenas razones para pensar..., de hecho lo sé de buena fuente, porque si no me abstendría de decirlo..., o sea, que lo sé de buena fuente, y no es que se lo haya oído decir personalmente a la señora Ferrars..., pero sí lo he oído de su hija, y yo lo sé por ella... En fin, que a pesar de todas las objeciones que puedan ponerse a cierta..., a cierta alianza..., ya me entiendes..., ella la habría preferido con creces a ésta; no le habría disgustado ni la mitad. Muy satisfecho quedé al saber que la señora Ferrars lo veía bajo esa luz... Es para todos nosotros una grata circunstancia. "No pueden ni compararse", dijo. "De los dos males habría preferido el menor". Y ahora estaría encantada de firmar para que no ocurriera nada peor. Sólo que esto está ya fuera de discusión... Es absolutamente impensable..., ya sabes, estas relaciones..., no tienen futuro; son asunto terminado. Pero creí que debía decírtelo, porque sabía cuánto te complacería. No tienes nada que reprocharte, querida Elinor. No cabe duda de que las cosas se te están dando muy bien... Extraordinariamente bien, tal vez, considerándolo en todos sus aspectos. ¿Has visto últimamente al coronel Brandon?

Elinor había oído lo suficiente, si no para alimentar su vanidad y elevar su amor propio, para sacudir sus nervios y llenar sus pensamientos; y se alegró, por lo tanto, de no tener qué decir mucho en respuesta, y de salvarse del peligro de que su hermano continuase hablando, gracias a la aparición del señor Robert Ferrars. Tras una breve charla, John Dashwood, recordando que Fanny aún no había sido informada de la presencia de su hermana, salió de la habitación para ir a buscarla; y Elinor se quedó a solas con Robert, a fin de profundizar en sus relaciones, y éste, con su alegre desinterés, con la actitud ufana y autocomplaciente con que disfrutaba de la injusta repartición del amor y del dinero de su madre, que iba en perjuicio del hermano proscrito y que él sólo se había ganado con el disoluto curso de su vida y a costa de la integridad de ese otro hermano, le permitió confirmarse en el bajísimo concepto que le merecían tanto su cabeza como su corazón.

A los dos minutos apenas, Robert empezó a hablar de Edward; también él se había enterado del asunto del beneficio y tenía muchas preguntas que hacer. Elinor le refirió los pormenores como había hecho con John; y el efecto que tuvieron sobre Robert, si bien muy diferente, no fue menos acusado que el que habían tenido sobre aquél. Empezó a reír a carcajadas. La idea de que Edward se convirtiera en Clérigo, y viviera en una pequeña rectoría, le hacía una gracia desmedida; y cuando a esto se añadió la imagen fantástica de Edward leyendo plegarias con una pelliza blanca, y publicando las amonestaciones de la boda de John Smith y Mary Brown, nada pudo parecerle más divertido.

Elinor, aguardando en silencio, grave e impasible, la conclusión de este disparate, no pudo dejar de mirarlo fijamente, con una expresión que indicaba todo el desprecio que le producía. Fue, de todos modos, una mirada muy bien ejecutada, porque a ella la alivió y él no se enteró de nada. Robert volvió de la hilaridad a la cordura, no por una recriminación de ella, sino gracias a la delicadeza de sus propios sentimientos.

—Podemos tomárnoslo a broma —dijo al fin, reponiéndose de la afectada risa que había prolongado considerablemente la alegría genuina del momento—, pero, por Dios que es cosa seria. ¡Pobre Edward! Está perdido para siempre. Y yo lo siento muchísimo, porque sé que es muy buena persona, un tipo tan bienintencionado como quizá no haya otro en el mundo. No debe usted juzgarlo, señorita Dashwood, por lo poco que lo conoce... ¡Pobre Edward! Sus modales quizá no sean los más agraciados del mundo; pero ya sabe usted que no todos nacemos con las mismas facultades, con el mismo garbo. ¡Pobrecito! ¡Verlo en un círculo de extraños! ¡Eso sí que me da pena! Pero, a fe mía que no hay en todo el reino nadie con un corazón tan grande; y yo le digo y le vuelvo a decir que en la vida me he llevado una impresión tan fuerte como el día en que se descubrió todo. No podía creerlo. Fue mi madre la que me lo dijo, y yo, viendo que se requería de mí una respuesta enérgica, le contesté enseguida: "Querida señora, no sé lo que harás tú en esta ocasión, pero por mi parte debo decir que si Edward se casa con esa jovencita, no volveré a hablarle en mi vida". Eso le dije inmediatamente... ¡Qué extraordinaria conmoción! ¡Pobre Edward. Para él todo ha terminado... ¡Él mismo se ha cerrado las puertas de toda la sociedad respetable...! Pero, tal como se lo dije a mi madre, no me sorprende en absoluto; era de esperar, después de como ha sido educado. Mi pobre madre estaba casi frenética.

—¿Conoce usted a la señorita?

—La vi una vez, cuando se hospedaba en esta casa; un día me dejé caer durante diez minutos y con lo que vi de ella me bastó. Una muchacha de pueblo, pura y simplemente sin gracia, sin estilo, sin elegancia, y prácticamente sin belleza. La recuerdo perfectamente, la muchacha idónea para embelesar al pobre Edward. En cuanto mi madre me contó lo ocurrido, me ofrecí inmediatamente a habar con él y disuadirlo personalmente de su propósito; pero ya era demasiado tarde, por lo que pude ver, para hacer nada, pues por desgracia yo no lo supe hasta que la ruptura estuvo ya consumada, cuando ya no era momento para intervenir. Pero si me hubiera informado unas cuantas horas antes, probablemente algo se me hubiera ocurrido. Desde luego, habría expuesto el asunto ante Edward sin andarme por las ramas. "Querido amigo", le habría dicho, "considera tus actos; te estás metiendo en un compromiso de lo más desventurado, que toda tu familia censura con unanimidad". En pocas palabras: no puedo dejar de pensar que algún medio se habría encontrado. Pero ahora es demasiado tarde. Imagínese, debe estar muriéndose de hambre... No me cabe la menor duda; está totalmente muerto de hambre.

Apenas acabó de establecer este punto con gran solemnidad, llegó la señora de John Dashwood y le puso fin. Pero aunque ella nunca hablaba del asunto fuera de la familia, Elinor pudo ver su influencia en su espíritu, en la especie de confusa expresión que tenía al entrar, y en sus intentos por tratarla cordialmente. Llegó incluso a interesarse al punto de descubrir que Elinor y su hermana no tardarían en abandonar la ciudad, lo que sin duda fue un esfuerzo en el que su marido, que entró con ella en el salón y estuvo muy atento de sus exhalaciones, pareció considerar como el máximo de gracia y de afecto.

# Capítulo XLII

Una breve visita a Harley Street, en la que Elinor recibió la felicitación de su hermano por esa manera de viajar a Barton, con lo lejos que estaba, sin gasto alguno, y por la circunstancia de que el coronel Brandon fuese a seguirlas a Cleveland dentro de uno o dos días, completó la serie de entrevistas que tuvieron hermana y hermano en la ciudad; y como anuncio de un posible y futuro encuentro en el campo no tuvieron sino una débil invitación por parte de Fanny de ir a Norland siempre que les viniese de camino, de lo cual no podía haber menos posibilidades, y una afirmación más calurosa, pero menos pública, que John le hizo a Elinor de lo pronto que iría a visitarla a Delaford.

A Elinor le divertía ver que todas sus amistades parecían decididas a enviarla a Delaford, un lugar al que, entre todos, era ahora el último al que le gustaría ir, o en el que querría residir; pues no sólo su hermano y la señora Jennings lo consideraban su futuro hogar, sino que la misma Lucy, al despedirse, la invitó encarecidamente a visitarla allí.

A primeros de abril, y a una hora tolerablemente temprana, los dos grupos procedentes de Hanover Square y Berkeley Street salieron de sus respectivas casas a fin de encontrarse, según lo convenido, en el camino. Para conveniencia de Charlotte y de su retoño. El viaje habría de durar más de dos días, y el señor, viajando de manera más expedita con el coronel Brandon, llegaría a Cleveland poco después.

Marianne, aunque las horas de paz pasadas en Londres habían sido escasas, y grande la impaciencia por marcharse, no fue capaz, cuando se vio en trance, de decir adiós sin pena a la casa donde por última vez había alimentado aquellas esperanzas y aquella fe en Willoughby, que ahora habían muerto para siempre. Y no pudo tampoco dejar la ciudad en la que Willoughby iba a quedarse, lleno de nuevos compromisos, de nuevos planes en los que ella no estaría incluida, sin derramar muchas lágrimas.

La satisfacción de Elinor en el momento de la partida fue más evidente. No dejaba nada en Londres que pudiera dar pábulo a sus pensamientos, ni a nadie de quien separarse para siempre pudiera suponer un solo motivo de queja; estaba feliz de librarse de la persecución de la amistad de Lucy, y agradecida porque podría llevarse a Marianne sin que se hubiera cruzado con Willoughby ni una sola vez desde que éste se casó; y tenía puestas todas sus ilusiones en lo que unos cuantos meses de tranquilidad en Barton podían hacer para devolver la paz de espíritu a Marianne y fortalecer la suya propia.

El viaje se desarrolló sin contratiempos. Al segundo día entraron en el anhelado, o abominado, condado de Somerset, pues así lo contemplaba, según el caso, la imaginación de Marianne: y el tercer día, por la mañana, llegaron a Cleveland.

Cleveland era una casa espaciosa, de moderna construcción, emplazada sobre una parcela de césped en pendiente. No tenía parque, pero sus jardines de recreo eran de considerables dimensiones; y como cualquier otro lugar de la misma categoría, tenía sus claros de monte bajo un paseo entre un bosquecillo más espeso, un sendero de grava lisa que circundaba una plantación que conducía a la fachada de la casa; había árboles diseminados por todo el césped, y el propio edificio se hallaba resguardado por abetos, serbales y acacias, y una tupida barrera de esas mismas especies, y algún chopo lombardo aquí y allá, limitaba las dependencias traseras.

Marianne entró en la casa con el corazón transido por la sola conciencia de hallarse a no más de ochenta millas de Barton, y a menos de treinta de Combe Magna; y apenas cinco minutos después, mientras las demás estaban muy ocupadas ayudando a Charlotte en la labor de enseñar al guarda su retoño, volvía a salir fuera, y se escabullía entre los arbustos, que entonces empezaban a reverdecer, para subir a un promontorio lejano; y allí, desde un templete griego, perdiéndose en una amplia franja de terreno en dirección al sudoeste, pudo su vista posarse, llena de anhelos, sobre los confines del horizonte, e imaginar que desde la cumbre de aquellas colinas podía verse Combe Magna.

En estos momentos de preciosa, invalorable melancolía, derramó ardientes lágrimas, sintiéndose feliz de estar en Cleveland; y mientras volvía a la casa por un camino distinto, embargada por el feliz privilegio de la libertad campestre, de vagar sin trabas de un lugar a otro en exquisita soledad, tomó la decisión de pasar la mayor parte del tiempo de su estancia con los Palmer entregada a esos vagabundeos solitarios.

Volvió justo a tiempo para acompañar a los demás a una excursión por las inmediaciones; y durante el resto de la mañana estuvieron entretenidas paseando ociosamente por el huerto de la cocina, examinando la floración de los muros, y escuchando los lamentos del hortelano sobre el añublo; entraron sin prisa en el invernadero, donde a Charlotte la movió a risa la pérdida de sus plantas favoritas, imprudentemente expuestas al frío y al rigor de las continuas heladas; luego, la misma Charlotte, al visitar al coronel y oír las frustradas esperanzas de la moza —gallinas que abundaban en sus nidos, zorros que las robaban, y prometedores polluelos que morían prematuramente—, halló nuevos motivos de regocijo.

Hacía una hermosa mañana, el ambiente no era húmedo, y Marianne, al planear sus ocupaciones fuera de casa, no había previsto que el tiempo pudiera cambiar mientras durase su estancia en Cleveland. Por eso, con gran estupor se vio privada de la ocasión de salir de nuevo después de la cena por culpa de un persistente aguacero. Había confiado en un paseo crepuscular hasta el templete griego, y quizá por todos los alrededores, y una tarde sólo fría y húmeda no se lo había impedido; pero un aguacero fuerte e intenso no podía responder ni siquiera a su idea de lo que era un tiempo despejado y agradable para un paseo.

La concurrencia era escasa y las horas pasaban lentamente. La señora Palmer traía a su niño, y la señora Jennings, su labor de esterilla; hablaban las dos de sus amistades de Londres, fijaban compromisos para lady Middleton y se preguntaban si el señor Palmer y el coronel Brandon habrían pasado ya Reading aquella noche. Elinor, aunque poco interesada, participaba en la conversación, y Marianne, siempre hábil a la hora de encontrar, en cualquier casa, el camino hacia la biblioteca, por muy poco que la frecuentase la familia en general, no había tardado en hacerse de un libro.

El constante y animoso buen humor de la señora Palmer no regateó esfuerzos a la hora de hacer que sus invitadas se sintieran a gusto. El trato afectuoso y desenvuelto suplía con creces la falta de discreción y elegancia que con frecuencia disminuía sus modales; su amabilidad, realzada por la hermosura de su rostro, la hacía simpática; y sus tonterías, aunque evidentes, no eran desagradables, porque no eran afectadas; lo único que Elinor no le podía perdonar era su risa.

Los dos caballeros llegaron al día siguiente, pasada la hora de la cena, con lo que la concurrencia pudo incrementarse de manera harto agradable, y la conversación nutrirse de una variedad que fue bien recibida, pues una larga mañana con la misma lluvia incesante le había menguado ostensiblemente.

Elinor conocía bien poco al señor Palmer, y tanto ella como su hermana habían recibido de él un trato tan distinto en tan poco tiempo, que no sabía qué podía esperar ahora que tendría ocasión de verlo en su propio ambiente familiar. Observó, sin embargo, que con todos sus invitados se portaba como un perfecto caballero, y que sólo de vez en cuando era grosero con su mujer y su suegra; vio que en realidad era muy capaz de ser una grata compañía, y que no lo era siempre sólo porque no tenía una inclinación exagerada a creerse tan superior a la gente en general como lo creía ser respecto de Charlotte y de la señora Jennings. Por lo demás, en sus hábitos y en su forma de ser no se distinguían rasgos que no fueran los comunes a su edad y a su sexo, lo que Elinor pudo discernir. Era puntilloso a la hora de comer, incierto a la de acostarse; quería a su hijo, pero no quería que se le notase; las mañanas que debía consagrar a los negocios las pasaba jugando al billar. A Elinor, sin embargo, le gustó más, en conjunto, de lo que había esperado; y no lamentaba que la observación de su epicureismo, de su egoísmo y de su presunción le evocase el dulce y apacible recuerdo de Edward y su generoso talante, sus gustos sencillos y sus tímidos sentimientos.

Ahora recibía noticias de Edward, o al menos de algunos de sus intereses, por el coronel Brandon, que había estado recientemente en Dorsetshire y que, considerándola a la vez amiga desinteresada del señor Ferrars y amable confidente suya, departía con ella largo y tendido sobre la rectoría de Delaford, describiendo sus deficiencias, y contando todo lo que tenía pensado hacer para arreglarlas. Su actitud en éste, como en cualquier otro aspecto, su satisfacción declarada por volver a ver a su amiga después de una ausencia de sólo diez días, su disposición a conversar, y el respeto en que tenía sus opiniones habrían podido justificar ampliamente la fe de la señora Jennings en su amor, y quizá Elinor, si no hubiera creído que Marianne seguía siendo, como al principio, su elegida, no habría necesitado más pruebas para sospecharlo ella misma. Pero, en las actuales circunstancias, una idea así no se le habría ocurrido de no haberla insinuado la señora Jennings; y no podía dejar de pensar que era ella, de las dos, la mejor observadora; ella miraba en los ojos del coronel, mientras que la señora Jennings tan sólo reparaba en sus actos; y mientras que su aspecto ansioso y preocupado, viendo que Marianne empezaba a sentir, en la cabeza y en la garganta, síntomas de un fuerte resfriado, pasó totalmente inadvertido, al no expresarse con palabras, a los ojos de la señora Jennings, ella pudo descubrir en su semblante, los vivos sentimientos y la inútil zozobra de un enamorado.

Dos deliciosos paseos crepusculares al tercero y cuarto día, no sólo por la grava seca del monte bajo, sino por todos los alrededores, y especialmente por los lugares más alejados, donde la naturaleza era más agreste, los árboles más añejos, y la hierba más larga y húmeda, habían sido la causa, junto con la imprudencia aún mayor de no quitarse los zapatos y las medias mojadas al volver a la casa, de un resfriado tan intenso que, aunque Marianne lo negara o tomara a broma durante un par de días, maduró rápidamente entre renovados accesos que nadie, ni ella misma, pudo dejar de notar. Llovieron prescripciones de todas partes, y todas, como de costumbre, fueron rechazadas. Pese a tener fiebre y sentirse sin fuerzas, con los huesos dolidos, tos y escozor de garganta, una noche de feliz descanso iba a curarla por completo; y no le fue nada fácil a Elinor convencerla de que tomara, al irse a dormir, un par de los más simples remedios.

# Capítulo XLIII

Marianne se levantó la mañana siguiente a la hora acostumbrada; dijo que estaba mejor a todos cuantos le preguntaron, y quiso demostrarlo ocupándose de sus quehaceres habituales. Pero pasarse el día temblando, sentada junto al fuego con un libro en la mano que era incapaz de leer, o echada en un sofá, lánguida y exánime, no parecía indicar mucha mejoría; y cuando finalmente, a una hora temprana, decidió irse a acostar, cada vez más indispuesta, el coronel Brandon se quedó sencillamente atónito de ver la compostura de Elinor, la cual, aunque la acompañó y atendió todo el día contra su voluntad, y la obligó a tomar por las noches las medicinas apropiadas, confiaba, como la misma Marianne, en la seguridad y eficacia del sueño, y no daba muestras de alarma.

Una noche febril y agitada, sin embargo, dio al traste con las esperanzas de ambas; y cuando Marianne, después de insistir en levantarse, confesó que era incapaz de tenerse en pie, y regresó voluntariamente a la cama, Elinor adoptó rápidamente el consejo de la señora Jennings y mandó llamar al boticario de los Palmer.

El boticario acudió, examinó a la paciente y, aunque animó a la señorita Dashwood a esperar que unos pocos días devolvieran la salud a su hermana, al declarar, sin embargo, que su dolencia era de carácter pútrido, y al pronunciar sus labios la palabra “infección”, la señora Palmer empezó en el acto a sentir miedo por su hijo. La señora Jennings, que desde el primer momento se había tomado la enfermedad más en serio que Elinor, escuchó con aire circunspecto el informe del señor Harris, y, confirmando los recelos y temores de Charlotte, la instó a marcharse enseguida con su criatura; y el señor Palmer, a pesar de que consideraba vanas estas aprensiones, pensó que no valía la pena enfrentarse a la ansiedad y a la pertinacia de su mujer, pues eran muy grandes. Por tanto se decidió su partida, y, una hora después de que llegara el señor Harris, Charlotte salía con el crío y su niñera rumbo a la casa de un pariente cercano de su marido, que vivía a unas cuantas millas pasando Bath, y, donde, tras multitud de ruegos, hizo prometer a su marido que él mismo iría en un par de días; y casi con el mismo apremio quiso también que su madre la acompañase. Pero la señora Jennings, con la ternura que le valió el sincero afecto de Elinor, declaró que estaba decidida a no moverse de Cleveland mientras Marianne siguiera enferma, y a esforzarse con todo tipo de atenciones y cuidados, ocupando el lugar de la madre de quien ella la había apartado; y Elinor no dejó de encontrar en su amiga, en todo momento, una asistente de lo más activa y afectuosa, dispuesta a compartir todos los desvelos, y muy útil a menudo, por su mayor experiencia como enfermera.

La pobre Marianne, languideciente y abatida por efecto de la enfermedad, y víctima de un general malestar, dejó de albergar esperanzas de mejorar al día siguiente, y pensar lo que el día siguiente podría haber sido si no se hubiese declarado esta desventurada dolencia, pues aquel día era el previsto para el viaje a Barton, acompañadas durante todo el camino por un criado de la señora Jennings; y así esperaban, a la mañana siguiente, dar una sorpresa a la madre. Lo poco que dijo fue para lamentar esta inevitable demora, y Elinor, por más que quiso, no consiguió levantarle el ánimo ni convencerla, como entonces creía ella de verdad, de que iba a ser muy corta.

Poca o ninguna alteración se produjo en el estado de la paciente el nuevo día; Marianne ciertamente no había mejorado; pero, a pesar de que no se advertían progresos, tampoco había empeorado. El grupo se redujo aún más, porque el señor Palmer, pese a su oposición, basada tanto en razones de auténtica humanidad y bondad natural, como en el hecho de que no le gustaba parecer atemorizado por su esposa, finalmente se dejó convencer de cumplir su promesa de seguirla; y mientras se preparaba para el viaje, también el coronel Brandon, haciendo un esfuerzo mucho mayor, empezó a hablar de marcharse. En este punto, no obstante, la amabilidad de la señora Jennings se impuso de la forma más razonable; porque prescindir del coronel Brandon mientras la mujer que amaba se desvivía por atender a su hermana significaba, pensó, privarlas a ambas de todo consuelo; y, por tanto, diciéndole que la necesitaba personalmente en Cleveland, que, por las tardes, cuando la señorita Dashwood estuviera arriba con su hermana, con quién si no jugaría ella al piquet, le insistió tanto que el coronel, obedeciendo con un cumplido el primer dictado de su corazón, no pudo siquiera afectar resistencia; y menos aún cuando la súplica de la señora Jennings fue calurosamente secundada por el señor Palmer, que parecía quedarse más tranquilo si en su ausencia dejaba la casa a una persona tan capacitada para auxiliar o aconsejar a la señorita Dashwood en cualquier emergencia.

Marianne no tuvo, por supuesto, ningún conocimiento de estos arreglos. No supo que ella había sido la causa de que los dueños de Cleveland abandonaran su propia casa cuando apenas llevaban una semana en ella. No le sorprendió no ver a la señora Palmer, y, como eso tampoco le preocupaba, ni siquiera preguntó por ella.

Pasaron dos días desde la marcha del señor Palmer, y la situación continuó, con pocas variaciones, siendo la misma. El señor Harris, que visitaba a la enferma todos los días, aún aludía con audacia a una rápida recuperación, y la señorita Dashwood se mostraba igual de optimista; pero el pronóstico de los demás no era en absoluto halagüeño. La señora Jennings declaraba abiertamente que Marianne jamás se recuperaría de aquel ataque, y el coronel Brandon, quien era proclive a prestar oídos a la señora Jennings, carecía de medios para contrarrestar su influencia. Trataba de razonar y de librarse de aquellos temores que la distinta opinión del boticario parecía considerar absurdos; pero las muchas horas que pasaba completamente solo en el transcurso del día no favorecían sino los pensamientos más aciagos, y no podía quitarse de la cabeza la idea de que nunca más volvería a ver con vida a Marianne.

Sin embargo, al tercer día por la mañana, los fúnebres presagios de ambos casi hubieron de desvanecerse, porque después de realizar su auscultación, el señor Harris afirmó que su paciente había mejorado perceptiblemente. Su pulso era mucho más firme, y todos los síntomas más favorables que en la visita anterior. Elinor, viendo confirmadas sus mayores esperanzas, saltó de alegría, y se felicitó por haber seguido, en las cartas que había escrito a la madre, su propio criterio y no el ajeno, habiendo restado importancia a la indisposición que las retenía en Cleveland, y haber fijado la fecha en que Marianne se encontraría en condiciones de viajar.

Pero el día no concluyó con tan buenas señales como había empezado. Hacia la noche Marianne volvió a sentirse mal, muy cansada, y más inquieta que antes. Su hermana, sin embargo, todavía optimista, quiso atribuir el cambio al simple hecho de haberse fatigado en el momento de levantarse para que le hicieran su cama; y administrando escrupulosamente los remedios prescritos, al fin vio con satisfacción cómo se sumergía en un sueño apacible, del que esperaba los efectos más beneficiosos. Marianne durmió, no todo lo tranquilamente que Elinor había previsto, un buen rato, mientras ésta, impaciente por observar los resultados, decidía velarla. La señora Jennings, que ignoraba el cambio experimentado por la paciente, se retiró a una hora inusitadamente temprana, mientras su doncella, una de las enfermeras principales, descansaba en una habitación contigua y Elinor se quedaba sola con Marianne.

El sueño empezó a ser cada vez más inquieto, y Elinor, viendo con atención sus continuos cambios de postura, y oyendo los frecuentes, pero inarticulados quejidos que escapaban de sus labios, estuvo a punto de despertarla de un sopor tan angustioso cuando Marianne se despertó repentinamente y se incorporó sobresaltada, exclamando:

—¿Ha venido mamá?

—Todavía no —contestó Elinor, disimulando su inquietud y ayudándola a echarse otra vez—. Pero no creo que tarde en llegar. Ya sabes que hay mucho camino desde Barton.

—Pero que no pase por Londres —dijo Marianne, igual de inquieta—. Si pasa por Londres ya nunca la veré.

Elinor se asustó al advertir que su hermana estaba delirando, y mientras intentaba tranquilizarla, le tomó el pulso... ¡Era más débil y más rápido que nunca! Y viendo que no dejaba de invocar con furia el nombre de su madre, creció tan deprisa su alarma que tomó la decisión de llamar enseguida al señor Harris y enviar un mensajero a Barton en busca de su madre; y la idea consiguiente fue consultar al coronel Brandon acerca de la mejor manera de traer a su madre. En cuanto hubo tocado la campanilla y dejado a la doncella ocupando su lugar junto a la enferma, bajó corriendo al salón, donde era muy probable encontrar al coronel.

No hubo tiempo para vacilaciones. Sus temores y dificultades fueron expuestos sin dilación. El coronel no tuvo ánimos, ni confianza, para tratar de disipar sus temores: los escuchó con un silencioso desaliento; pero las dificultades fueron vencidas en el acto, pues con una gran presteza, que parecía que la ocasión y el servicio habían sido ya previstos por él, se ofreció para ir personalmente en busca de la señora Dashwood. Elinor protestó un poco, pero enseguida manifestó su agradecimiento de manera breve, pero ferviente, y mientras él se ocupaba en mandar a su criado con un mensaje urgente al señor Harris, y a encargar sin dilación caballos de posta, ella se puso a escribir unas líneas a su madre. En estos momentos, disponer del consuelo de un amigo como el coronel Brandon, saber que su madre iba a tener su compañía, fue algo que ella sintió enormemente grato. ¡Un compañero cuyo juicio habría de servir de guía, cuya presencia habría de reconfortarla, y cuya amistad quizá la tranquilizara! En la medida en que la conmoción de esta llamada pudiera mitigarse, él, con su presencia, sus modales, su asistencia, la mitigaría.

Él, mientras tanto, cualesquiera que fueren sus sentimientos, actuó con todo el dominio de una conciencia firme, llevó a cabo todos los arreglos necesarios con la máxima diligencia, y calculó con exactitud la fecha en que debía esperarse su regreso. No se perdió un solo momento en retrasos de ningún tipo. Los caballos llegaron incluso antes de lo esperado, y el coronel, con un simple apretón de manos, una mirada muy seria y unas breves palabras que pronunció por lo bajo y no llegaron a oídos de Elinor, subió rápidamente al carruaje. Era cerca de la medianoche, y Elinor volvió a la habitación de su hermana, dispuesta a velarla el resto de la noche y a esperar al boticario. La noche les deparó a ambas casi idénticos sufrimientos. Antes de que llegara el señor Harris, las horas pasaron entre la dolorosa vigilia, los delirios de Marianne y la inquietud más extrema de Elinor. Los temores de ésta, una vez suscitados, suplieron en sus excesos toda su anterior seguridad, y la sirvienta que la acompañaba, pues no quiso permitir que se despertara a la señora Jennings, no hizo más que prolongar su tormento con atisbos de la idea que, de ese caso, había tenido siempre la señora.

Los pensamientos de Marianne aún se consagraban, a intervalos, a su madre, y siempre que pronunciaba su nombre, el corazón de la pobre Elinor daba un vuelco, porque, culpándose por su negligencia durante tantos días de enfermedad, y desesperando de toda mejoría inmediata, pensaba que pronto todos los remedios serían inútiles, que todo se había retrasado demasiado, y ya imaginaba que su desgraciada madre no llegaría a tiempo de volver a ver a su hija con vida, o en uso de su razón.

Estaba a punto de hacer llamar de nuevo al señor Harris o, si éste no podía acudir, a algún consejero, cuando finalmente se presentó el boticario, a eso de las cinco de la mañana. Aunque él reconoció la evolución desfavorable de la enfermedad, no quiso admitir que hubiese un grave peligro, y se concentró en la preparación de un nuevo tratamiento que, según él, iba a procurar una mejoría considerable, lo que Elinor quiso creer con fe. Prometió volver al cabo de tres o cuatro horas, y se despidió de la paciente y de su consternada acompañante, dejándolas más serenas de lo que las había encontrado.

Enormemente preocupada, y con muchas recriminaciones por no haber sido llamada antes, recibió al día siguiente la señora Jennings la noticia de lo ocurrido. Sus previos temores, que renacieron entonces con mayor razón, no le permitieron dudar del acontecimiento, y aunque intentó consolar de palabra a Elinor, convencida como estaba del peligro que corría su hermana, no pudo ofrecerle el consuelo de la esperanza. Tenía el corazón totalmente transido. El súbito declive, y la perspectiva de la temprana muerte de una muchacha tan joven, tan adorable como Marianne, habría preocupado a cualquier persona, incluso menos allegada. De la compasión de la señora Jennings la muchacha podía exigir algo más. Durante tres meses había sido su compañera, estaba aún bajo su cuidado, y, como se sabía, había sido muy humillada y muy infeliz. También la aflicción de su hermana, por quien sentía particular predilección, la afectaba mucho, y en lo tocante a su madre, cuando la señora Jennings consideraba que probablemente Marianne era para ella lo que Charlotte para sí misma, al condolerse de su padecimiento, lo hacía con toda sinceridad.

El señor Harris llegó puntual a su segunda visita; pero sucedió que sus esperanzas quedaron frustradas. Las medicinas no habían surtido el menor efecto; la fiebre no había sido cortada, y Marianne se encontraba un poco menos agitada, pero sin volver en sí, y en un pesado sopor. Elinor, dándose cuenta al instante de todos sus temores y de mucho más, propuso solicitar otro consejo. Pero el boticario lo consideró innecesario; tenía aún otra cosa que intentar, una nueva prescripción, de cuyo éxito estaba casi tan seguro como de la anterior, y su visita concluyó con palabras confiadas de aliento que llegaron al oído de la señorita Dashwood, pero no a su corazón. Elinor estaba serena, excepto cuando se acordaba de su madre, pero casi no tenía esperanzas, y siguió en este estado hasta el mediodía, sin moverse apenas del lecho de su hermana, con el pensamiento vagando de una dolorosa imagen a otra, y con el ánimo extremadamente abatido por la conversación de la señora Jennings, que sin ningún recato atribuía la seriedad y el peligro de este acceso a las muchas semanas de indisposición previa que el desengaño sufrido había acarreado en Marianne. Elinor no dejaba de ver todo lo razonable que había en esa idea, y esto produjo nuevas penurias en su pensamiento.

Sin embargo, hacia el mediodía empezó —con cierta cautela, y con tanto temor a equivocarse, que durante algún tiempo le impidió decir nada, ni siquiera a su amiga— a creer, a suponer, que podía apreciar una ligera mejoría en el pulso de su hermana; esperó, observó y lo examinó una y otra vez; y por fin, con una agitación más difícil de encubrir con una apariencia de calma mayor que todas sus angustias anteriores, se aventuró a comunicar sus esperanzas. La señora Jennings, aunque se vio obligada, tras el examen, a admitir una recuperación provisional, intentó que su joven amiga no se dejase llevar por la idea de su continuidad; y Elinor, atenta a toda admonición de recelo, se dijo también a sí misma que no debía hacerse ilusiones. Pero era demasiado tarde, la esperanza ya se había apoderado de ella; y notando todo su turbador aleteo, se inclinó sobre su hermana para ver..., no sabía qué. Pasó media hora, y el favorable síntoma persistía milagrosamente. Surgían otros incluso que apoyaban el optimismo. Su aliento, su piel, sus labios, todo señalaba indicios de restablecimiento, y los ojos de Marianne, aunque lánguidos, la miraban de una forma racional. El temor y la esperanza se disputaban su alma a partes iguales, y no la dejaron respirar ni un momento, hasta que a las cuatro llegó el señor Harris; entonces su enhorabuena por una recuperación que superaba incluso sus expectativas, le dio fuerza y consuelo, y le hizo derramar lágrimas de alegría.

Marianne estaba positivamente mejor en todos los aspectos, y el señor Harris dictaminó que se hallaba enteramente fuera de peligro. La señora Jennings, quizá satisfecha con la justificación parcial de los presentimientos a que habían dado pie las últimas horas de alarma, se permitió confiar en este dictamen, y admitió con una alegría sin disimulo, la probabilidad de un completo restablecimiento.

Elinor no podía sentirse entusiasmada. Su dicha era de otra clase, y podía manifestarse de muchas formas, pero no con alegría. Marianne devuelta a la vida, a la salud, a sus amigos, a su amantísima madre, era una idea que henchía su pecho de sensaciones de exquisito alivio, y lo ensanchaba en ardiente gratitud; pero no condujo a demostraciones exteriores de júbilo, ni a palabras, ni a sonrisas. Lo único que anidaba en el corazón de Elinor era satisfacción, una firme y callada satisfacción.

Permaneció al lado de su hermana, con escasas interrupciones, toda la tarde, calmando todos los temores, satisfaciendo todas las preguntas de su debilitado espíritu, prodigando todos los remedios, y observando casi cada gesto, cada suspiro. La posibilidad de una recaída acudía, por supuesto, algunas veces a su pensamiento, y con ella el recuerdo de la inquietud, pero cuando vio, en sus frecuentes y minuciosos exámenes, que persistían todos los síntomas de recuperación, y que a las seis Marianne se sumergía en un sueño tranquilo, acompasado y en todas sus apariencias pacífico, acalló todas sus dudas.

Empezaba a acercarse la hora prevista para el regreso del coronel Brandon. Elinor esperaba que a las diez, o al menos no mucho más tarde, su madre iba a poder librarse de la terrible incertidumbre que en aquellos momentos habría de estar experimentando en el curso del viaje.¡Y también el coronel...! ¡Quizás a él no cabía compadecerle menos! ¡Oh, qué despacio corrían las horas que aún los mantenían en la ignorancia!

A las siete, dejando a Marianne todavía en un dulce sueño, se reunió con la señora Jennings en el salón para tomar el té. Las lagrimas la habían privado del desayuno, y, a la hora de cenar, su giro repentino le había impedido comer mucho; por lo que este refrigerio, con las felices sensaciones que lo precedían, fue ahora muy bien recibido. La señora Jennings habría querido convencerla, cuando hubo terminado, de que descansara un poco antes de que llegara su madre, y de que la dejara a ella ocupar su lugar junto a Marianne; pero Elinor no sentía en esos momentos ninguna sensación de fatiga, ni se veía capaz de dormir, y no quería apartarse de su hermana ni un instante. La señora Jennings la acompañó, finalmente, a la habitación de la enferma, a fin de asegurarse de que todo seguía su buen curso, y allí volvió a dejarla con su responsabilidad y sus pensamientos, mientras ella se retiraba a su habitación a escribir cartas y descansar.

La noche fue fría y tormentosa. El viento aullaba en torno a la casa, y la lluvia golpeaba las ventanas; pero Elinor, toda felicidad en su interior, no se alteró. Marianne dormía entre las ráfagas, y los viajeros..., a ellos les aguardaba una recompensa que retribuiría todos los contratiempos.

El reloj dio las ocho. Si hubiera dado las diez, Elinor habría tenido la certeza de haber oído en aquel momento el carruaje que se acercaba a la casa; y tan convencida quedó de haberlo oído, a pesar de que era casi imposible que hubieran llegado ya, que se encaminó hacia el gabinete y abrió una contraventana, para cerciorarse de lo que realmente ocurría. Vio enseguida que sus oídos no la habían engañado. El brillo de las antorchas de un carruaje estuvo inmediatamente a la vista. Por su luz incierta creyó distinguir que lo tiraban cuatro caballos; y esta circunstancia, además de indicarle hasta qué punto se había asustado su pobre madre, explicó en cierto modo la causa de esta rapidez tan inesperada.

Elinor tuvo grandes dificultades para conservar la calma en este momento. Saber lo que su madre debía estar padeciendo mientras el coche se detenía a la puerta... ¡Sus dudas..., su miedo..., quizá su desesperación! ¡Y saber lo que ella tenía que decirle! Así era imposible conservar la calma. No podía hacer otra cosa que apresurarse; y, por tanto, después de ir a buscar a la doncella de la señora Jennings para que se quedara con su hermana, bajó corriendo a la planta inferior.

El ajetreo que se oía en el vestíbulo, mientras ella cruzaba una antesala intermedia, le confirmó que ya habían entrado en la casa. Aceleró el paso hacia el salón, entró en él, pero allí sólo estaba Willoughby.

# Capítulo XLIV

Al verlo, Elinor retrocedió con gesto de horror, obedeciendo al primer impulso de su corazón, y en el acto se dio la vuelta dispuesta a salir de la sala; su mano estaba ya en el pomo de la puerta cuando su movimiento fue interrumpido por el paso rápido de Willoughby, quien, con voz imperativa más que suplicante, le dijo:

—Señorita Dashwood, le pido media hora..., diez minutos... Concédamelos.

—No, señor —repuso Elinor enérgicamente—. No voy a concedérselos. Usted no puede tener nada que decirme. Los criados, supongo, han olvidado decirle que el señor Palmer no está en casa.

—Si me hubieran dicho —exclamó él con vehemencia— que el señor Palmer y toda su familia se habían ido al infierno, tampoco me habría quedado en la puerta. Lo que aquí me trae tiene que ver con usted, y sólo con usted.

—¡Conmigo! —dijo Elinor, confundida en grado sumo—. Pues bien, señor..., dése prisa..., y, si puede, sea menos brusco.

—Siéntese y la complaceré en ambas cosas.

Elinor vaciló; no sabía qué hacer. Pensó en la posibilidad de que llegara el coronel Brandon y los encontrase. Pero había prometido escucharlo, y su curiosidad no estaba menos comprometida que su honor.

Tras unos momentos de reflexión, concluyendo que la prudencia requería diligencia y que era conveniente que su consentimiento la procurase, se encaminó silenciosamente hacia la mesa y tomó asiento. Willoughby se sentó en la silla de enfrente y pasó medio minuto sin que ninguno de los dos dijera nada.

—Le ruego que se dé prisa, señor mío —dijo Elinor, intranquila—. No tengo tiempo que perder.

La actitud del joven era de profunda meditación y pareció no haberla oído.

—Su hermana —dijo bruscamente un momento después— está fuera de peligro. Me lo ha dicho el criado. ¡Bendito sea Dios! Pero, ¿es verdad? ¿Es realmente verdad?

Elinor no quiso contestar. Él repitió la pregunta aún más impaciente.

—Por el amor de Dios, dígamelo; ¿está fuera de peligro o no?

—Creemos que sí.

Willoughby se levantó y empezó a dar vueltas.

—Si lo hubiera sabido media hora antes... Pero puesto que estoy aquí —dijo, con denodado vigor, mientras volvía a sentarse—, ¿qué importa ya? Por una vez, señorita Dashwood..., quizá sea la última..., alegrémonos juntos. Hoy me sobran motivos para estar alegre. Dígame, honradamente —un color aún más intenso iluminó sus mejillas—, ¿qué le parezco más, un loco o un bellaco?

Elinor lo miró más perpleja que nunca. Empezaba a pensar que estaba bebido; no cabía entender de otra forma lo insólito de estos modales, y con esta impresión se levantó rápidamente, diciendo:

—Señor Willoughby, le aconsejo que vuelva inmediatamente a Combe. No puedo entretenerme más. Sean cuales fueren los asuntos que le hayan traído hasta mí, mañana podrá exponerlos más tranquilamente y con mayor claridad.

—La comprendo —dijo él, con una sonrisa expresiva y una voz perfectamente templada—. Sí, estoy muy bebido. He tomado una pinta de cerveza oscura con unos fiambres en Marlborough, y por lo visto se me ha subido a la cabeza.

—¡En Marlborough! —exclamó Elinor, que cada vez comprendía menos lo que estaba pasando.

—Sí, salí de Londres esta mañana a las ocho, y desde esa hora sólo he bajado del coche diez minutos para tomar un bocado en Marlborough.

El firme ademán y la mirada inteligente que acompañaron estas palabras persuadieron a Elinor de que, por muy imperdonable que fuera la locura que lo había llevado a Cleveland, no había sido la obra de una intoxicación alcohólica; tras una reflexiva pausa, dijo:

—Señor Willoughby, tendría usted que pensar, como yo ciertamente pienso, que, después de lo sucedido, el hecho de que venga usted aquí de esta manera, imponiéndome su presencia, merece una explicación muy especial... ¿Cuál es, pues? ¿Qué es lo que se propone?

—Pretendo —replicó el joven, serio y decidido— que, si es posible, me odie usted un poco menos de lo que me odia ahora. Pretendo decirle algo que pueda en cierto modo excusar, que pueda de alguna manera explicar lo ocurrido; quiero abrirle mi corazón, quiero convencerla de que, si bien siempre he sido un cabeza hueca, no siempre he sido un rufián, para que de esa forma Mari..., su hermana, pueda, por así decirlo, perdonarme.

—¿Para eso ha venido realmente?

—Le doy mi palabra —fue su respuesta, efusiva como había sido siempre su manera de expresarse; y Elinor creyó, a pesar de sí misma, que hablaba con sinceridad.

—Si eso es todo, puede darse ya por satisfecho..., porque Marianne hace ya tiempo que lo ha perdonado.

—¡Lo ha hecho! —exclamó el joven, con el mismo tono de impaciencia—. Entonces me ha perdonado antes de lo que habría debido. Pero ahora volverá a hacerlo, y con mayor fundamento. Y ahora, ¿querrá escucharme?

Elinor asintió con un gesto.

—No sé —dijo, tras una pausa que la dejó a ella tan expectante como a él meditabundo— qué explicación habrá usted dado al comportamiento que tuve con su hermana, ni qué diabólicas maquinaciones pueda haberme atribuido. Tal vez sea difícil conseguir que piense usted mejor de mí, pero el esfuerzo vale la pena, y ahora lo sabrá todo. Cuando empecé a intimar con su familia, yo no pretendía, no tenía otra idea de estas relaciones que la de pasar, mientras durase mi obligado periodo de estancia en Devonshire, el tiempo agradablemente, más agradablemente que en cualquier ocasión anterior. Su hermana, con sus personales encantos y sus atractivos modales, no podía menos que complacerme; y casi desde el primer momento, su forma de tratarme fue... ¡Ah, es desesperante recordar cómo fue, y cómo era ella, y ver cuán insensible ha sido mi corazón! Pero al principio, debo confesarlo, todo aquello sólo halagaba mi amor propio. Yo no pensaba en su felicidad, buscaba únicamente mi propia diversión, sabiendo que daba pie a ciertos sentimientos con los que nunca he tenido muchos reparos en condescender; procuré, en fin, por todos los medios, serle yo también agradable, sin propósito alguno de corresponder a su afecto.

Mirándolo con el más profundo desprecio, la señorita Dashwood lo interrumpió, diciendo:

—No creo que haya más que decir, señor Willoughby, nada que yo tenga que escuchar. Después de este comienzo, nada bueno puede venir. Ahórreme el tormento de seguir escuchándolo.

—Insisto en que lo oiga todo —repuso Willoughby—. Mi fortuna nunca fue crecida y, siendo por naturaleza derrochador, siempre he tenido por costumbre alternar con gente de mayor renta que yo. Desde que cumplí la mayoría de edad, incluso desde antes, mis deudas aumentaban año tras año; y aunque la muerte de mi anciana prima, la señorita Smith, habría podido librarme de ellas, siendo la ocasión, sin embargo, incierta y posiblemente remota, durante algún tiempo vine acariciando el proyecto, a fin de restablecer mis circunstancias, de casarme con una mujer rica. Enamorarme de su hermana fue algo que ciertamente no estaba en mis planes, y con una crueldad, una bajeza y un egoísmo para los que ni siquiera una mirada suya de desprecio o de indignación, señorita Dashwood, pueden ser censura suficiente, pues hice cuanto pude para atraerme un interés al que no tenía intención de corresponder. Sin embargo, incluso en esta cuadro de interesada vanidad, una cosa puede decirse en mi favor, y es que yo desconocía el alcance de la afrenta que estaba urdiendo, porque entonces yo no sabía lo que era el amor... Pero, ¿lo he sabido alguna vez? Bien cabe dudarlo; pues, si hubiera amado de verdad, ¿hubiera podido sacrificar mis sentimientos a la vanidad, a la avaricia? O, más aún, ¿habría podido sacrificar los suyos? Esto es, sin embargo, lo que he hecho. Para evitar una relativa pobreza, de cuyos horrores me habrían privado su cariño y su compañía, he perdido, ascendiendo a la riqueza, todo cuanto habría podido hacer de ella una bendición.

—Entonces —dijo Elinor un poco enternecida—, es cierto que usted se enamoró de ella.

—¡Pensar que resistí tales encantos, que desprecié aquella ternura! ¿Hay en la tierra un solo hombre capaz de hacer algo así? Sí, poco a poco y sin darme cuenta, me sorprendí a mí mismo enamorado de ella; y las horas más felices de mi vida fueron las que pasé a su lado creyendo que mis intenciones eran enteramente honorables y mis sentimientos libres de culpa. Pero incluso entonces, cuando estaba completamente determinado a declararme, me permití, sin el menor decoro, aplazar día tras día el momento de hacerlo, por mi escasa inclinación a establecer un compromiso en unas circunstancias que seguían siendo, para mí, tan embarazosas. No voy a justificarme ahora..., no voy a detenerme en este punto para que usted se recree en los reparos absurdos, más que absurdos, de quien no quiere comprometer su palabra cuando ya ha comprometido su honor. Los hechos han demostrado que fui tan taimado como necio al labrarme con tal tenacidad la ocasión de convertirme para siempre en un hombre despreciable y desdichado. Pero finalmente tomé una decisión: decidí que, en el primer momento en que pudiera verla a solas, justificaría las atenciones constantes que le había prodigado y declararía sin tapujos que aquel afecto que con tanta vehemencia me había dedicado a manifestar. Pero, mientras tanto..., en el transcurso de las horas escasas que habrían de anteceder a la oportunidad de hablar con ella en privado, sucedió algo..., algo que por desgracia acabaría con toda mi determinación, y, con ella, con toda mi paz. Se descubrió algo... —entonces vaciló, mirando al suelo—. La señora Smith había sido informada, no sé por quién, supongo que por algún pariente lejano que intentaba apartarme de su favor, de una relación..., pero ahora sobran las explicaciones —añadió, mirándola, ruborizado y en actitud de súplica—; probablemente lo sabe usted todo, en su discreción, desde hace tiempo.

—Sí —dijo Elinor, también enrojeciendo, y endureciendo de nuevo su corazón para no compadecerse de él—, lo sé todo. Y confieso que no alcanzo a comprender cómo puede usted justificar en modo alguno su culpabilidad en este terrible asunto.

—Recuerde usted —exclamó Willoughby— de quien proceden sus informes. ¿Cabe esperar de ellas imparcialidad? Admito que yo habría tenido que respetar su posición y su nombre. No pretendo justificarme, pero tampoco puedo dejarla en el supuesto de que no tengo nada que alegar..., de que ella era irreprochable porque fue humillada, de que tenía que ser una santa porque yo era un libertino. No aspiro, en cualquier caso, a defenderme. Su afecto por mí merecía mejor trato, y a menudo recuerdo, con grandes remordimientos, su magnífica ternura, a la que una vez, por muy breve tiempo, hube en cierto modo de corresponder. Ojalá, ojalá, se lo digo sinceramente, nunca hubiera ocurrido. Pero yo me he humillado más que ella; y he humillado a alguien que sentía por mí (¿puedo decirlo?) un amor que no era menos vivo que el de ella, a alguien cuyo espíritu... ¡Oh! ¡Qué infinitamente superior!

—Pero su indiferencia hacia esa desventurada muchacha..., debo decirlo, por poco que me agrade discutir un asunto así..., su indiferencia no excusa su cruel abandono. No se crea usted disculpado por una debilidad o un defecto natural del entendimiento de ella, pues es evidente que usted actuó de manera cruel e irresponsable. Usted debía conocer, mientras se divertía en Devonshire acariciando nuevos proyectos, siempre alegre, siempre feliz, que ella se encontraba reducida a la mayor indigencia.

—Le soy mi palabra de que yo no lo sabía —repuso el joven con firmeza—. No me acordaba de que había olvidado darle mis señas; pero con un poco de sentido común ella hubiera podido averiguarlas.

—En fin, señor, ¿y qué dijo la señora Smith?

—Inmediatamente me reprochó la ofensa, y bien puede suponer cuál fue mi confusión. Su vida insulsa, sus ideas convencionales, su ignorancia del mundo..., todo estaba en mi contra. No podía negar lo sucedido, y todos mis intentos por atenuarlo fueron vanos. Creo que ella estaba predispuesta a dudar de la moralidad de mi conducta en general, y además muy descontenta de la poca atención, el poquísimo tiempo que le había dedicado en aquella visita. En pocas palabras, todo terminó en una ruptura definitiva. Pero yo tenía una sola oportunidad de salvarme. En el extremo de su moralidad, pobre mujer, se ofreció a olvidar lo ocurrido si me casaba con Eliza. Eso era imposible, y fui totalmente proscrito de su favor y de su casa. Después de esto, aquella noche, mi última noche en aquella casa, estuve meditando qué camino habría de seguir en el futuro. La lucha fue terrible..., pero no duró mucho. Mi afecto por Marianne, mi total convencimiento de su amor por mí..., nada de eso era suficiente para dominar aquel terror a la pobreza, o para desterrar aquellos prejuicios sobre la necesidad de riquezas a los que la naturaleza me había inclinado, y que la sociedad había fortalecido con sus extravagancias. Tenía motivos para creer que conseguiría sin dificultad, si me proponía cortejarla, a la que ahora es mi esposa, y me persuadí de que ése era, por prudencia, mi único camino. Una triste escena me aguardaba, pese a todo, antes de poder abandonar Devonshire: aquel mismo día me había comprometido a cenar en su casa, señorita Dashwood; necesitaba, pues, una excusa para deshacer el compromiso. Mucho dudé si debía hacerlo por escrito, o personalmente. Creía que ver a Marianne sería terrible, e incluso dudaba de que, al verla, pudiera seguir la decisión que había tomado. En este punto, sin embargo, subestimé mi propia largueza de ánimo, como los hechos revelaron; porque fui a verla, y la vi, y la vi desdichada..., y desdichada la dejé, con la esperanza de no volver a verla nunca más.

—Pero, ¿por qué fue usted a casa, señor Willoughby? —le preguntó Elinor, en un tono de reproche—. Con una nota habría satisfecho todos sus propósitos. ¿Qué necesidad había de ir en persona?

—Mi orgullo lo consideró necesario. No podía permitir que mi partida despertase sospechas en ustedes o en el resto de la vecindad de lo que había ocurrido con la señora Smith; entonces decidí visitarlas de camino a Honiton. Pero ver a su querida hermana fue, en efecto, terrible; y, para colmo, la encontré sola. Ustedes habían salido, no sé a dónde. ¡La noche anterior, al marcharme, me hallaba tan firme y absolutamente resuelto a obrar con rectitud! Unas cuantas horas la habrían unido a mí para siempre; recuerdo qué feliz, qué contento estaba aquella noche, al volver a Allenham, ¡satisfecho conmigo mismo, a gusto con el mundo entero! Pero luego, en la que sería la última vez que la viera como su amigo, fui a ella con un sentimiento de culpa ante el que casi sucumbe toda mi capacidad de fingir. Su pena, su desilusión, su enorme quebranto, cuando le dije que tenía que irme de Devonshire tan rápidamente..., nunca los olvidaré. ¡Y todo con tanta fe, con tanta confianza en mí! ¡Oh, Señor! ¡Qué inicuo bellaco fui!

Hubo una pausa de unos momentos. Elinor fue la primera en hablar.

—¿Le dijo usted que iba a regresar pronto?

—No sé lo que dije —respondió con impaciencia—; sin duda menos de lo que debía al pasado, y con toda probabilidad mucho más de lo que justificaba el futuro. No puedo pensar en ello. No serviría de nada. Y luego su madre, que me torturó aún más, con toda su amabilidad y confianza. ¡Gracias a Dios que todo eso me torturó! Me hizo sentir muy desdichado, señorita Dashwood, y no puede imaginarse qué alivio siento al recordar mi desgracia. Merece tal remordimiento la estúpida, la abyecta locura de mi corazón que todo cuanto he sufrido por su causa se ha vuelto ahora triunfo y alegría. En fin, me marché, abandoné todo cuanto quería, en pos de quien sólo contaba, a lo sumo, con mi indiferencia. Solo en mi carruaje, el camino a la ciudad se me hizo tedioso..., sin nadie con quien hablar... ¡Mis pensamientos eran tan alegres, mis perspectivas tan felices...! ¡Y el recuerdo de Barton, un bálsamo...! ¡Oh, aquél fue un magnífico viaje!

Se interrumpió.

—Y bien, señor —dijo Elinor, que, sin dejar de compadecerlo, sentía cada vez más deseos de verlo partir—, ¿algo más?

—¿Algo más...? Sí, ¿ha olvidado usted lo que pasó en Londres? Aquella carta infame..., ¿se la enseñó?

—Sí, leí todas sus notas, las de ella y las de usted.

—Cuando recibí la primera (lo que fue inmediatamente, pues en todo aquel tiempo yo nunca dejé de estar en la ciudad), no puedo describir, como suele decirse, mis sentimientos; y para decirlo más llanamente, demasiado quizá para suscitar la emoción, me sentí realmente mal. Cada frase, cada palabra era, para usar el trillado símil que me prohibiría, si estuviera su querida autora, "una puñalada en mi corazón". Saber que Marianne estaba en Londres tuvo el efecto, sin salirnos del mismo estilo, de un rayo fulminante. ¡Rayos y puñaladas...! ¡Cómo me había reprendido! Su gusto, sus opiniones..., creo que los conozco mejor que los míos..., y tenga por seguro que me son más queridos.

El corazón de Elinor, que había sufrido muchos vaivenes en el curso de esta conversación, volvió a ablandarse otra vez; aun así, creyó que era su deber impedir que nacieran en su interlocutor ideas de aquella naturaleza.

—No puede decir eso, señor Willoughby. Recuerde que está casado. Cuénteme únicamente lo que su conciencia le diga que necesito oír.

—La nota de Marianne confirmaba que seguía queriéndome igual que en aquellos días, que a pesar de las muchas, muchas semanas de separación sus sentimientos eran igual de constantes, e igual su fe en la constancia de los míos, y eso despertó todo mi remordimiento. Y si digo "despertó", es porque el tiempo, Londres, las ocupaciones y las disipaciones en cierta forma lo habían adormecido, y yo había empezado a convertirme en un tipejo sin alma, por lo que prefería imaginar que ella ya no me importaba, o creer que yo le importaba a ella cada vez menos. Me estaba acostumbrando a creer que nuestras relaciones habían sido un mero esparcimiento, una nadería, y yo solamente me encogía de hombros y acallaba todas las acusaciones, dominaba todos los escrúpulos diciéndome en silencio de vez en cuando: "Seré feliz el día en que me digan que se ha casado." Pero aquella nota me hizo conocer mejor mis sentimientos. Vi que la quería a ella infinitamente más que a cualquier otra mujer, y me di cuenta de que la estaba tratando de un modo vergonzoso. Pero entonces estaba ya todo dispuesto entre la señorita Grey y yo. Volverse atrás era imposible. Mi único remedio era evitarlas a ustedes dos. No respondí a Marianne, intentando por este medio no atraer más su atención; y durante un tiempo estuve incluso resuelto a no poner los pies en Berkeley Street... Pero, finalmente, pareciéndome más inteligente afectar un aire de relación fría y ordinaria, una mañana estuve esperando que salieran de casa y dejé mi tarjeta.

—¡Estuvo esperando a que saliéramos!

—Llegué a hacer eso, sí. Se sorprendería de saber cuántas veces me quedé esperando, cuántas veces estuve a punto de cruzarme con ustedes. En más de una tienda he entrado para escapar a su vista, cuando pasaba su coche. Yo vivía en Bond Street, y raro era el día en que no viera a una u otra; y sólo una vigilancia atenta y constante, un deseo que a todo se imponía de atraparme en su camino, pudo tenernos tanto tiempo separados. Evité cuanto pude a los Middleton, y a todas las personas que pudieran pertenecer a nuestro círculo común. Sin embargo, un día, ignorando que se hallara en la ciudad, me tropecé con sir John, el día de su llegada, el día después de mi visita a casa de la señora Jennings. Me invitó a una fiesta, a un baile en su casa aquella noche. Si no me hubiera dicho, para animarme, que usted y su hermana estarían allí, apenas habría vacilado en exponerme a asistir. A la mañana siguiente llegó una breve nota de Marianne, una nota cariñosa y sincera, llena de inocencia y confianza... Todo eso hacía aún más detestable mi conducta. No pude contestarla, lo intenté; pero no se me ocurría una sola frase. Creo, sin embargo, que no dejé de pensar en ella un solo momento durante ese día. Si puede usted apiadarse de mí, señorita Dashwood, apiádese de la situación en que me hallaba entonces. Con el pensamiento y el corazón consagrados a su hermana, ¡me veía forzado a representar para otra mujer el papel de un feliz enamorado! Estas tres o cuatro semanas fueron las peores de mi vida. Y al final, no necesito decírselo, no hubo más remedio y nos encontramos...

¡Qué dulce presencia quise ignorar! ¡Qué noche de agonía! ¡Marianne, a un lado, hermosa como un ángel, diciendo mi nombre con aquella voz! ¡Dios bendito! ¡Tendiéndome su mano, pidiendo una explicación con aquellos ojos hechizados que no dejaban de observar el evidente azoramiento de mi rostro! ¡Y Sophia, al otro lado, celosa como un demonio, con la mirada puesta en...! Bueno, qué importa ahora; ya todo ha terminado. ¡Qué noche! Huí a la primera ocasión, no sin ver antes el dulce rostro de Marianne, ahora pálido y desencajado... Ésa fue la última, la última visión que tuve de ella; así fue como la vi por última vez. ¡Qué horrendo espectáculo! ¡Hoy, sin embargo, cuando la creía agonizante, fue para mí casi un alivio pensar que yo conocía la impresión que iba a quienes fueran los últimos en verla con vida. A lo largo de todo el camino la tuve presente, ni por un momento dejé de ver ese mismo semblante, ese mismo color.

Siguió una pausa que dio pie a las cavilaciones de ambos. Willoughby acabó levantándose y exclamó:

—En fin, démonos prisa y partamos. ¿De verdad su hermana se encuentra mejor? ¿De verdad está fuera de peligro?

—Así nos lo han asegurado.

—¿Lo sabe ya su madre? Ella, que adora a Marianne.

—Pero su carta, señor Willoughby, olvida usted la carta que escribió... ¿No tiene nada que decir sobre ella?

—Sí, sí..., aquella carta. Ya sabrá que su hermana volvió a escribirme, justo la mañana siguiente. Ya sabe lo que decía. Yo estaba desayunando en casa de los Ellison, y allí me enviaron su carta, junto con otras, desde su residencia. Pero resultó que Sophia se fijó en ella antes que yo; y su tamaño, la elegancia del papel, la letra, todo levantó sus sospechas inmediatamente. Alguna vaga noticia había llegado a sus oídos de mi relación con una joven de Devonshire, y lo que había presenciado la noche anterior le había dado a entender quién era la joven, con lo que se puso más celosa que nunca. Adoptando, pues, ese aire juguetón que es una delicia en una mujer, abrió inmediatamente la carta y la leyó. Su impudicia se llevó su merecido. Leyó la fuente de su desdicha. Y su desdicha habría podido soportarla, pero su furia..., su rencor... A todas luces había que calmarlos. Y, en fin... ¿Qué le parece el estilo epistolar de mi mujer? Delicado, tierno, genuinamente femenino... ¿Verdad?

—¡Su mujer!... ¡Pero la carta era de su puño y letra!

—Sí, pero mi único mérito fue el de copiar servilmente unas líneas que me avergonzaba firmar. El original fue todo obra suya, obra de sus felices pensamientos y de su gentil retórica. Pero, ¡qué podía hacer yo!..., estábamos comprometidos, todo estaba dispuesto, el día de la boda casi fijado... Estoy diciendo necedades. ¡Preparativos! ¡El día de la boda!... Para ser franco, yo necesitaba su dinero, y en una situación como la mía había que hacer cualquier cosa para evitar una ruptura. Y, al fin y al cabo, ¿en qué iba a influir en mi reputación, a los ojos de Marianne y de sus amigos, el estilo en que se expresara mi respuesta? Sólo podía obedecer a un propósito..., y mi propósito era declarar mi villanía, y para eso daban lo mismo la gentileza o el cinismo. "He perdido para siempre su consideración", me dije. "Su compañía y sus amigos me estarán vedados para siempre, ellos ya me creen un hombre sin principios; con esta carta lo único que harán será creerme también un canalla." Tales eran mis razonamientos mientras copiaba, en una especie de desesperada indiferencia, las palabras de mi mujer, y decía adiós a las últimas reliquias de Marianne. Fui obligado a entregar sus tres cartas (por desgracia las llevaba todas en la cartera; si no, habría negado su existencia, y las habría conservado toda la vida), y ni siquiera pude besarlas. Y el mechón de pelo... también lo llevaba siempre en la cartera que ahora la Señora registraba con el más digno tesón... ¡Aquel querido mechón!... Todo, todos sus recuerdos me fueron arrebatados.

—¡Qué equivocado está, señor Willoughby! ¡Qué reprobables son sus palabras! —dijo Elinor con una voz que traicionaba, contra su voluntad, la emoción que sentía—. No puede usted hablar así de la señora Willoughby, ni de mi hermana. Usted eligió. Nadie lo obligó. Su esposa tiene derecho a su delicadeza, a su respeto al menos. Seguramente lo ama, si no fuera así, no se habría casado con usted. Tratarla con tanta desconsideración, hablar de ella a la ligera no es una reparación para Marianne..., y no puedo pensar que sea un alivio para usted.

—No me hable de mi mujer —dijo Willoughby, con un hondo suspiro—. No se merece su compasión. Ella sabía que yo no la amaba cuando nos casamos. Y, sí, nos casamos, y vinimos a Combe Magna en busca de felicidad, y luego volvimos a Londres en busca de placeres. Y ahora, ¿se compadece de mí, señorita Dashwood? ¿O todo lo que he dicho ha sido en vano? ¿Soy, aunque sólo sea un poco, menos culpable a sus ojos de lo que era antes? No siempre tuve malas intenciones. ¿Acaso he justificado de algún modo mi culpa?

—Sí, en verdad algo ha cambiado..., un poco. Ha demostrado ser en conjunto, menos culpable de lo que le había creído. Ha demostrado tener un corazón menos inicuo, mucho menos inicuo. Pero no cabría decir..., el daño y la tristeza que ha infligido..., no se me ocurre cómo habría podido ser peor.

—¿Querrá usted repetirle a su hermana, cuando mejore, lo que le he dicho a usted? Permita que también en su consideración entre un poco de luz. Me dice que ella ya me ha perdonado. Permítame pensar que un conocimiento más profundo de mi corazón, de mis actuales sentimientos, creará en ella una misericordia más espontánea, más natural, más dulce, menos solemne. Cuéntele mi desolación, mi arrepentimiento. Dígale que mi corazón nunca dejó de serle fiel, y, si quiere, que en estos momentos me es más querida que nunca.

—Le diré todo lo que haga falta para lo que puede llamarse, relativamente, su justificación. Pero no me ha explicado la razón concreta de su presencia aquí ni cómo supo que estaba enferma.

—Anoche, en el vestíbulo de teatro de Drury Lane, me encontré con sir John Middleton, y cuando me reconoció, por primera vez en esos dos meses, me saludó. No me extrañaba, ni le guardaba rencor por ello, que me hubiera retirado el saludo desde el día de mi boda. Ayer, sin embargo, su talante bienintencionado, honorable e inocente, lleno de indignación contra mí y de inquietud por su hermana, no pudo resistir la tentación de decirme lo que sabía que debería (aunque probablemente él no creyera que fuese a hacerlo) afligirme horriblemente. Del modo más franco, pues, me dijo que Marianne Dashwood se estaba muriendo en Cleveland de una fiebre pútrida, que había recibido una carta por la mañana de la señora Jennings en la que decía que corría un gran peligro y que los Palmer habían huido aterrorizados. Me impresionaron tanto estas noticias que ni siquiera ante un hombre tan poco avispado como sir John pude fingir ser insensible. Su corazón se ablandó al ver sufrir el mío; y buena parte de su indisposición contra mí había desaparecido cuando nos despedimos; casi me estrechó la mano, mientras me recordaba una antigua promesa de regalarme un cachorro de pointer. Lo que sentí al oír que su hermana se estaba muriendo..., muriendo y pensando en mí, que era el mayor villano sobre la faz de la tierra; llena de odio y de desprecio en sus últimos momentos..., porque, ¿qué nefastos panes no me habría imputado? ¿Cómo saberlo? Estaba convencido de que había alguien que me creía capaz de cualquier cosa... ¡Qué horrible impresión tuve! No tardé en tomar una decisión, y esta mañana, a las ocho, estaba ya en mi carruaje. Ahora lo sabe todo.

Elinor no contestó. Pensaba, silenciosa y concentrada, en el daño irreparable que una independencia económica demasiado temprana y los consiguientes hábitos de ociosidad, disipación y lujos habían causado en el espíritu, la reputación y la felicidad de un hombre que, a todas sus cualidades de presencia y talento, unía un talante sincero y honrado por naturaleza, y un carácter afectuoso y sensible. El mundo lo había convertido en un ser extravagante y vano. La extravagancia y la vanidad le habían hecho desalmado y egoísta. La vanidad, buscando por cuenta ajena su propio triunfo culpable, le había atrapado en un amor verdadero que la extravagancia, o cuando menos su hija, la indigencia, había exigido sacrificar. Todas las reprochables inclinaciones que le llevaban al mal también lo habían llevado al castigo. El amor, del que contra el honor, contra el sentimiento, contra cualquier razón superior, se había querido apartar, gobernaba ahora, cuando ya no era viable, todos sus pensamientos; y la alianza que había sido, de forma poco escrupulosa, causa de la desolación de su hermana, probablemente acabase siendo una fuente de infelicidad para él, aunque algo de naturaleza aún menos curable. De ese ensimismamiento la sacó, al cabo de unos minutos, Willoughby, quien, saliendo de un estado reflexivo al menos igual de doloroso, se levantó, dispuesto a marcharse, y dijo:

—Ya no tengo nada que hacer aquí, debo irme.

—¿De regreso a la ciudad?

—No, voy a ir a Combe Magna. Me esperan algunos asuntos; de allí volveré a la ciudad, en un par de días. Adiós.

Le tendió la mano. Ella no pudo negarse a ofrecerle la suya; Willoughby se la estrechó con cariño.

—¿De verdad piensa ahora un poco mejor de mí? —dijo, deshaciéndose y apoyándose en la repisa de la chimenea, como si hubiera olvidado que iba a marcharse.

Elinor le aseguró que sí, que lo perdonaba, que podía contar con su compasión y sus deseos de bienestar, que le interesaba incluso su felicidad; y añadió algún amable consejo sobre la conducta con más posibilidades para conseguirla. Él contestó sin mucha convicción.

—En cuanto a ser feliz —dijo—, trataré, en lo que pueda, de sobrevivir en este mundo. La felicidad hogareña es impensable. Si puedo, sin embargo, permitirme creer que a usted y a los suyos les preocupa mi sino y mis actos, ése será el camino..., quizá pueda prevenirme contra... Por lo menos será algo por qué vivir. Sin duda he perdido a Marianne para siempre, Ni siquiera si, por un bendito azar, volviera a ser libre.

Elinor lo interrumpió, recriminándole.

—En fin —contestó Willoughby—, una vez más adiós. Viviré ahora con un solo temor.

—¿A qué se refiere?

—El temor a la boda de su hermana.

—Sigue equivocado. Usted la ha perdido ya, y nunca podrá perderla otra vez.

—Pero será de otro hombre. Y ese hombre, si tuviera que ser el que, de todos, me inspira mayor desagrado... Pero no voy a seguir robándole toda su compasión y buena voluntad; no quiero que crea que donde más he perjudicado menos puedo perdonar. Adiós... ¡Que Dios la bendiga!

Y con estas palabras, salió casi corriendo de la habitación.

# Capítulo XLV

Willoughby había salido ya, y su carruaje había dejado de oírse, pero Elinor seguía aún abrumada por un cúmulo de pensamientos muy distintos entre sí, pero de triste efecto en conjunto; tanto que durante un rato no pudo siquiera acordarse de su hermana.

Willoughby, el hombre al que sólo media hora antes aborrecía como al más ignominioso de los seres; Willoughby, a pesar de todas sus faltas, ahora le inspiraba un alto grado de conmiseración, por los sufrimientos que sus faltas le habían acarreado; aunque ahora habría de ser para siempre ajeno a su familia, no podía dejar de pensar en él con ternura, con una pesadumbre, más proporcionadas, como no tardaría en admitir, a sus sentimientos que a sus virtudes.

Advirtió que la ascendencia de aquel hombre en sus pensamientos aumentaba por circunstancias que razonablemente no habían debido pesar; por esta presencia de atractivo poco común, por esta actitud franca, afectuosa y enérgica que no era mérito alguno poseer, y por aquel amor aún apasionado que sentía por Marianne y con el que no se podía siquiera hacer una concesión inocente.

Pero durante mucho, mucho tiempo, antes de que aquella ascendencia perdiera fuerza, ésos fueron sus pensamientos.

Cuando finalmente regresó junto a la inconsciente Marianne, la encontró recién despierta, reanimada tras un largo y dulce sueño, tal y como había esperado.

Elinor sentía su corazón rebosar. El pasado, el presente, el futuro, la visita de Willoughby, la salud de Marianne y la esperada llegada de su madre la habían sumido en una agitación de espíritu ante la que se desvanecía toda señal de fatiga; su único temor era que su hermano la notase. Sin embargo, al poco tiempo el miedo hizo presa de ella, porque, media hora después, haberse marchado Willoughby, el ruido de otro carruaje la llevó de nuevo a la planta inferior.

Impaciente por evitar a su madre un lapso innecesario de horrible incertidumbre, corrió inmediatamente al vestíbulo y llegó a la puerta principal justo a tiempo para recibirla y sostenerla en el momento de su entrada.

La señora Dashwood, que, a medida que iba acercándose a la casa, se había dejado llevar por el pánico hasta el punto de convencerse de que Marianne había dejado de existir, no tuvo voz para preguntar por ella, no la tuvo siquiera para preguntar nada a Elinor; pero ésta, sin esperar interpelaciones ni saludos, le comunicó sin dilación la buena nueva; y su madre, acogiéndola con el entusiasmo que la distinguía, sintió de pronto que la felicidad la abrumaba tanto como antes lo había hecho el terror. Entre su hija y su amigo la acompañaron al salón, y allí, con lágrimas de alegría, pero aún sin facultades para el habla, abrazó a Elinor repetidamente, y no la soltó más que para estrechar alguna vez la mano del coronel Brandon, a quien miraba agradecida y segura a la vez de que compartía con ella la dicha del momento. Él la compartía, con todo, en un silencio aún más profundo.

En cuanto la señora Dashwood se recuperó un poco, quiso subir a ver a Marianne; y en dos minutos estuvo al lado de su niña adorada, a quien la ausencia, la infelicidad y el peligro habían hecho más querida.

La alegría de Elinor, al percibir el sentimiento mutuo que nacía del reencuentro, sólo se vio reducida por el temor de que Marianne fuera privada de horas de sueño; pero la señora Dashwood podía ser moderada, podía incluso ser prudente cuando la vida de su hija estaba en juego, y Marianne, contenta porque sabía que tenía a su madre al lado, y sabiendo también que su propia debilidad le impedía conversar, se sometió con presteza al silencio y al reposo prescritos por todas las enfermeras que la rodeaban.

La señora Dashwood quiso quedarse toda la noche a velarla, y Elinor, cediendo a las súplicas de su madre, se fue a dormir. Pero el descanso que una noche completamente en vela y tantas horas de tensión fatigosa y extrema parecían exigir, encontró en la alteración de su espíritu un importante estorbo. Willoughby, "el pobre Willoughby", como ahora se permitía llamarlo, presidía sus pensamientos; nada hubiera deseado menos que un alegato en su defensa, y sin embargo ahora se culpaba, y a veces se perdonaba, por haberlo juzgado con tanta dureza. Pero la promesa que había hecho de contar lo ocurrido a su hermana no dejaba de angustiarla. Temía ese momento, temía el efecto que en Marianne podía ocasionar; no sabía si, después de semejante explicación, podía ser alguna vez feliz con otro hombre, y por un instante deseó que Willoughby enviudase. Luego, acordándose del coronel Brandon, se arrepintió; pensó que eran sus padecimientos y su constancia, mucho más que los de su rival, lo que debía recompensar a Marianne, y que la muerte de la señora Willoughby era lo último que cabía desear.

La previa alarma de la señora Dashwood había en gran parte menguado la impresión producida por el cometido del coronel Brandon; pues tan intranquila se sentía por Marianne que ya había tomado la decisión de salir hacia Cleveland, sin esperar más noticias, el mismo día que el coronel llegó, y a tal extremo habían llegado los preparativos del viaje que aguardaba, de un momento a otro, que fueran los Carey a llevarse a Margaret, pues no quería hacerse acompañar por ella a un sitio donde quizá se estaba incubando una infección.

Marianne iba mejorando día a día, y el radiante entusiasmo del aspecto y del humor de la señora Dashwood indicaban, como ella misma decía repetidamente, que era una de las mujeres más felices del mundo.

Elinor no podía dejar de escuchar estas palabras, ni de ver sus manifestaciones, sin preguntarse algunas veces si su madre se acordaba en algún momento de Edward. Pero la señora Dashwood, que se fiaba del razonado encuentro del desengaño que Elinor le había contado por carta, se veía impulsada por la exaltación de la alegría a pensar sólo en cosas que pudieran incrementarla. Había recuperado a Marianne tras un peligro en el que, según empezaba a pensar, ella misma había contribuido a provocarle, con su manera poco juiciosa y equivocada de fomentar la desventurada relación con Willoughby; y en su recuperación tenía otro motivo de regocijo que Elinor no imaginaba. Así se lo expresó, tan pronto como se les presentó la oportunidad de conferenciar en privado.

—Al fin estamos solas, Elinor mía; no conoces todavía hasta dónde llega mi felicidad. El coronel Brandon ama a Marianne. Él mismo me lo ha dicho.

Elinor, en un vaivén entre la alegría y el dolor, sorprendida y no sorprendida, prestó silenciosa atención.

—Si no supiera lo distinta que eres a mí, querida Elinor, ahora mismo estaría asombrada de tu compostura. Si alguna vez me hubiera sentado a pensar lo que podía ser mejor para mi familia, habría visto que la boda del coronel Brandon con una de ustedes era un bien extremadamente deseable. Y creo que, de las dos, Marianne es la que tiene mayores probabilidades de ser feliz con él.

Elinor estuvo apunto de preguntar por qué creía eso, porque daba por supuesto que no podía ser por alguna razón fundada en una consideración imparcial de sus edades, sentimientos y personalidades; pero la imaginación de su madre nunca se detenía ante un asunto interesante y por eso, en vez de preguntar, prefirió callar con una sonrisa.

—Ayer, durante el viaje, el coronel me abrió su corazón. Surgió de un modo completamente imprevisto, improvisado. Yo, puedes bien imaginarlo, no hacía otra cosa que hablar de mi niña, y él no podía disimular su encogimiento. Vi que igualaba al mío propio, y él, quizá pensando que la mera amistad, según va el mundo, no justificaba que unas simpatías tan acentuadas (o, mejor, no pensando nada, supongo) den lugar a sentimientos irresistibles, me reveló su firme, tierno, constante amor por Marianne. La ha amado, querida Elinor, desde el primer momento en que la vio.

En este punto, sin embargo, Elinor advirtió no el estilo, ni las declaraciones del coronel Brandon, sino los naturales adornos de la activa fantasía de su madre, que daba forma, a su arbitrio, a todo cuanto la deleitaba.

—Su interés por ella, infinitamente superior a todo lo que Willoughby pudiera sentir o fingir, y más afectuoso, más sincero y constante, ha sobrevivido ¡al mismo conocimiento del desdichado favor de la pequeña Marianne por aquel joven despreciable! ¡Y sin egoísmo, sin albergar siquiera una esperanza! ¡Pensar que fue capaz de verla feliz en compañía de otro hombre! ¡Qué noble espíritu! ¡Qué franqueza, qué sinceridad! Nadie podría engañarse con él.

—Conocemos de sobra —dijo Elinor— la excelente reputación del coronel Brandon.

—Lo sé —repuso la madre, muy seria—; si no fuera así, yo sería la última, después de la advertencia que hemos recibido, en animar a este amor, o en complacerme siquiera con él. Pero ir a buscarme así, con esa diligencia, con esa presteza, movido por ese sentimiento de amistad, lo convierte a mis ojos en uno de los hombres más respetables del mundo.

—Su reputación, sin embargo —continuó Elinor—, no depende sólo de un gesto movido, dejando aparte una simple cuestión de humanidad, por su afecto a Marianne. La señora Jennings, los Middleton, lo conocen íntimamente desde hace mucho, y todos lo quieren y respetan por igual; e incluso yo, aunque desde hace menos, lo conozco bastante, y en tan alta estima y consideración lo tengo que si Marianne es capaz de ser feliz con él, esta alianza me parecerá, no menos que a ti, un bien caído del cielo. ¿Cuál fue la respuesta? ¿Le diste alguna esperanza?

—¡Oh, tesoro mío! En aquellos momentos yo no estaba para esperanzas. Marianne podía estar muriéndose en aquel mismo instante. Pero él no buscaba ánimos, ni esperanzas. La suya fue una confesión involuntaria, un arrebato incontenible manifestado ante un amigo consolador, no una petición a una madre. Aún así, poco después, porque al principio me sentí muy confundida, le dije que si ella sobrevivía, como era mi esperanza, mi mayor felicidad sería promover ese matrimonio; y desde que hemos llegado, y tenemos esta gratísima seguridad, se lo he repetido encarecidamente, lo he animado en lo que he podido. El tiempo, un poco de tiempo, le digo, lo arreglará todo; un hombre como Willoughby no conseguirá que el corazón de Marianne deje de latir para siempre. Sus cualidades no han de ganárselo.

—Pero, a juzgar por el semblante del coronel, no parece que hayas conseguido que se muestre tan optimista como tú.

—No; él cree que el amor de Marianne está demasiado enraizado, y que no cambiará hasta que pase mucho tiempo, y que, aun suponiendo que su corazón vuelva a ser libre, es demasiado esperar que, con semejante diferencia de edad y carácter, pueda alguna vez conseguir su amor. Pero en eso, sin embargo, está completamente equivocado. En la gran diferencia de edades sólo cabe ver una ventaja, que imprimirá en ella el carácter y los principios del coronel; y su natural carácter, estoy segura, es el más indicado para hacer feliz a tu hermana. Y también su presencia física, sus modales..., todo obra en su favor. La parcialidad no me ciega; sé que no es tan guapo como Willoughby; pero al mismo tiempo hay en su semblante algo mucho más agradable. Recuerda que siempre hubo algo, cierta expresión en los ojos de Willoughby que no me gustaba.

Elinor no lo recordaba; pero su madre, sin esperar su asentimiento, prosiguió:

—¡Y sus modales!; los modales del coronel no sólo me parecen mejores que los de Willoughby, sino que sé muy bien que, por su peculiar naturaleza, Marianne los llegaría a apreciar con mayor firmeza. Su extraordinaria gentileza, su sincero interés por los demás, y su espontánea simplicidad masculina se avienen mucho más con el verdadero carácter de tu hermana que la viveza, a menudo artificial y a menudo inoportuna, de Willoughby. Estoy convencida de que si hubiera resultado ser un joven realmente agradable, así como ha resultado ser lo contrario, ni aún así habría sido Marianne tan feliz con él como lo será con el coronel Brandon.

Hizo una pausa.

Su hija no podía estar del todo de acuerdo con ella, pero no disintió expresamente, y por ello no la ofendió.

—En Delaford, no la tendré a demasiada distancia —añadió la señora Dashwood—, incluso si sigo viviendo en Barton, y con toda probabilidad, pues he oído decir que es un pueblo grande, seguro que hay por allí cerca una casa o una casita de campo que nos resulte tan conveniente como la que ahora tenemos.

¡Pobre Elinor...! ¡Otro nuevo proyecto para trasladarla a Delaford...! Pero su temple se impuso contra viento y marea.

—¡Y por fortuna...! A mi edad, querida, ya sabes la importancia que tienen estas cosas; y aunque no sé, ni deseo saber a cuánto asciende, seguro que no es una minucia.

En este momento las interrumpió la entrada de una tercera persona, y Elinor se retiró; quería meditar a solas, y desearle suerte a su amigo, y, cuando lo hizo, sintió un escalofrío al recordar a Willoughby.

# Capítulo XLVI

La enfermedad de Marianne, aunque la había debilitado, como era natural, no había sido demasiado larga, y por lo tanto la recuperación no fue lenta; y con su juventud, su fuerte constitución y la presencia de su madre, el curso de la convalecencia fue tan bueno que, cuatro días después de la llegada de aquélla, la muchacha estuvo en condiciones de trasladarse al gabinete de la señora Palmer. Allí, a petición propia, pues deseaba expresarle sin demora su gratitud por haber ido en busca de su madre, fue invitado el coronel Brandon a visitarla.

La emoción del coronel al pisar la habitación, al verla tan cambiada de aspecto, y al recibir la pálida mano que inmediatamente ella le ofreció, no tuvo su único origen, como hubiera pensado Elinor, en el amor que le profesaba ni en el hecho de saber que otras personas conocían sus sentimientos. Elinor no tardó en descubrir, bajo la triste expresión y el demudado color de su rostro, la huella probable de muchas escenas acontecidas en un doloroso pasado, el recuerdo evocado por aquella ya confesada similitud entre Marianne y Eliza, que ahora reforzaban los ojos hundidos, el cutis mortecino, la laxitud y postración de su postura, y la emocionada conciencia de haber contraído una deuda con él.

La señora Dashwood, no menos atenta que su hija a lo que estaba pasando, pero razonando por otros derroteros y, por consiguiente, atenta a muy distintos efectos, no vio en la reacción del coronel sino el producto de las sensaciones más simples y elocuentes, y en los actos y las palabras de Marianne, por su parte, creyó asistir realmente al amanecer de un nuevo sentimiento, que iba más allá de la gratitud.

En un par de días más, siendo visible que Marianne recuperaba sus fuerzas, y que éstas crecían cada periodo de doce horas, la señora Dashwood, por iniciativa propia tanto como por el deseo de su hija, empezó a hablar de volver a Barton. Ese propósito dependía de sus dos amigos: la señora Jennings no podía irse de Cleveland mientras ellas no se marcharan, y el coronel Brandon no tardó en ser persuadido, por ruego unánime de todas, de que su presencia estaba igualmente condicionada a este hecho, si es que no era igualmente indispensable. Por ruego de éste, a su vez, y uniéndose así al de la señora Jennings, la señora Dashwood no pudo negarse a aceptar su carruaje para el viaje de regreso, todo con tal de que su hija enferma disfrutara del mejor acomodo; y el coronel, invitado conjuntamente por la señora Dashwood y la señora Jennings, cuyo buen talante, siempre esmerado, la hacía ser cordial y hospitalaria en nombre ajeno, además del propio, pudo decir con satisfacción que iría a recoger su coche al cabo de unas cuantas semanas y aprovecharía la ocasión para hacer una visita a la casa de campo.

Llegó el día de la separación y de la despedida; y Marianne, después de decir adiós a la señora Jennings con particular dedicación, y de expresarle su gratitud y un respeto tan encarecidos y patentes que parecían dictados por una secreta conciencia de haber tenido pocos miramientos en el pasado, y después de despedirse también del coronel con la cordialidad de una amiga, éste la ayudó diligentemente a subirse al carruaje, en donde pareció poner gran empeño en que dispusiera para ella sola de al menos la mitad del espacio. Luego la siguieron la señora Dashwood y Elinor, y él y su anfitriona se quedaron solos, hablando de los viajeros y padeciendo su propio aburrimiento, hasta que la señora Jennings fue llamada a su propio coche, donde pudo, parloteando con su doncella, consolarse de la pérdida de sus dos jóvenes amigas; y el coronel Brandon emprendió inmediatamente después su solitario viaje a Delaford.

Las Dashwood estuvieron dos días de camino, y Marianne los sobrellevó sin acusar gran fatiga. Sus dos solícitas acompañantes se desvivieron en atenciones y cuidados para procurarle todo cuanto requiriese su comodidad, y las dos se vieron recompensadas por su bienestar físico y su tranquilidad de espíritu. Para Elinor, esto último fue particularmente grato. Después de haberla visto sufriendo en forma continuada una semana tras otra, oprimida por una congoja de corazón que no podía siquiera expresarse en palabras, y que no tenía fuerzas para disimular, notaba ahora en ella, con una dicha incomparable, cierta aparente serenidad que, siendo la consecuencia de una seria reflexión, tal vez podía resolverse en optimismo y alegría.

A medida que se acercaba a Barton, sin embargo, y pasando los paisajes en los que cada árbol y cada trozo de tierra evocaban recuerdos muy especiales y dolorosos, Marianne empezó a sumirse en un abstraído silencio, y, volviendo el rostro para escapar a la atención de sus acompañantes, fijó la vista en la ventanilla del coche. Pero Elinor no pudo admirarse de que lo hiciera, ni culparla por ello; y cuando vio, al ayudarla a bajar, que había estado llorando, no pensó que se debiera sino a una emoción perfectamente natural, de la que no podía menos que compadecerse y que, en su discreción, era digna de encomio. Y así, en el sentido general de su posterior actitud, adivinó el rumbo de un nuevo espíritu llamado a hacer, como por primera vez, un esfuerzo razonable; pues no bien entraron en la salita de estar común a sus habitaciones, Marianne la contempló con gesto firme y decidido, como si se propusiera reacostumbrarse a la visión de todo aquello que pudiera revivir la memoria de Willoughby. Habló poco, pero cuanto dijo anunciaba bonanza, y aunque de vez en cuando se le escapara un suspiro, nunca acabó de exhalarlo sin que se lo redimiera una sonrisa. Después de cenar, quiso tocar el piano. A él se encaminó, pero la primera partitura que vieron sus ojos fue una ópera que Willoughby le había regalado, que contenía algunos de sus dúos favoritos, y en la primera página había escrito, de su puño y letra, el nombre de ella: mal camino para empezar..., sacudiendo la cabeza, apartó la partitura y tras probar en el teclado durante un penoso minuto la debilidad de sus dedos, volvió a cerrar el instrumento, no sin afirmar mientras lo hacía, sin embargo, que en el futuro practicaría mucho.

A la mañana siguiente no se observó remisión en estos prometedores síntomas. Al contrario, con el cuerpo y el espíritu fortalecidos gracias al descanso, su aspecto y su manera de hablar revelaron un humor más genuino; se adelantó a la hora feliz del regreso de Margaret, a la ocasión de ver a toda la familia reunida, y no veía felicidad digna de aprecio más allá de esa alegre compañía y la perspectiva de propósitos comunes.

—Cuando el tiempo mejore, y vaya recobrando las fuerzas —dijo—, saldremos juntas a dar largos paseos todos los días. Iremos hasta la granja del extremo de la colina a ver qué hacen los niños; iremos a las nuevas plantaciones de sir John en Barton Cross y en las tierras de la abadía; y también, con frecuencia, a las antiguas ruinas del priorato, y trataremos de remontar sus cimientos hasta donde, según se nos ha dicho, una vez se extendieron. Sé que seremos muy felices, Sé que pasaremos un magnífico verano. Tengo intención de no levantarme nunca más tarde de las seis, y desde esa hora hasta la de cenar repartiré mi tiempo entre la música y la lectura. He trazado un plan, y estoy decidida a continuar mi formación con rigor. Nuestra biblioteca me es ya demasiado conocida, y no puedo recurrir a ella si busco algo más que mero deleite. Pero en la finca hay muchas obras que vale la pena leer; y hay otras de creación más reciente que me consta que puedo pedir prestadas al coronel Brandon. Leyendo sólo seis horas al día, en un año me habré procurado un grado de instrucción del que sé que ahora carezco.

Elinor la honró por la idea de un plan tan noble, aunque sin dejar de sonreír al ver que la misma impertinente fantasía que la había llevado al límite de la languidez, de la indolencia y la egoísta autocompasión, era ahora la que introducía la exageración en un plan de desarrollo intelectual y de virtuoso autocontrol. Su sonrisa, sin embargo, se trocó en suspiro al recordar que aún no había cumplido la promesa hecha a Willoughby, y tuvo miedo de que estas revelaciones pudieran trastocar de nuevo la cabeza de Marianne y echar a perder, al menos por una temporada, estas limpias perspectivas de atareada tranquilidad. Deseosa, pues, de aplazar la ocasión de hablar de esas cosas, decidió esperar que la salud de su hermana fuese más firme, para contárselo todo. Sin embargo, aquella decisión pareció haberla hecho sólo para no llevarla a cabo.

Dos o tres días habían pasado sin que Marianne saliera de casa, y sin que el tiempo le permitiera aventurarse a ello. Pero al fin amaneció un día suave, espléndido, una mañana idónea para tentar los deseos de la hija y la confianza de la madre; y Marianne, del brazo de Elinor, fue autorizada a pasear a su gusto, mientras no se fatigara, por la vereda que conducía a la casa.

Las dos hermanas anduvieron a paso lento, como exigía la debilidad de Marianne en un ejercicio que no había vuelto a practicar desde que cayera enferma; y apenas se había alejado lo suficiente para tener una vista completa de la colina —la imponente colina que se alzaba detrás de la casa— cuando Marianne, deteniéndose a contemplarla, dijo sin inquietud:

—Ahí, justo ahí —señalando con la mano—, en aquel promontorio, fue ahí donde caí, y allí fue donde vi por primera vez a Willoughby.

Su voz se apagó al pronunciar el nombre, pero poco más tarde, con menos aliento, dijo:

—Doy gracias a Dios porque veo que puedo contemplarlo sin demasiada tristeza. ¿Podremos hablar de ello alguna vez, Elinor? —vaciló—. ¿O será mejor que no?... Espero que ahora pueda hacerlo como es debido.

Elinor la invitó cariñosamente a sincerarse.

—He dejado ya —dijo Marianne— de lamentarme. No quiero hablar de lo que fueron mis sentimientos por él, sino de lo que son ahora. Actualmente, si pudiera contentarme con un solo motivo, si pudiera llegar a pensar que no estuvo siempre representando un papel, que no estuvo engañándome siempre..., pero, sobre todo, si pudiera estar segura de que nunca fue tan malvado como a veces, desde que conozco la historia de aquella desventurada muchacha, mi temerosa imaginación me he hecho pensar...

Se interrumpió. Elinor midió cuidadosamente sus palabras al responder:

—Si pudieras estar segura de eso, ¿crees que te sentirías en paz?

—Sí. Mi paz depende de ello doblemente; porque no sólo es horrible pensar en tales sentimientos y actitudes en una persona que ha sido lo que él ha sido para mí, sino que me revela cosas de mí misma. ¿Qué pudo, en una situación como la mía, sino un amor en extremo vergonzoso e imprudente, exponerme a...?

—¿Cómo si no —preguntó su hermana—, podrías explicar lo que hizo?

—Me gustaría poder pensar, ¡oh, cómo me gustaría!, que era simplemente voluble, muy, muy voluble.

Elinor guardó silencio. Libraba en su interior una batalla, pues no sabía si iniciar sin más su relato, o posponerlo hasta que Marianne estuviera mejor de salud; y el paseo continuó algunos minutos en ese silencio.

—No debo desearle mucho bien —dijo finalmente Marianne en un suspiro—, cuando aspiro a que sus recuerdos íntimos no sean más placenteros que los míos. Si así es, estará sufriendo bastante.

—¿Estás comparándote con él?

—No, pienso en cómo tendría que haberme portado yo; me comparo contigo

—Poco puede compararse tu situación con la mía.

—Pueden compararse nuestros comportamientos. No dejes, queridísima Elinor, que tu amabilidad defienda lo que sé que tu discernimiento ha de censurar. La enfermedad me ha hecho pensar. El tiempo y el descanso me han permitido reflexionar seriamente. Que no pudiera expresarme no significa que no estuviera en perfectas condiciones para discurrir. Consideré lo ocurrido, vi que, desde que conocí a Willoughby el pasado otoño, mis actos no habían sido sino una sucesión de imprudencias cometidas contra mí misma, una falta de consideración hacia los demás. Vi que mis propios sentimientos habían preparado mis agonías, y que había sido mi falta de entereza ante ellos lo que casi me lleva a la tumba. Yo había sido, lo sé bien, la única responsable de mi dolencia, e incluso entonces sabía que obraba mal al descuidar mi salud de aquel modo. De haber muerto, habría sido por autodestrucción. No me di cuenta del peligro que corría hasta que el peligro pasó; pero con los sentimientos que siguieron a estas reflexiones, me admiro de haberme recuperado, de que la misma tenacidad de mi deseo de vivir, de tener tiempo para redimirme ante Dios, y ante todas ustedes, no me matara allí mismo. De haber muerto, ¡qué triste legado te habría dejado a ti, mi enfermera, mi amiga, mi hermana! ¡A ti, que habías sido testigo de todo el lastimoso egoísmo de mis últimos días, que habías escuchado todos los suspiros de mi corazón! ¡De qué modo habría vivido yo en tus recuerdos! ¡Y a mi madre! ¡De qué modo habrías podido consolarla! No hay palabras para expresar cuánto me desprecié. Siempre que recordaba lo sucedido, veía algún deber incumplido, alguna falta cometida. Todos parecían haber sufrido algún daño por mi culpa. A la amabilidad, a la continua amabilidad de la señora Jennings había correspondido con desgraciado desdén. Con los Middleton, con los Palmer, con las hermanas Steele, con todos nuestros conocidos, había sido insolente e injusta; la frialdad de mi corazón era insensible a sus virtudes, y sus atenciones me ponían de mal humor. A John, a Fanny..., sí, incluso a ellos, con lo poco que se merecen, les había dado menos de lo que les correspondía. Pero ha sido contra ti, Elinor, más que contra mi madre, contra quien más he faltado. Yo era la única que conocía las penas de tu corazón; y todo, ¿para qué? No me indujo a compadecerme ni nada que pudiera beneficiarnos a la una o a la otra. Yo tenía tu ejemplo delante..., ¿y de qué me servía? ¿Acaso presté más atención a ti o a tu bienestar? ¿Acaso imité tu paciencia, o aligeré tus cargas, participando de algún modo en esas obligaciones, en esas muestras de cortesía general o de gratitud particular que hasta entonces había confiado a tu entera responsabilidad? No..., y tampoco cuando supe que eras desdichada, igual que cuando te creía feliz, hice el menor esfuerzo impuesto por el deber o la amistad; sólo yo podía ser la única en sufrir, la única en llorar mis penas, permitiendo así que tú, por quien sentía un amor sin límites, fueras desgraciada a mi costa.

Aquí dejó de fluir la rápida corriente de su espíritu lleno de culpa; y Elinor, que quería que se tranquilizase, pero que era al mismo tiempo demasiado justa para adularla, le dispensó las alabanzas y muestras de apoyo que tanto merecían su sinceridad y su contrición. Marianne le estrechó la mano diciendo:

—¡Qué buena eres! El futuro será mi prueba. Me he trazado un plan, y si soy capaz de seguirlo..., dominaré mis sentimientos y mejoraré mi temperamento. Dejarán de preocupar a los demás, y de atormentarme a mí. Voy a vivir sólo para mi familia. Desde ahora mi único mundo serás tu, mi madre y Margaret; entre ustedes repartiré todos mis afectos. Nunca más volveré a sentir la más pequeña tentación de apartarme de ustedes, de mi hogar, y si se me ve en otra compañía, será sólo porque querré enseñar ante todos mi genio doblegado, mi corazón enmendado, y demostrar que puedo practicar la urbanidad, el más pequeño deber de la vida, de buen grado y con paciencia. En cuanto a Willoughby, no puedo decir que pronto o alguna vez lo olvidaré; eso sería mentir. Ningún cambio de circunstancias u opiniones podrá borrar su recuerdo. Pero se verá mesurado, frenado por la religión, la razón, y una actividad constante.

Hizo una pausa y añadió:

—¡Ojalá pudiera saber lo que siente él! Si pudiera saberlo, todo sería más fácil.

Elinor, que llevaba un rato meditando la conveniencia o inconveniencia de aventurarse a contar lo que sabía, sin hallarse ahora más decidida que al principio, al escuchar aquellas palabras se dio cuenta de que lo que no hacía la reflexión debía hacerlo la determinación, pronto se encontró enfrentándose a los hechos.

Condujo su relato, según creyó, con mucho tiento; preparó con cautela a su ansiosa oyente; expuso con sencillez y fidelidad los puntos principales en los que Willoughby había basado su descargo; hizo justicia a su arrepentimiento, y atenuó tan sólo sus declaraciones de amor en lo que se refería al presente. Marianne no abrió la boca. Tembló, la vista fija en el suelo, y los labios aún más blancos de como los había dejado la enfermedad. Mil interrogantes nacían en su seno, pero no osaba expresar ninguno. Oyó cada palabra con fatigosa impaciencia; su mano, sin darse cuenta, estrechó fuertemente la de su hermana, y las lágrimas surcaron sus mejillas.

Elinor, temiendo que se cansara, la condujo de vuelta a casa; y hasta que llegaron a la puerta, haciendo fáciles conjeturas sobre la curiosidad que Marianne debía sentir a pesar de no permitirse hacer la menor pregunta, continuó hablando de Willoughby, y de la conversación que habían tenido; y fue escrupulosa y minuciosa, siempre que la minuciosidad no supusiera un peligro, en todo cuanto él había dicho o hecho. Una vez en casa, Marianne, con un beso agradecido y entre lágrimas, pronunció estas tres palabras: "Díselo a mamá".

Entonces se retiró y subió despacio las escaleras. Elinor decidió respetar aquella necesidad de soledad que ahora manifestaba su hermana, y, previniendo con anticipación e inquietud su resultado, así como tomando la decisión de que, si Marianne no lo hacía, ella misma volvería a sacar a luz el asunto, se dirigió al salón para satisfacer su último requerimiento.

# Capítulo XLVII

La señora Dashwood no oyó sin inmutarse la vindicación de su antiguo favorito. Se alegró de poder eximirle de cierta parte de las acusaciones que se le imputaban; se apiadó de él; le deseó felicidad. Nada iba poder restituirlo ante Marianne con una fe inquebrantable, una reputación sin tacha. Nada iba a poder empañar la certeza de que ella había sufrido por su causa, ni limpiar la culpa de su conducta con Eliza. Nada iba a poder, en fin, devolverle el lugar que ocupaba en su antigua consideración, ni de ningún modo perjudicar los intereses del coronel Brandon.

Si la señora Dashwood hubiera oído, como Elinor, la historia de Willoughby de sus propios labios, si hubiera sido testigo de su desolación y sentido el influjo de sus gestos y de su semblante, es probable que hubiese sentido mucha más compasión. Pero no estaba en manos de Elinor, ni era su deseo, despertar en otros, con su relato, los sentimientos que había visto agitarse en su propio seno. La reflexión había infundido serenidad a su juicio, y atenuado su concepto de lo que Willoughby se merecía; por ello sólo quería decir la verdad pura y simple, y exponer los hechos de acuerdo con su auténtica naturaleza, sin ningún adorno sentimental que pudiera hacer volar la fantasía.

Por la noche, reunidas las tres, Marianne, voluntariamente, empezó de nuevo a hablar de él; pero no sucedió con naturalidad, sino después de una angustiosa meditación, que su color encendido y su voz trémula revelaron claramente mientras decía:

—Me gustaría decirles cómo veo las cosas..., y creo que es así como a ustedes les gustaría que las viera.

La señora Dashwood la habría interrumpido al instante con dulce ternura, si Elinor, que tenía verdaderos deseos de oír la libre opinión de su hermana, no le hubiera indicado con un gesto que guardara silencio. Marianne continuó despacio:

—Lo que Elinor me ha contado esta mañana ha sido..., ha sido un gran alivio para mí; al fin he sabido exactamente lo que debía saber —durante unos momentos se quedó sin aliento; pero, sobreponiéndose, y más calmada, añadió—: Ahora estoy totalmente satisfecha, no deseo que nada cambie. Nunca habría podido ser feliz con él, después de saber todo esto, y antes o después lo habría sabido. No habría podido tenerle ni respeto ni confianza. No habría podido dejar de pensar en lo que sé.

—No lo dudo —exclamó su madre—. ¡Feliz con un hombre de costumbres libertinas! ¡Con un hombre que ha destruido la paz de nuestro amigo más querido, de el mejor de los hombres! No, ¡el corazón de mi Marianne no encontraría la felicidad al lado de un hombre así! Su conciencia, su delicada conciencia habría lamentado todo lo que la conciencia de su marido habría debido lamentar.

Marianne suspiró y repitió:

—No deseo que nadie cambie.

—Una mente razonable y un firme entendimiento —dijo Elinor— no pensarían de otro modo; y me atrevo a decir que encuentras, no sólo en esto, sino en muchas otras circunstancias, tantas razones como yo para creer que el matrimonio te habría acarreado muchos disgustos y desilusiones, en los que te habrías visto pobremente acompañada por un afecto, por parte de él, bastante veleidoso. Si te hubieras casado, habrías sido siempre pobre. Él es el primero en reconocer su afición al dispendio, y toda su conducta indica que la privación es una palabra ausente de su vocabulario. Sus necesidades y la falta de experiencia de ambos, con unos ingresos tan pequeños, les habrían ocasionado grandes disgustos que, no por impensados y desconocidos, te hubieran resultado menos penosos. Sé, por tu sentido del honor y de la honradez, que al cobrar conciencia de la situación, habrías procurado economizar en todo lo posible, y quizás, en la medida en que el ahorro restringiera tan sólo la propia comodidad de la pareja, tal vez podrían soportarlo; pero después... Y, ¿en qué medida habría podido imponerse él mismo un control para frenar la ruina incluso antes del matrimonio? Y, además de eso, si hubieras intentado limitar, de un modo razonable sus esparcimientos, ¿acaso no habrían motivos para temer que tú, en lugar de vencer los egoístas sentimientos capaces de permitirlo, influyeras cada vez menos en su corazón, y que él acabara arrepintiéndose de la alianza que le había traído tantas dificultades?

Los labios de Marianne se estremecieron, y repitieron la palabra "egoísta", en un tono que daba a entender: "¿en verdad lo consideras egoísta?"

—Todos sus actos —repuso Elinor— se han fundado, del primero al último, en el egoísmo. Fue por egoísmo por lo que comenzó a jugar con tus sentimientos, y por egoísmo aplazó, cuando los suyos se vieron comprometidos, el momento de declararlos, hasta que al fin huyó de Barton. Su propio placer, o su propia tranquilidad, fueron, en todos los aspectos, los principios de su conducta.

—Es cierto, nunca persiguió mi felicidad.

—Ahora —continuó Elinor— se arrepiente de lo que hizo. Y, ¿por qué? Porque ve que no ha resultado como esperaba. No lo ha hecho feliz. Ahora su situación económica se halla libre de cargas; por ese lado se encuentra a salvo, y sólo ve que se ha casado con una mujer de peor carácter que tú. Pero, ¿acaso de ahí se deduce que habría sido feliz de haberse casado contigo? Los inconvenientes habrían sido de otra clase. Habría padecido entonces las penurias de dinero que ahora, sólo porque ya no las sufre, le parecen una minucia. Habría tenido una esposa de cuyo carácter no habría podido quejarse, pero siempre se habría sentido pobre, necesitado; y probablemente no hubiera tardado en ver en las innumerables comodidades de una herencia libre de deudas y de una buena renta algo de mucha mayor importancia, incluso para la felicidad hogareña, que el simple carácter de una esposa.

—No lo dudo —dijo Marianne—, y no tengo de qué arrepentirme, salvo de mi propia necedad.

—Di mejor que de la imprudencia de tu madre, hija mía —dijo la señora Dashwood—. A ella es a quien hay que pedir cuentas.

Marianne no quiso que su madre continuara; y Elinor, satisfecha viendo que las dos reconocían sus propios errores, creyó preferible dejar a un lado todo examen de lo ocurrido a fin de no debilitar los ánimos de su hermana, y, a tal efecto, volviendo a la cuestión primera, de inmediato prosiguió:

—Una observación puede, a mi juicio, sacarse del conjunto de la historia, y es que todos los apuros de Willoughby proceden de su primera afrenta a la virtud, su modo de comportarse con Eliza Williams. Este crimen ha sido el origen de todos los crímenes menores que han seguido y de toda su infelicidad actual.

Marianne asintió con mucha emoción al aserto, y a su madre le dio pie para la enumeración de las virtudes del coronel Brandon, haciendo una relación tan entusiasta que sólo se podría explicar como la conjunción entre la amistad y el cálculo. No pareció, sin embargo, que su hija le prestara demasiada atención.

Elinor vio, de acuerdo a sus expectativas, que en el curso de los dos o tres días siguientes Marianne no seguiría recuperando bríos como había venido haciendo; pero mientras su determinación no se viera menguada, y aún quisiera conservar el humor y la calma, su hermana podía confiar ciertamente en los efectos del tiempo sobre su estado de salud.

El regreso de Margaret reunió de nuevo al fin a toda la familia; volvían a estar tranquilamente instaladas en la casa de campo, y si no emprendieron sus habituales estudios con el mismo vigor que cuando llegaron a Barton, estaban al menos planeando reemprenderlos vigorosamente en el futuro.

Elinor empezaba a desear con impaciencia tener nuevas de Edward. No había sabido nada de él desde que dejaron Londres, nada de sus nuevos planes, y ni siquiera nada seguro de su actual paradero. Ella y su hermano se habían cruzado algunas carta, a raíz de la enfermedad de Marianne, y la primera de John contenía esta frase: “No sabemos nada de nuestro desventurado Edward, y no podemos hacer averiguaciones sobre un tema tan prohibido, pero deducimos que aún se encuentra en Oxford.” Éstas fueron todas las noticias de Edward que proporcionó la correspondencia, pues su nombre ni siquiera fue mencionado en ninguna de las cartas siguientes. No estaba Elinor, sin embargo, llamada a permanecer mucho tiempo en la ignorancia.

Una mañana el criado había ido a Exeter en cumplimiento de un encargo; y cuando, al servir la mesa, hubo satisfecho las preguntas de su señora sobre el éxito de su misión, éstos fueron, a iniciativa propia, sus informes:

—Supongo, señora, que sabrá usted que el señor Ferrars se ha casado.

Marianne tuvo un violento sobresalto, miró fijamente a Elinor, vio que se ponía pálida, y volvió a dejarse caer en la silla, presa del histerismo. La señora Dashwood, cuyos ojos, al responder a las palabras del criado, habían tomado intuitivamente la misma dirección, se horrorizó al descubrir por el semblante de Elinor el verdadero alcance de su sufrimiento, y un momento después, igualmente afligida por el estado de Marianne, no supo a cuál de sus hijas dedicar mayor atención.

El criado, advirtiendo únicamente que la señorita Marianne estaba indispuesta, tuvo el sentido común suficiente para llamar a una de las doncellas, la cual, ayudada por la señora Dashwood, la acompañó a la otra sala, llegado ese momento, Marianne se sintió bastante mejor, y su madre, dejándola al cuidado de Margaret y de la doncella, regresó junto a Elinor, quien, aunque aún muy trastornada, había recobrado el uso de la voz y la razón al punto de haber empezado a hacer una pregunta a Thomas, en su calidad de fuente de informaciones. La señora Dashwood se impuso inmediatamente esta tarea, y Elinor obtuvo el beneficio de la información sin el esfuerzo de solicitarla.

—¿Quién te ha dicho que el señor Ferrars se había casado, Thomas?

—Yo mismo he visto al señor Ferrars, señora, esta mañana en Exeter, y también a su esposa, la que fuera la señorita Steele. Estaban parados en un landó frente a la puerta de la posada New London, donde yo me dirigía con un mensaje de Sally, la de la finca, a su hermano, que es uno de los correos. Al pasar junto al coche se me ocurrió mirar, y así fue como vi personalmente a la menor de las señoritas Steele; me descubrí, y entonces me reconoció, me llamó y me preguntó por las señoritas, especialmente por la señorita Marianne, rogándome que les ofreciera sus respetos, los suyos y los del señor Ferrars, sus mayores respetos y parabienes, y que les dijera cuánto sentían no tener tiempo para venir a visitarlas, porque el viaje les corría mucha prisa, pues aún les quedaba un buen trecho por recorrer, pero que de todos modos, cuando volvieran, se asegurarían de hacerles una visita.

—Pero, ¿te dijo ella que se habían casado, Thomas?

—Sí, señora. Ella sonrió y comentó que había cambiado de nombre desde la última vez que estuvo por aquí. Siempre fue una jovencita muy simpática y dicharachera, y muy bien educada. Por eso me permití felicitarla.

—¿Estaba el señor Ferrars con ella en el coche?

—Sí, señora, lo vi allí sentado, pero no me dirigió la mirada. Nunca fue un hombre comunicativo.

El corazón de Elinor podía explicar fácilmente por qué el señor Ferrars no se había asomado; y la señora Dashwood dio probablemente con la misma explicación.

—¿No había nadie más en el coche?

—No, señora, sólo ellos dos.

—¿Sabes de dónde venían?

—Venían directamente de la ciudad, según me dijo la señorita Lucy..., perdón, la señora Ferrars.

—¿Y se dirigían más hacia el oeste?

—Sí, señora, pero no para mucho tiempo. Pronto estarán de vuelta, y entonces no dejarán de pasar por aquí.

La señora Dashwood miró entonces a su hija; pero Elinor sabía que era inútil esperarlos. Reconoció en el mensaje el más genuino etilo de Lucy, y se aferró a la esperanza de que Edward se mantuviera a distancia de Barton. En voz baja le señaló a su madre que probablemente estuvieran de camino a casa del señor Pratt, cerca de Plymouth.

Thomas parecía no tener más noticias que dar. Elinor tenía aspecto de querer oír más.

—¿Los viste partir antes de irte tú?

—No, señora, estaban sacando los caballos, pero yo no pude quedarme más, tenía miedo de llegar tarde.

—¿Estaba bien la señora Ferrars?

—Sí, señora, ella dijo que estaba muy bien; y para mí que siempre ha sido una señorita muy agraciada..., y parecía muy, pero muy contenta.

A la señora Dashwood se le acabaron las preguntas, y tanto Thomas como la mantelería, ahora ya igualmente innecesarios, fueron despachados poco después. Marianne ya había hecho saber que no iba a comer nada más. Elinor y su madre habían perdido el apetito, y Margaret quizá llegara a pensar que era muy censurable que, con tantos trastornos como habían sufrido últimamente sus dos hermanas, con tantas razones como habían tenido para no ocuparse de sus comidas, ella nunca se hubieran visto obligada hasta entonces a retirarse sin cenar.

A la hora de los postres y el vino, Elinor y la señora Dashwood se quedaron solas y estuvieron durante mucho tiempo igualmente silenciosas e igualmente abstraídas. La señora Dashwood no osaba hacer la menor observación, ni se aventuraba a ofrecer consuelo. Veía ahora que se había equivocado al fiarse de la representación que había estado haciendo Elinor de sí misma, y concluyó, con acierto, que todo había sido atenuado de manera acertada, para evitarle a ella, que ya sufría lo suyo por Marianne, ser más infeliz. Veía que había juzgado mal la esmerada, solícita atención de su hija, al pensar que aquel amor que una vez había entendido tan bien tenía en realidad menos importancia de la que se había acostumbrado a darle, o de la que ahora había resultado tener. Ahora temía haber sido injusta con Elinor, y hasta grosera; temía que la aflicción de Marianne, por más conocida, por más a la vista, hubiese acaparado todos sus cuidados, y le hubiese hecho olvidar que en Elinor tenía otra hija que podía estar sufriendo tanto como ella, si bien, ciertamente, con mayor entereza y con menor tendencia a la autosugestión.

# Capítulo XLVIII

Elinor descubría ahora la diferencia entre aguardar un triste acontecimiento, por mucho que hubiera querido convencerse de su certeza, y saberlo cierto de verdad. Ahora descubría que, a pesar de sí misma, siempre había cobijado la esperanza de que algo iba a ocurrir, mientras Edward siguiese soltero, que le impediría casarse con Lucy, de que alguna reflexión suya, la intervención de algún amigo o alguna oportunidad más conveniente para el futuro de la señorita habrían de acudir en auxilio de la felicidad de todos. Pero Edward ya estaba casado, y ella recriminaba a su corazón haberla agasajado con secretas ilusiones que recrudecían ahora los sinsabores de la noticia.

Al principio le sorprendió un poco que se hubiera casado tan pronto, seguramente antes de haberse ordenado, y por consiguiente antes de haber tomado posesión del beneficio. Pero no tardó en pensar cuán probable era que Lucy, que tanto miraba por sí misma, y con la prisa que tenía en asegurárselo, hubiera pensado que podía arriesgarse a todo menos a un retraso. En fin, se habían casado en la ciudad y ahora corrían a casa del tío. ¿Qué habría pensado Edward al saberse a cuatro millas de Barton, al ver al criado de su madre, al oír el mensaje de Lucy?

Supuso que pronto se instalarían en Delaford; en ese lugar con el que tantos habían conspirado para vincularla, un lugar que a ella le habría gustado conocer; pero que aún así deseaba evitar. Por un momento se los imaginó en la rectoría; vio a Lucy como una administradora activa y hacendosa, uniendo sus pretensiones a la frugalidad más extrema, y avergonzada de que alguien pudiera sospechar ni la mitad de sus economías; la imaginó no pensando en otra cosa que en su propio interés, regalando el oído al coronel Brandon, a la señora Jennings, y a cualquier amigo que tuviera fortuna. A Edward..., no sabía cómo lo vería, o cómo lo quisiera ver: feliz o infeliz..., quién sabe; dejó de pensar en eso.

Elinor confiaba en que algún amigo o pariente de Londres les escribiera para darles más detalles del evento; pero los días pasaban sin que llegaran cartas ni noticias. Aunque no había verdaderas razones para culpar a la gente de su silencio, ella culpaba a todas sus amistades ausentes. Le parecían desconsideradas y perezosas.

—¿Cuándo vas a escribir al coronel Brandon, mamá? —preguntaba, impaciente por conocer el rumbo de los acontecimientos.

—Hija mía, le escribí la semana pasada, y antes espero volver a verlo para tener noticias de él. Le he pedido con insistencia que venga, y no me sorprendería verlo llagar cualquiera de estos días.

Eso era un adelanto, algo que le permitía concebir esperanzas. El coronel Brandon tenía que ser portador de noticias.

No bien hubo formulado ese pensamiento, la silueta de un hombre a caballo atrajo su vista hacia la ventana. La figura se estaba deteniendo en la verja. Era un hombre, era el coronel Brandon en persona. Ahora podría saber más cosas, y temblaba sólo de pensarlo. Pero..., no era el coronel Brandon..., no se le parecía..., no era de su estatura. Si hubiera sido posible, habría dicho que se trataba de Edward. Volvió a mirar. La figura acababa de desmontar. Ahora no había lugar a dudas: era Edward. Se apartó de la ventana y se sentó... "Viene de la casa del señor Pratt especialmente para visitarnos. Mantengamos la calma; no nos dejemos intimidar."

En un momento se dio cuenta de que también las demás habían reconocido su error. Vio que Marianne y su madre se ruborizaban; vio cómo la miraban e intercambiaban, entre susurros, algunas palabras. Habría dado cualquier cosa por ser capaz de decir algo, de hacerlas comprender que no esperaba de ellas un trato frío y circunstancial con Edward; pero estaba sin habla y no tuvo más remedio que confiarse a su discreción.

No se oyó ni una palabra. Todas aguardaron en silencio la entrada del visitante.

Un momento después se escucharon sus pasos avanzando por el camino de grava; estaba ya en el pasillo, y de pronto ya estaba frente a ellas.

Al entrar, su semblante no les reveló, ni siquiera a Elinor, un estado de felicidad. Estaba pálido y parecía preocupado por el modo en que iba a ser recibido, como si pensara que no se tomaría a bien su presencia. Sin embargo, la señora Dashwood, de acuerdo, o eso esperaba, con los deseos de su hija, por quien entonces pretendía muy sinceramente ser guiada en todo, lo recibió con una forzada expresión de alegría, le dio la mano y lo felicitó efusivamente.

Edward enrojeció, y tartamudeó una respuesta ininteligible. Elinor se había unido a las salutaciones de su madre y, una vez concluido el momento de las expresiones, pensó que hubiera estado bien estrecharle la mano; pero ya era demasiado tarde y, con una expresión que pretendía ser desenvuelta, tomó de nuevo asiento y se puso a hablar del tiempo.

Marianne se había colocado en la mejor posición para no ser vista, a fin de ocultar su amargura; y Margaret, que entendía una parte, pero no la totalidad del asunto, pensó que le correspondía un lugar del máximo decoro, y a este efecto eligió la silla más alejada de Edward que pudo, y se mantuvo en estricto silencio.

Cuando Elinor terminó de recrearse en la sequedad de la atmósfera, tuvo lugar una horrible pausa. La señora Dashwood la salvó, pues se sintió obligada a manifestar sus esperanzas de que la señora Ferrars se encontrara bien. Presionado, Edward respondió afirmativamente.

Otra pausa.

Elinor, dispuesta a hacer un sacrificio, pero sin fiarse de su voz, dijo:

—¿La señora Ferrars está en Longstaple?

—¡En Longstaple! —replicó Edward con un aire sorprendido—. No, mi madre está en la ciudad.

—Me refería —dijo Elinor, tomando la labor de encima de la mesa— a la señora de Edward Ferrars.

Elinor no se atrevía a alzar la vista; pero Marianne y su madre clavaron sus ojos en él. Edward enrojeció, pareció perplejo, desconcertado, y, tras algunas vacilaciones, dijo:

—Tal vez se refiera usted..., a mi hermano..., a la señora de Robert Ferrars.

—¡La señora de Robert Ferrars! —repitieron Marianne y su madre, en un tono de extrema sorpresa; y aunque Elinor no pudo abrir la boca, también ella lo miró con el mismo asombro, con la misma impaciencia. Edward se levantó y se dirigió a la ventana, al parecer porque no sabía cómo reaccionar; tomó unas tijeras que había por ahí, y empezó a cortar la funda en pequeños trozos, con lo que echó a perder funda y tijeras, y todo eso mientras, tras algunos titubeos, decía:

—Tal vez no lo sepan..., quizá no les hayan dicho que mi hermano acaba de casarse con..., la menor de..., con la señorita Lucy Steele.

Sus palabras crearon un tono de indescriptible perplejidad en todo el mundo, menos en Elinor, que seguía con la cabeza mirando su labor, conmocionada al punto de no saber apenas dónde estaba.

—Sí, —dijo Edward—, se casaron la semana pasada, y ahora están en Dawlish.

Elinor ya no pudo seguir sentada. Salió casi corriendo de la habitación y, en cuanto la puerta se hubo cerrado, rompió a llorar de alegría, y al principio creyó que nunca habría de dejar de hacerlo. Edward, que hasta ese momento había mirado a todas partes menos a ella, observó su huida, y quizás observó, e incluso escuchó, su emoción; porque inmediatamente después cayó en una especie de ensueño que ninguna observación, ninguna pregunta, ningún afectuoso acercamiento de la señora Dashwood fue capaz de penetrar, y al fin, sin decir palabra, salió de la estancia y empezó a andar en dirección al pueblo, dejándolas, con este cambio tan brusco e insospechado, en el mayor estupor y desconcierto: un estupor que sólo por medio de conjeturas pudieron ellas moderar.

# Capítulo XLIX

Por muy inexplicables que fueran para toda la familia, las circunstancias de esta liberación, lo cierto era que Edward estaba libre, y no era difícil predecir a qué efecto iba a destinarse esa libertad; pues, tras comprobar las ventajas de un compromiso imprudente, contraído sin consentimiento de su madre, como el que él había mantenido durante más de cuatro años, ninguna otra cosa podía esperarse ahora, una vez roto éste, salvo el establecimiento de otro.

El viaje de Edward a Barton, de hecho, obedecía a un muy simple propósito. Únicamente quería pedir a Elinor que se casara con él; y teniendo en cuanta que no le faltaba en absoluto experiencia en tales cometidos, quizá resulte extraño que se sintiera en ente caso tan violento como de hecho se sintió, tan necesitado de valor y de respirar aire puro.

No es, sin embargo, realmente necesario referir aquí con qué prontitud llegó Edward a la resolución apropiada, con qué rapidez se le presentó la ocasión de ponerla en práctica, de qué modo se expresó, y de qué modo fue recibido. Baste con decir lo siguiente: que cuando se reunieron todos a la mesa a las cuatro en punto, unas tres horas después de su llegada, tenía ya el sí de su amada, el consentimiento de la madre de ésta, y era, no sólo en las palabras extasiadas de un enamorado, sino también en la realidad de la razón y la verdad, el más feliz de los hombres. Se hallaba en un estado de júbilo, ciertamente más que inaudito. Aquello era algo más que una victoria vulgar del amor correspondido, y eso henchía su pecho, elevaba su espíritu. Sin nada que reprocharse a sí mismo, se había liberado de los lazos que lo ataban, y que habían sido la causa de su prolongada desgracia, a una mujer que hacía ya tiempo había dejado de amar, y a la vez se había visto proyectado a una firme alianza con otra en la que probablemente había pensado casi con desesperación, no bien había empezado a considerarla con deseo. Había pasado no de la duda o la incertidumbre, sino de la desgracia a la felicidad; y el cambio se expresó abiertamente, con un entusiasmo genuino, alborozado, fluido como nunca sus amigos habían visto en él.

Entonces abrió su corazón a Elinor, para mostrarle sus flaquezas, todo sus errores, y su amor prosaico e infantil por Lucy fue tratado con toda la filosófica dignidad de un hombre de veinticuatro años.

—Fue por mi parte una inclinación absurda, ociosa —dijo—, el efecto de la ignorancia del mundo..., y de la falta de ocupación. Si mi madre me hubiera empleado en alguna profesión activa cuando a los dieciocho años dejé la casa del señor Pratt, creo..., no, estoy seguro de que eso nunca hubiera ocurrido; porque, aunque dejé Longstaple con lo que a la sazón creía un indominable sentimiento hacia su sobrina, si entonces hubiera tenido algo a lo que dedicarme, algo que me tuviera ocupado y apartado de ella unos pocos meses, muy pronto habría superado aquella fantasía de amor, sobre todo si hubiese visto más mundo, como en un caso así habría debido hacer. Pero en lugar de quehaceres, en lugar de habérseme elegido una profesión o permitido elegirla yo mismo, volvía casa para vivir en el más completo ocio; y, un año después, ni siquiera tenía el empleo nominal que me habría supuesto el estar inscrito en la universidad, pues no ingresé a Oxford hasta que cumplí los diecinueve. No tenía, pues, nada que hacer en el mundo, nada más que imaginarme enamorado; y como mi madre no hacía de mi hogar, en ningún sentido, un lugar cómodo, como en mi hermano no tenía un compañero ni un amigo, y yo era reacio a conocer gente nueva, no es de extrañar que viajase muy a menudo a Longstaple, donde siempre me sentía en casa, y donde siempre estaba seguro de ser bien recibido; y por consiguiente allí pasé la mayor parte de mi tiempo, entre los dieciocho y los diecinueve años. Lucy representaba para mí el ideal de simpatía y gentileza. También era una muchacha bonita..., al menos eso creía entonces, y conocía tan pocas mujeres que no podía comparar, ni apreciar defectos. Tras estas consideraciones, pues, espero que, por desatinado que fuera nuestro compromiso, por desatinado que desde entonces y en todos los aspectos haya resultado ser, en aquella época no fue una muestra de inexcusable sinrazón.

El cambio que en pocas hora se había dado en el espíritu, y en la felicidad de las Dashwood, fue tan grande que pudo depararles a todas la satisfacción de una noche sin dormir. La señora Dashwood, demasiado eufórica para sentirse a gusto, no veía el modo de querer a Edward o felicitar a Elinor bastante, ni sabía cómo agradecerle esa liberación producida sin menoscabo de su decoro, ni cómo buscar el momento de dejarlos a solas y de satisfacer al mismo tiempo el deseo de disfrutar de su presencia y su compañía.

Sólo por medio de las lágrimas Marianne fue capaz de expresar su alegría. La asaltaban culpas y comparaciones, y su gozo, aunque tan sincero como el amor que sentía por su hermana, era de una clase que ni le infundía valor ni le permitía hablar.

Pero Elinor..., ¿cómo describir lo que ella sentía? Desde el momento en que supo que Lucy se había casado con otro, que Edward era libre, hasta aquél en que él justificó las esperanzas que tan inmediatamente habían seguido, experimentó un sinfín de sensaciones, según los casos, pero nunca de tranquilidad. Mas cuando el segundo momento hubo pasado, cuando vio despejadas todas las dudas, todas las preocupaciones, tomó las cosas con naturalidad y lo vio a él liberado con honor de su antiguo compromiso, aprovechando inmediatamente la liberación para dirigirse a ella y declararle un amor tan tierno, tan constante como siempre pensó que habría de ser... Estaba abrumada, consternada por su propia felicidad, y alegremente dispuesta, como todo espíritu humano, a familiarizarse rápidamente con cualquier cambio a mejor, se necesitaron varias horas para que la serenidad entrara en su ánimo y hubiera un poco de paz en su corazón.

Edward iba a quedarse en la casita al menos una semana; pues, por mucho que se le requiriera en otras partes, era imposible dedicar menos de una semana a disfrutar de la compañía de Elinor, ni podía ese tiempo bastar para decir ni la mitad de lo que había que decir sobre el pasado, el presente y el futuro; pues, aunque muy pocas horas dedicadas a la dura labor de una charla incesante proporcionaban por sí mismas mayor cantidad de temas de los que realmente pueden tener en común dos seres racionales, entre enamorados las cosas son, sin embargo, muy distintas. Entre ellos no hay tema que se agote, no hay comunicación que se produzca si no se ha repetido al menos veinte veces.

La boda de Lucy, el asombro infinito y razonable que a todos les había producido, constituyó, por supuesto, uno de los primeros temas de conversación de los enamorados, y el particular conocimiento de Elinor de ambas partes le permitió apreciar, en todos los aspectos, una de las circunstancias más extraordinarias e inexplicables de que había sido testigo en su vida. Su comprensión no alcanzaba a imaginar cómo habían podido llegar a relacionarse, y qué clase de atracción podía haber inducido a Robert a casarse con una muchacha de cuya belleza él hablaba sin la mínima admiración; una muchacha, por otra parte, ya comprometida con su hermano, el cual había sido, por ese motivo, repudiado por su familia. Su corazón palpitaba de alegría, su imaginación le decía que era un caso ridículo, pero su razón y su juicio estaban ciertamente ante un verdadero enigma.

El único intento de explicación que Edward podía dar era que, quizás, en un primer encuentro casual, la vanidad de uno había sido tan halagada por las adulaciones de la otra que eso había conducido paulatinamente a lo demás. Elinor recordó lo que Robert le había dicho en Harley Street acerca del efecto que habría podido tener su mediación, si se hubiera aplicado a tiempo, sobre los asuntos de su hermano. Y así se lo dijo a Edward.

—Eso es muy propio de Robert— fue su inmediata observación—. Y tal vez eso —agregó— era lo que ella tenía en la cabeza cuando empezaron a conocerse. Y quizá Lucy sólo pensaba en atraerse sus buenos oficios en mi favor. Quizá después siguieran otros planes.

Pero él no podía definir cuándo había comenzado aquello, ni cuánto había durado; pues en Oxford, donde había residido desde que dejó Londres, no había tenido otra fuente de información que la misma Lucy, y sus cartas habían seguido siendo, hasta el último momento, igual de frecuentes y cariñosas. Ni la menor sospecha, pues, lo había preparado para lo que siguió; y cuando finalmente se produjo la revelación en una de esas cartas, se había quedado, según recordaba, casi sin poder reaccionar ante el asombro, el horror y la felicidad de tal liberación. Sacó la carta y se la entregó a Elinor.

> Querido señor,
>
> Teniendo la certeza de haber perdido desde hace tiempo su interés, me he creído en libertad para poner el mío en otro hombre, y no dudo de ser tan feliz con él como una vez creí que podía serlo con usted; pero me niego a aceptar la mano suya, cuando es de otra el corazón. Sinceramente le deseo que haya elegido bien, y no será culpa mía si no somos siempre buenos amigos, tal como recomienda ahora nuestro inminente parentesco. Puedo decirle sin vacilación que no le guardo rencor, y estoy segura de que su generosidad no le permitirá buscar nuestro perjuicio. Su hermano se ha ganado todo mi afecto, y puesto que seríamos incapaces de vivir el uno sin el otro, acabamos de regresar del altar, y estamos ahora camino a Dawlish, un lugar que su querido hermano siente gran

curiosidad por conocer y en el que pasaremos algunas semanas; pero pensé que debía importunarlo primero a usted con estas breves líneas, firmadas por quien siempre será

Su leal y amante amiga y hermana,

Lucy Ferrars

Nota: He quemado todas sus cartas y le devolveré su retrato en cuanto tenga ocasión. Le ruego que destruya las páginas que emborroné..., pero puede conservar, si lo desea, el anillo con el mechón.

Elinor leyó la carta y se la devolvió sin hacer comentarios.

—No te preguntaré qué opinas de la redacción —dijo Edward—. Por nada del mundo habría querido, en otra época, que vieras una carta suya. Para una hermana es malo, pero ¡para una esposa...! ¡Qué mal me he sentido al leer estas páginas! Y creo poder decir que, tras los seis primeros meses de nuestro absurdo..., asunto, ésta es la única carta que he recibido de ella cuyo contenido no me ha hecho lamentar los defectos de su estilo.

—Aunque no sepamos cómo ha ocurrido —dijo Elinor, tras una pausa—, lo cierto es que están casados. Y tu madre se ha llevado su justo merecido. Al dar a Robert independencia económica, por resentimiento contra ti, le dio también poder de elección; y de hecho ha sobornado con una renta de mil libras anuales a un hijo para que hiciera precisamente aquello por lo que había desheredado a otro. Supongo que no va a dolerle menos ver a Lucy casada con Robert que contigo.

—Va a dolerle más, porque Robert siempre fue su favorito. Va a dolerle más, y por el mismo principio también lo perdonará antes.

Edward no sabía en qué estado se hallaban las cosas entre ellos, pues aún no había intentado comunicarse con ningún miembro de la familia. Había salido de Oxford veinticuatro horas después de recibir la carta de Lucy y, sin otro pensamiento que tomar el camino más rápido a Barton, no había tenido tiempo de trazar ningún plan pues todo su futuro dependía de ese viaje. Nada podía hacer mientras su destino al lado de la señorita Dashwood no estuviera asegurado; y por la rapidez en la persecución de ese destino, hay que suponer, a pesar de los celos que una vez le inspiró el coronel Brandon, a pesar de la modestia con que cifraba sus aspiraciones, y de la galantería con que hablaba de sus dudas, que no esperase, después de todo, un recibimiento demasiado árido. Él habría de decir, pese a todo, lo contrario, y lo dijo con muy bonitas palabras. Lo que quizá dijera sobre el mismo asunto después es cosa que debe confiarse a la imaginación de esposas y maridos.

Para Elinor no cabía ninguna duda de que Lucy había querido claramente engañarla, empañar de mala voluntad el mensaje que había enviado a través de Thomas, y el mismo Edward, ahora ampliamente ilustrado sobre su carácter, no se resistió a considerarla capaz, por maldad gratuita, de las mayores mezquindades. Aunque no había sido ciego, incluso antes de llegar a conocer a Elinor, a su ignorancia y a sus opiniones, a veces muy poco generosas; siempre las había atribuido a la falta de educación, y, hasta que leyó su última carta, siempre la había tenido por una muchacha de buenas inclinaciones y de buen corazón, y completamente enamorada de él. Sólo este convencimiento le había impedido deshacer un compromiso que, mucho antes de ser descubierto y de haberlo expuesto a la cólera de su madre, había sido una fuente continua de disgustos y preocupaciones.

—Creí mi deber —dijo—, al margen de mis sentimientos, dejar en su mano la continuidad del compromiso cuando fui repudiado por mi madre y me quedé aparentemente sin amigos y sin nadie en el mundo dispuesto a ayudarme. En una situación así, en la que nada parecía poder tentar la avaricia o la vanidad de ninguna criatura viviente, ¿cómo podría suponer, cuando ella insistió tan solemnemente, tan tenazmente en compartir mi destino, fuera el que fuese, que la guiara otra cosa que el amor más desinteresado? E incluso ahora no alcanzo a comprender qué propósito acariciaba, o qué supuesta ventaja pudo imaginar que le traería encadenarse a un hombre que no le importaba en lo más mínimo y que lo único que tenía eran doscientas libras. Ella no podía prever que el coronel Brandon iba a ofrecerme una rectoría.

—No, pero quizá supuso que algo favorable iba a ocurrir, que con el tiempo tu familia iba a ceder. Y, de todos modos, no perdía nada manteniendo el compromiso, pues, según ha demostrado, su situación no entorpecía ni sus inclinaciones ni sus actos. Era una alianza ciertamente respetable, y probablemente le ganaría consideración entre sus amistades; y, si no ocurría algo mejor, siempre sería preferible casarse contigo a seguir soltera.

Edward quedó, por supuesto, convencido de que, viéndolo así, nada habría podido ser más natural que la reacción de Lucy, ni nada más elocuente que sus motivos.

Elinor le reprendió, con la dureza que suelen esgrimir las damas al reprender las imprudencias que las honran, por haberse quedado tanto tiempo en Norland, donde había tenido que percatarse de su propia inconstancia.

—Obraste francamente mal —dijo—, porque, sin contar con lo que yo creí, todos nuestros parientes tuvieron motivos para imaginar y esperar lo que, en tu situación de entonces, no podía suceder.

Edward únicamente pudo alegar que no conocía sus propios sentimientos, y que tenía una falsa seguridad en la fuerza de su compromiso.

—Fui tan simple para creer que, porque mi fe estaba supeditada a otra, no podía haber ningún peligro en permanecer cerca de ti, y en que la conciencia del compromiso iba a mantener mi corazón tan inconmovible y sagrado como mi honor. Veía que te admiraba, pero me decía que era sólo por amistad; y hasta que empecé a hacer comparaciones entre Lucy y tú, no me di cuenta de lo lejos que había llegado. Después de saberlo, supongo que hice mal en quedarme tanto tiempo en Sussex, y los argumentos que me reconciliaron con la conveniencia de hacerlo no eran mejores que éstos; soy yo quien corre peligro; no perjudico a nadie más que a mí mismo.

Elinor sonrió, sacudiendo la cabeza.

Edward recibió con agrado la noticia de que se esperaba al coronel Brandon en la casa, pues en verdad deseaba no sólo conocerlo mejor, sino tener la oportunidad de convencerlo de que no debía seguir lamentándose por haberle ofrecido la rectoría de Delaford, "lo cual, ahora", dijo, "después de una gratitud tan poco honrosa como la que le manifesté en aquella ocasión, debe pensar que no le tomé importancia".

Y de hecho se sorprendía de no haber ido todavía a ver el lugar. Tan poco interés se había tomado en el asunto que todo su conocimiento de la casa, del jardín y del terreno beneficial, de la extensión de la parroquia, del estado de las tierras y del alcance de los diezmos, se lo debía a la propia Elinor, que había oído las explicaciones del coronel.

Después de esto, sólo quedaba una cuestión por determinar, una sola dificultad por vencer. Los había unido el mutuo amor que se profesaban, con la más entusiasta aprobación de sus verdaderos amigos; el íntimo conocimiento que tenían el uno del otro parecía asegurarles la felicidad..., y lo único que les faltaba era precisamente de qué vivir. Edward tenía dos mil libras, y Elinor mil, lo cual, junto con el beneficio de Delaford, constituía el conjunto de lo que podían llamar su capital; pues era imposible que la señora Dashwood les adelantase más, y ninguno de los dos estaba tan locamente enamorado como para pensar que trescientas cincuenta libras anuales iban a proporcionarles una vida de comodidades.

Edward no había perdido del todo la esperanza de un giro favorable en las relaciones con su madre, y en eso confiaba para el resto de sus ingresos. Pero Elinor no se hacía tantas ilusiones; ya que, teniendo en cuenta que Edward seguiría sin poder casarse con la señorita Morton, y que la señora Ferrars, en su estilo, se había referido a la propia Elinor sólo como un "mal menor" si se la comparaba con Lucy Steele, temía que el único servicio que fuese a prestar la ofensa de Robert fuera el enriquecimiento de Fanny.

Unos cuantos días después que Edward, compareció el coronel Brandon, para dar completa satisfacción a la señora Dashwood, y concederle asimismo el honor de tener, por primera vez desde que vivían en Barton, más compañía de la que la casa podía permitir. Se autorizó a Edward para retener sus privilegios en cuanto primer visitante, y por esta razón el coronel Brandon fue andando todas las noches a sus antiguas dependencias en la finca, desde donde solía regresar por la mañana, lo suficientemente temprano para interrumpir el primer tête-à-tête de los dos enamorados antes del desayuno.

Tres semanas de permanencia en Delaford, donde, al menos en las horas vespertinas, poco había tenido que hacer salvo calcular la desproporción existente entre los treinta y seis y los diecisiete años de edad, habían llevado a Brandon a un estado de ánimo que se alimentaba de la mejoría de Marianne, de la amabilidad de su bienvenida y de las muestras de cariño de la madre, todo lo cual lo impregnaba de optimismo. Entre tales amigos, sin embargo, y tales halagos, el coronel revivió. Todavía no había llegado a sus oídos ningún rumor de la boda de Lucy; no sabía nada de lo ocurrido y, pasó, por tanto, las primeras horas de su visita escuchando y asombrándose. La señora Dashwood se lo explicó todo, y él encontró nuevos motivos para regocijarse por lo que había hecho por el señor Ferrars, en la medida en que de ello podían apoyarse los intereses de Elinor.

Huelga decir que los caballeros progresaron en su mutua consideración, tanto como lo hicieron en su mutuo conocimiento, pues no de otro modo podía ser. Su semejanza en buenos principios y en buen sentido, en inclinaciones y en forma de pensar, probablemente habría bastado para unirlos como amigos, sin afinidad ninguna de otra clase; pero al estar enamorados de dos hermanas, y de dos hermanas que además se querían, este mutuo interés hubo de ser inmediato e inevitable, lo que, de otro modo no se habría conseguido sin el efecto del tiempo y del discernimiento.

Las cartas de Londres, que unos pocos días antes habrían sacudido los nervios de Elinor, llegaron entonces para ser leídas con menos emoción que gozo. La señora Jennings escribió contando las portentosas noticias, desahogando su virtuosa indignación contra la muchacha que había abandonado al pobre Edward al pie del altar, y derramando su compasión sobre el joven que, estaba convencida, había idolatrado a aquella pobre muchacha sin la menor gracia, y ahora, según todos los indicios, se encontraba destrozado en Oxford. "No creo —continuaba diciendo— que alguna vez se haya perpetrado un plan más taimado, pues no hacía ni dos días que Lucy había venido a visitarme y a pasar un par de horas conmigo. Nadie sospechaba una palabra del asunto, ni siquiera la pobre Nancy, quien vino a verme llorando al día siguiente, asustadísima por la señora Ferrars; sin saber qué hacer ni cómo irse a Plymouth; al parecer, antes de casarse, Lucy le pidió prestado todo su dinero, suponemos que para poder darse aires; pero lo importante es que la pobre Nancy se quedó sin blanca, así que yo tuve el gusto de darle cinco guineas para que volviera a Exeter, donde pensaba quedarse tres o cuatro semanas en casa de la señora Burgess, por si, como ya dije, volvía a tropezar con el reverendo. Debo decir que la desfachatez de Lucy al no llevársela en el landó es realmente el colmo. ¡Pobre señor Edward! No puedo quitármelo de la cabeza, pero usted debe hacerlo ir a Barton, y la señorita Marianne debe intentar consolarlo."

Los términos del señor Dashwood fueron más enjundiosos. La señora Ferrars era la más desdichada de las mujeres; la pobre Fanny había sufrido los rigores de su sensibilidad, y él consideraba que la existencia de su esposa después de tan duro golpe era un auténtico milagro que había que agradecer a Dios. La afrenta de Robert era imperdonable; pero la de Lucy era infinitamente peor. Ni uno ni la otra volverían a ser mencionados en presencia de la señora Ferrars, e incluso, si alguna vez en el futuro pudiera dejarse convencer de perdonar a su hijo, nunca reconocería a su mujer como hija suya, y jamás se le permitiría presentarse ante ella. El incógnito en que todo se había desenvuelto era racionalmente considerado un enorme agravante del crimen, porque, si ellos hubieran tenido la menor sospecha, se habrían tomado las medidas apropiadas par impedir el matrimonio, y exhortaba a Elinor a compartir su desolación por el hecho de que la misma Lucy, cuando aún no había acabado de resolverse su compromiso con Edward, hubiese continuado de esa manera sembrando la desgracia de la familia. La carta proseguía con estas palabras:

> "La señora Ferrars aún no ha mencionado a Edward, lo cual no nos extraña; pero, para nuestra perplejidad, no hemos recibido ni una línea suya con motivo de lo ocurrido. Quizá, sin embargo, guarde silencio por temor a ofender, y por esta razón voy a escribir a Oxford sugiriéndole que, según pensamos su hermana y yo, una carta oportunamente sumisa, tal vez dirigida a Fanny, y enseñada por ella a su madre, podría no ser tomada a mal; porque todos conocemos el buen corazón de la señora Ferrars, y que nada desea más que estar en buenas relaciones con sus hijos."

Este párrafo fue de cierta importancia para los planes y el proceder de Edward. Lo impulsó a intentar una reconciliación, aunque no exactamente en las condiciones señaladas por su hermana y su cuñado.

—¡Una carta oportunamente sumisa! —repitió—. ¿Pretenden acaso que le pida perdón a mi madre por la ingratitud de Robert con ella, y la afrenta de honor hacia mí? Yo no puedo someterme a nada. Lo que ha ocurrido ni me ha humillado más ni me ha hecho arrepentirme más. Me ha hecho muy feliz, pero eso a ellos poco les importará. No veo qué oportuna sumisión pueda yo adoptar.

—Cierto es que puedes pedir ser perdonado —dijo Elinor—, porque cometiste una ofensa; y yo diría que ahora podrías aventurarte incluso a declarar cierta preocupación por haber contraído una vez el compromiso que acarreó las iras de tu madre.

Edward estuvo de acuerdo.

—Y cundo te haya perdonado, quizá sea conveniente un poco de humildad a la hora de confesar un segundo compromiso que a sus ojos sería casi tan imprudente como el primero.

Edward nada tuvo que objetar, pero aún así se resistía a la idea de una carta "oportunamente sumisa"; y por esta razón, para facilitarle las cosas, y puesto que él decía encontrarse mucho más preparado para hacer vergonzosas concesiones de palabra que por escrito, se resolvió que, en vez de escribir a Fanny, fuera a Londres y le rogara personalmente que mediase en su favor.

—Y si ponen un verdadero empeño —dijo Marianne, con nuevos aires de franqueza— es de propiciarse una reconciliación, creeré que hasta John y Fanny son capaces de tener alguna virtud.

La visita del coronel Brandon duró sólo tres o cuatro días, y después de éstos los dos caballeros abandonaron juntos Barton. Se dirigirían inmediatamente a Delaford, para que Edward pudiera empezar a familiarizarse con su futuro hogar, y ayudar a su señor y amigo a decidir qué reformas eran necesarias; y desde allí, al cabo de un par de noches, él seguiría solo su viaje a la ciudad.

# CAPÍTULO L

Tras la adecuada reticencia de la señora Ferrars, presentada en el grado de violencia y firmeza justo para que no pudiera achacársele aquella falta en la que siempre parecía temerosa de incurrir, esto es, la de ser demasiado amable, Edward fue admitido en su presencia, y ella volvió a proclamarlo hijo suyo.

Últimamente había habido demasiadas fluctuaciones en su prole. Durante muchos años había sido madre de dos hijos, pero la ofensa y la aniquilación de Edward le habían quitado uno hacía pocas semanas, y la parecida aniquilación de Robert la habían dejado sin ninguno por espacio de quince días; y ahora, con Edward resucitado, volvía a ser madre de uno.

A pesar de habérsele permitido volver a la vida, Edward, sin embargo, pensaba que su existencia futura no estaría asegurada hasta que hubiese confesado su actual compromiso; pues temía que la exposición de dicha circunstancia obrase un cambio repentino en la constitución de su ser, y lo pusiera, con la misma celeridad que la vez anterior, en la puerta de la calle. Fue confesada, pues, con suspicaz cautela, y oída con inesperada serenidad. La señora Ferrars intentó al principio disuadirlo de casarse con la señorita Dashwood con todos los argumentos a su alcance; le dijo que en la señorita Morton iba a encontrar una mujer de mayor rango y fortuna, y secundó su afirmación señalando que la señorita Morton era hija de un noble con treinta mil libras, mientras que la señorita Dashwood era sólo hija de un caballero particular que no tenía ni tres mil; pero cuando vio que, aun admitiendo sin reservas la veracidad de sus observaciones, no por eso se sentía más inclinado a seguirlas; creyó que las recientes experiencias le aconsejaban ceder..., y así, tras este desconsiderado retraso que debía a su propia dignidad y que fue útil para disipar toda sospecha de buena fe, decretó su consentimiento a la boda de Edward y Elinor.

El siguiente asunto que cupo considerar fue de qué modo contribuiría ella a mejorar los ingresos de la pareja; y en ese punto se demostró claramente que si Edward era ahora su único hijo, no por ello seguía siendo el primogénito; pues, si bien Robert disfrutaría invariablemente de una renta anual de mil libras, no se puso la menor objeción de que Edward se ordenara a razón de doscientas cincuenta a lo sumo; y no se prometió ni para el presente ni para el futuro una suma superior a las diez mil libras que se le habían dado a Fanny.

Eso era, sin embargo, lo que se pretendía, y más de lo que esperaban Edward y Elinor; y las confusas excusas de la señora Ferrars parecieron indicar que ella era la primera sorprendida por no haberles dado más.

Así, con unos ingresos de sobra suficientes para subvenir a sus necesidades, sólo necesitaban que Edward tomara posesión del beneficio y que la casa se hallara en condiciones, para lo cual, muy preocupado por la comodidad de Elinor, el coronel Brandon estaba haciendo obras de cierta envergadura; y tras esperar una temporada a que éstas estuvieran terminadas, después, como es costumbre, de un sinfín de contratiempos y retrasos a causa de la inenarrable lentitud de los obreros, Elinor, como de costumbre, transgredió su firme determinación inicial de no casarse hasta que todo estuviera arreglado, y la ceremonia se celebró en la iglesia de Barton a principios de otoño.

El primer mes de casados vivieron con su amigo en la casa principal, desde donde pudieron supervisar los progresos de las obras y dirigir las cosas a su gusto sobre la marcha; pudieron elegir el empapelado, proyectar plantíos de arbustos, e idear un camino de llegada para los carruajes. Las predicciones de la señora Jennings, aunque bastante embarulladas, se vieron cumplidas en su mayor parte, pues pudo ciertamente visitar a Edward y a su mujer en la rectoría y encontró que ellos eran una de las parejas más felices del mundo. En realidad, todos los deseos de ellos se habían hecho realidad, menos la boda de Marianne con el coronel Brandon, y algunos mejores pastos para sus vacas.

Al instalarse, recibieron la visita de casi todos sus familiares y amigos. La señora Ferrars fue a inspeccionar la felicidad que casi se avergonzaba de haber autorizado; e incluso el matrimonio Dashwood sufragó los gastos de un viaje desde Sussex para hacerles los honores.

—No voy a decir que estoy desilusionado, querida hermana —dijo John, una mañana en que paseaban en el jardín de la casa de Delaford—; eso sería una exageración, pues lo cierto es que has tenido muchísima suerte, según veo las cosas. Pero, lo confieso, mucho celebraría poder llamar hermano al coronel Brandon. Estas propiedades, estas tierras, esta casa..., ¡todo está en excelentes condiciones! ¡Y estos bosques! ¡Qué madera! ¡No hay otra en Dorsetshire como la de Delaford Hanger! Y aunque tal vez Marianne no parezca la persona más idónea par despertar su interés, sigo creyendo que les resultaría aconsejable invitarla a menudo, ya que parece que el coronel pasa mucho tiempo en casa y nunca se sabe lo que puede ocurrir... Cuando dos personas están cerca la una de la otra y apenas ven a nadie más... Y siempre estará en tu mano lucirla un poco, ya sabes... En fin, que puedes darle a ella también una oportunidad... Ya me entiendes.

Pero aunque la señora Ferrars fue en efecto a visitarlos, y siempre los trató guardando las apariencias de un afecto decente, nunca los insultó con su verdadero favor y preferencia. Éstos se reservaban para las locuras de Robert y las astucias de su mujer; y no pasaron muchos meses antes de que los merecieran. La interesada sagacidad de Lucy, que había metido a Robert en un lío, fue el principal instrumento para conseguir sacarlo de él; pues su humildad respetuosa, sus asiduas atenciones y adulaciones sin fin, tan pronto como se les abrió una pequeña brecha para ejercerlas, reconciliaron a la señorita Ferrars con la elección de su hijo, y le reconstituyeron completamente su favor.

Todos los oficios de Lucy en el asunto, y la prosperidad que los coronó, pueden así argüirse como un ejemplo harto aleccionador de todo lo que una obcecada e incesante custodia del propio interés, contra todos los aparentes obstáculos que puedan presentarse, es capaz de hacer con tal de asegurarse las prerrogativas de la riqueza sin sacrificar otra cosa que tiempo y conciencia. Cuando al principio quiso Robert conocerla, y la visitó privadamente en Bartlett's Buildings, fue sólo con la intención que su hermano había dicho; pretendía simplemente convencerla de renunciar al compromiso; y como no podía haber otra cosa que combatir que el afecto que se tenían, esperaba naturalmente que con una o dos entrevistas el caso quedara zanjado. Sin embargo en este punto, y sólo en éste, se equivocó; pues aunque Lucy no tardó en darle esperanzas de que con el tiempo su elocuencia la convencería, siempre se necesitaba otra visita, otra conversación para reproducir tal convencimiento. Al despedirse siempre le aparecían algunas dudas que sólo otra media hora de charla podrían disipar. De este modo se aseguró su compañía, y lo demás vino solo. En vez de hablar de Edward, llegaron gradualmente a hablar sólo de Robert, un tema sobre el que él tenía siempre más que decir que sobre ningún otro, y en el que ella no tardó en delatar un interés comparable incluso con el suyo propio; y, en conclusión, saltó rápidamente a la vista que había suplantado enteramente a su hermano en el corazón de Lucy. Estaba orgulloso de su conquista, orgulloso de jugársela y ganarle a Edward, e incluso muy orgulloso de casarse en secreto sin el permiso de su madre. Lo que sucedió a continuación es cosa sabida. Pasaron unos meses extraordinariamente felices en Dawlish, pues ella tenía muchos parientes y antiguos conocidos a los que no quería ver, y él pudo trazar varios proyectos para esplendorosas casas de campo; y, al volver a la ciudad, consiguieron el perdón de la señora Ferrars mediante el sencillo expediente de pedírselo, el cual fue adoptado por iniciativa de Lucy. El perdón, al principio, como era razonable, sólo afectó a Robert; y Lucy, que no había contraído con su madre obligación alguna, y que por lo tanto no había podido violar ninguna, aún siguió proscrita unas cuantas semanas. Pero el perseverar en una actitud de humildad y algunos mensajes en los que se echaba la culpa de la ofensa de Robert, así como el agradecimiento por la falta de consideración con la que se la trataba, le depararon con el tiempo el altivo interés cuya magnanimidad habría de abrumarla, y que poco después conduciría, a pasos agigantados, al máximo estado de gracia e influencia. Lucy llegó a ser tan necesaria para la señora Ferrars como Robert o Fanny; y mientras Edward nunca sería cordialmente perdonado por haber querido casarse con ella, y a Elinor, aunque superior en fortuna y nacimiento, se la seguiría considerando una intrusa, a ella siempre se la tuvo, en todos los sentidos, y siempre de forma declarada, por hija predilecta. Instalados en Londres, recibieron muy liberales subsidios de la señora Ferrars, y mantuvieron con el matrimonio Dashwood las mejores relaciones que imaginarse puedan; y, dejando a un lado la inquina y los celos que nunca dejaron de estar presentes entre Fanny y Lucy, en las que sus maridos, por supuesto, tomaron parte, así como los frecuentes desacuerdos domésticos entre los mismos Robert y Lucy, nada pudo superar la armonía en la que vivieron todos juntos.

Qué había hecho Edward para perder los derechos de la primogenitura sigue siendo un enigma para mucha gente, y qué había hecho Robert para merecer la sucesión es un enigma todavía mayor. Fue un arreglo, de todos modos, justificado por sus consecuencias, ya que no por sus causas; pues ni el estilo de vida ni las palabras de Robert permitieron nunca sospechar que lamentase las dimensiones de sus rentas, que tanto habían mermado las de su hermano y tanto habían crecido para él; y si Edward pudiera ser juzgado a la luz de la cumplida observancia de sus más pequeñas obligaciones, del apego que cada día más lo unía a su hogar y a su mujer, y del habitual optimismo de su estado de ánimo, quizá no lo viéramos menos contento con su suerte, ni menos libre de todo deseo de cambio.

El matrimonio separó a Elinor de su familia sólo en la medida indispensable, y no por ello la casita de Barton hubo de quedar enteramente desocupada, aunque es cierto que su madre y sus hermanas pasaban con ella más de la mitad del año. La señora Dashwood se guiaba tanto por la cortesía como por el placer de sus frecuentes visitas a Delaford; pues su afán de unir a Marianne y al coronel Brandon era apenas menos contumaz, aunque mucho más desinteresado, que el que había expresado John. Ésta era ahora su acariciada meta. Aunque la compañía de su hija fuera para ella un bien precioso, nada ambicionaba tanto como ceder su disfrute a su dilecto amigo; y Edward y Elinor compartían el deseo de ver a Marianne instalada en la casa principal. Todos lamentaban las penas del coronel, y todos se sentían en deuda con él, y Marianne, por común ascenso, tenía que ser su compensación.

Con semejante confabulación, a su alrededor, con un conocimiento tan hondo de la bondad del coronel y convencida al fin, como si hubiera estallado ante sus narices después de haber sido evidente a los ojos de todos los demás, de que la amaba profundamente, ¿qué podía hacer?

Marianne Dashwood había nacido para un destino extraordinario. Había nacido para descubrir la falsedad de sus opiniones, y para contrarrestar, con sus obras, sus más preciadas máximas. Había nacido para combatir un amor nacido en una época tan tardía de la vida como son los diecisiete años, y sin otros sentimientos que un gran aprecio y una buena amistad, ¡para ceder voluntariamente su mano a otro! Y ese otro, un hombre que no había sufrido menos que ella a raíz de un antiguo amor, un hombre al que, dos años atrás, había considerado demasiado viejo para casarse, un hombre, en fin, ¡que aún buscaba la protección sanitaria de un chaleco de franela!

Pero así fue. En lugar de la postración y el sacrificio tras una pasión irresistible que antes había guardado con anhelante autocomplacencia, en lugar de una vida entera pasada al lado de su madre y dedicada al estudio y a la misantropía como único placer, y cómo más tarde su juicio más sobrio y calmado había decidido, se encontró, con diecinueve años, contrayendo nuevas relaciones, nuevas responsabilidades, emplazada en un nuevo hogar, esposa, ama de casa y señora de una aldea.

El coronel Brandon fue entonces tan feliz como todos aquellos que bien le querían creían que merecía ser. En Marianne encontró consuelo para todos los sinsabores del pasado; en su interés y su compañía volvió la animación a su espíritu, y el optimismo a su talante; y que Marianne era feliz haciendo que él lo fuera fue tanto la opinión como el placer de todos sus allegados. Marianne nunca iba a poder amar a medias; y con el tiempo su corazón entero llegó a estar tan consagrado a su marido como una vez lo había estado a Willoughby.

Willoughby no pudo oír la noticia de su boda sin sentir una punzada de dolor; y el castigo fue poco después coronado por el voluntario perdón de la señora Smith, quien, atribuyendo la causa de su clemencia al matrimonio de su sobrino con una mujer de genio, le hizo ver que si se hubiera comportado honorablemente con Marianne, quizás habría llegado a ser rico y feliz a la vez. No puede ponerse en duda que el arrepentimiento por su mala conducta, que de esta forma lo llevó a su propio castigo, fuera sincero; ni que mucho pensara con envidia en el coronel Brandon, y con tristeza en Marianne. Pero tampoco puede asegurarse, porque él no lo hizo, que llevara una vida de completo desconsuelo, que huyera de la sociedad, o contrajera una habitual hosquedad de ánimo, o que muriera de las penas de su corazón. Vivió haciendo esfuerzos, pero no se olvidó de divertirse. Su mujer no siempre estaba de mal humor, y su casa no siempre fue incómoda; y criando perros y caballos, y practicando deportes de toda clase, halló una medida nada desdeñable de felicidad hogareña.

De Marianne, con todo —a pesar de la desconsideración de haber sobrevivido a su pérdida—, siempre conservaría aquel vivo recuerdo que la haría interesarse por todo cuanto le aconteciera, y que hubo de convertirla en su modelo secreto de perfección femenina; y en los días venideros más de una prometedora beldad hubieron de menospreciar sus ojos viendo que no podía compararse con la señora Brandon.

La señora Dashwood tuvo la prudencia suficiente para quedarse en la casita de campo, sin intentar mudarse a Delaford; y afortunadamente para sir John y la señora Jennings, cuando Marianne les fue arrebatada, Margaret había cumplido ya una edad adecuada para los bailes, y no demasiado inapropiada para buscarle pareja.

Entre Barton y Delaford se dio esa comunicación constante que dictan espontáneamente los fuertes lazos familiares; y entre las virtudes y las alegrías de Elinor y Marianne, cabe señalar, y no entre las de menor importancia, que, aun siendo hermanas, y viviendo casi puerta con puerta pudieran hacerlo sin desavenencias entre ellas, y sin inspirarlas en sus maridos.

* * *

# Índice

# TÍTULOS DE ESTA COLECCIÓN

Almacén de antigüedades. *Charles Dickens*
Almas muertas o las aventuras de Chichikov. *N. Gogol*
Ana Karenina. *León Tolstoi*
Carta al Greco. *Nikos Kazantzakis*
Cartas de relación. *Hernán Cortés*
Crimen y castigo / El eterno marido / La mujer de otro. *Fedor Dostoievski*
Cuentos escogidos. *Antón Chejov*
Cumbres borrascosas. *Emily Brontë*
David Copperfield. *Charles Dickens*
Divina comedia. *Dante Alighieri*
Doce historias y un sueño. *H. G. Wells*
Drácula. *Bram Stoker*
El amante de lady Chatterley. *D. H. Lawrence*
El conde de Montecristo. *Alejandro Dumas*
El Corán
El gatopardo. *Giuseppe Tomasi di Lampedusa*
El idiota. *Fedor Dostoiesvski*
El origen de las especies. *Charles Darwin*
El suicidio. *Émile Durkheim*
Emma. *Jane Austen*
Eudemonología o el arte de ser feliz / Ensayos e ideas. *Arthur Schopenhauer*
Fanny Hill, Memorias de una cortesana. *John Cleland*
Guerra y paz. *León Tolstoi*
Historia de dos ciudades. *Charles Dickens*
Historia verdadera de la conquista de la Nueva España. *Bernal Díaz del Castillo*
Ilíada. *Homero*
Jane Eyre. *Charlotte Brontë*
La abadía de Northanger. *Jane Austen*
La amada inmóvil, Plenitud y otros poemas. *Amado Nervo*
La cartuja de Parma. *Stendhal*
La dama de blanco. *Wilkie Collins*
La madre / La buena tierra. *Pearl S. Buck*
La montaña mágica. *Thomas Mann*
La República. *Platón*
La voluntad de poder. *Federico Nietzsche*
Las mil y una noches. *Anónimo*
Las uvas de la ira. *John Steinbeck*
Los bandidos de Río Frío. *Manuel Payno*
Los hermanos Karamazov / Humillados y ofendidos / El ladrón honrado. *Dostoievski*

Graphicmex
15 de junio de 1861 # 1940
Col. Leyes de Reforma
Deleg. Iztapalapa